Basic

沈黙に向き合う

沖縄戦

彫刻：金城実

沖縄戦聞き取り 47 年

も　く　じ

ま え が き

　本書は、２０１７年９月７日から２２年１２月２２日まで、琉球新報文化欄に連載してきた掲載紙面を書籍化したものです。

　「沈黙に向き合う―沖縄戦聞き取り４７年」というタイトルで、１９７０年から沖縄戦に向き合ってきた事柄を、月２回１１７回掲載することになりました。回数を重ねるにつれて読者から書籍化の要望も増え、それに応えるということで本書はできあがりました。

　１９７０年４月からの大学教壇生活を、４７年目の２０１７年３月で終えることになりました。そのとき、琉球新報の松永勝利記者と米倉外昭記者との間で、長年、沖縄戦の聞き取り調査をしてきた経験とそれにまつわる話を読者に伝えて貰おうかと、話題にのぼりました。それをきっかけにして、連載がスタートしたのです。

　私としては、当初、４０数回程度と想定していたが、それをはるかに超えた連載回数になりました。それは予期していなかった読者との応答が数多くうまれ、それに触発されて内容が深められたり、また、新たな情報を提供していただいたりして、思いがけない展開をしていったからでもあります。

　そもそも私の専門は社会学であり、その研究材料はフィールドワーカーとして、生活史の聞き取り調査を重ねて入手してきました。テーマは多岐にわたり、沖縄戦体験の聞き取りは、その一つでした。その戦争体験の聞き取り調査にまつわる経験を連載することになった時、はからずもフィールドワーカーとしての手法が反映され、思いもよらないテーマへと展開していくということにもなり、連載の回数が増えていくことになっていったのです。

　連載を１１７回も持続させた力は、読者が寄せる感想が最大の源泉でした。さらに、私が見聞きしてきた事柄を書き記すことによって、若い世代のみなさんが、社会へのアプローチをしていくうえで、なんらかの参考になることもあるのでないか、とも思いました。

　すると、あの事、この事も書いておきたいという思いが沸き立って、連載回数も増えていくことになりました。

　それにしても２０２３年にまたがるのはあまりにも長すぎるので、２０２２年１２月までには連載を閉じることにしたら、書き記したいテーマが積み残しとなりました。

　さいわい、読者の要望に応える形で、琉球新報社の協力のもと、インパクト出版会が連載の

書籍化を決断されましたので、そこに補記する形で書き残しテーマに触れることができないか、思索しました。すると、本の編集に長年携わってきた川満昭広発行人のアイディアにより積み残しテーマをエピソードという形にして、本書に歴史の記録として記すことになりました。

　さらに新聞読者にお伝えしなければならないことは、連載紙での誤記、記憶違いや寄せられた情報の裏付けをとれなくて事実誤認をした箇所などについて、修正したり、補記したうえで書籍化したことです。

※

　なお、２０２２年２月、インパクト出版会から出版した『国家に捏造される沖縄戦体験─準軍属扱いされた０歳児・靖国神社へ合祀』（２０１６年、凱風社が発刊した『援護法で知る沖縄戦認識─捏造された「真実」と靖国神社合祀』の増補改訂版）は、旧版の分かりにくさを克服したと私自身は自負していました。しかし、新聞連載中でも援護法（戦傷病者戦没者遺族等援護法）は分かりにくいという読者の声をうけ、さらにその分かりにくさを分析してきました。そして、連載の書籍化にあたり、本書にそれを反映させることにしました。したがって、本書でもって日本政府が沖縄戦体験をからめとっているカラクリが誰にでも理解できるものと信じています。

　本書は、日本政府にマインドコントロールされていない若い世代が精読されたら、からめとられている沖縄戦体験とはどういうことか、という疑問の声に答えているものと、確信しています。ご理解いただいたそのときこそ、「援護法の呪縛」から沖縄社会が解き放たれ、沖縄戦体験の真実を見きわめた社会ということになります。さらに本書を読み込んでいただいた読者が、次世代へ伝えていくことを熱望しています。

※

　いま、日本国家が琉球弧・南西諸島を戦争の最前線基地と位置づけ、沖縄戦再来の危機に直面させている今日、再び日本国家の犠牲にならないよう、本書が人びとの感性を研ぎ澄ませて、対処していく一助になることも強く願っています。

沖縄戦場の記憶
との出会い

第1回
問題意識の芽生え

「反戦復帰」の闘い
知る／沖縄の戦争
責任論に刺激

筆者は台湾宜蘭市で１９４１年６月に生まれ、４６年１１月に両親の故郷の沖縄へ来たので、沖縄戦を体験していない。台湾では米軍の空襲はうけたが、地上戦闘にはならなかったので私たち一家５人も全員無事に敗戦直後、沖縄入りした。激戦場の跡は知り尽くしているが、小中高校の先生がたも皆戦争体験者だが、授業中全くその体験を語らなかった。だが、教職員がいかに多大な被害をうけたか、琉球新報文化欄の連載開始時に、教育会館の全教職員の戦没者名を木札に書いてある「慰霊室」を特別に開帳してもらった。そこは「平和の礎」の原点でもあり、米軍への抵抗の出発点になった現場でもあった。

■慰霊ホール

　沖縄の日本復帰運動の中心的役割は、屋良朝苗教職員会会長が率いる沖縄の教職員が担っているといわれていた。教職員会は米軍の弾圧を撥ねつけて、１９５４年、那覇市久茂地に教育会館を建設した（２０２１年那覇市大道に移転）。その３階の舞台奥は、沖縄戦で死没した全児童生徒、教員、職員７６１０人の氏名を木札に刻み、大きな位牌の形にした「慰霊室」になっているため、「慰霊ホール」と呼ばれている。

　米軍抵抗のシンボルとなった教育会館で、抗議行動に立ち上がる決起集会には、日ごろは閉めている黒幕を開けて、沖縄戦で死没した全児童生徒・教職員の名前を前にして決意表明し、沖縄戦体験を絶えず振り返ることになった。

　私は６０年代に初めてその話を聞いて以来、「慰霊ホールには県民の思いが凝縮されている」と強く感じていた。ただ、慰霊ホールは日ごろ公開されていないため観ることができず、２０１７年２月、初めてその機会を得た。市町村ごとに並んだ氏名は、「平和の礎」の原点をみる思いがして、感慨深かった。

■二つの論文

　大学院時代に読んだ復帰運動関連の各文献には戦争を否定し、平和を志向していく思想が薄紙を重ねていくように

形成され、日本復帰運動に「反戦平和」というスローガンが生まれたのだ、という認識が示されていた。それを知って、沖縄戦体験というのはいかなるものであったのか知りたいという問題意識が芽生えてきた。

　１９７０年４月からコザ市（現・沖縄市）山里の国際大学（現・沖縄国際大学）へ勤めることになる直前、大阪駅前の旭屋書店で偶然見つけた『歴史学研究２』（１９７０年２月、Ｎｏ．３５７、青木書店）で儀部景俊さん（国際大学教員）の「沖縄における戦争責任」（６５頁）を、金城正篤さんと西里喜行さん（ともに琉球大学教員）の「『沖縄歴史』研究の現状と問題点」（４７頁）の論稿と共に読んだことが、沖縄戦体験への関心を一層高めることになった。これから勤めることになる大学の教員の儀部さんが学会誌に名を連ねていることは、当時、新崎盛暉さん、大田昌秀さん、福木詮（嶋袋浩）さん、国場幸太郎さん以外、全国誌で沖縄の人の名をあまり見かけなかったこともあり、誇らしく感じたものである。

　国際大学に勤めてから、初対面の儀部さんに、「『歴史学研究』で先生の論文を読みましたよ」と話した。私の戦争体験聞き取り調査のきっかけが、儀部さんにその論文を読んだことを話したことだったと知るのは、その２カ月後だった。

　金城／西里論文は、これからの沖縄歴史研究のあるべき

沖縄戦で死没した全児童生徒、教員、学校職員７６１０人の氏名を刻んだ木札が並ぶ県教育会館の慰霊ホール。「平和の礎」の原点ともいえる＝那覇市久茂地（２０１７年）

姿を指し示す、熱気あふれる内容だった。これまでの「沖縄歴史」研究は、「差別と忍従の歴史」という視点だったが、沖縄の歴史は「差別との闘いの歴史」として書きかえられるであろうし、また書きかえなければならないと高らかに宣言している。現在の辺野古新基地建設阻止の闘いは、まさに「構造的差別・迫害との闘いの歴史」そのものであり、今日の状況を予見しているようで、今読み返しても新鮮な響きを感じる。

　辺野古の現場では、沖縄の民衆が本土や諸外国の人たちとも手を携えながらその歴史を刻んでいるので、沖縄の「闘いの歴史」が世界的広がりを持ち始めていることを意識化させる論文である。

　今振り返ると、私は儀部論文「沖縄における戦争責任」の示唆するところに沿って、衝き動かされてきたのだということを、あらためて痛感する。「かえりみるに、敗戦来、沖縄における戦争責任の追及は、加害に関してはもとより被害の側面からも、そして権力（占領軍）の側からも民衆の側からも、政治的、社会的問題として、かつて一度もなされたことがなかった。今、われわれが、アメリカ帝国主

義の軍事支配を拒否して自らの解放を志向する時、かつての戦争責任を不問にして前進はあり得ないように思われる。」（６５頁）と、新進気鋭の若手研究者が沖縄内の戦争責任に言及していた。

　この論文を読んだ翌月に８年ぶりに沖縄へ戻った。それを待ち受けたかのように、戦争責任を問う「赤松来島事件」が新聞で大きく報じられていた。儀部論文の歴史的意義を強く感じるできごとだった。

　　　　　　　　◇

　私は１９７０年４月から沖縄国際大学への統合（１９７２年４月）前の国際大学で教員生活を開始し、２０１７年２月に大学院非常勤講師の講義を終えることによって、４７年間の大学教壇生活に終止符を打った。

　これを機に、戦争体験の聞き取り調査をしてきた中で、文字にしていないさまざまなエピソードやその調査にまつわるさまざまなできごとを振り返ってみたい。

　また、調査結果が社会にどのように反映されていったかや、封印してきた体験を聞き取りする時の間合いの取り方などについても、書き留めておきたい。

第2回
赤松氏来島事件

「真相」追う旅の始まり／「集団自決」責任で紛糾

8年ぶりに大阪から沖縄へ戻ってくるなり、いきなり、沖縄戦体験をめぐる深刻な問題に直面した。国際大学（現在の「沖縄国際大学」）に勤務する直前に偶然、大阪で沖縄戦の戦争責任を問う論文を読んだが、一か月もたたない内に、その問題が大々的に浮上したのである。私にとっては偶然過ぎる必然的偶然としか言いようがなく、いまに至る、沖縄社会の内奥に潜む沖縄戦体験の本質に迫る問題となっている。軍の強制・命令などによる住民の集団的死のことを、「集団自決」（殉国死）として、マスコミや筆者を含む研究者が使用してきているが、それが「赤松氏来島事件」として顕在化することになったのである。

■住民の認識

琉球新報の記事によると、沖縄戦当時、渡嘉敷島駐屯海上挺身隊第三戦隊隊長・赤松嘉次氏（50）が、戦友15人と遺族3人で3月28日の白玉之塔前の慰霊祭に参列することになり、27日に訪沖することになった。1945年3月28日に渡嘉敷島で「集団自決」（殉国死）を命じられた400人余の村民は阿鼻叫喚の地獄絵図を繰り広げた。

一方では米軍の要求で投降を勧告にきた男女6人を斬り殺し、住民の何人かもスパイの疑いをかけて斬り殺したという。「沖縄の遺族の憎しみを一身に受けている赤松氏だが、その後の週刊誌や琉球新報では『集団自決は私が命令したのではない。スパイ容疑で殺したのは、気の毒だが当時の状況からやむをえなかった。住民に対してうしろめたい気持ちはひとつもない』と話し、再び遺族や関係者とその深層をめぐって対立していた」と、赤松氏訪沖以前のインタビュー記事を載せている。

赤松氏はさらに訪沖直前にも「事実に反することがいろいろいわれ、そのせいで村民の方たちも一致して迎えられない事情があると思う。そっとしてほしい」と述べたという。赤松氏が訪沖を村に申し出て、渡嘉敷村遺族会会長でもある玉井喜八村長は、「あれから25年にもなった現在、個人的にはいろいろあろうけれども、だれがあの問題を犯したということではなく、素直に慰霊させた方がよいということで遺族会で話し合いましたし、村民も軽い気持ちで迎えようという

ことになっている」と述べたと報じられた。儀部論文は、このような住民の認識を事前に問題にしていた形だ。

■命令下さなかった

そして、27日の琉球新報朝刊9面には「"集団自決命令しなかった"／赤松元大尉が来沖／抗議に青ざめる／民主団体　空港で激しい詰問」とトップ記事と見出しを載せている。激しく抗議した民主団体とは、平和を守る沖縄キリスト者の会、歴史・社会科教育者協議会、日本原水爆禁止協議会沖縄支部、日本平和委員会沖縄県支部、日本科学者協議会（ママ）沖縄県支部と報じている。

私は、このような団体名が沖縄に存在することを初めて知った。抗議団は赤松氏が26日、那覇空港に着くや、「渡嘉敷島の集団自決、虐殺の責任者赤松来県反対」の横断幕のもと「赤松帰れ」「人殺し帰れ」と口ぐちに叫んで赤松氏を取り囲み、激しく詰問した。そして渡嘉敷村民の間でも赤松氏の慰霊祭参列の賛否をめぐって28日当日の明け方まで協議が続いた。

渡嘉敷村郷友会青年部は、赤松氏の慰霊祭参列を実力阻止することを打ち出したので、民主団体抗議団とあいまって泊港北岸は緊迫した空気に包まれた。

結局、赤松氏一人、渡島を断念し、参列を見合わせることになった。29日、帰途に就く前、記者団の要請で赤松氏以外に当時の小隊長、副官ら3人が加わった記者会見が

赤松嘉次氏の記者会見を報じる１９７０年３月３０日付琉球新報朝刊の記事。「真相はほかにある」の発言の裏に大きな問題があることが、後に明らかになっていく

行われた。

琉球新報３０日朝刊７面に「真相はほかにある！ 渡嘉敷島の集団自決／命令は下さなかった／私にも責任が／赤松元大尉 抗議を背に帰途へ」と、トップ記事で記者会見の一問一答が載っている。その一部をピックアップする。

－住民を守るべきあなたが生きていて、住民が死んでいる事実をどう思うか。

赤松氏 自決の問題では普通の状態でも自殺する人がいるように、同じような状態で戦場では、強制されないのに自殺していったと考えられる。

－集団自決を知ったのはいつか

赤松氏 翌２９日朝聞いたが、早まったことをしてくれたと思った。

－その自決に追いやった責任をどうとったのか。

連下小隊長 こうやって隊長がやってきたではないか－。責任というが、もし本当のことをいったらどうなるのか、大変なことになるんですョ。本当のことを発表してもマスコミは取り上げないではないか（興奮した口調）。

－では真相を聞かせてほしい。

連下氏 いろんな人に迷惑がかかるんだ、いえない。

赤松氏 私はきた時にもいったように、この問題はいろんなことを含んでいるので、ソッとしていてほしいといったはずだ。

■謎めいた発言

以上のやりとりは、沖縄戦体験の知識が皆無の状態だった私には、まったく理解できないことであった。しかし、今、「赤松来島」問題の新聞紙面をあらためてめくっていくと、沖縄戦体験の認識をめぐる問題は、この赤松氏らの「真相はほかにある」という「謎めいた」発言に絡んでいることが、くっきりと浮かんでみえる。

私は、この「赤松来島」事件から２カ月後に、「沖縄における戦争責任」の論文を書いた儀部景俊さんに『沖縄県史１０巻 沖縄戦記録２』の執筆陣に加わらないかという誘いの電話をいただいた。それを契機に、私は戦争体験聞き取り現場に向かうことになった。それが「真相はほかにある」ということを追い求める旅の第一歩になるとは、自分自身、まったく意識していなかった。

第3回
相反する認識

戦争犯罪の調査始まる／曽野氏は「命令なかった」

「赤松来島事件」で「集団自決に軍命令はなかった」「本当のことを言ったら大変なことになる」「住民をスパイ容疑で殺したのは止むを得なかった」などと、赤松元大尉らが発言している。それに対して日本軍の残虐行為を告発するために「戦争犯罪追及委員会」が設けられ、緊急調査して「これが日本軍だ」という報告書が発行された。その動きに真っ向から立ち向かって、曽野綾子作家が渡嘉敷島での住民の集団死事件を調査した『ある神話の背景─沖縄・渡嘉敷島の集団自決』を出版した。それは沖縄へ配備されようとした自衛隊を旧日本軍ととらえた沖縄側の認識との対立でもあった。

　１９７０年３月の新聞が伝える「赤松氏来島事件」で、赤松氏一行が、「集団自決に命令はなかった」「真相はほかにある」「もし、本当のことをいったら大変なことになる」という謎めいた発言と「スパイ容疑で（住民を）殺したのは、気の毒だが当時の状況ではやむを得ない。住民に対してうしろめたい気持ちはひとつもない」と言い切っていることは、沖縄戦体験の解明にさまざまな問題を投げ掛けている。

■「有事法制」と連動

　それは凄惨な沖縄戦体験をどのような視点、考え方で捉えるのかという問題として、当時から今日まで、さらに将来にわたって尾を引くであろう課題を与えている。それを単純化すると、皇軍（旧日本軍の別称）が沖縄住民に与えた加害者の立場に立つのか、被害者としての沖縄住民の立場に立つのかという相反した認識の問題にもなっている。その相違は、住民の死を「自発的死」「殉国死・尊敬死」「日本人の鑑」として捉える立場か、「強制死」「無念死」「犬死に」として皇軍・帝国日本国家を糾弾する立場か、と相いれないまま「沖縄戦裁判」として法廷で争うまでに至っている。その争いが、１９８０年代と２０００年代の「有事法制」制定の動きと連動していたことは見逃せない。

■ある神話の背景

　その争いに多大な影響を与え続けているのが、小説家曽野綾子氏である。「赤松氏来島事件」を機に取材を重ね、１９７３年５月、『ある神話の背景─沖縄・渡嘉敷島の集団自決─』（１９７３年、文芸春秋社）を発刊している。それによると、「赤松氏来島事件」が発生した１９７０年９月１７日に、「赤松元隊員たちの沖縄訪問から約半年後に大阪千日前の『ホテルちくば』」で、「かつての戦場であった渡嘉敷島へ行ってきた隊員たちの、行かなかった隊員たちへの報告会」に出席した。そこでの元隊員たちの報告を聞く中で「とりわけ私の心をうったのは、赤松氏の令嬢のことであった。娘はもともと、父親を理解しにくい立場にいる。ましてや、悪玉呼ばわりされている父であったら、なおさらであろう。そして、その父は、いったい、その島で何をしていたのか。私は知りたいような気がし始めた。ただ、その場合、赤松令嬢に対する同情から或ることをことさらに好意的に見ないように、自戒しなければならないと思った」と、このテーマに取り組むノンフィクション作家としての心構えを書いている。

　その出版から１５年後の１９８８年４月５日、「第三次家永教科書訴訟」における「沖縄戦に関する部分」で、家永三郎教授に訴えられた国側証人として、『ある神話の背景』を書証として提出した曽野氏は、その調査執筆の動機について、「赤松さんがあんまり悪い人間に書かれておりましたので、そういう悪魔のような悪人がいるなら一度見たいと思ったのが『神話』にとっついた理由です」[註1]と、

曽野綾子「ある神話の背景－沖縄・渡嘉敷島
の集団自決」

沖縄県教職員組合「これが日本軍だ－沖縄戦
における残虐行為」

法廷で明快に述べている。

　さらに、集団自決（殉国死）の軍命をめぐっては、２００５年８月、赤松元大尉の弟・赤松秀一氏らが原告になって『沖縄ノート』の著者大江健三郎氏と版元の岩波書店を大阪地裁に訴えた時、原告側は曽野綾子氏の『ある神話の背景』の改訂版「沖縄戦・渡嘉敷島『集団自決』の真実－日本軍の住民自決命令はなかった－」を主たる根拠にしながら、赤松元大尉の集団自決（殉国死）の軍命はなかったと、名誉毀損による「損害賠償」、「出版差し止め」などを求めた。

■自衛隊

　一方「赤松氏来島事件」を契機に、「沖縄戦における日本軍の残虐行為を告発する為」、急きょ結成された「戦争犯罪追及委員会」は、住民の「訴えどころ」になっていた沖縄教職員組合が母体になって各地の住民スパイ視・非国民視集団虐殺事件と各地で発生した集団死事件などの調査を開始した。

　国際大学の儀部景俊さん、琉球政府史料編集所の安仁屋政昭さん、沖教組の福地曠昭さんらが中心になって調査した報告書は、『これが日本軍だ－沖縄戦における残虐行為』

というセンセーショナルなタイトルで、１９７２年５月６日に緊急発刊され、その内容は多くの県民に衝撃を与えた。

　そのまえがきで「なぜ沖縄県民は二七年前の日本軍の残虐行為をあばこうとしているのか。それは自衛隊の沖縄配備と無関係ではありません。沖縄県民にとっては、あの沖縄戦は昨日の生々しい出来ごとであり、自衛隊即日本軍隊であるからです」（平敷静男沖教組委員長）と述べている。赤松氏の来島は自衛隊を旧日本軍とも捉える沖縄世論を鎮静化させる役割を担っている、沖縄への自衛隊配備の水先案内人ではないか、という疑念を裏付けるような言葉を記している。

　この冊子の中に「援護法」（戦傷病者戦没者遺族等援護法）の本質が盛り込まれているが、当時はその知識は全くなかったので筆者は理解できなかった。久米島鹿山隊の住民虐殺事件のことだ。日本軍に惨殺された仲村渠明勇氏の二男、仲村明賢は語る。「『明勇は昭和四二年に日本政府から、戦死として勲、八等白色瑞宝章が送られていますが、勲章などでは救われません。戦死といえば、名誉だといわれていた当時ですが、次々と戦争のために殺されていった兄弟のことを考えると怒りにふるえます。国のためとはいえ全く犬死ですよ。明勇は日本軍に殺されていながら戦死とは何ですか、兄弟四名も戦争で死にましたが、恩給もなく、見舞金程度のものでごまかされているのです。日本政府に対する怒りは、今もって消えません』…と歯をかみしめながら語っている」[註2]。

　ここでは触れられていないが、当然、虐殺された明勇氏も靖国神社に戦闘参加者として合祀されていることになっている。

[註1] 安仁屋政昭編『裁かれた沖縄戦』晩聲社、261頁　[註2] 同書、48頁)

第4回
「来島事件」その後

親友が赤松の主治医／複数の不思議な巡り合わせ

赤松元大尉来島を機に、伊江島の青年男女が赤松隊に虐殺された遺族の声を代弁するかのように、伊江島から新聞の声欄に二人が投稿した。それに対して、作家の曽野綾子は日本軍兵士側に立って、著作で反論している。それから十年後、赤松元大尉は難病で病死したことが報じられた。ところが、赤松元大尉の死を看取った主治医は沖縄の鎖西忠信医師で、筆者の高校時代からの親友であった。当直医が赤松隊に集団死に追いやられた島の校長の親族にあたる、石川和夫医師だったというのは不思議な縁である。

■伊江島

沖縄戦時、赤松隊は、伊江島の青年男女8名を殺害したといわれている。伊江島を占領した米軍は飛行場建設のため1945年5月に、慶良間諸島へ全住民を強制移動させた。

渡嘉敷部落長・大城竹吉氏の「慶良間島収容記」〔証言・資料集成『伊江島の戦中・戦後体験記録』〕によると、渡嘉敷島では「六月下旬　山麓に潜む渡嘉敷村民を誘い出しにと軍政府の命で伊江村民中から男女六名が派遣されたが、運悪く日本軍陣地に迷いこみ密偵の嫌疑で一人残らず行方不明になったのは実に遺憾である。七月中旬　渡嘉敷村民は山を下り軍政府の保護を受け六百余名が伊江村民と相和して部落の復興再興に邁進することになった。日本軍は九月になっても降伏せず依然として山深く潜伏しているので米軍は降伏勧告文を認め、伊江村民中から四名二度目の特使を出し、夜間に日本軍陣地付近の木に吊るすことを命ぜられ出発したが、四名のうち二人は帰ったが二人は行方不明となった。後日赤松隊は六名に銃殺を命じたと話している。また当時の情況では止むを得なかったと云うているが憎むべき行為である」と記録されている。

民間人収容所の部落長としてのその記録は、伊江村民一般に共有されてきたはずだ。赤松隊は、被害者の遺族をはじめ伊江島住民から消えがたい恨みを受けていたであろう。

■阿波根氏の投書

第2回目の「赤松氏来島事件」の新聞記事は、読者の目を引いたようである。すぐに伊江島の謝花悦子さんから赤松氏に関する情報が寄せられた。以前、赤松氏の孫だという大阪の小学校の教師が、生徒を引率して伊江島わびあいの里「ヌチドゥタカラの家反戦平和資料館」を訪れた。2度目の訪問の際に、阿波根昌鴻さんに「自分の祖父の話を聞かせてください」と訪ねてきたという。

私は、赤松氏のお孫さんが、渡嘉敷島に収容されていた阿波根さんを訪ねてきたのは、曽野綾子著『ある神話の背景』を読んだからではないかと思った。その本を再読したら曽野氏が、阿波根さんの投書に言及している件（くだり）を見つけた。

曽野氏が反論したのは、「赤松来島」を知った伊江島の阿波根さんが1970年4月4日に『琉球新報』に投書した次の記事についてのようだ。《ごうから赤松が出てきたらすぐわれわれの手に引き渡してくれ、われわれが処分するから〉と伊江住民は願ったが、軍に拒否され無念の思いをした。その赤松元大尉の写真を3月27日の新聞で見た瞬間、ごうから出てきたときは、丸々とみにくく太りすぎていた当時の顔の半分にも足りない細った顔にまずおどろいた。悪魔の赤松も二十五年の間に反省してくれたのか、さすがの彼も二十五年の良心の責めに苦しみ続け、このままでは死ねない―とざんげのためにやってきたのかと思った。だが、実際はまるでその正反対であることに驚き悲しくなりました。（中略）赤

阿波根昌鴻さん投書／ 赤松氏来県を批判する阿波根昌鴻氏の投書（１９７０年４月４日付琉球新報朝刊、声の欄）

松は安全なごうの中にいて、村民を寄せつけず、村民を酷使して、ぜいたくざんまいの生活をしていたときのように、二十五年後の今日もなお、当時のように県民を自由にできると、あまく考えて沖縄にやってきたことは疑う余地がない。かれが身に傷一つ受けずに生きのびたのは、彼の命令によって自決した村民たちのおかげである〉

以上の投書とともに、『沖縄タイムス』（７０年４月７日付）への伊江村民の知念定栄さんの投書から「彼は部下が言っていた通り、」魚を食べて「肉が垂れ落ちるほど肥え太り、しかも肥満した愛人を連れ…」を引用している。そして赤松氏は「太ってはいなかった」、「『愛人』なる存在はいなかった」という赤松隊元隊員の証言でもって、伊江村民の投書に反論した形をとっている。

一方、謝花さんは、次の出来事を思い出した。曽野氏の反論を受けたものかは不明だが「阿波根さんが晩年、豊見城市内の病院に入院していた時、入院患者が阿波根さんの枕元を訪れ『私は、赤松隊の魚を海で捕る役をしていた』とわざわざ話し掛けてきた」。

■小説より奇なり

私もまた、赤松氏の訃報を高校時代からの無二の親友で医師の鎮西忠信さんからの電話で知ったことを思い出した。１９８０年２月のことだ。当時の新聞記事の通り、現在は、加古川中央市民病院の名誉顧問を務める鎮西さんが「稀な

疾患」の赤松氏の主治医だった。

当直医として赤松氏をみとった石川和夫さんの親族が、渡嘉敷島の凄惨な集団死に追い込まれたということも知り驚いた。集団死の犠牲となった、石川さんの親族は、母方の祖父母にあたる真喜屋実意夫妻だった。

後日、石川さんが、平和教育に熱心に取り組んでいた宮城千恵さんと従兄妹だということを知り、真喜屋夫妻が彼女の祖父母でもあったことが分かり、いっそう驚いた。渡嘉敷村史によると、実意さんは、昭和１９年１２月まで渡嘉敷村長を務めていた。首里出身の実意さんは島の校長だったときに村長を託されるほど村民の信望が厚く、夫妻は島に永住するつもりでいたが非業の死を遂げた。

今、「赤松氏事件」の加害者側と被害者側の孫らが、平和教育や高江・辺野古での平和活動に携わっていると言われていることに、一条の光を見る思いだ。

赤松氏死亡を報じる記事／ 赤松氏死亡を報じる１９８０年２月８日付琉球新報朝刊。「まったく偶然ながら事件関係者の身内のひとりに治療を受けながら死去した」との記述がある

歴史学の視点学ぶ／北部、伊江で庶民の体験聞く

沖縄では１９７０年前後から琉球政府の沖縄県史第９巻、１０巻で住民の沖縄戦記録のため、住民証言の記録作業が初めて開始された。沖縄戦体験の証言をまったく聞いたことがないまま大学教壇に立った筆者を、先輩研究者が「沖縄県史」第１０巻、沖縄戦体験の執筆陣に加えた。単に沖縄戦体験とは何かということに関心を持っているというだけで、若干２９歳のなんの実績もない筆者に声をかけたのである。まずは、住民の戦争体験を記録する視点の共通認識を執筆者間で確立しようというところから出発した。

■若手中心

　琉球政府時代に企画され、琉球政府立沖縄史料編集所（復帰後は沖縄県立）で編集発行された沖縄県史24巻のうち、３巻も沖縄戦関係が占めていた。第８巻が沖縄戦通史で第９巻、第10巻は住民の沖縄戦体験記録に充てることになっていた。第９巻と第10巻を読み比べれば明々白々だが、第９巻は座談会方式を中心にして話し手の録音テープを文字起こしした証言に、小見出しをつけるなどの編集は行われていない。第10巻は、調査執筆者が個々の話し手の証言に小見出しを立てて、読みやすくするという編集を行っている。

　そのような編集方針を巡って、史料編集所内でかなり激論が交わされたという。結局、若手所員の主張が通ったので、第10巻は安仁屋政昭所員らの方針に任されることになった。従って、１９７１年に発刊された第９巻は、沖縄戦の激戦場だった中南部を中心に座談会方式で収録されている。第10巻は、第９巻では調査収録されていない沖縄の北部・本島離島・首里などや宮古・八重山地域を若手の教員らが中心になって調査執筆することになっていた。

　まさにそのタイミングで私は沖縄の国際大学で教員生活をスタートすることになった。安仁屋政昭さんに大学学友の儀部景俊さんから、私が沖縄戦体験に関心をもっていることが伝わったようで、私は調査執筆の依頼を受けることになったのであろう。

　初めてお目にかかった安仁屋さんからは、沖縄戦を体験していない新米教員に戦争体験の聞き取りに傾注させたいという意気込みが伝わってきた。さっそく、那覇市史編集室の方にも紹介され、「これから県史で頑張っていく人だから、那覇市史やいろいろな資料などをあげてくれ」と、特別に紹介してもらえた。このような心遣いに感動し、調査執筆への意欲が、さらに駆り立てられていった。

■先輩との旅

　それから半年後の１９７０年暮れ、儀部さん、安仁屋さん、元史料編集所員・仲地哲夫さんと新参の私の４人は、庶民の沖縄戦体験聞き取りの視点を共有するため、沖縄本島北部と伊江島を数日間調査旅行することになった。

　話し手に会う約束を取ることもなく、先輩たちの友人知人を訪ね歩いて、戦争体験を各人思い思いに聞き取りしては、夜、宿に持ち帰って検討しあうということを重ねていった。一番心に残っているのは、伊江島にも渡って、土地闘争で有名な阿波根昌鴻さんから聞き取りをしたことである。阿波根さんの、キューバ移民、日本軍のスパイ視、慶良間への強制移動、渡嘉敷島赤松隊の伊江村民虐殺など多岐にわたる体験を聞いて、宿で感想を述べあったのは相当内容が深かったような印象である。

　この聞き取りの視点を共有する旅の成果は、『沖縄県史』第10巻（１９７４年３月）で安仁屋さん執筆の「総説庶民の戦争体験記録について」に盛り込まれているはずだ。

「沖縄戦後史」発行ブームを報じる１９７２年４月１７日付琉球新報朝刊。県史の編集を進める沖縄史料編集所の様子も紹介されている

１９７４年に発行された「沖縄県史第１０巻」

検討し合った詳細は記憶していないが、私がその後聞き取りした内容が、その論考に示唆されているので、以下のようなことなどを話題にしていたと思われる。

「激戦地の凄惨な場面にのみ眼をうばわれて、戦争における庶民生活の苦悩にみちた諸様相が見落とされがちである」「また、交通の途絶した離島における食糧難やマラリアなどの疫病による犠牲者のいたましい惨状は、ほとんど語られていない。同じく離島でのいま一つの問題点は特務教員である。戦闘部隊の配備されていない離島に、遊撃戦の指導要員として配置されたのが特務教員であるが、彼らは国民学校あるいは青年学校に教員の名目で赴任し偽名を用い、その任務をかくしている場合が多い」「伊平屋島に赴任していた某特務教員などは、沖縄の復帰後再び沖縄にやってきて教育機関の枢要の地位についている」「戦後、沖縄においては、戦争責任の追及はきわめて一面的なとりあげかたとしてしかなされてこなかった。それは被害を受けたという側面からのものであったが、渡嘉敷島の赤松隊や久米島の鹿山事件などにみるように、特定の個人を糾弾するというやり方で、言葉をかえていえば、個人的なうら

みつらみを晴らす形でしかとりあげられなかった」「戦争責任問題の一つの現れとして、敗戦直後の『一億総ざんげ』論がとなえられたことがあった。その特徴は、ざんげの内容が敗戦の原因（責任）に限られていたこと、そして戦争指導者と一般国民とにたいして無差別に『ざんげ』を要求していることにあった。このことは、つきつめれば、太平洋戦争を一応肯定した上で、敗戦の責任を免罪にする論理が伏在していたといわねばならない」[註3]。

■学際的

私を除く３名は大学で歴史学を専攻した人たちだから当時の歴史学界の到達点をふまえた庶民の戦争体験記録の視点を『沖縄県史』編集で確立しようとしていたようだ。その調査旅行は、社会学専攻の私には今日までの戦争体験聞き取りの、視点確立の学際的学びの場であった。

それからまもなく、安仁屋さんの後継者として沖縄史料編集所所員となる大城将保さんが沖縄教職員組合の臨時職員として、東京から戻ってきた。第３回で紹介した『これが日本軍だ』の編集が初仕事だったということで、『沖縄県史』第１０巻の調査執筆陣にも加わるのは自然の成り行きだった。

私はその後、県史執筆仲間となった大城さんの情報を基に１９７５年から２０００年まで学生と断続的に平和教育の拠点となった糸数アブチラガマの調査をすることにもなった。

[注3] 1108～1109頁

第6回
「軍国幼児」の記憶

沖縄戦体験、耳にせず／台湾から5歳で引き揚げ

沖縄県史の執筆陣に参加させてもらったが、筆者は台湾で生まれ、1946年11月、五歳半ばで沖縄に来た。台湾時代の戦争にまつわるできごとも若干記憶している。したがって、78年前の戦時中の空気を吸って、断片的にでも当時のできごとを記憶している最後の年齢だろうと思っている。中城村の久場崎収容所から沖縄生活がスタートしたが、難民生活そのものだった。戦禍で荒れた沖縄の光景は、鮮明に記憶している。沖縄戦の実状を知らなかったからこそ、長年、知らない者の強みですさまじい沖縄戦の聞き取り調査が出来たようだ。

■時代の空気

数日前、小学校時代の親友・百名真司さんにも確認したが、1948年の城北小学校入学以来、首里高校を卒業するまで、戦争の生き残りの諸先生から戦争の話をまったく聞かされてこなかった。親戚や近所の人たちからも、この傷痕は弾が貫通したものだという一言以外、沖縄戦の体験談を一度も聞いたことがなかった。今思えば語れない体験故に、沈黙が支配していた感がする。だが、沖縄戦の体験がないとはいえ、私はアジア太平洋戦争の時代の「空気」を体感した最後の年齢の一人だと自覚している。

1937年に首里から台湾へ転住した両親（父1911年、母1915年生）のもとで、私は1941年6月、宜蘭市で台湾貯蓄銀行の日本人だけが住む社宅で二男として生まれた、いわゆる「湾生」である。米艦のLSTで基隆港から中城村の久場崎港へ引き揚げてきたのは、5歳5カ月の1946年11月14日だった（小渡有得著『小石のつぶやき』《琉球新報社》で6日要したことなども確認できた）。

生後半年足らずで開戦となった、アジア太平洋戦争が終結した1945年当時の4歳前後に見たり聞いたりした記憶は、断片的に脳裏に刻まれている。幼い時から時折、台湾時代を忘れまいと思い起こしてきたので、わずかながら記憶が残っているのだろう。

特に1970年から戦争体験の聞き取りを開始するや、アジア太平洋戦争の「時代の空気」を生で記憶しているのは私の年代が最後だろうし、おぼろげな記憶も、時代の証言として意味があるかもしれないと思い続けて来た。1945年10月、台湾で三男の弟が生まれた状況やそれ以前の事柄を若干覚えているので、それも私の記憶の証拠にしている。

■宜蘭山中へ疎開

一番鮮明な戦時中の記憶としては、宜蘭山中へ疎開した時のことである。台湾原住民（当時は生蕃と呼ばれていた）の居住地に日本軍が勝手に疎開小屋を建設したのであろう。板材と茅葺き屋根の疎開小屋生活を送っている時、青竜刀をもった「生蕃」の方々の怒りのこもったような声が夜、疎開小屋内に聞こえてきて怖かった。

ある夜、おなかが痛いと泣いていたようで、ぼくを渡り廊下であやす母の背中で、鉄砲を担いで行ったり来たりしている雨の中の日本兵の姿が、電灯かランプかは覚えていない薄明かりの中でぼんやり見えていた。「兵隊さんが雨の中をあんなに番をしているから泣いたらだめよ」と、母にあやされた言葉は、幼い日の数少ない記憶として何度も思い返してきた。

また1943年、32歳で現地部隊に召集された父は、たまに疎開小屋で家族と面会できたようである。ある日、衛生兵だった父がぼくの虫歯を抜くということになったので、その恐怖心で泣きながら山道を必死に逃げた記憶も、

中城村久場の戦後引揚者上陸の地の碑の前で筆者。5歳半の時、台湾からここに上陸した

■「難民生活」

一家は久場崎港に上陸して、殺虫剤のＤＤＴを身体中に撒かれ、米軍のコンセットに収容された。それからまもなく、両親の故郷・首里へ引き揚げてきた。首里中学校運動場の道向かいでトラックから伯母と祖母に抱きかかえられながら降ろされ、首里赤平の伯父さん一家が住む規格住宅にお世話になった。両家あわせて１２人が四畳半二間ほどにひしめきあうように暮らす「難民生活」が、沖縄での戦後生活のスタートだった。

戦後母との笑い話のタネになっていた。

さらに遊び友達の家にいく途中、7、8人の「兵隊さん」が大きな木の下で休んでいて、「ぼうやおいで」と手招きされ、金平糖をもらった記憶は忘れられない。「肩をならべて兄さんと　今日も学校へ行けるのは兵隊さんのおかげです…」という歌は、あの金平糖の思い出と重ねていたのか一番好きな歌で時折口ずさんでいた。

鉄砲を模した棒を担いで「勝ってくるぞと勇ましく…」と行進のマネをしたり、「ブンブン荒鷲ぶんと飛ぶぞ…」という歌を飛行機のプロペラを模して、得意げに腕をぐるぐる回して歌ったのも忘れ難い。軍国幼児として、軍歌はいろいろ断片的に覚えていた。

しかし、米軍占領下の沖縄への引き揚げ直前、復員してきた父が印鑑入れに刻印された部隊名かを小刀で必死に削っていたのは、5歳になった幼心に父の恐怖心が伝わってきたのか、その記憶も鮮明である。

革靴生活からいきなり裸足生活に陥ったので、いつも台湾時代の夢を見たり、遊び仲間には「また台湾の話か」と冷やかされるほど台湾の思い出を口にしつつ、荒廃した島沖縄に溶け込んでいった。

戦争の記憶といえばこの程度だったがゆえに、後年、私は多数の住民から地獄のような戦場体験の聞き取りができたのだろうと思っている。

久場崎引揚げの様子（那覇市歴史博物館 提供）

第7回
初の聞き取り調査

生の言葉に身震い／絶体絶命、板挟みの住民

1970年に大学教壇に立った時、受講生に「両親・祖父母から聞く沖縄戦体験」というテーマで、レポートさせた。そして受講生をとおして、はじめて沖縄戦体験の生の言葉を聞くことになった。宇久照子さんという沖縄戦当時16歳少女の体験が気にとまった。筆者の最初の沖縄戦体験の聞き取りは、紹介してもらった受講生の母からの証言だった。いきなり、沖縄戦体験の本質に迫る内容の証言に衝撃をうけた。その聞き取りは、沖縄県史の第10巻、沖縄戦記録に収録された。迫りくる米軍「前門のトラ」と絶対に投降を許さない日本軍「後門のオオカミ」との間で、住民は絶体絶命の状況に追い込まれ、直接・間接的に戦争死した沖縄戦の実状を、最初で教えられたのである。

■学生の母親

私個人が、激戦場における体験について初の聞き取り調査をした方は、受講生の母親の宇久照子さん（沖縄戦当時16歳）だった。戦後72年（2017年現在）たったいま思えば、当時は沖縄戦終結から26年目だったから、宇久さんはわずか42歳の若い母だったのだ（私は当時29歳）。社会学講義の受講生に両親・祖父母の戦争体験をリポートさせたのをきっかけに、宇久さんの存在を知った。おそらく、家族には戦争体験を語らないのが常である（後で知ったことだが）が、わが子に母の戦争体験を聞き取りさせた大学の先生ということで、応じていただいたのであろう。

首里大中のお宅で聞き取りを始めるや、いきなり、16歳少女の凄まじい戦場体験が、堰を切ったように、次々と繰り広げられた。私は、沖縄戦というのは、言葉では表現できないような恐るべき出来事だったことを、体験者の生の言葉として初めて聞き、身震いしたものである。聞き取り最初の宇久さんの体験記録は、『沖縄県史第10巻』沖縄戦記録2 [注4] に収録されている。

■展示

しかも1978年に再オープンした県立平和祈念資料

館の証言展示のメインのひとつに採用された。それは1983年12月に発行された『平和への証言―沖縄県立平和祈念資料館ガイドブック』（県生活福祉部援護課）にも、聞き取りの内容の一部が、いの一番に紹介されている。

「〈南部撤退〉 旧首里市 宇久照子（当時十六才） 首里では、アメリカ兵の姿こそみませんでしたが 接近戦になって ただもう 小銃だけをパンパンうち合っていたので 敵はもうま近にせまっているんだなぁ とひしひし感じました。逃げるとちゅうでも 鳥堀あたりに大きな穴がポッカリあいていて その辺りにゴロゴロ日本兵が死んでいるのです （中略）友軍は われわれがせっかく秘密にのぼって来ているのに おまえたちが騒がしいので敵に見つかってしまうじゃないか といって銃をつきつけたりもするので 道を通るにもたいへんでした （後略）赤田あたりでは おびただしい住民の死体がありました」[注5]

「〈死の道連れ〉 玉那覇のおばあさんが おじいさん 早くここにいらっしゃい となんども呼んだんですが おじいさんは どこにいっても死ぬ時は死ぬのだから そんなきたないところはいやだ といって ぜったい豚小屋にはこないのです そして 体をムシロでまいて 大きなフクギの木のあいだに一人でかくれていまし

旧・県立平和祈念資料館の証言展示（県立平和祈念資料館ガイドブック「平和への証言」から）

た　やっと攻げきがやんだので　父と母が外に出て　みんな元気か　と呼びかけましたので　私はおそろしくてガタガタふるえながら出ていきました　玉那覇のおばあさんも出て来て　おじい出ジティメンソーレーと呼びましたが　なんの返事もないので　ここのおじいさんは寝てしまったのかな　と思って　ムシロを開けたら　首がふきとばされて　胴体だけになっていました　玉那覇のおばあさんが　ワッターお爺　サッタンドー（やられたよ）と　もう放心状態でした」[注6]

「〈汚辱の戦場〉（前略）雨が降っていて　とても寒かったので　毛布を肩にかけて倒れている兵隊さんを死んでいると思い　その毛布をとろうと手をかけたらイーッと声を出したので　もう私はとびあがるほどおどろきました（後略）」[注7]

「〈シューサイド・クリフ〉　ビューッ　ビューッという音がして　砂地の砂がとぶので　おどろいて　見ると　友軍の兵隊が　私たちに向けて小銃をうっていたのです　民間人がゴソゴソするので　自分がみつかるのをおそれて　米兵にではなく　同じ日本人めがけて撃っているのです　その弾が父の顔をかすめて　ケガさせました　姿は　かくれて見えなかったのですが　後の方でコラッ！　おまえたち　出ていけ！　とさけんでいたが　私たちに言っているのか　ほかの人に言っているのか分からなかった　すると　近くで赤ちゃんの泣き声がしてそこに日本兵の弾がうちこまれ　殺されました　この海岸に来てからは　日本兵によって民間人が殺される場面は　いちどならず見ました　アメリカ兵は　日本の兵隊にたいして撃ってくるのであって　民間人とわかれば撃たなかったものですから　無さべつに撃ってくる友軍の兵隊のほうが　アメリカ兵よりもこわい存在でした　赤い綿入れの羽織の私と　えり巻きをした母　それに手ぬぐいでほほかむりをしている父の　三人は　アダンのしげみの中で　しっかりと手をつないで　身じろぎもしないで　ひそんでいました　アメリカ軍は　海からこちらに向かって　パン　パン　パン　と機銃掃射してくるしこちらでは　　日本兵に小銃でいつやられるかわからない　という両方からの圧迫感にたえられず　とうとうアダンのしげみから砂場にでました　もうやられるならやられていい　という覚悟ができたので　逃げる場所もないこの辺りですから　満潮のときには岸にいて　干潮のときには波がひたひたと足もとまでくる所までおりていました　この場所では　日本兵が同じグループの日本兵に殺されるのも見ました」[注8]

　私は、沖縄戦の住民被害の特徴は「前門のトラ（迫りくる米軍）と後門のオオカミ（投降を許さない日本軍）」の板挟みで絶体絶命の状況に置かれたことだと書いたり話したりしているが、そのことは、最初の聞き取りの相手の宇久さんに教えられていたのだということに連載執筆の今、あらためて気付いた。

[注4]　1040～1055頁　[注5]　51頁　[注6]　67頁　[注7]　87頁
[注8]　121頁

第8回
戦跡基地巡り開始

聞き取り、成果生かす／バス借り"にわかガイド"

「日本復帰」するや、米軍に沖縄への渡航を拒否されてきた人たちが自由に出入りすることになった。それを機に各団体が沖縄で全国大会を企画するようになった。そこで生まれたのが「戦跡基地巡り」で、後の「平和ガイド」が誕生することになった。その母体が「沖縄県史」の執筆陣と歴史教育者協議会（歴教協）という社会科教師の全国組織に属する諸先生がたによる「にわかガイド」であった。独自なシナリオで戦跡・基地ガイドをすることになったのである。筆者も、１９７０年からの沖縄戦体験の聞き取り証言に基づき、初めてガイドしたのが、「復帰」の年の７月に開催された歴教協全国大会だった。

■戦争中の清明祭

　本島中部の最初の調査対象者は、同僚から紹介された読谷村長浜の知花シズさん（沖縄戦当時３１歳）だった。開口一番、「戦争があったのは南部だよ、中部では戦争はなかったよ」と言われ、沖縄戦体験者の思いが一様でないことをまず教えられた。

　「米軍上陸後はそれ以前の生活と同じではなかったはずだから、どのように変わったかを聞かせてください」と頼み込んで、戦争体験を聞き出していった。

　知花さんは、１９４５年４月１日、読谷村に米軍が上陸した時、読谷村長浜の自宅近くの壕に避難していた。だが、間もなく米軍に見つかり保護された。最初は殺されると思っていた。「捕まった３日目から、家が残っている人は自分の家に帰ってもいいと許可があったので、私たちも、そこで生活していました。その後米軍は渡慶次部落の近くにテントを張り、部隊を駐屯させていました」

　「〈戦争中の清明祭〉　やがて四月の末頃になって戦時中の混乱も収まってきたので、兄嫁のカマドーが『もう、戦争も収まったので三月清明のお墓参りにでも行きましょう』と言ったので、簡単なお菓子などの盛り合わせを重箱につめて、お墓参りにいきました。ここ（長浜部落）では、昔から毎年旧の三月三日には部落一斉にサングヮチャー（浜下り）と清明祭を行う習慣があり、それは、現在まで続い

ています」[注9]

　沖縄戦のさなか、例年通り年中行事の「清明祭」も行ったというので、當間諭編著『新舊對照暦』（１９７１年２月、自家版）で確認すると、旧暦３月３日は、新暦の４月１４日であった。指呼の間と言ってよい、数１０キロ先の伊江島や宜野湾方面で日米両軍が死闘を繰り広げ、住民も地獄のような戦闘に巻き込まれている時だった。

　以後、私は旧首里市の近所の知人のほか平安座島、宮城島、伊計島、浜比嘉島などで沖縄戦の諸相の聞き取りを重ねていった。

■信頼関係

　私は大阪市立大学の大学院で社会学を学んで大学教壇に立つことになった。１９７０年前後、管見によれば、日本社会学会で戦争をテーマにした研究分野はなかった。したがって「他人の体験を聞いて、それが大学の教壇に立つような学問になりうるのか」と高校の同期生に揶揄されたこともあった。

　私は聞き取りの経験を重ねていく中で、いきなり戦争体験を聞き出すのではなく、家族構成、生い立ちから聞き出していき、さらに、職業などにも話が及んで、初めてお会いする人と「信頼関係」（ラ・ポール）を築いていきながら、戦争体験を聞き出すようになった。

歴史教育者協議会の沖縄大会を機に行われた南部戦跡巡り。沖縄歴教協が "にわかガイド" となり、参加者に沖縄戦の実相を伝えた（歴史教育者研究会『歴史地理教育』、１９７２年１１月臨時増刊号）

その後、日本社会学会で社会史というのも学問分野に位置付けられたので、私の聞き取り調査もその中に入ると考えていった。やがて「ライフ・ヒストリー」「口述史」という表現も使われるようになり、「生活史法」と呼ばれる調査方法も、日本社会学会で認知されるようになった。（谷富夫編『新版ライフヒストリーを学ぶ人のために』２００８年、世界思想社参照）

私は、戦争体験にとどまらず、戦争以前と戦後体験にも聞き取り内容を広げていったので、多岐にわたるテーマを聞き出すことになった。

今では日本社会学会のメンバーらが「戦争社会学研究会」という全国組織も結成しているので、戦争体験の聞き取り調査はその研究での最も重要な基礎作業として明確に位置付けられるようになった。

フィールドワーク（野外調査）、インフォーマント（聞き取り相手・情報提供者）という言葉も一般化していき、今では、各地で開催される各学会で付きものになっているエキスカーション（ｅｘｃｕｒｓｉｏｎ）と称する、現地案内人によってしかるべき場所を見て回り、知見を深めるというのが文系理系学会の習わしになっているようだ。

沖縄では、１９７０年前後からスタートした、沖縄戦を体験した住民からの聞き取り調査や米軍基地の調査をふまえた沖縄戦戦跡と米軍基地巡り（フィールドワークと称していた）という形態が、自然に生まれた。そこで偶然、県史執筆者グループの聞き取り調査のこれまでの成果が生かされることになった。

■全国からの研究者

全国組織の歴史教育者協議会（歴教協）の第２４回大会が、１９７２年７月３０日から８月２日までの日程で、「日本復帰」直後の沖縄で開催されることになった時のことである。田港朝昭琉大教授を中心とした沖縄歴教協では、全国から多数の会員が来沖するので、大会を終えると社会科の教員、歴史学者たちのことだから、南部戦跡の定期観光バスに乗るはずだと予想した。

そこで、どのようなシナリオで沖縄戦跡・米軍基地をガイドしているのだろうかという話になり、その内容を個々人でチェックすることになった。

私が乗車した定期観光バスのシナリオも他と同様、もっぱら軍人賛美の内容で、住民については一言も触れていないということが分かった。沖縄歴教協としては、沖縄戦の実相を伝えるべく、県史執筆者グループを中心にお互いの知識を持ち寄り、自前のシナリオによる "にわかガイド" で、観光バスを借り切ることになった。７月３０日、大会参加者約１７００人中８６８名を、貸し切りバス１４台で、２人１組の "にわかガイド" が案内した。

これが定期観光バスとは異なる「戦跡基地巡り」のスタートになった。

復帰直後の沖縄で開催され、全国から約２千人が参加した歴史教育者協議会沖縄大会の様子を報じる琉球新報（１９７２年７月３１日夕刊）

[注９] ４４９～４５０頁

第9回
伊是名島虐殺事件（1）

新聞寄稿に激しい脅迫／地域のタブーに踏み込む

「沖縄県史」第10巻沖縄戦記録が発刊されたので、新聞社が執筆者に「執筆を終えて」という原稿の依頼をした。筆者はまだ33歳で、沖縄県史の聞き取り調査をしてきたというだけの実績しかないときだった。沖縄戦の聞き取りは始まったばっかりだと、地域でタブーになっている「伊是名島虐殺事件」にふれた。しかし、不都合な真実を明るみにしようとして、その関係者から脅迫を受けることになった。
事件性のある聞き取り調査の難しさを教えてもらえた。語り手の語るままに文字にしたため、それを読んだ読者のなかに、ショックをうけ、その内容に逆上した人がいたのである。

■うわさ話

『沖縄県史　沖縄戦記録2』の調査執筆を重ねているとき、東京の「現代史出版会」編集部の和多田進さんが、安仁屋政昭さん、大城将保さんに『沖縄の日本軍』というタイトルの出版企画を持ち込んできた。それが伊是名島虐殺事件の真相に迫る契機になった。私もその執筆陣に加わることになったことで、沖縄戦での地域のタブーに踏み込むことになったのであった。

なんの実績もなかった私は、うわさ話として伝わっていた伊是名島での虐殺事件と糸数アブチラガマでの虐殺事件について、聞き取り調査をして執筆分担することになった。

そこで1974年夏、伊是名島虐殺事件について、近所に住む伊平屋出身の名嘉順一琉大教授からうわさ話のあらましを聴いたうえで、伊是名・伊平屋島へ出かけ、聴き取り調査をした。

『県史』が世に出たとき、沖縄タイムス社から各執筆者に「『県史記録編2を執筆して』戦争体験の実証」というタイトルの原稿の依頼があった。私は1975年4月7日、8日の両日、「伊是名島での証言／特務要員の実態明らかに」（上）と「住民虐殺の真相／島中震え上がらせた事件」（下）を連載した。

私にとって新聞への寄稿は初めてのできごとだった。沖縄県史としては、沖縄戦記録1と2が発刊されたが沖縄戦

体験の真相に迫る聞き取りは、緒に就いたばかりだというのが私の執筆の趣旨だった。伊是名の聞き取り調査の結果に基づいて、『沖縄の日本軍』の執筆原稿の下書きになる内容を沖縄タイムスに掲載したのである。

ところが、その記事を読んだ沖縄戦当時の島の「駐在巡査」から、その内容にかかわることで2年ほど、激しい抗議と生命まで脅かされるほどのすさまじい脅迫を受けることになった。

■元「駐在巡査」

元「駐在巡査」が、私を脅迫するきっかけとなった記事の冒頭部分は、以下のような内容だった。

沖縄戦は、砲煙弾雨にさらされた住民の悲惨な状態だけではなく、帝国日本臣民として軍国主義を植えつけられた住民の間でもいったいどんなことが発生していたかということに目を向けなければいけない、というのが私の問題意識だった。

1972年に、地元記者が沖縄の島々における日本軍の住民虐殺事件のレポートを企画していた。伊是名島でも日本軍による米兵の虐殺や住民虐殺事件が発生していたといううわさは口伝えにもたらされていたので、当然、この事件のうわさを頼りに関係者の証言を求めてその全容を解明しようと試みたようだ。しかし、関係者の深い沈黙の前に

シラサギよりマッテラ浜を望む（いぜな島観光協会　提供）

　ついにその事件は明るみに出なかった。

　私が偶然、その数年後にこの事件の聞き取りを開始した
とき、虐殺された遺族のひとりが「この事件が連載企画か
ら外されたのでホッとした」と、メディアへの証言の提供
を拒否した当時の心境を私に語った。

　しかし、他の遺族のひとりは、連載記事を読みながら伊
是名島での忌まわしい事件を思い出しつつ、そのリポート
を待っていたが、その事件が取り上げられなかったので、
非常に悔しい思いをしたという。

　私は相反する遺族感情に出会った。

　その事件は、陸軍中野学校出身者と国頭からクリ舟でた
どり着いた日本軍の将兵のグループ、島の防衛隊らによっ
て、漂着した米兵３人と非国民視・国賊視された奄美の３
人の少年、家畜商が惨殺されたということだった。

　私が聞き取りしてまとめた新聞記事のなかでは、当時の
「駐在巡査」にかかわる内容が、当人の逆鱗に触れること
になった。その内容はこうだ。「日本将兵たちは飛行機が
墜落して漂流してきたアメリカ兵を殺害した。また駐在巡
査も加わって、スパイの容疑で民間人（少年を含む）を虐
殺した」と書き記した。

　さらに、これらの事件発生以前のこととして次のように

も記した。「住民監視、しめつけには駐在巡査が全面に立っ
た。彼は以前から『文句統制令』なるものをタテにとって、
住民に厳しく対応して最も恐れられていた。米軍上陸以降
は、夜な夜な他家の軒下や、床下にひそんで住民の動向を
さぐっていた。彼のことを住民は軍事探偵と呼んでいた。
村長権限まで奪うほどの行き過ぎた戦争協力者としてとか
く評判が悪かった」。

■「証言者を教えろ」

　元「駐在巡査」の猛烈な抗議は、「連載の内容が事実と
は異なる。いったい誰がそのような話をおまえにしたのだ、
その証言者の名前を教えろ」という自宅への電話から始
まった。

　関西から沖縄へ嫁いできて４年目の伴侶は、元駐在巡査
が私の新聞掲載記事でどれほど困っているか、散々聞かさ
れたようだった。

　大学から帰宅した午後１０時過ぎ、即刻折り返しの電話
を掛けたが「お前は現場に居たかのように書いているが、
現場に居たのか？」「お前に話をした人の名前を教えろ」
というのが主たる内容だった。証言者の名前を教えるわけ
にはいかないので、深夜３時ごろまで押し問答が続いた。

「指導者に裏切り者」／脅迫機に、真相に迫る

「伊是名島虐殺事件」の新聞寄稿文に、「おまえに、そのような話をした人の名前をいえ、それを言わなかったら、お前を殺す」ということを執拗に、最初は電話で迫ってきた。それから筆者の両親宅にまで押しかけ、本格的な脅迫にエスカレートしていった。さらに、刑事二人が身辺警護することにもなった。最後は警官四人が乗ったパトカーまで、筆者宅にかけつけるほどの騒ぎになった。沖縄戦体験の深刻さを痛感することになった。これほど証言者の名前にこだわる「元巡査」を客観的に評するひとはいないか、それが最大の関心事になった。幸い「元巡査」を冷静に見ていた人の証言を得ることになり、かれが「虐殺事件」にはかかわっていないであろうと、推察できた。

伊是名島虐殺事件の聞き取り調査をしているとき、事件のカギを握る重要な人物は、「駐在巡査」と敗残兵グループで唯一の沖縄出身兵士であると、多くの人の証言から確信を得ていた。

■エスカレート

「駐在巡査」は島人に根まれるようなことをしていたので重い病気にかかっているとか、もうこの世にいないようだというようなことを言われていたので、もはや聞き取りはできないものだと思い込んでいた。

ところが、私の記事が掲載されるやすぐに電話を掛けて抗議してきた。驚くと同時に「ぜひ、話を聞かせてほしい」と頼み込んだ。

だが元「駐在巡査」は「よし、話そう、残波岬で会おう。暴力団同士が決闘した場所だ」と話すだけだった。彼の言う「事実とは異なる」事柄について話を聞き出そうとしても、まともに応じようとはせず、「証言者の名前を言え」の一点張りだった。

その後も「おまえに子どもがいることは調べてある。交通事故に気を付けることだな」などと、たびたび電話でプレッシャーをかけてきた。ついには私の両親の家に押し掛けた。

それを前触れに、直接私に会って決着をつけると、私の家に軽トラックで乗り込んできた。車の荷台には、先の尖った刃物類を積んで、真夏のカンカン照りの下、道路に止めたその車の横で2時間近く、押し問答となった。

さらに、「私の新聞記事を読んで身体の具合が悪くなった妻にもしものことが起きたら、ただちにお前を殺す」などと、脅迫の度合いは日を追ってエスカレートしていった。

■刑事2人

これほどまでに激怒する原因をなんとか聞き出そうとしたが、「奥があるんだ、ムラの指導者層の中に裏切り者がいるんだ」と言うばかりで、「事実と異なる」という中身を語ろうとはしない。

一方的に、最終決着をつける日時と場所を決めて、道路に先の尖った鉄の棒をハンマーで打ちこんで去っていった。

私は「殺す」とまで言われたので、私が跡目である楊姓門中の会長に相談したら、教え子だという那覇署長のところに、一緒に相談に行ってくれて、そこで指定された日時と場所に、刑事を二人張り込ませるということになった。その日は、地域の戦争責任について論じた儀部景俊さん、『沖縄の日本軍』の共同執筆者の安仁屋政昭さん、大城将保さんにも来てもらった。

安仁屋さんと私が直接、元「駐在巡査」の抗議を受けることにした。2時間近く水掛け論が続いたころ刑事2人が飛び出してきて、「後は自分らが対応するから引き取るよ

伊是名島での日本兵による米兵、住民虐殺事件を記した仲田精昌さん

私は見た
目撃者の仲田さん出版
伊是名島の虐殺

島の風景
仲田精昌

沖縄戦当時、伊是名島に日本兵が起こした米兵と十代の少年三人を含む住民殺害事件について、事件の一部を目撃し男性が当時の様子を記した石原昌家の著書を今回初めて本にした。同事件については、これが初めて執筆したのは石原昌家著『沖縄国際大学教授が聞き取りの証言をもとに『虐殺の島』（一九七八、晩聲社）で紹介されているが、直接の目撃者の仲田精昌さんの心に記録されたもうひとつの沖縄戦」（同社刊）。「同事件については戦争の動機を纏っている。多くが不明な部分が多い。仲田さんは伊是名島での日本兵による米兵と住民の虐殺事件は一九四五年五月から七月にかけて四度発生し、米兵二人と十代の少年三人、駅出身男性一人の計七人が殺され「島の人は語らなかったりして、見ないと聞いていことで虐殺は起きた、事実を噂だけにしていけないと思い、告発するつもりで、身の風景を綴っている。

日本兵の「事実」曲げられない

仲田精昌「島の風景―少年の心に記録されたもうひとつの沖縄戦」（１９９９年９月）

うに」と言われた。半時間ほどたって、刑事２人が『『これ以上、脅しに来たらどうなるか分かっているな、自宅も調べてある』とくぎを刺してあるから、安心するように」と私たちに告げた。

■いら立ち

このような経緯があったので、元「駐在巡査」の「ムラの指導者層の中に裏切り者がいる。事実とは異なり、奥がある」という言葉の端々には、隔靴掻痒のいら立ち、言いたいが言えないじれったさが感じられた。仮にそれが真実ならば、彼をかばうような、当時の状況を客観的に見ていた証言者をなんとしても探し出さないといけないと思った。そして１９７５年５月の末頃、二人の証言者を見つけた。

二人の証言はこうだった。

「彼は戦争協力体制を強引におし進め、強制していき、ちょっとした違反でも許さずびしびし取り締まった。しかし、住民殺害に関しては、むしろ住民のだれもが情報提供者になりえたのだ」

「元巡査は伊是名部落から諸見部落に移ってきてからはなりをひそめたようで漁に出たりして、敗残兵らとも接触している様子も見られなかった。米兵殺害にも、住民殺害にも主導的に関わっているようにも見られなかった。むしろ主導的だった者は住民の中にたくさんいたと

いうことだ。彼は職務熱心な男で、権勢を誇っていたのは沖縄戦突入前までだ。直属の那覇警察署との交通、通信が途絶え、命令系統が途絶した以後はむしろさめた人だったと見うけられた」

「元巡査はよくいえば当時としては立派な軍国日本の国民であり、悪くいえば直情径行型のファッショ的人間だった。当時よそ者は私を含めて３人いた。私は学校の教頭だったし、身の処し方を考えていたから、とやかくいわれなかったが、私の職業が巡査であれば、あの人みたいにいわれていたはずだ。彼は私の見たところ悪質には見えなかった。戦時中までは帝国軍人だったが、戦後は警察官らしいトゲトゲしさはなく丸味をおびてきた」

元「駐在巡査」は、事件にかかわってはいなかった。私は、彼がなぜ執拗に私を脅迫し続けたのか、その理由を突き止めることができた。別の表現を用いるなら私は彼から脅迫されることによって、事件の真相に近づくことができたのである。

では、なぜ彼がかかわったというような証言が出てきたのか。詳細については、次回以降に述べていきたい。この伊是名島虐殺事件について、島人自身の手による詳細な記録書が１９９９年９月に発刊されたのは、特筆すべき出来事である。仲田精昌著『島の風景―少年の心に記録されたもうひとつの沖縄戦』（晩聲社）がその書である。

第11回
伊是名島虐殺事件（3）

島の人自身が本出版／タブー破り出身者も歓迎

「伊是名島虐殺事件」は、一人の遺族の全面的協力のもとに調査の糸口が切り開かれたが、本当のことを言えば被害者に憎しみだけが残るのだからと、二人とも追い返されこともあった。それ以外はスムースに聞き取りができた。その事件では、三人の米兵と身売りされてきた奄美の少年三人、島に出入りしていた「家畜商のチナースー」が殺害された。チナースーには本妻は本部村に住んでいたが、島には息子を一人産んだ内妻もいた。多くの証言を得て、筆者は１９７８年に「虐殺の島」という書名で発刊したが、それから２１年後には島出身の仲田精昌元教師が、詳細な記憶にもとづいて沖縄戦時の島の内情を公表した。

伊是名島虐殺事件は「いずれ誰かが究明するのを待っていた」という遺族の１人の全面的な協力を得て聞き取りを始めた。しかし案内をしてくれた遺族ともども追い返されたことがあった。１９７４年７月に伊是名島の諸見集落で聞き取りをしたＤさんも証言を拒んだ１人だ。

■沖縄の人絡んでいる

「いまさらそんなこと調べて何の役に立つのか！ いまさら言いたくないし、本当のことを言えば（被害者に）憎しみだけが残るだけだ。言わぬが花だ」と取り合おうとしない。

そして「今や日本復帰してわれわれも日本国民だから、沖縄戦で日本の兵隊がどうのこうのしたなどと暴きたくない。しかも沖縄の人も絡んでいるから、いまさらほじくりだしたら人間関係が大変なことになる。沖縄戦の事実は全部は出せないし、書く必要もない」と話し、事件が蒸し返されることを恐れていた。Ｄさんが証言を拒絶するように、伊是名島で起きたことを把握するのは困難を極めた。

Ｄさんが口にしていた「沖縄の人も絡んでいるから」という理由こそ、この島で沖縄戦が語れない「タブー形成」の根源だった。しかし私はＤさんの忠告に逆らう形で、聞き取りを進め、その内容を新聞に掲載した。このため元「巡

査」の逆鱗（げきりん）に触れて、執拗（しつよう）な脅迫を受けることになった。

だが、そのおかげで事件の真相に迫ることができたことは前回述べた。私は１９７５年時点で伊是名島虐殺事件の全容を明らかにしたつもりだった。その後、元「巡査」による私への脅迫が１９７７年まで続いたので、事件の聞き取りによるさらなる新事実については１９７８年１月３１日まで公表するのを控えていた。

でもついに私は、伊是名島虐殺事件も扱った「虐殺の島」というタイトルの本を上梓したのである。大学の学生に読ませてレポートも書かせた。その際、受講していた学生の中に伊是名島出身の女子学生がいた。彼女はレポートで「私の故郷の美しい島、伊是名島のイメージが汚されてしまった。浦添に住む親戚のおじさんに尋ねたら、そんな話はなかったから石原先生に抗議しようねと言われた」と記していた。

だが「事実を知ったことは良かった」と、付け加えてはくれた。学生の言葉で、伊是名島の戦争体験はいまだ島人同士では「タブー」になっていることを思い知らされていた。

■目撃「少年」が手記

しかし１９９９年９月、島の人々が「タブー」としてきたはずの事件が脚光を浴びる出来事が起きた。伊是名の島

人自身がその全容を明るみにしたのだ。

長年学校教師を務めていた伊是名島出身の仲田精昌さんが「島の風景」（晩聲社）という題名の著作で虐殺事件の全容を公刊したのである。戦後日本が自らの戦争責任を明らかにしていない中、仲田精昌さんの執筆は特筆すべき出来事となった。事件当時１３歳だった仲田さんはあとがきでこう記した。

「私は人一倍、慙愧の念と、悔悟すべき重い荷を背負っているのである。私は兵卒（敗残兵グループのこと）のひとりと同じ家で寝食をともにしていたのである。そして虐殺現場をつぶさにこの眼で見、話すのを耳にする機会を得ていた。（中略）その私の半世紀を超える以前の過去の出来事を、なるべく正確な記憶で再現し、時間の経過にそって書いたのが本書である」

私が最初に仲田さんの原稿に触れたのは１９９７年夏のことだった。仲田さんは私の重要な聞き取り相手の１人だった。出版先を探しているとして、ぼう大な原稿を持って、私の研究室を訪ねてこられたのだ。私は一読するや、すぐにでも出版すべきだと思った。

島人自身が「タブー」を打ち破り、地域における沖縄戦の総括の書として、また戦争責任の所在を明らかにした画期的な書として評価されると確信した。すぐに旧知の晩聲社の和多田進社長にこの原稿を推奨した結果、出版にこぎつけたのである。

■激励会に元村長

そして１９９９年１０月２２日、那覇市の「マリエールオークパイン」で「出版激励会」が開催された。島の出身者を中心に組織された実行委員会は案内文で、仲田さんの本をこう激賞した。

仲田精昌先生著「島の風景」出版激励会への

ご　案　内

各位

実行委員会

今年も半ばを過ぎ、そろそろ秋風が身のまわりを涼しく通り過ぎる頃となりましたが、お元気で頑張っておられることと思います。

九月はじめに出版された仲田精昌先生の『島の風景』が好評、いろいろ話題になっております。

戦争と島の関係をテーマに、島でおりなす人と人との関係、日々の生活を少年の目を通して書かれた本です。

あの当時、そして今もタブー視されている島で起こった「虐殺」と「日本兵」について出版されたのは島出身者では始めてであり、相当の決意で書いたでありましょう。

著者も後書きで、自らを「告発」するつもりで書いたというように、島での不幸なできごとを教訓にして、私たちの今後の生きざまに厳しい示唆を与える本でもあります。

元職場の同僚、郷友のみなさん、親しい友や知人、教え子たちが集い、著者を励まし、ねぎらう会を下記の要領で催したいと思います。忙しい折りですが、是非ご参加下さるようご案内いたします。

１９９９年１０月

事件を明らかにした仲田精昌さんの手記「島の風景」の出版激励会の案内文

「あの当時、そして今もタブー視されている島で起こった『虐殺』と『日本兵』について出版されたのは島出身では初めてであり、相当の決意で書いたでありましょう。著者も後書きで、自らを『告発』するつもりで書いたというように、島でのできごとを教訓にして、私たちの今後の生きざまに厳しい示唆を与える本であります」

そして「出版激励会」には元村長までもが伊是名島から那覇の会場に駆け付けた。その光景を見て、私は安心した気持ちになった。なぜなら私は伊是名島虐殺事件を明るみに出した以後、Ｄさんの「人間関係が大変なことになる」という言葉が頭から離れないままだったからだ。

島の人たちの関係に悪影響を引き起こしてしまったのではないかとの罪悪感がつきまとい、自らは伊是名島へ足を運ぶことすらできないままでいた。激励会は事件を公表した島の出身者を高く評価し、島を挙げて激励する場だった。島にとって戦争を総括する集いでもあった。私は心底うれしい気持ちになった。

次に元「巡査」がなぜ、私に証言しようとしなかったかについて、島人の仲田さん自身の言葉と私の聞き取り証言とを照合させながら明らかにしたい。

第12回
伊是名島虐殺事件（4）

青年３０数人が戦死／元「巡査」恨まれ、ぬれぎぬ

筆者が、１９７８年に「虐殺の島」というおどろおどろしい書名の本を上梓できたのは、脅迫者をかばう内容になっているから、納得してくれるだろうと思えたからである。戦時国家では、仕事に忠実だったがゆえに、戦後、遺族に恨みを買うことになった。それに便乗して島の有力者は、「事件」を余所者の元巡査がかかわったことにして、遺族は意識操作されてきたようだ。

上本部村出身の家畜商（チナースー）や奄美３少年の虐殺という伊是名島虐殺事件について、元「駐在巡査」（以下巡査）は自らの関与を否定した。そして「指導者に裏切り者がいる。奥がある」とだけ言い残し、それ以上の証言は拒み続けた。

■３３回忌

「奥」とは一体何を指すのか。なぜ証言を拒むのか。「タブー」に踏み込んだ私にとって、そのことを解明することこそが最大の課題になった。

１９７７年は沖縄戦で死没した人たちの３３回忌の節目で「終焼香（ウワイスーコー）」ということもあり、沖縄戦体験者が自然発生的に体験を語り合い、検証し合う状況が生まれた。

特に那覇市は「戦中戦後体験記録委員会」を立ち上げ、大々的に戦争体験を記録する運動を展開した。私も委員会の１人として関わり、体験者に重い口を開いてもらい、語ってもらった。体験者が自ら語り始める兆しも現れていた。これまでとは明らかに違う機運が高まりつつあった。

私はその機に乗じて１９７８年１月末に『虐殺の島−皇軍と臣民の末路』（晩聲社）を出版した。元「巡査」による脅迫が続く間、私は彼の身の潔白を裏付ける証言を得たことは第１０回目で述べた。その書で元「巡査」のいう「奥がある」ことを明らかにし、証言を拒む理由の真相を突き止めて書いたつもりだ。

発刊半年ほど前に、自宅の外便所入り口に包丁が投げ込まれ、１１０番通報で警察官４人がパトカーで駆け付けたのを最後に、脅迫はなくなった。元「巡査」は「虐殺の島」を読んでくれたに違いない。自身へのぬれぎぬの疑いが晴れたと感じたことだろう。一人そう思い、胸をなでおろしたものである。

■「権威筋」と「当局」

『虐殺の島』発刊から２１年後に出版された仲田精昌さんの『島の風景』では、元「巡査」のいう「指導者」と「奥がある」という事柄をどのように捉えているのかに関心が募った。

１９４５年６月３日、米軍は伊平屋島へ上陸したものの、伊是名島は放置していた。だが数日たつと「じわりじわりと危機感が島を狂騒に追い立てはじめた」「どこのだれかから流れた指令か」「字の伝え役が各班の班長にある指令を流した」「指令はもっとも大きい村的規模の、正体不明の『権威筋』から流れてきたように思える」[注10]と仲田さんは記している。

島全体を帝国日本の一離島として全体主義へと統制していく支配者。その姿を正体不明の「権威筋」と表現している。

米軍占領下に置かれた伊平屋島とまだ戦時下のままだった伊是名島を行き来して、米兵に日の丸旗をあげたらさま

ざまな見返り品がもらえると話す家畜商のチナースーと身売りされてきた島人に反発する奄美の３少年らの言動を咎めて非国民・国賊として扱い虐殺するにいたった日本将兵（敗残兵）グループや島の青壮年らを「当局」という言葉で表している。

そして仲田さん自身が見聞きした虐殺の場面を微に入り細に入り描きながら、自身も「当局」の一員とみなしている。[注11]。

虐殺されたチナースーには戦中までに、上本部村（現・本部町）の本妻との間に長女、長男、次男の子をもうけていた。さらに伊是名島でも「現地妻」との間に子どもがいた。

チナースーの本妻の次男である喜納政吉さん（87）は現在（2018年）も健在だ。私はこの原稿を書いていた２月８日、喜納さんに電話で仲田さんの著書「島の風景」（1999年）の存在を知っているかをたずねた。実父が虐殺された場面が詳細に書かれている同書について、喜納さんはすでに読んでいた。

「本妻には女の子ばかりで男の子ができなかったと書いてあるので、仲田さんに電話した」とのことだった。すでに亡くなっていると思わされていた元「巡査」から抗議の電話を受けてびっくりした私と同様に、存在すら知らなかったチナースーの「本妻」の息子から、電話を受けた仲田さんもきっと驚いたことだろう。

仲田さんの本で政吉さんは父が虐殺された場面を読んで胸が張り裂ける思いをしたであろう。それはつい10年ちょっと前のことだ。

■寅年生まれの徴兵

元「巡査」は「権威筋」「当局」には含まれていなかった。それなのになぜ、遺族から恨まれることになったのか。私が明らかにしたその疑問への答えにつながることを仲田さんはこう述懐している。

沖縄戦を間近にした1944年、伊是名島の寅年生まれの青年たちが徴兵検査を受けることになった。島の将来を担う青年たちとして島人たちの期待を一身に背負っていた若者たちだ。三十数人が甲種合格した。

1978年1月末に発刊された「虐殺の島―皇軍と臣民の末路」（晩聲社）

召集までは島に戻っていたので、全員の壮行会が連日のように続いた。しかし、米軍の空襲が続き、本島への渡し船も撃沈されて全員が島に閉じ込められた状態が続いた。

ある日、飲料水を求めて日本軍の鉄船が仲田港に寄港した。寅年生まれの新兵たちが突然、その船で沖縄本島へ渡ることになった。「寅年の新兵が行って１週間も経たないうちに沖縄戦がはじまった。追い立てられたように若い命が全員火花と散った。戦後、この寅年の兵たちのいいようのない運命は遺された妻や親たちの胸をさまざまに掻き毟ったことだろう」[注12]。

この新兵たちの同乗を日本軍に懇願したのは、当時の兵事主任と駐在巡査らだったといわれている。そして戦後、特によそ者の元「巡査」に遺族の恨みが向かうように仕向けられていたようだ。元「巡査」には、そのような負い目があり、私への証言を拒んだのだと理解している。

[注10] 228頁　[注11] 305〜323頁 [注12] 189頁

第13回
伊是名島虐殺事件（5）

島にタブー、真相阻む／証言公表の判断で葛藤も

筆者は、伊是名島虐殺事件でなぜ脅迫されたのかは、「虐殺の島」発刊４０年目に、伊是名島出身の伊礼一美さんの情報で真相があらためて判明した。本当の事を話すと人間関係がおかしくなるとか、筆者の新聞記事で妻がショックで寝込んでいるなどというのは、単なる言いがかりと思い込んでいた。ところが、誰一人話してくれなかったが、なんと「元巡査」の妻は島出身の人で、さらに「島の風景」の著者仲田精昌さんの妻の実の姉だという関係が判明した。戦中の「元巡査」の日本軍にとっての「善行」は、戦後、多くの遺族の恨みを買うことになった。島出身の奥さんとしてはいたたまれない思いをしていたであろうところに、筆者の事実と異なる新聞寄稿文を読み、「病気になった」という元巡査の怒りは、十分理解できる教え子の電話であった。

■元「巡査」の妻は島出身

今回の電話で伊礼さんは、私に脅迫を繰り返してきた元「巡査」の妻が伊是名島出身者だったことを教えてくれた。元「巡査」は本島出身で、島人から虐殺に関与したとの汚名を掛けられ、本人は関与を否定しつつも証言を拒み続けていた。

その元「巡査」が私に執拗に虐殺の汚名を掛けた証言者の氏名を明かすよう迫ったのは、妻が島出身者だったことと関係しているのではないかというのだ。

私は３０数人の伊是名島出身者から聞き取りをしていた。証言者は一様に、元「巡査」が戦時中、島の人々をいかに困らせてきたかを口にしていた。しかし妻が伊是名島出身だという事実を耳にすることはなかった。私自身が元「巡査」本人に強い関心を寄せ、妻まで思いが至らなかったからかもしれない。

妻が島出身者だと伊礼さんから聞かされ、元「巡査」が話していた言葉のいたるところに、思い当たる節が浮かんできた。

元「巡査」はこんなことを言っていた。

「妻がお前の新聞記事を読んで病気になってしまった」
「自分の子どもが将来、証言した人間の子弟と姻戚関係を生じることはあってはならない」

こうした理由から「裏切り者の名前を言え」と私に迫ってきたのだ。彼は島では「よそ者」であっても、妻は島出身だ。戦後、非常に肩身の狭い思いをしながら生きてきたのだろう。そこへ私が３０年後に虐殺事件を新聞記事として掲載し、追い打ちをかけてしまったようだ。

新たな事実を知らせてくれた伊礼さんは、あらためて仲田精昌さんの著書「島の風景」を読み直して、あることに気付いたという。仲田さんは事件を目撃した島人の立場でこの本を書いているが、元「巡査」の妻が伊是名島出身であることにはひと言も触れていない。

伊礼さんはその理由をこう推測した。妻の妹は仲田精昌さんの同僚だった。このため彼女に気を遣って、触れなかったのではないかという。つまり島人同士がさまざまな関係でつながっており、いくつもの「タブー」が生じ、事件の真相にたどり着くことを幾重にも阻んできたのだろう。

大学で学生と共にフィールドワークに出掛ける際、証言者から聞き取った内容の全てを公表できるとは限らないことを学生たちに言い聞かせていた。「どこまで公にするかの判断の見極めこそ、その人の見識が問われる問題だ。驚くべき証言を得られても、何もかも公にできるものではな

氏　名	中野期別	潜入地	摘要
斉藤義夫（旧姓菊地）	6丙	伊平屋島	昭和十九年中は三十二軍参謀部情報班荘付、昭和二十年一月伊平屋列島の遊撃隊教育その他の工作を命ぜられ、
馬場正治	6丙	伊是名島	6戊馬場正治と赴任名城城先生と偽名して国民学校訓導、昭和十九年十二月より同隊の第三中隊指揮班長として、隊の編成教育に従事青年学校指導（偽名・柿沼秀雄先生）
宮頭敏朗（旧姓阿久津）	侯1	国島	八重山郡与那国島。昭和二十年一月宮島工作員を命ぜられる（偽名・山本政雄先生）
仙頭八郎（旧姓中堅）	6 1	同右	昭和二十年一月十五日まで三十二軍参謀部情報班勤務のため出発三月二十一日与那国島へ赴任、与那国々民学校訓導（偽名・山本政雄先生）
酒井清	6戊	波照間島	遊撃隊にて編成教育に従事（偽名・山下虎雄先生）昭和十九年十二月二十七日沖縄着。二十年一月十六日波照間島赴任を命ぜられ二月一日出発二月十二日着任
氏元一雄	6戊	黒島	遊撃隊にて編成教育に従事（偽名・山川先生）昭和十九年
河島登	侯1	久米島（島尻郡中里村）	沖縄着。二十年一月十六日多良間島赴任を命ぜられ二月一日出発二月十二日着
高谷守典	侯1	多良間島	
鈴木清十郎	侯1	栗国島	昭和十九年十二月軍司令部勤務二十年一月上旬栗国島に潜入
増田保夫	侯1	西表島	
T少尉	侯1	久米島	

１９４４年１２月以降、沖縄の無防備の11の島々に中野学校出身者が離島残置工作員として、教員の辞令を持ち偽名で潜入した。ゲリラ隊の組織化が目的。（沖縄県公文書館史料編集室所蔵。1998年）

い」と繰り返し説いてきた。

　それは元「巡査」に私自身が「お前の書いた新聞記事は切り抜いて、封筒に入れ、家の柱にクギで打ちつけ、お前を呪っている」と言われた経験を踏まえてのものだ。

　職務に忠実だった元「巡査」らが、寅年生まれの新兵たちを仲田港に寄港した日本軍の船舶に乗船させた結果、沖縄戦で戦死させてしまった。この一件によって、元「巡査」は多くの遺族の恨みを一身に背負ってしまい、島人から虐殺に関与したとの汚名を掛けられてしまった。

　元「巡査」が虐殺に関与したとの前提で語られた住民証言が記事になったことで、元「巡査」の妻も苦しんでいたことを伊礼さんの電話で知ることになった。私は事件の証言を拒んだ別の島出身の男性の言葉を思い起こした。

　「沖縄の人も絡んでいるから、今さらほじくりだしたら人間関係が大変なことになる」

　伊礼さんからの連絡を受け、男性の言葉の重みをあらためてかみしめることになった。

■特務教員が戦後沖縄に

　伊是名島での虐殺事件の最初の犠牲者は島に漂着した米兵だった。殺害を主導したのは宮城太郎という偽名で伊是名と伊平屋を行き来していた陸軍中野学校出の県外出身の「特務教員」だといわれていた。

　戦時中に宮城太郎らによる島人らの「殺害計画」のリストに、「反戦教員」として名前が掲載されていたという伊是名出身で那覇市首里石嶺町に住んでいた仲田昌浩さんが「日本復帰」後の宮城太郎の消息を教えてくれた。

　宮城太郎は１９７２年の「日本復帰」と同時に琉球大学に教職関係の「特殊心理学」担当教授として赴任したという。戦後、再び沖縄で暮らしていたのだ。

　「自分は戦時中、彼らに殺されたかもしれないとの恨みがあったので、どのような任務を帯びて再び沖縄入りしているのかを突き止めたいという思いが募った」と仲田昌浩さんは怒りをあらわにしていた。

　仲田さんは当時、仕事の合間に宮城太郎を監視するため、追尾などをして行動確認をしたという。「彼は幾度も首里で住居を変えていた。そこにはＣＩＡ（米中央情報局）関係者らしき外人も出入りしていた」と話す。

　私は仲田さんからこうした証言を自宅で聞いていた。そこに外出していた妻が帰宅した。仲田さんが私に話している内容を耳にした妻は驚いたようだ。妻は私に悟られぬよう、背後で仲田さんに対して、この話を口外しないよう無言のまま合図を送ったようだ。

　私には見えなかったが、向き合っていた仲田さんが突然語気を荒らげたので分かった。「これは歴史だよ。事実は伝えておかないといかんよ。このことは私も記録しておこうと考えていたんだ」と仲田さんは妻に言い聞かせるように話した。　伊是名島で起きた住民虐殺事件は、戦後も多くの関係者を「タブー」の渦に巻き込み続けていた。

中野学校出、戦後も諜報？／聞き取り直前に沖縄去る

伊是名島虐殺事件には、伊平屋島に配置された諜報員養成機関の陸軍中野学校出の特務教員と国頭支隊の沖縄出身兵士一人を含む7人の敗残兵グループが主導し、島の防衛隊員も加担していた。三名の米兵がまず殺害され、身売りされてきた奄美の少年三名とさらに非国民視された沖縄のひと、一人が殺害された事件だった。加害者側には、朝鮮半島出身で戦後韓国政府の要職に就いていた日本の陸軍士官学校出身者や琉球大学教授として本土から復帰後赴任した陸軍中野学校出身者が含まれていた。戦時中同様に、戦後も諜報活動の任務を帯びた活動をしていたようである。現在も名称を変えた情報機関に、その任務は継承されているようである。

伊是名島虐殺事件に関わっていたのが、陸軍中野学校出身者と国頭からクリ舟で島にたどり着いた日本軍将兵からなる敗残兵グループ7人だ。

彼らは島に漂着した米兵3人の殺害や奄美の少年3人、家畜商のチナースーをスパイ視や非国民扱いし、主導的に関与して殺害した。

前回、伊是名島出身の仲田昌浩さんの証言で、「特務教員」として島に赴任した県外出身で陸軍中野学校出身の宮城太郎（偽名）が「日本復帰」後、琉球大学教授として再び沖縄で暮らしていたことを紹介した。

仲田昌浩さんの証言によると、宮城太郎は那覇市の首里で住居を転々と移し、「CIA（米中央情報局）関係者」とおぼしき外国人が出入りしていたようだ。

■琉大で教員監視

宮城太郎の動向については当時、琉大教員の間でも話題になっていた。1972年前後、自衛隊の沖縄配備の反対運動が高まる中、琉大でも自衛官の入学を巡って大紛糾していた。そのとき、教授会で宮城太郎教授が監視するかのように各教員の発言をチェックしていて「ただならぬ雰囲気だった」という。

諜報活動に関わっていたとみられるもう一人は、敗残兵グループの隊長格だった平山大尉だ。日本人ではなく朝鮮半島出身者で、英語も操り、島に滞在して1カ月で伊是名方言による琉歌も作詞したという。頭脳明晰で、語学の天才だったというのが島の人々の評判だ。

平山大尉は戦後、韓国に帰国し、韓国政府の要職に就いたようだ。戦後も彼と付き合いのあった島人の証言だ。

2人が戦後、謀略的な動きをしていることをにおわせる情報が別の関係者からも寄せられた。軍事評論家の藤井治夫氏が私の著作「虐殺の島」を読んで訪ねてきたのだ。

藤井氏はKCIA（大韓民国中央情報部）など、韓国情報機関の研究をしていた。著書に「朝鮮問題」懇話会「日米韓軍事関係の十五年」（1980年）などがある。（「朝鮮問題」学習・研究シリーズ第十号）

藤井氏はKCIAを研究していくうちに、平山大尉に突き当たったという。さらに平山大尉の動向を追跡していたら、宮城太郎との接点が浮かんだ。このため宮城太郎の現在の活動を調査するため、私のもとを訪れたのだ。

そのころ、「沖縄県史」執筆グループの安仁屋政昭さんらが中心となり、琉大教授だった宮城太郎に、戦時中の伊是名島虐殺事件などについて聞き取りをするための準備に取り掛かっていた。

ところが調査で接触しようとした1975年3月、宮城太郎は突然琉球大学を辞めて、沖縄を去ってしまった。インタビューは不発に終わったのである。

私は藤井氏の話を聞いて、伊是名島にいた陸軍中野学校出身者が諜報活動に従事しているかもしれないと思った。このまま彼らの足跡をたどり続けると、私の調査研究である沖縄戦の領域外に踏み込むことになると感じた。このため私は事件後については深入りしないことを決めた。

ところが数年後、陸軍中野学校出身者が伊是名島とは別の離島で、米軍政下の住民を監視する活動に従事していたことを知った。偶然にも本人から直接聞き取りすることができた。この件は別の回であらためて触れることにしたい。

■苦しみ続けた遺族

スパイ視、非国民扱いされて虐殺された少年3人は戦前、奄美大島から伊是名島に身売りされてきた。私はその遺族の消息についてはつかめていない。

3人の中で「オーサカー」と呼ばれていた17歳の前里豊吉という少年を雇っていた男性から直接聞き取りをすることができた。男性は戦後間もなく、少年の死を両親に報告するため、沖縄から奄美大島へと「密航」した。しかし両親は大阪で暮らしていたため、親類にしか会えなかった。

男性は1953年ごろ、娘が病にかかったので、ユタのところに行った。するとユタから「娘の病気は奄美の少年が成仏していないからだ」と告げられたという。

このため男性は伊是名島で少年の遺骨を必死に探し始めた。しかし誰に尋ねても少年の遺体を埋めた場所を教えてくれない。埋葬場所だとうわさになっていた海岸を自力で掘り起こしたものの、遺骨を発見することはできなかった。

このため付近の枯れ木を燃やし、その灰を「遺灰」代わりにした。ユタにウガン（御願）をさせ、少年の魂として「遺灰」を持参して再び奄美を訪れた。この時、大阪から奄美に引き揚げていた両親に会うことができ「遺灰」を引き渡している。男性は両親に「私が雇って、伊是名島に連れて行ったために、日本兵に殺されてしまった。申し訳ない」と報告してわびた。

2人目の少年は泳ぎが達者だった14歳の「一郎少年」だ。彼が殺害された理由は、既に米軍が占領下に置いていた隣の伊平屋島に泳いで渡り、伊是名島に日本兵が潜んでいることを密告しようとした、との疑いを掛けられたからだ。

「一郎少年」は日ごろから雇い主や島の人たちから非常に抑圧されていた。その状況を周囲に反感として漏らしていた。このため復讐するために密告をするのではないかと島の人は疑いの目で見ていたようだ。

ある日「一郎少年」が伊是名島から北西約2キロ先にある無人島の具志川島に向け、泳ぎ出したのを住民が見つけたようだ。そこから伊平屋島へと泳いで渡るのではないかと疑われた。

このため防衛隊員だった漁民たちがサバニを出し、具志川島へと渡った。そこで「一郎少年」を捕捉して伊是名島に引き戻したのだ。子どもが口にした不平不満が口伝えに針小棒大に語られ、それが米軍への密告というスパイ活動に及ぶと疑われた。まさに「戦争が正気を失わせた社会」が島を覆っていた。

3人目の少年は12歳ぐらいで「ツネオ」と呼ばれていた。事件を記録した仲田精昌さんは著書「島の風景」で「たえず怯えていて人の顔もまともに見たこともない、ものを言うのをだれも聞いたことがない」と記している。

「オーサカー」と呼ばれた前里豊吉、泳ぎの達者な「一郎少年」、おびえていた無口な「ツネオ」の3少年がスパイ視、非国民という同罪を掛けられて斬首された。それが奄美3少年の虐殺の真相だ。

1980年代、私は「糸満漁民の足跡」の聞き取り調査で、琉球孤・南西諸島一帯の島々を回っていた。その時、奄美大島の名瀬市の漁港で偶然にも伊是名島に「身売り」の少年をあっせんした人物に会うことができた。その男性に聞き取りをすると、自身があっせんした少年が伊是名島で日本兵に殺害されたというのだ。

殺害された少年の父親は戦後、時折酔っぱらっては男性の家に怒鳴り込んで「俺の息子を返せ」と訴えていたという。その都度、男性は父親に1升瓶の酒を持たせ、帰ってもらったそうだ。事件によって、殺された少年の遺族は長い間、深い悲しみと苦しみの中に置かれ続けた。

第15回
糸数アブチラガマ（1）

壕から住民銃殺／戦後の集落覆う疑惑

１９７８年に発刊した「虐殺の島」は、サブタイトルに「皇軍と臣民の末路」とつけてあるのは、糸数アブチラガマの沖縄戦最中の日本軍と住民の体験に拠っている。先輩研究仲間の大城将保さんが地元に近い糸数アブチラガマでのできごとのあらましを知っていた。当初は、住民の避難洞窟だったアブチラガマを日本軍が地下洞窟陣地として改装して用いた。そこから出陣した兵士が消耗し、編成替えしていたので空いた地下洞窟陣地は、南風原陸軍病院の分室として使用されることになった。日本軍の南部撤退に伴い糸数分室は解散し、そこには住民、重症患者、一部の日本軍が軍民一体化して立てこもった。ガマに近づく住民を非国民として壕内から射殺するという事件がおこっていた。

　１９７８年、玉城村（現・南城市）の糸数出身で学校教師だった知念太蔵さんに初めて会った時のことだ。知念さんは戦時中、九州に疎開していた。戦後、疎開先から糸数に戻ると、人々のある異変に気付いたという。

　集落の人々は日ごろ仲がいい。しかしキビ刈りのユイマール（共同作業）などの後に酒が入ると、住民同士でたびたび口げんかが起きたという。口論している内容はまったく分からず、誰もけんかの経緯を語ることはなかった。

　知念さんは私の著書「虐殺の島」を読み、糸数アブチラガマ（糸数壕）での出来事を知った。もしかすると、けんかの原因は沖縄戦中に地元で起きたことと関係があるのではないかと思いはじめた。

　「自分のまったく知らないムラの戦時中の話なので、沖縄戦中にアブチラガマにいた伯父さんに尋ねた。『石原という人が本で書いているのは本当のことか』と聞くと『本当だ』と言っていた」と知念さんは話す。

　伊是名島と同様に糸数集落でも住民が非国民視・スパイ視されて虐殺された事件が起きていた。このため、戦争体験を語ることは「タブー」になっていたようだ。

■本人から聞き取り調査

　しかし伊是名島と異なるのは、住民を虐殺したとされる本人から直接聞き取り調査ができたことだ。その本人とはまさに、知念さんの伯父Sさんのことだ。戦後は玉城村議会議員を長年務めるなど、戦中から戦後にかけて地域の有力者であり続けた。そして戦時中の糸数壕内の状況を詳細に知るキーマンだった。

　私は何度もSさんを訪ねては当時の様子を聞き取った。伊是名島の住民が一様に口をつぐんでいたのとは対照的に、Sさんはその都度、聞き取りに快く応じてくれた。それだけではない。「これも読むように」と、壕内の重傷患者で、奇跡的に生還した元日本兵・日比野勝廣さんの手記も貸してくれるなど、調査に非常に協力的だった。

　沖縄戦当時、洞窟内が軍民一体化した糸数壕は、糸数集落北東側の外れにある自然の大洞窟だ。１９４４年１０月の十・十空襲以降、当初は住民の避難壕として使用されていた。しかし４５年２月から４月３０日までは、日本軍の洞窟陣地壕として使用された。

　壕内には２階建ての家を建て、近くの製糖工場にモーターを設置し、壕内に電柱を建て、電灯もともしていた。南風原陸軍病院から糸数壕に派遣された看護要員のひめゆり学徒は、壕内に電灯がついていることに驚いた。ただし、１日だけだった記憶だ。

　糸数壕は５月１日から６月２日までは南風原陸軍病院糸

数分室として機能し、6月3日から8月22日までは「軍民一体化した壕」として使用された。

米軍が糸数壕近くまで進撃してきたとき、陸軍病院糸数分室は解散となり、病院壕としての役割を終えた。このため数百人の糸数住民が負傷兵らと入れ替わるように壕内部に避難してきた。

糸数壕には倉庫に大量の食糧が残されていた。このため倉庫の監視役として監視兵4人が壕にとどまっていた。しかし迫ってきた米軍に監視兵3人が次々と射殺された。この時点で糸数壕に残っていた監視兵は上妻（こうづま）伍長1人となる。

上妻伍長は避難住民と一緒に立てこもることになった。壕内には小川が流れており、日本軍は井戸も掘っていた。このため水は豊富にあり、さらに大量の食糧も残されていた。

そこで上妻伍長は米軍の侵入などを警戒するため、壕内に監視所を設けた。日本兵と住民男女2人1組に銃を持たせて見張らせ、24時間の監視態勢を敷いた。そして「壕内の避難民は壕の外へは絶対に出さない。壕から出るやつは全員撃ち殺す」との方針を住民に伝えたのだ。

避難住民の代表格だったSさんも兵事主任だったTさんも共に「上妻伍長の言うように外へ出て米軍の捕虜になったら殺される。だから出ていかない方がいいだろう」と判断していた。つまり壕内は1人の日本兵と地元有力者が避難民全体を支配下に置く「帝国日本」と化していた。

■食糧監視で見張り

米軍に捕らえられた住民は民間人収容所に保護されていた。収容所からの出入りは比較的自由だった。このため糸数壕に大量の食糧があることを知っていた住民の中には、壕に近づいて食糧を入手しようとした。

しかし壕内では侵入を阻止するための見張り人が入り口に銃口を向けていた。そのことを知らない住民3人が次々と入り口で銃殺されたのだ。

殺されたのは20代の母親、40代の防衛隊員の男性、50歳の男性の3人だ。

アブチラガマ（糸数壕）。日本軍が掘った民家裏の出入リ口＝南城市玉城字糸数（2015年撮影）

20代の母親は仲村渠集落で2人の子どもを抱えていた。母親はほかの住民数人と糸数壕に食糧を取りに来ていた。入り口付近の食糧はすでに取り尽くされていた。このため壕内に入ろうと入り口に近づいた。するとすぐに銃撃されて即死した。

防衛隊員は当山集落から数人で出掛け、同じく壕内からの銃撃を受けた。男性は壕内に潜んでいた避難民代表格のSさんの名前を叫びながら絶命した。

50歳の男性は糸数集落に住んでいた。壕内には同じ集落の住民が多く隠れているのを知っていた。このため顔見知りの自分が撃たれるはずはないと思ったようだ。男性は名前を名乗りながら「自分の食糧を取りにきた。だから撃ってはいかんよ」と大声で叫び壕に入ろうとした。しかし中からは容赦なく銃弾が飛んできて、男性の命を奪った。

3人は監視所にいた見張りの日本兵か、避難民かによって射殺された可能性が高い。しかし誰が銃撃したのかは分からない。地元では戦後、銃口を向けた人が誰だったのかを巡って臆測（おくそく）を呼んだ。そのことが名誉毀損の裁判で争われる事態にまで発展した。

疎開先の九州から糸数に帰ってきた知念さんが感じた住民の異変とは、この虐殺をめぐって生まれた疑惑に原因があったようだ。

第16回
糸数アブチラガマ（2）

親族でもスパイ視／選挙で「人殺し」の汚名

ガマ周辺はすでに、日米両軍の戦闘が終結して、「戦後」がスタートしているにもかかわらず、情報が隔絶した洞窟内の住民、重症患者、日本兵は、戦闘中の意識のままだった。神国日本の勝利を疑わないほど天皇教育に洗脳されたままだった。したがって、親族であろうと敵のスパイ・非国民だと信じて疑わなかった。したがって、殺された住民の恨みは、壕内のムラの有力者に向けられていた。しかし、筆者の聞き取りにあたっては、じつにあっけらかんと、当時の教育がそうさせたのだと、非常に協力的だった。しかし、1960年代の村長選挙に当選が確実視されていた当時の兵事主任が、相手候補の選挙運動員に「人殺し」呼ばわりされて落選してしまった。沖縄戦は人間の肉体だけでなく、ムラの営みにまで傷痕を残していた。

糸数住民が壕入り口で殺害されてから1カ月ほどたったとき、住民2人が「日本国万歳！ 日本国万歳！ 日本が勝ったから出てこい！」と叫びながら壕入り口に近づいてきた。重傷患者として壕内にいた元日本兵の日比野勝廣さんの証言だ。

2人は銃撃されることなく、壕内に迎え入れられた。「本当に日本は勝ったのか」と、たちまち周りに人垣ができた。2人の住民とは当時63歳の垣花集落の比嘉助郎さんと当時59歳だった百名集落の知念周一さんだ。

■住民、柱に縛り付け

壕内に入った比嘉さんと知念さんは集まった人たちに本当のことを話した。日本が勝ったというのはうそで、実際は米軍が制圧し、住民は収容所に入れられていることを説明した。

するとSさんは叔父の話に疑念を抱いた。「敵が囲いのないところに収容して住民を野放しにするはずがない。そんなバカなことがあるか。これらは敵のスパイになっているんだ」と感じたようだ。

壕内で2人から事情を聴いた上妻伍長は、激高して「貴様らはスパイだ！ たたっ斬ってやる！」と言いながら日本刀を抜き、比嘉さんに迫っていった。比嘉さんは「お前たちに殺されるよりは自分で死ぬ」と叫んで、壕内の断崖から下に飛び込んだ。

そこは壕内で「二重壕」と呼ばれていた死体置き場だった。断崖の下には腐乱したり白骨化したりした死体が山のように置かれていた。比嘉さんはそこに飛び込んだので無傷だった。

壕内にいた役場職員で兵事主任のTさんは、比嘉さんが窒息死しないかと心配になった。このため上妻伍長に「あんたがすぐに殺そうとするから逃げたんですよ。私の知人だし、殺さないと約束するなら彼を呼びましょう」と提案した。

殺さないという約束を取り付け、比嘉さんを説得して「二重壕」から上がってもらった。比嘉さんと知念さんはすぐに柱にロープで縛りつけられてしまった。Tさんは、このことで比嘉さんから逆恨みされることになる。

2人は3、4日、食事も与えられることなく縛り付けられたままにされた。その後、ロープが緩んでほどけたので、比嘉さんは隙を見て逃げ出し、日本軍が掘った民家裏の出入り口から壕の外へと無事脱出した。

すると、そこには米軍の監視兵がおり、ジープで収容所まで連れて行かれた。比嘉さんは壕内について米兵から尋問を受けた。日本兵と住民はそれぞれ何人いたのかなど、いろいろ聞かれたのだ。

しかし比嘉さんは固く口を閉ざした。壕内の様子を詳細に

説明すれば、その情報を基に米軍が壕への攻撃を仕掛けると察したからだ。そうすれば中にいるであろう息子も含めて住民全員が皆殺しにされてしまうと思ったのだ。

　情報が得られずに業を煮やした米軍は結局、壕内部にさまざまな攻撃を始めた。最終的にはブルドーザーで壕の出入り口を土砂でふさいで、生き埋めによる皆殺し作戦を取った。このため中にいた重症患者や住民の高齢者が相次いで亡くなった。

　知念さんのおいのSさんは「私も（壕に）入ってくる住民は米軍のスパイだと信じ込んでいましたから、入ってきた自分の叔父（知念さん）も柱にロープで縛りつけましたよ」と証言している。比嘉さんがロープがゆるんで脱出したので、残された知念さんはさらに厳重に縛り付けられた。

　見かねた兵事主任のTさんが上妻伍長に直談判し、知念さんを壕内にいる妻子の元に行かすようお願いした。上妻伍長は「逃げたら、妻子を殺す」という条件で、ようやくロープを外すことを許した。

　知念さんは「妻子はここにいるのだから、生きるのも死ぬのもみんなと運命を共にする」とあきらめ、1カ月ほど壕での生活を余儀なくされた。米軍の生き埋め攻撃の後、住民はなんとか入り口の隙間を見つけて、夜間に外へ出るようになった。さらに外部からの説得活動もあり、戦争が終わっていることを知った。このため1945年8月22日、負傷兵や住民らは壕の外へ出ることになった。

　知念さんはおいのSさんに「お前は殴り倒してやりたいくらいだ」と怒鳴ったという。Sさんも「戦後の一時期は、叔父さんとの関係が気まずかった」と振り返った。

■風説で村長選落選

　兵事主任だったTさんは戦後、役場職員として働き続けた。そしてTさんは1962年4月22日投開票の玉城村（現・南城市）の村長選挙に立候補した。Tさんは助役だったこともあり、対立候補よりも優勢な立場で、当選確実とみられていた。

　ところが思いもかけぬことが起きた。対立候補の運動員が演説会で「人殺しに村政は任せられない」とTさんの攻

「人殺し」のうわさを流され、Tさんが落選した時の玉城村長選の結果を報じる「琉球新報」の記事（1962年4月23日付）

撃を始めたのだ。戦時中に糸数壕の入り口で3人の住民が銃殺された事件を持ち出し、殺したのはTさんだと言い出した。このため選挙戦は一気に形勢が逆転してしまう。Tさんは対立候補に348票差を付けられて落選した。

　Tさんはうわさになる根拠に思い当たることが二つあった。一つは自身が召集令状の発送を担当する兵事主任だったことだ。さらに戦後、集落の長老格だった義兄の当山十郎さんから銃殺された3人の遺族への謝罪を促されたことを挙げた。

　「十郎さんから『君は役場職員でその壕にいたのだから、遺族におわびしに行きなさい』と言われた。『自分は誰も殺してないから行かない』と言い張った。だが長老の説得に根負けして、3人の遺族の家をおわび行脚した」とTさんは振り返る。

　Tさんは選挙が終わった後、うわさを流した相手候補の運動員に「有権者全員にそういうことを言いふらしたのはまずかったというわび状を出せ。さもなければ名誉棄損で告訴する」と迫った。

　しかし運動員は「わび状」を出さなかった。このためTさんは告訴して裁判で争った。結果はおわび行脚を促した義兄の証言が得られたことなどで勝訴した。

　疎開学童だった知念太蔵さんが、帰郷後の集落の様子に異変を感じたのは、住民の間にもたらした戦争の傷跡があまりに深かったからだろう。

第17回
糸数アブチラガマの調査（1）

「命どぅ宝」にじむ教訓／学生と未知の暗闇へ

本多勝一著「中国の旅」にならって、糸数アブチラガマの見取り図作成を提案したのは、のちの晩聲社の和多田進編集長だった。筆者は１９７５年度の石原ゼミ生にこの企画をゼミ活動の一環として取り組むことの意義と役割を強調した。それに応じた１０代後半の２年次から４年次によるアブチラガマ調査で、若者の内に秘めた潜在能力の高さを初めて実感できた。

ガマ内の住民側責任者だった知念周吉さんの全面的協力のもとに調査開始したのは、１９７５年５月２５日だった。前日の豪雨でガマ内の川が氾濫していないかと不安を抱えながら、未知の世界に足を踏み入れた。道しるべとして、メリケン粉と大型懐中電灯はまず必携の道具として、おそるおそる未知の世界に足を踏み入れた。

私が「糸数アブチラガマ調査」を開始したのは、ベトナム戦争が終結した翌日の１９７５年５月１日だった。沖縄戦体験者たちは、ベトナム戦争の報道を沖縄戦と重ね合わせていたに違いない。

アブチラガマでは、米軍の投降勧告にしたがわず、すでに投降していた住民が壕内からの銃撃を受けて３人殺害されたうえ、投降を拒む壕内の「軍民」の多数が米軍による攻撃で被害を受けた。そこで壕内の出来事に最も精通していた知念周吉さんが、その体験から導き出したのは「アブチラガマの教訓」というべき次の言葉だった。

「戦争は彼我の力量の差が歴然としていて敗けると思えば、なんら抵抗せずに降伏すればよいのである。ベトナム戦争のように、アメリカ軍にあれほどたたかれる前にベトナム人は降伏すれば、それほどは殺されずにすんだのに」というのが証言の結びの言葉だった。

ベトナム戦争当時、米国の攻撃に対し、ベトナム民衆が「南ベトナム解放民族戦線」として、「民族解放」に生命を賭して戦っている姿に、米軍の圧政に苦しむ多くの沖縄住民は、その勇気をたたえていると思っていた。したがって、「解放戦線」に心を寄せていた私は、知念さんの教訓をまったく意外な発言として受け止めた。

学生たちには日頃から、たとえ聞き取り相手の考えが「自分の考えと異なる」と思ったとしても、「その考えがどこから生まれてくるのだろうか」という問題意識をもって聞き取りを深めるようにこそすれ、反発したり、議論したりはしないようにと指導していた。

それで、のちに「意外な発言」と思ったことを自身反省した。そして、この言葉の根源は、ウチナーンチュの「命どぅ宝」思想なのかと考えるようになった。

さらに、米国のベトナム戦争をエスカレートさせたマクナマラ元国防長官が、１９９７年にベトナムを訪問したり、米国のベトナム戦争は間違いだったと認めたり、ベトナムはいま世界一の親米国（姜尚中氏）だということを聞くと、知念さんは、先を見通していたのかとも思える。

■見取り図作成

ところで、糸数アブチラガマ内の調査は、現代史出版会の和多田進編集長が、安仁屋政昭さんと大城将保さんに『沖縄の日本軍』の企画を持ち込んできて、私も伊是名島虐殺事件と糸数アブチラガマの出来事を調査執筆することになったことが契機になった。この経緯は９回目に書いてある。

和多田さんは本多勝一著『中国の旅』（朝日新聞社、１９７４年）で、日本軍による中国での残虐行為の聞き書きをイラストでより具体的に想像できるよう工夫がなされ

ていることに感銘を受けた。「沖縄の日本軍」の企画を進める中、和多田さんはアブチラガマ内の出来事を聞いたとき、即刻、私に見取り図作成を勧めた。私も同感だったので、ゼミ生たちにその意義を伝え、すぐに見取り図作成の準備に取りかかった。

しかし、１９７５年８月、『沖縄の日本軍』（新泉社）という久米島虐殺事件を扱った大島幸夫さんの本が出版されたのである。和多田編集者が考えたのと同名の本が先に出版され、もはやその書名では、私たち３人による本を出すことは出来なくなった。

それからまもなく、和多田さんは現代史出版会から独立して、晩聲社という出版社を立ち上げ、その社長に就いた。伊是名島虐殺事件と糸数アブチラガマの出来事だけでも出版したいという和多田社長の強い意向で、その本は『虐殺の島』というタイトルで私の単著として１９７８年１月３１日に発刊された。

糸数アブチラガマ内の見取り図作成の元になる調査は１９７５年５月２５日、沖縄国際大学社会学科の社会学実習生（石原ゼミ）たちと一緒に実施した。

１９７５年以降、その見取り図や証言を元に、戦跡・基地めぐりの修学旅行生など、百万人以上（沖縄平和ネットワーク川満昭広氏推定）の県内外の人たちが沖縄戦追体験の場として、アブチラガマ内に足を運んでいる。このガマ（洞窟）が平和教育の拠点のひとつになったのは、いまや（２０１８年現在）、６２歳から６５歳になっている当時２０歳前後の大学生たちが、泥まみれになって踏査した賜物だった。次世代の若者たちへ彼らの奮闘ぶりを伝えるのは、共に歩んできた私の義務だろうと思う。

見取り図はその後、修正を重ねてより多くの情報が盛り込まれ、最終的には２５年も経て、『沖縄の旅―アブチラガマと轟の壕』（集英社新書、２０００年６月）で集大成した。

■ガマの中へ

沖縄戦のさまざまな様相が凝縮されている壕だと聞いていた大洞窟の調査は、前日まで大雨が降り続いた中、案内人なしで行った。壕内には小川が流れているとか、日本軍が掘った井戸や大きなカマドもあり、見張り所、２階建ての兵舎や重傷患者室、慰安所、死体置き場、便所、空気穴などがあったという情報などを確認しながら、見取り図を作成することにした。

準備したのは、まず未知の壕内で迷わないための道標用のメリケン粉、大型懐中電灯、ヘルメット、雨靴、雨がっぱ、文房具、カメラなどであった。

ガマ本来の出入り口と、民家裏側に日本軍が掘った出入り口（第１８回目、１９回目のイラスト）の２カ所から踏査することにした。

初めて未整備のアブチラガマ内に足を踏み入れる学生たち＝１９７５年５月２５日、南城市糸数

第18回
糸数アブチラガマの調査（2）

時期ごとに役割変化／「軍民一体化」の経緯確認

若者たちがガマ内の状況を隈なく知りたいという意欲が強く、おそらく地元住民が入ったことの無いような場所までも確認していったようだ。大型懐中電灯と空気の濃度をチェックするためにロウソクも片手に、泥まみれになって穴からはい上がってきた。学生たちの全体の調査状況を把握することもできないまま、作業を続行させていたものだと、いまでも冷や汗がでてくる。沖縄戦の遺品、遺物を探し求める一方、目的は正確な見取り図作成だった。考古学ゼミ学生の指導のもと測量技師のように沖縄戦当時の洞窟内の状況を把握することに、夢中で各所を測定していた。筆者は、学生たちから得た情報をもって、知念周吉さんに確認しては、そこで得た情報を学生に伝えるという伝達作業をしていた。

糸数アブチラガマ内調査は、１９７５年（５月〜６月）、１９９０年（島袋淑子元ひめゆり学徒と新屋敷弥生ゼミ生）、９２年（沖縄出身の元日本兵の真喜志康一氏と新垣尚子ゼミ生）の３回は学生と実施し、２０００年の４回目だけ、日比野勝廣元傷病兵と私が内部の確認作業を行ってきた。いずれも１９７５年の調査で作成した見取り図を基にして新たに得た情報を付け加えていく形をとっていった。

■手探り

見取り図の出版物での公表は『虐殺の島』（１９７８年、晩聲社）に続いて、２０００年６月発刊の『沖縄の旅・アブチラガマと轟の壕』（集英社新書）に掲載した。１９９９年７月に民家裏の出入り口を実際に掘ったという沖縄出身元兵士の新たな証言者を得て、集大成することになった。

そしてこの糸数アブチラガマは、１９４５年２月から４月３０日までは日本軍の洞窟陣地壕、５月１日から６月２日まで南風原陸軍病院糸数分室、６月３日から８月２２日まで「軍民一体化」した壕として使用されていたことをほぼ正確に把握できたので、見取り図も３種類作成するに至った。

１９７５年作成の見取り図は、三つの時期をひとつにまとめたものだったが、それを時期ごとにまとめたとき、

２５年も経過していた。アブチラガマ内の状況については、南風原陸軍病院から傷病兵として担送された日比野勝廣さんの手記『沖縄の鍾乳洞で—屍とともに半年』『従軍回顧録』（岐阜県従軍回顧録編纂委員会編、１９７０年１１月２０日発行）と、防衛隊員として南風原陸軍病院から重傷患者を担送した池宮城秀意さん（琉球新報社元社長）が体験を記録した『戦場に生きた人たち—沖縄戦の記録』（サイマル出版会、１９６８年１０月２０日発行）によってある程度把握はしているつもりであった。とはいえ、１９７５年の最初の壕内踏査は手探り状態だった。作成した見取り図を基にして未知のガマ内踏査のあらましを説明していきたい。

■迷路のような壕

第１グループ（国吉真剛君、新垣京子さん、新垣直子さん、州鎌武夫君、私）と第２グループ（安里武君、金城千恵子さん、譜久嶺聡君、長嶺文雄君、比嘉賀盛君）の二手に分かれ、１０人で入壕することにした。洞窟内の距離測定については専門的知識をもつ考古学ゼミの比嘉君が助っ人として加わってくれたが、主体は社会学石原ゼミ生の２年次から４年次の混合グループだった。

午前１０時３０分に第１グループがC地区出入り口（本来）から滑り落ちるように下りていくと、左手は米軍が壕

アブチラガマを調査するゼミ生たち＝1975年5月25日

に籠城している人たちを生き埋めにしようとした痕跡が残っている土の上に、アフリカマイマイの大量の殻が流れ込むように積もっていた。糸数住民がアフリカマイマイを豚の餌にして廃棄した名残だろうと思った。そこは行き止まりだから自然にB地区に向かう形で、漆黒の闇の中を大型懐中電灯の明かりを頼りに歩を進めると、天井には鍾乳石がぶら下がっていて水がしたたり落ちていた。

右手のぬかるんだ細道を進むと大小のカマドが6基確認できた。その左手のくぼ地には、前日までの豪雨のせいか、激しい音を立てて勢いよく水が川となって、氾濫することなく流れていた。その一角に日本軍が掘った立派な井戸があり、その先の流れは地下に潜っていった。

右手には堅牢な石垣が積み上げられ、人手が相当加わった痕跡が見つかった。その左手に2階建ての兵舎が建てられていたとおぼしき大空洞を確認するや、バリケードと見まがう石積みが天井まで届いていてアッと驚いた。そこを越えるとA地区で迷路のような形状を呈していた。そこで民

家裏の出入り口から入壕してきた第2グループと合流した。

A地区はあまりにも複雑だったので、何度も歩き回らないとその形状を把握できなかった。怖さ知らずの男子学生たちは、身体が入るところはすべて潜って、どのような遺物・遺品があるかを確認していった。思いがけない場所からニューと、男子学生がはい出てきたとき、糸数住民の誰も入ったことのない場所までたどっていると思えた。そして、頭蓋骨もそろった遺骨は全部収骨されていることを確認できた。

学生たちが距離測定や見取り図作成の基礎作業をしている間に、ときおり、私は壕内に精通している知念周吉さん宅を訪れ、情報を得ることに努めた。すると、民家出入り口側のバリケード状の石積みに数人の屍を見張人のようにもたれさせていたという新たな証言を得た。そこで学生たちにそのことを伝え、その場所を確認すると取りこぼしの小骨が岩間にいくつか見つかった。さらに、死体置き場にしていた二重壕まで下りていった男子学生たちは、小岩の間に小さな遺骨が残っていることを確認していた。

1号室には数個の不発弾、2号室には、メガネ、ナイフ、くつ、万年筆、薬品ビン類、防毒マスクのメガネらしきものや腐った板切れなどが残っていた。

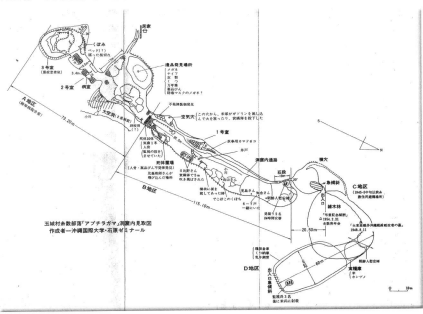

玉城村糸数部落「アブチラガマ」洞窟内見取図
作成者＝沖縄国際大学・石原ゼミナール

学生たちの調査を基に制作したアブチラガマの見取り図

第19回
日比野傷病兵の手記

悪臭の中、死にお
びえ／爆風で飛ば
され生還

アプチラガマ内の主たる情報源は、浦添安波茶の戦闘で重傷を負った日比野勝弘傷病兵の手記だった。日比野さんが横たわっていたとおぼしきガマ内で、明かりを消してたたずんだら、漆黒の闇と鍾乳洞から落下する水滴の音は、30年前と同じだと思うと、地獄のような壕内の惨状がよみがえるようで、胸が締め付けられた。証言に裏付けられた場所で、初めて戦争を追体験できたように思えた。1975年夏季休暇中の沖縄歯科衛生士学校一期生を、このアプチラガマ内に連れて行った。初の沖縄戦追体験の場として、平和学習の拠点と位置づけられると思えた。

■手記から

1945年5月末、米軍が糸数集落に迫ってきたので、糸数アブチラガマ内の南風原陸軍病院分室は解散した。収容されていた負傷兵のなかで、腹ばいになってでも脱出できた兵士の残りは、枕元に「自死用青酸カリ」が置かれた重傷患者たちであった。そのなかのひとりが日比野勝廣元日本兵だった。その日比野傷病兵が奇跡の生還をとげ、その体験を手記に残してあったことも第18回目でのべた。

ゼミ学生たちと初めて洞窟内を踏査する前、私は日比野傷病兵の手記に目を通していた。

糸数分室の解散直後とその後の生々しい場面を記憶に留めながら洞窟に潜った。日比野傷病兵は入院した数日後、病院解散が告げられた。「独歩患者」は、真壁村（現・糸満市）にいくように、命じられた。歩けない状態の日比野傷病兵は、来るべき時がきたと観念した。「看護婦さん、看護婦さん、うじをとってくれ」、とうなり続けていた。大半があわただしく出ていったあと、洞窟内は静かになった。

「死期が刻々と迫るのを感じて望みを失った者はつぎつぎと自決したり、絶叫を残して死んでいった。仰向けに寝ていると背の下にムズムズしたものを感じ、それらがやがて首筋、お尻の下にも感じられる。手さぐりでつまんだら、それは大きな『うじ』で群れをなしていた。どこから来た

ものかと、あたりを見まわしたとき、ふと隣の吉田君（東京）がいつのまにか死んでいた。そしてすでに腐りはじめ、そこからはい出していることがわかる。死臭鼻をつき吐き気さえ感じていた。」「悪臭と『うじ』に悩まされつつも白骨化していく友の傍らから離れるだけの体力もなく、『いまにこの姿になるのか』と恐ろしい戦慄のときが続いた。それでも水を求める私は手近なところに水のあることを思いついた。『小便を飲もう』私はいっしんに放尿に励んだ。しかしこの妙案も効き目はなかった。小便になるような水分はからだの中には残っていなかった。

ある日、向こう側の上部にある空気穴から黄燐弾が投入され、大音響と共にはねとばされた。気を失ってしまった。気づくと棚の上から落ちていた。他の者も幾人か吹き飛んだらしい。しばらくして正気に戻り、『ああ、まだ生きていたか』と辺りをみると、五米（メートル）ばかり下の水たまりの傍らであった。爆風で飛ばされた時、奇跡的に地下水の流れに運よくいったものとみえる。

一念が通じたのか、偶然なのか、私の切望した水が得られたことに喜びを感ずる暇も惜しく、一気に飲み続けた。痛みも忘れとにかく腹一杯になるまで飲み続けたことは今でも覚えている。水腹であっても満腹感は私に『生命力』を与えてくれたのか、眠りを誘い、起きてはまた飲みして少しずつ動くことができるようになった。」[注13]

■水の音と暗闇

　日比野傷病兵の手記をたよりに、私は日本軍の掘った井戸あたりの水の流れの位置から、５メートルほどの南側に日比野傷病兵が横たわっていたであろうと、想像できた。熱心に調査を続けている学生たちから離れ、ひとり日比野傷病兵が臥していたであろう場所にたたずみ、灯りを消してみた。すると一寸先も見えない真っ暗闇となった。３０年前の洞窟内の暗闇が再現され、一気に沖縄戦当時にタイムスリップし

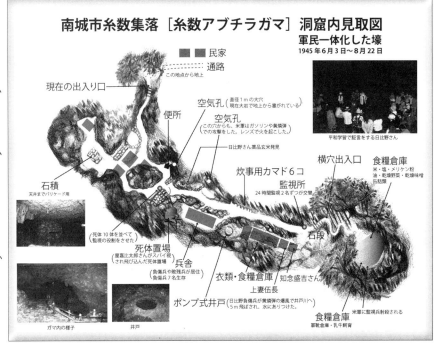

たように感じた。そして学生たちの声も届かないシーンとした暗闇のなかで、前日までの大雨のせいか、せわしげに鍾乳洞から落下する雨滴の音と井戸の側を流れる川の音だけとなった。悪臭とうめき声以外の、水の音と暗闇だけは、沖縄戦当時のままだった。

　日比野傷病兵の数々の証言を思い起こしながら、真っ暗闇にたたずんでいると、ふいに胸がしめつけられ、得も言われぬ感情がこみあげてきた。この暗闇体験こそ、その後のアブチラガマの沖縄戦追体験の原点となった。

■専門学校生引率

　１９７５年４月に開校した沖縄歯科衛生士学校では、専門科目以外に社会学１科目が必修科目になっていた。そして私が非常勤講師としてその科目を担当することになった。第８回目でのべた「歴教協」全国大会のガイド体験を生かして、４０人余の専門学校生徒をガマへ案内することにした。

　先月（２０１８年５月）、首里高校の「養秀同窓会」に初めて出席しており、なんと沖縄歯科衛生士学校の１期生だったという「後輩」に声をかけられた。夏季休暇に入るや、バス１台借り切って、アブチラガマをはじめ、戦跡めぐりをしてくれたのは、強烈な印象に残っているとのことだった。その偶然出会った１期生（古波津洋子さん）は、まだ整備されていないガマを草につかまりながら滑り落ちるように潜り、灯りを消したときの暗闇の恐怖感は、昨日のことのように忘れられないと語っていた。その後、各地のガマ内での沖縄戦の悲劇を聴くにつけ、あのときのガマ体験を絶えず思い起こしていたという。

　私は証言とあわせたガマの暗闇体験は、沖縄戦追体験の場となり、平和を考える場になると確信していたが、４３年後、当時の生徒から連載中に直接それが聴けたのは幸いだった。

[注13]『虐殺の島』初版２６頁

第20回
県立平和祈念資料館

正面に日の丸と銃器／にじむ皇軍賛美に批判

沖縄県立平和祈念資料館が、１９７５年６月１１日、開館した。即刻、その展示内容と展示の仕方が大問題になった。それは、靖国神社遊就館が軍隊の兵器展示している視点と同じだという批判だった。沖縄県史で沖縄戦の住民の記録が出版されたばかりで、県民は沖縄戦被害の全体像を把握しつつあるときだった。県立平和祈念資料館に沖縄県史の記録がなんら反映されていないではないかということだった。幸い聞く耳を持っている県政の下で、展示改善委員会ができた。具体的展示改善作業は、「沖縄戦を考える会」準備会を母体に「展示計画委員会」がその作業を担った。筆者も１９７７年からそのメンバーに加わった。

　１９７５年６月１１日、沖縄県立平和祈念資料館が開館した。多くの県民にとっては、突如、摩文仁平和公園に２階建ての建物が立ったという印象だった。それは、翌７月２０日、日本復帰記念事業として沖縄国際海洋博覧会が開幕する１カ月ほど前のことであった。

　開幕式には、皇太子夫妻が参列する予定だった。その前に夫妻は沖縄戦の象徴的存在になっていた「ひめゆりの塔」を参拝することになっていた。当時、その付近には、皇太子夫妻が「休憩」できるような建物はなかった。それで皇太子夫妻の南部戦跡訪問に間に合わせて、日本政府が急きょ、「休憩所」としての建物を建てたのだろう、と噂されていた。

■開館

　『琉球新報』の６月１０日（朝刊）には、「戦争の悲惨後世に／平和祈念資料館あすオープン」という見出しの記事が紹介されている。新聞の写真で一目瞭然だが、まず目につくのは、正面に飾られた大きな日の丸の寄せ書きである。そして左手には銃器類が麗々しく飾られている。いまにも実弾発射されるような銃もあると、銃に詳しい人は心配していた。

　『沖縄県史』の沖縄戦記録１、２、『那覇市史』戦時記録が発刊され、住民の悲惨な体験が、県民の間に共有されはじめているときだった。

　革新県政屋良朝苗知事のもとでこのような靖国神社の戦争資料館（遊就館）、「陸軍記念館」と見まがうような「資料館」が開館されるとは、いったい何事だという批判がたちまち渦巻いたことはいうまでもない。

■意見書

　その後の経緯については、１９９９年８月から１０月にかけての「資料館改ざん事件」の詳細をまとめた『争点・沖縄戦の記憶』（石原昌家・大城将保・保坂廣志・松永勝利著、社会評論社、２００２年３月）の「沖縄戦はどう展示されたか」（大城将保）が詳しい。

　『沖縄県史』や『那覇市史』の執筆・編集に携わってきている研究者グループが、これまでの調査記録に照らして、展示の仕方にショックを受けた。自らの聞き取り内容とは正反対の皇軍賛美ともいえる内容だったからである。そこで「沖縄戦を考える会」の「準備会」が中心になって、県知事、県議会議長に展示改善を要望した「意見書」を提出することになった。それは１９７５年６月２０日だった（大城将保氏記録）ので、開館９日目という素早い動きは危機感の現れだったといえる。その問題点を次のようにまとめている。

　『（１）展示資料のほとんどが旧日本軍の銃砲類、戦闘用

開館を翌日に控えた県立平和祈念資料館。正面に大きな日の丸の寄せ書きが展示されている（１９７５年６月撮影）

具、軍人精神を示す遺品類にかぎられ、全体の演出の観点・方法も旧日本軍を記念し顕彰する傾向をもっている。（２）それに比べて沖縄県民の戦争体験を物語る遺品、資料、解説などはほとんどない。つまり軍人本位・作戦中心の展示になっていて、県民の立場に立った観点を欠き、県民不在の資料展示になっている。…（中略）軍国主義復活の逆流が年々強まり、戦争体験の空洞化が意図的に進められ、靖国思想の復権が画策されている今日の時代背景を考えれば、現在の資料館はまさに靖国神社の沖縄版といった役割を果たし、県民感情と反戦平和の理念に対立する危険なものとなるおそれがある』[注14]

■展示計画委員会

この「意見書」を受けた沖縄教職員会の会長だった屋良朝苗知事は、聞く耳をもっていた。すぐに、「学識経験者」からの意見聴取をして、開館したばかりの展示内容を全面的に改めることになった。

１９７６年３月には「資料館運営協議会」が設置され、資料館の「設立基本理念」が採択された。そして「基本理念の答申と同時に、協議会の下に展示計画に関する専門委員会がおかれ、さらに具体的な展示作業にたずさわる総合

プロデューサーのもとに展示演出委員会が設置された』『そこで、運営協議会の会長である中山良彦氏（元海洋博沖縄館副館長）が展示計画委員会の委員長も兼職し、また展示演出委員会においては総合プロデューサーの業務を委託されて展示作業の指揮をとった。つまり、基本構想から展示にいたるまでの全工程に責任をもつ総合プロデューサー方式をとった。彼のもとに沖縄戦考える会の主要メンバーが専門委員会に結集して同志的結合のつよい実行グループが編成され、県援護課の職員とも一体となってこれをサポートした」[注15]。

私は、１９７７年から始動した「展示計画委員会」の段階から資料館創りに加わることになった。総合プロデューサーの中山良彦さんには、この段階で初めて知己を得た。以後、「意気投合」した中山さん宅を出入りするようになり、資料館建設以外の分野で中山さん自身から戦中、戦後体験を聞き取りすることになった。私だけが知っている寺島尚彦作詩作曲の「さとうきび畑」（ざわわのリフレインではじまる名曲）誕生秘話も中山さんから戦後体験を聞き取りすることによって生まれたものである。

私はそれ以後、沖縄県立平和祈念資料館、ひめゆり平和祈念資料館、八重山平和祈念館（戦争マラリア資料館）、新沖縄県平和祈念資料館、対馬丸記念館などの理念・構想創りにかかわることになった。それはすべてぼう大な戦争体験の聞き取り調査をふまえたものであった。

１９７７年５月１５日に「準備会」を経て「沖縄戦を考える会」が創設された。池宮城秀意氏を会長にすえたが、実質的には沖縄海洋博沖縄館副館長を経た中山良彦さんが会長的存在で、事務局長は大城将保さんという陣容だった。

[注14] 前掲書、５４頁　[注15] 前掲書、５５頁

第21回
ウワイスーコー

語り始めた体験者／「沖縄戦考える会」発足

沖縄戦の死没者を祀ってきた３２年目の１９７７年は、３３回忌・終焼香（ウワイスーコー）の年だった。それが済んだら沖縄戦体験が忘れ去られないかと、とくに沖縄戦研究者の間では不安が生じていた。そこで、沖縄戦体験を記録に残そうという機運がわきあがってきた。「沖縄戦を考える会」の設立によって、沖縄戦の被害の実態を調査し、記録して行くことが明確に打ち出されたのである。筆者は「考える会」の調査研究部門を担当することになったので、その活動方針のもとに、大学のゼミ生たちと「沖縄戦戦災実態調査」をする契機がうまれた。

　１９７７年というのは、沖縄戦体験者（沖縄戦生存者）、沖縄戦体験記録研究者らにとって特別な年であった。

　沖縄戦から３２年目で戦争死没者の三十三回忌、ウワイスーコー（終焼香）が、沖縄各地でほぼ１、２年かけて執り行われた。その亡き人の親類縁者や友人知人が仏壇の前に集い、死者を悼み、偲びながら、お互い問わず語りに３２年前の「あの時はああだった、こうだった」と、これまで封印してきたあの忌まわしい凄惨な戦争体験を語り合うことになり、ごく自然に体験の事実確認や記憶の修正が行われていった。むろん、語れない体験は封印したままである。

■劇的変化

　戦争死没者の終焼香を境に、沖縄戦体験が忘れ去られるのではないかと懸念されていたが、それは杞憂にすぎなかった。むしろ、それを機に、戦争体験を語らねばならないという機運が次第に生まれていったのである。その「空気の変化」は、沖縄戦の聞き取り調査の結果を新聞に載せたことによって「脅迫」（第９回）をうけていた私には、重苦しい空気を払拭し安堵感を背に感じたので、私にとってはその「終焼香」の以前と以後は、劇的変化を痛感する年となった。

　また、偶然にも１９７５年６月に開館した沖縄県立平和祈念資料館は、開館するや批判をうけた。それで実施され

た展示替え作業（第２０回）を契機として「沖縄戦を考える会」が発足した。それは、沖縄戦の記録と研究、体験継承に質的転換をもたらす画期的なできごとになっていった。「脅迫」を受けていた当時、「みんながついているから筆を折るなよ」と個人的に激励してくれるかたもいたが、「考える会」の発足は、大船に乗ったような安心感をもたらしてくれた。それは共同調査・記録研究にもとづき、派生する問題には共同で対処していくであろうと思えたからである。

　この動きは、マスコミも注目したようである。『琉球新報』１９７７年５月１６日（朝刊）は、第２社会面トップで、「『沖縄戦を考える会』が発足／新たな平和求めて／証言記録や資料収集など」という見出し記事のもとに、以下のリード文を載せている。

　「沖縄戦の真の意味を追究し、平和希求の新たな一里塚にしようー沖縄戦研究者だけでなく、広く一般の賛同者を集めた「沖縄戦を考える会」の設立総会が十五日、那覇市内の県立図書館講堂で行われた。この会は沖縄戦に関する証言記録や資料収集などの調査研究を進める一方、シンポジウムや講演会、映写会といった啓発活動を同時に行おうという研究・実践活動をあわせ持つ市民組織で、過去二年の準備会活動を経て、この日誕生した。会長に池宮城秀意氏（ラジオ沖縄社長）を選び、活動方針を決めた。」

　当日の詳細な記録は私や大城将保（事務局長）さん宅にも

見当たらないので、取材記者によるその記事に依拠したい。

■住民側から記録

〈総会に先立ち、まず「報告と討論」があり、これまで同会結成の準備にあたった安仁屋政昭氏（沖国大助教授）ら五氏が各三十分ていど講演した。中山良彦氏（県立平和祈念資料館運営協議会会長）は、資料館の改善すべき問題点を指摘しながら「資料館を"戦争資料"で埋めるのではなく、"平和資料"という認識で運営すべきである」と話した。

久手堅憲俊氏（沖縄自主上映会事務局長）は「戦跡をめぐる問題」と題し、とくに南部戦跡地の碑文のあり方に疑問を提示し、「戦争に対する反省が込められているとは感じられない。もう一度慰霊の塔とは何か、を考えるべき」と語った。また大城将保氏（県史料編集所員）は「沖縄戦記の問題点」と題して「現在、約百五十冊の沖縄戦記録というものが出版されている。ということでこれから研究しようという時に、"何をいまさら…"という声もあると思うが、これまでの戦記には軍隊中心・戦闘中心のものが主流となっていて住民サイドの記録が弱い。また殉国美談として描く傾向が強い。われわれは、今後、住民の側に立った戦争体験記録を残す必要がある」と述べた。

さらに石原昌家氏（沖国大助教授）は「戦争体験の調査方法」と題し、調査する側の注意点などを語った。最後に安仁屋氏が「沖縄戦研究の意義」と題し、戦争体験の位置づけと現代史的意義を総括的に語り、あわせて「この運動を学者のものとしてではなく、市民運動として展開されるようにする必要がある」と結んだ。〉

新聞では、総会の内容も報じている。
〈活動方針は（1）調査研究（2）

普及教育（3）広報出版（4）平和関係行事の開催（5）平和行政に関する要請と協力活動（6）平和団体との交流——など。最後に「沖縄戦の調査記録の運動はようやく端緒に着いたばかりであり今後、長期かつ広範囲に運動を展開する必要がある」というアピールと「沖縄戦戦争遺跡、遺物の保存について」の要請決議をした。なお、同会では、入会を募っており連絡先は沖縄史料編集所内（大城将保氏）まで。

副会長には安仁屋政昭、中山良彦の両氏、また事務局長には大城将保氏が選ばれた。〉

私は、新聞記事には記されていないが、調査研究部門を担当することになった。私が学生たちと沖縄戦の戦災実態調査をすることになったのは、設立総会での活動方針にもとづいた実践活動でもあった。

『「沖縄戦を考える会」発足を伝える 1977 年 5 月 16 日付琉球新報の記事

被災実態調査が始動／戸籍にない戦没者も多数

１９９５年６月２３日に除幕した全戦没者刻銘碑「平和の礎」で、「〜の長男」「〜の長女」等という刻銘の仕方は、筆者とゼミ学生たちと旧浦添村の全戸調査した経験にもとづいている。１９７７年６月１９日、初めて一つの集落全体の戦災実態調査をスタートさせたのを契機に、浦添市で本格的調査を開始した。そこで、激戦下で逃げまどいながら赤ちゃんを産んだが、名前をつける間もなく、死んでしまった子や戦後再製した戸籍簿に、戦没した名前を載せていない事例を知った。後年筆者が刻銘検討委員会の座長を務めたので、名前がついてない子、戸籍に載っていなくても戦没死者名を刻銘しなければ、沖縄戦の被害の実態が明確には伝わらない事実を明らかにしていった。その結果、そのような刻銘方法が採用されたが、それは「考える会」での戦災調査のおかげであった。

　１９９５年６月２３日、沖縄戦全戦没者刻銘碑「平和の礎」が除幕した。私は、刻銘検討委員会の仕事を沖縄県の担当職員から依頼されたとき、県援護課資料でのみ死没者名を刻銘することなく、全県的な戦争死没者調査をしなければならないことを即座に提案した。

　沖縄戦で戸籍簿が焼失したり、日本軍の方針で焼却されたりしたので、戦後、戸籍簿を再製するとき家族一人につきいくら、と費用を徴収していた（琉球政府安里氏元担当職員証言）。貧苦に喘いでいた家庭の中には、死没者の名前を申請しなかった例があることを聞いていた。つまり、この世に存在していなかったことになってしまった人たちや戦場で生まれて間もなく亡くなった赤子などが存在することも知っていたからである。

　１９８１年１０月１日から沖縄戦当時、６歳未満の戦傷病者ならびに戦没者の遺族に対して援護法（戦傷病者戦没者遺族等援護法）が適用され、障害年金・遺族給与金の申請受け付けが開始されたとき、該当者のなかには、家庭裁判所で亡くなった子どもの存在を明らかにして家族の一員として戸籍簿に復活させ、ただちにゼロ歳児にたいしても「戦闘参加者についての申立書」を申請する人もいた。それで「沖縄の戦前の人口が毎年増えていきますね」、と申立書の国への申請窓口の県援護課職員が厚生省（現・厚労省）の役人に、揶揄されたと怒り、嘆いていた。それは厚生省職員が、沖縄の戦中戦後の歴史に無知だったことの表れであった。

　私は沖縄国際大学のゼミ学生たちと集落ごとの戦災実態調査をしていく過程で、家族の中に「戸籍に載っていないひと」が存在する事実を初めて知ったのだが、それを知る契機になったのが「沖縄戦を考える会」の調査だったのである。

■戦災調査と被災地図

　沖縄戦戦災実態調査と被災地図作成は、私の石原ゼミ発案のように思われている。しかし、それは「考える会」が発案したものを手直ししていったに過ぎない。

　それについては、１９７７年６月２０日付『琉球新報』の記事を読めば明らかである。「被災地図など作成へ／沖縄戦を考える会／糸満で基礎調査開始」という見出しのもと、写真入りで調査の様子を伝えるとともに、次のような記事を掲載している。

　〈戦争の住民被災の実態を明らかにしよう─と。沖縄戦を考える会（池宮城秀意会長）では、沖縄戦の過去帳・被災地図を作成することになった。その基礎調査が十九日午

「沖縄戦を考える会」による被災地図の作成を伝える１９７７年６月２０日付琉球新報の記事

前十一時から糸満市国吉で始められた。調査員たちは「各戸に必ずといっていいほど一、二人の戦死者、負傷者がおり今さらのようにビックリさせられる。軍の砲弾、食糧運びにはほとんどの住民がかり出されている」と話していた。沖縄では多くの住民が被災を受けたが、その実態はまだ明らかにされていないという。そのため、南部の地域の一戸一戸の家庭を訪問し、その家庭での戦争犠牲者、被災者、戦闘参加状況、当時のもようなどを細かく記録、戦争の過去帳、被災地図として戦争資料館などに展示しようというもの。その手はじめとして国吉区での調査が行われた。

この日は、同会の中山良彦、石原昌家氏らをはじめ会員、学生など十四人が調査票、地図を手に百九世帯を訪問、家族構成、氏名、年齢、性別、職業、社会的地位（警防団員、翼賛会、区長など）、戦闘参加状況（兵役、鉄血勤皇隊、防衛隊、義勇隊、野戦看護婦、臨時徴発による砲弾運びなど）、戦死年月日、戦死場所、戦死状況（被弾、洞窟内での餓死、集団自決、虐殺など）、避難経路―などを詳しく聞いて回った。

非常に時間のかかる調査だが、同会では「集会や慰霊祭もいいが、まず戦争被災の実態をほり起こす作業も重要」といい、また調査員たちは「どの家庭でも出て来るのが徴発の過酷さですね。男女問わず、動ける者は全員壕の中から引きずり出され強制的に砲弾、食糧運びをさせられている。それだけに今もって戦争に対する怒りや憎しみは大きいようです」と話していた。〉

この記事のなかででてくる過去帳ということばは、総合プロデューサーとして資料館展示替えを県から委託された中山良彦さんが、本土各地の資料館を視察して回った際、広島の原爆死没者名簿が一般に過去帳と呼ばれていたのをヒントに沖縄戦戦争死没者の名簿作成を提案する際に使用したものである。

また、この記事にでている調査票は、「考える会」の琉球大学教授田港朝昭さんを中心に原案を作成したものであり、以後、石原ゼミが各地で調査をしていく過程でそれを基本に若干の手直しを重ねていった。

この１９７７年６月１９日の糸満市国吉区の調査は、職業人としての「考える会」のメンバーと大学の授業での呼びかけに応じた数人の受講生からなる編成だった。いわば、以後の戦災実態調査の予備調査の段階であった。それで１９７９年２月２２日から２４日までの３日間、大学の石原ゼミ学生だけで再び糸満市国吉区で、家畜や家屋の被害まで含めた調査票を作成して戦災実態調査を実施した。この調査経過は、『琉球新報』紙で１９７９年４月１７日から１９日にかけて私が「戦後世代と沖縄戦の記録」というタイトルで報告し、反響をよんだ。

この国吉区での調査経験をふまえて、１９８０年から私のゼミナール学生が中心となった浦添市の沖縄戦戦災実態調査と被災地図づくりが、市全域で本格的に始動することになった。

第23回
平和祈念資料館

「証言の本」メインに／兵器の展示、住民視点で

1975年、沖縄県立平和祈念資料館が開館した。当初の展示内容は、全面的に改善し、78年に再開館した。凄惨な沖縄戦の実態を表わせるのは、生存者の記憶を記録した証言本しかない、と展示思想を大転換させた。展示計画委員会の結論にもとづき、メインは参観者に証言を読んでもらうことにした。各委員が「沖縄県史」の9巻、10巻などを読みこみ、各自が持ち寄った証言を読み合わせ、展示証言を決定していった。地獄の戦場をくぐりぬけた生存者の思いを集約したのが、「展示むすび」のことばである。

1999年8月から10月にかけて、沖縄の地元新聞の『琉球新報』『沖縄タイムス』を中心に、新沖縄県平和祈念資料館の展示改ざん問題が連日報道されていった。

それは全国紙でも取り上げられたり、テレビ局など多くのメディアでも取り上げたりしていった。沖縄戦の史実をめぐる問題として県民世論が沸騰した。それは、1982年の教科書検定で「日本軍による住民殺害」の記述を、日本政府が削除した問題で県民世論が沸騰して以来のできごとであった。それで、日本政府も日本軍による住民殺害は、その記述を黙認せざるを得ないほど、全国的に共有された沖縄戦認識であった。

新資料館のガマ内展示として、ガマ（自然洞窟）に避難している幼子を抱く数名の住民に日本兵が銃剣を構え、迫りくる米軍に居場所を知られないように威嚇している史実に沿った模型から、県幹部の指示で勝手に日本兵から銃を外して、手ぶらで立っている姿（模型）に変更していた。この沖縄戦の本質を捏造・歪曲する県当局の動きを新聞記者が察知して、一斉に報道を開始したというのがことの発端であった。

沖縄の歴史上未曾有の体験を強いられた沖縄戦の真実を目に見える形で次世代へ伝えていくというのが、沖縄の「平和祈念資料館」の使命であったはずだ。

1975年6月に開館した「沖縄県立平和祈念資料館」は、その役割をまったく果たすものではないという批判を

うけ、屋良朝苗知事が開館まもない「資料館」の閉館を命じ、資料館の展示改善の作業をスタートさせた。その作業を具体的に担ったのが、2カ年の準備会を経て、1977年5月に発足した「沖縄戦を考える会」であったことを第20回、21回で述べてきた。

■発想の大転換

沖縄県立平和祈念資料館展示改善作業と沖縄戦を考える会の活動とは、車の両輪のような働きをしていた。「考える会」は、発足1カ月後には63人が会員の登録をした。しかし、実際の具体的活動のメンバーは、「沖縄戦を考える会」が、1978年1月に発行した『沖縄戦と平和教育』（沖教組那覇支部と共著）での執筆者として名を連ねている中山良彦、安仁屋政昭、大城将保、久手堅憲俊、石原昌家、真栄里泰山の6人であった。この6人が展示計画委員会の中心になって、展示計画を練りに練っていくことになった。基本理念として軍隊（軍事）中心ではなく、住民の戦争体験を根底にした展示にするということが大前提であった。

そこで困難に直面することになった。圧倒的勝ち戦をしていた米軍でさえ、「ありったけの地獄を集めた戦場」と表現するほどの日米両軍の地上戦闘に巻き込まれた住民は、阿鼻叫喚の生き地獄そのものの戦場を体験した。それを目に見える形で示すことが可能なのか？しかも、「針の穴（耳）をくぐってきた」と表現する住民の多くは、ガマ・壕の中

に潜んで生き延びてきた。そのひとたちの体験をどのように見せることができるのだろうかと、長時間にわたって討議してたどり着いたのは、「体験者の記憶を記録した証言しか、あの戦場を表現する方法はない」という結論だった。

　戦争の資料館というのは、実物展示が本来のすがたであり、文字を読ませるのを正当な方法ではないというのはみんなの共通認識ではあった。しかし、展示替えした資料館は、

沖縄戦の実相にふれるたびに戦争というものはこれほど残忍でこれほど汚辱にまみれたものはないと思うのです

この なまなましい体験の前ではいかなる人でも戦争を肯定し美化することはできないはずです

戦争をおこすのは たしかに 人間ですしかし それ以上に戦争を許さない努力のできるのも私たち 人間 ではないでしょうか

戦後このかた 私たちはあらゆる戦争を憎み平和な島を建設せねば と思いつづけてきました

これがあまりにも大きすぎた代償を払って得たゆずることのできない私たちの信条なのです

「住民の視点」で１９７８年に再オープンした沖縄県立平和祈念資料館の「展示結びのことば」（沖縄県立平和祈念資料館ガイドブック『平和への証言』より）

「証言の本」をメインに据えるという発想の大転換をすることになったのである。

　展示計画委員会の柔軟性は、靖国神社の「遊就館」のように麗々しく展示していた兵器類の扱いに対しても逆転の発想をうんだ。あの砲煙弾雨の「鉄の暴風」が吹きやんだ後の戦場は、破壊された兵器類、砲弾の破片類が至る所に散乱していた。それを「住民の視点」でそのまま表現しようということで、散乱している兵器類をそのままの状態でオブジェとして展示する方法を思いついていった。

■結びのことば

　資料館のメインになる「証言の本」は、展示計画委員会では『沖縄県史』の沖縄戦記録１・２、『那覇市史』戦時記録、石原昌家著『虐殺の島』にしぼって、徹底的に読み込んでいき、全員で輪読していった。現在のように会議室が借用できるような状況でなかったので、会長の中山良彦さん宅で何回も集まってその作業をつづけていった。こうして住民証言を精選していった。

　総合プロデューサーとしての中山さんと展示業者のコンセプトワンのアイデアで、「証言の本」の部屋は、一番奥まったところに深々としたじゅうたんを敷き詰め、照明も工夫して、こどもたちでも『証言』を読むことに集中できるようにした。

　展示計画委員会で特に時間を要したのは「展示結びのことば」の作成であった。それは新資料館にもそのまま引き継がれているが、その苦労は「考える会」事務局長だった大城将保さんがこう述べている。「われわれは、この２年間の"追体験"から得た実感をもって、人々が残してくれた『証言』に応えるかたちで、自分たちなりの『率直なことば』をもってアピール文を合作した。なるべく美辞麗句を廃して、ひとりつぶやくような、自分たちのことばで書きつづった文章が、資料館の最後の空間に展示されることになった。」[注16]。

[注16]『争点・沖縄戦の記憶』（社会評論社、５９頁）

第24回
沖縄戦を考える会

非難覚悟で真実解明／平和教育本も出版歪曲や捏造、現状正す

日本が「戦争できる国」にかじを切る方向をめざしたのが、１９７８年だった。「沖縄戦を考える会」が主体になった沖縄県の「平和祈念資料館」がその年に再開館したのは、国内戦場だった沖縄戦を正しく伝える対抗軸だった。「有事法制」制定の動きに、沖縄からその流れに立ちはだかろうと、さまざま分野での動きが活発化した。その一つには最前線に立っている戦跡観光バスガイドの沖縄戦の実態に沿ったシナリオづくりだった。「考える会」の主要メンバーは、各人が「考える会」の立場で、それぞれの持ち場での活動に追われていき、「考える会」としての組織的活動は「ひめゆり平和祈念資料館」創りを最後に、「自然休眠」状態になった。

　沖縄戦を考える会が、資料館の展示改善作業として資料収集や戦争体験の証言を得るため、各地で聞き取り調査を重ねてきた成果は、資料館展示に直接反映させると同時に出版活動もしてきた。当初は、沖縄県教職員組合那覇支部との共著の形で『沖縄戦と平和教育』（１９７８年１月）というタイトルで発刊した。平和祈念資料館も沖縄戦研究も、平和教育の一環だという位置づけだった。

　調査研究が深められたので、改訂版として１９８３年８月、『沖縄戦をみつめて―日米両軍のはざまに生きる』というタイトルで沖縄戦を考える会が単独で出版していった。いずれも、資料館展示計画委員会の６人が執筆を担当した。

　１９８０年前後から修学旅行生などの「戦跡基地めぐり」がブームになってきたので、「戦跡と資料館」を案内するガイドに、その本は重宝されることになった。

　「戦傷病者戦没者遺族等援護法」に被害住民がからめとられ、沖縄戦の真実（実相）が歪曲、捏造されている現状を正す役目をし、殉国美談調で「英霊」を讃え、皇軍賛美している戦跡観光バスガイドのシナリオに対置するものでもあった。したがって、自分たちのシナリオに疑問を抱いていたバスガイドのなかにも「考える会」の問題提起に賛同するひとたちが現れた。

　私が最初に接することになった戦跡観光バスのガイド指導員は、いまや（２０１８年８月現在）参議院議員として活躍している糸数慶子さんだった。出会った１９７９年当時は、東陽バス会社に所属していた。アメリカ高等弁務官の就任式の宣誓で「最後の高等弁務官でありますように」と述べたことで有名な、牧師の平良修さんから石原と会うように勧められたということだった。「考える会」のメンバーはそれぞれ「観光コースにない戦跡」を「にわかガイド」することによって、ガイドさんたちに影響を及ぼしていった。

　１９８０年前後は、国内戦場を想定した「有事法制」制定の動きが急速化しつつあり、教科書記述において沖縄戦の史実が歪曲されつつあった時期とも重なっていたので、沖縄戦を考える会の存在は重みを増していった。

■「守り神」

　連載の第９回から１６回目までに記してきた「伊是名島虐殺事件」「糸数アブチラガマの住民殺害事件」という沖縄戦の「タブー破り」の内容を網羅した『虐殺の島―皇軍と臣民の末路』（晩聲社）を、私は１９７８年１月に発刊した。その際、「沖縄戦を考える会運営委員会」に「『虐殺の島』に寄せて」という一文を添えてもらった。それは「タブー破り」をして、その重圧に喘いでいた私にとっては、

平常心を保つためのまるで「守り神」のような存在で、な
んども読み返したものである。その一部を引用したい。

「体験者の頑固な沈黙が作業（注・聞き取り調査）をはば
む場合が多い。傷口の深さに思い出すのもいやだという
感情が強く、また、援護金や個人のプライバシーにかか
わることをおそれて沈黙を守る場合もある。地域によっ
ては真相を語ることが共同体のタブーになっている場合
もある。

だから、われわれの調査活動には、つねに『なぜいまさ
ら古傷をあばくのか』といった非難が向けられるのを覚悟
しなければならない。われわれがそれを覚悟であえて内実
に踏みこんでいかねばならないのは、沖縄戦の特質がその
沈黙のなかに存在するからである。（中略）

それゆえ、ひとつの事件の全体像を解明していくにも、
多角的に、実証的に、その内部構造にまで追求のメスを加
えていかなければならない。それなしには事件の本質を見
誤り、結果的には戦争美談にすりかえられていく危険性が
つねに伏在しているのである。戦争体験の真実を解明する
作業というのは、かくのごとく、根気と勇気と、そして決
して感傷によって眼を曇らさない強じんな実証精神を要す
るものである。調査者だけでなく真実を証明していく体験
者の勇気もまた必要とされる。

以上のような立場に立って沖縄戦研究に取り組みつつあ
るわが会にとって今回の石原氏の労作は意義深い収穫のひ
とつである。」[注17]

■自然休眠

１９８９年６月２３日、「ひめゆり平和祈念資料館」が
開館した。その数年前、沖縄戦を考える会の副会長の一人、
中山良彦さんが総合プロデューサーとしての実績を評価さ
れ、「ひめゆり資料館」の企画・展示内容・執筆等を委託
された。したがって、沖縄県立平和祈念資料館の展示企画
委員会のメンバーに加えて、高校教諭（平良宗潤、吉浜忍
さん）や沖縄国際大の歴史家・仲地哲夫さん、琉球大学の
田港朝昭さんらも加わり、ホテルの一室で長時間展示企画
を練ったり、展示解説文をチェックしあったりしていった。

沖縄戦を考える会が県教職員組合那覇支部と共著で初出版した
「沖縄戦と平和教育」

沖縄戦を考える会は、振り返ってみると、この資料館づ
くりを最後に組織的活動は、解散宣言することなく「自然
休眠」に入っている。

「考える会」は、総会を開いて活動方針に沿った毎年
の活動成果を共有しあうということはしていない。「考
える会」の取り組むべき問題が山積していて、それぞれ
が、おのおのの現場での対応に追われ、「考える会」に持
ち寄るという余裕がなかった（この執筆にあたって、副会長
だった安仁屋政昭さんに電話で確認したら、その通りと断言さ
れた）。私自身は、勤務していた沖縄国際大学のゼミ学生
と共にぼう大な時間を沖縄戦の被災調査などさまざまな
テーマで戦争体験者に向き合い、戦争体験の研究を深化
させていった。

[注17] 同書２４５頁

55

第25回
那覇市民の体験記録

感情風化、重い口開く／深い心の傷に触れる

１９７７年、那覇市は「沖縄戦戦没者３３回忌祈念特別事業」をスタートさせた。「那覇市民の戦時・戦後体験記録委員会」のもと、大々的に沖縄戦体験記録運動を三か年も展開した。１９８１年３月に「沖縄の慟哭」として市民の戦時・戦後体験記を市販した。「ソ連脅威論」をあおって、「有事法制」制定の地ならしを本格的に国防族らが着手した、まさにその時だった。

沖縄戦体験者は、時代の不穏な空気を察知したのか、積極的に体験を語りはじめた。筆者も那覇市の「体験記録委員会」の委員として、多くの聞き取りをし、証言記録を残していったので、その空気を肌で感じていた。

琉球政府・沖縄県による行政主導の沖縄戦体験記録活動に続き、那覇市は１９７１年、沖縄戦終結２５年を記念して、市民から戦争体験記を公募した。その原稿をもとに７４年、『那覇市史　資料編第２巻中の６　戦時記録』を刊行した。「これは沖縄の市町村史における初の本格的な沖縄戦資料集でもあった。沖縄県史が座談会など聞き書きを中心にしたのに対し、那覇市の戦時資料は、住民が自分自身の戦争体験をまとめるという市民運動方式を特徴としていた」[注18]

■三三回忌祈念事業

それに引き続き、那覇市は１９７７年４月から、市民の戦争体験記録運動に着手した。沖縄戦戦没者三三回忌祈念特別事業として、平良良松革新市長のもと「那覇市民の戦時・戦後体験記録委員会」が設置され、３カ年にわたって大々的な記録運動を展開していった。それは後に『沖縄の慟哭　市民の戦時・戦後体験記』（81年３月、那覇市企画部市史編集室発行）の「戦時編」「戦後・海外編」２冊として発刊されることになった。

沖縄戦を考える会の池宮城秀意会長が、その記録委員会の代表も務め、２８人の委員のうち、副会長の安仁屋政昭さんや私を含め４人が「考える会」から加わった。那覇市の大がかりな市民への呼びかけは、メディアもニュースとして大きく取り上げていったので、市民の戦時・戦後体験を記録したり、語ろうとしたりする機運が一気に高まった。

その「体験記１、２」に私は座談会司会２回と聞き取り調査１４人分を掲載してある。

■聞き取りの依頼

私は、それまでは常に体験者を説得して聞き取り調査を進めてきたが、那覇市の「戦時・戦後体験記録委員会」の事務局職員をとおして、市民の依頼で聞き取りするということも初めて体験した。

また、『沖縄の慟哭』には、那覇市民ではない本部町在住の城間（旧姓金城）素子さんの「第三外科壕から生還」[注19]も特別に掲載した。沖縄戦のとき、県立第一高等女学校３年だった城間さんは、日本軍の看護要員として動員された「ひめゆり学徒」だった。ひめゆりの塔の第三外科壕でガス弾攻撃をうけ、奇跡的に生き延びた一人である。城間さんから聞き取りをしたきっかけは、私の著書『虐殺の島―皇軍と臣民の末路』（１９７８年、晩聲社）を彼女が息子さんを通して手にしたことだった。それに掲載されている女子師範の瀬底（結婚後大城姓）絹さんの「ひめゆり学徒」としての体験を偶然読み、それに触発され、私に手紙を書いてきたことで聞き取りすることになった。

『虐殺の島』に掲載した瀬底さんは戦後、中学校の教壇に立った。瀬底さんが映画「ひめゆりの塔」で有名な「ひめゆり学徒」の生存者だということを知った生徒たちは、その体験を聞かせてほしいとせがんだ。しかし、いざ体験

米軍のガス弾攻撃から奇跡的に生き返ったひめゆり学徒３年生の金城（城間）素（つね）子さんは、壺状の第三外科壕内から縄梯子（なわばしご）で脱出する際、射殺された兵士の屍から発生した大量のウジ虫のなかを這い出てきた。（写真は第三外科壕出入リロ）

を語ろうとすると、無惨な死を遂げた学友たちの顔が走馬灯のように浮かんできて、涙があふれてとても話せなかった。瀬底さんは当時、新婚間もないころだったが、戦場を逃げまどう夢を毎夜のようにみて「キャー」と大声で悲鳴をあげるので、びっくりした夫が飛び起きるということが続いていたという。

　１９７４年７月、瀬底さんがその体験を語り終えた時、「あれっ、いままで語ろうにも語れなかったのに。いま、先生に小説の筋書きでも話すかのように話している自分にビックリした」と、当惑されていた。ある一定の「感情の風化」がないと、極限状況の戦争体験は一般に語れないのだ、とそのとき私は認識した。

■代理受苦

　「ひめゆり学徒」だった城間さんは１９７８年１１月、私に二度も手紙を書いてきたので、いま、語らねばならないという思いに駆られているのだと推察し、私は本部町の自宅へ聞き取りにうかがった。長時間、言語に絶するような体験の話が続き、最後に「戦後３年目に職場のひとたち数十人とトラックに乗って島尻へ行ったことがありました。私は自分が出て来た壕の前まで行ったのですが、死んで行った級友たちの最後の叫びが聞こえてくるみたいで、その後、最近まで行ったことはありません。あの壕から一緒に生き延びた４人が、その後一緒に顔を合わせたこともあ

那覇市民の戦時・戦後体験を集めた「沖縄の慟哭」

りません。あの場面を思い出したくないのでできるだけ顔を合わせたくない気持ちなのです。今でも一人静まり返った家にいる時、あの時の叫びを思い出してしまいます。戦争の話をした日の夜はなかなか寝つけないです。『ひめゆりの塔』を扱ったテレビなどを観たときには身体がだるくなって、病院まで行ったこともあります。自分が幸せだなあと思う時ほど、彼女達も生きていたら、今頃子や孫に囲まれて幸せじゃなかったかなと思ったりします」[注20] と語り終えた。

　自分が今、幸せだなと思った瞬間、死んだ級友たちの顔が浮かんできて、幸せな気持ちに浸れないと語る城間さんの心の傷の深さは、底知れないと思った。すると、私は耐え難いほど頭がガンガン痛みだした。「それは新聞記者も凄惨な事件を取材したとき経験する“代理受苦”だよ」、と現在進行中の「連載」を話題にした折、比屋根照夫琉球大学名誉教授に教えてもらった。

[注18] 真栄里泰山「沖縄戦証言の記録　市民運動で体験をつづる」那覇市歴史博物館編『戦後をたどる』琉球新報社、２９３頁　[注19] ３３１頁 [注20]『沖縄の慟哭』、３３９頁

第26回
沖縄と軍諜報機関員

「中野学校出身」明かす／ベトナムでの活動証言

１９７４年３月９日まで、戦後２９年間もフィリピンのルパング島山中で、「任務遂行」していた日本兵が投降した。陸軍中野学校出身の小野田寛郎少尉だった。まるで日本兵の亡霊かと思わせる姿がテレビで報じられ、世界のニュースになった。筆者が密貿易の調査で与那国島を訪れたとき、なんと陸軍中野学校出身者が戦後米軍の諜員として活動していた。そのＳ・Ｋさんがベトナムで諜報活動中、小野田少尉が沖縄に滞在していることを無線で知ったという。それを裏付けるすべはなかった。ところが、１９８１年５月、小野田元少尉が沖縄を訪れ、１９４４年１２月、ルパング島へ赴任の途中、沖縄へ不時着したと語っている新聞記事を読み、とびあがらんばかりに驚いた。Ｓ・Ｋさんの証言が裏付けされた瞬間だった。

■与那国島

　１９７９年１２月末、私は与那国島で、「戦時中に小野田さんが沖縄にいることを知っていた」という人に出会えた。日本中にその名が知れ渡っている小野田元少尉が、戦争中に沖縄にいたというのは、にわかには信じられない話だ。

　私は、１９７０年から注目し、研究テーマのひとつにしたのが同郷人組織の郷友会だった。以後、組織結成の前にどのような経緯で出郷したのかを沖縄本島内の会員のかたがたから聞き取りしていた。すると、八重山・宮古諸島の場合は密貿易船で行き来するうちに沖縄本島に住むようになった、などと私が全く知らない「密貿易（闇取引）」ということばをしばしば耳にするようになった。そこで台湾・香港との密貿易の中継基地だったという与那国島に調査へ出向いた。そのとき、小野田元少尉の話に出あうことになったのである。

　民謡で有名なナンタ浜近くの旅館に泊まった時のことである。調査旅行で島々を訪れると、宿にその島関係の本が置かれている場合が多い。それらは重要な情報源になっていた。応接間でみつけた与那国島の写真集のあと

がきを読み進めていくと、ふと、フィールドワーカーとしては見逃せない箇所に目が留まった。１９７５年４月３０日にサイゴンが陥落し、ベトナム戦争が終結した。以後、各地にベトナム難民船が漂着したというのがニュースになっていた。本部町にも難民の一時収容施設が設けられた頃のことだ。与那国島にもベトナム難民船が漂着した時、島には唯一ベトナム語が話せる人がいたので、島人は難民を世話することができたというエピソードが、添えられていた。

■「中野は語らず」

　私は、この日本最西端の国境の島にベトナム語を話せる人が住んでいるということにまず驚いた。戦時中、ベトナムに従軍して土地の人と接して、ベトナム語を習得したのではないかとまず想定した。短期間に外国語を習得して戦後３４年も忘れないでいたというのはよほどの語学の天才だろう、と推察した。語学の天才が、戦時中重宝されていた所は「スパイ養成学校」の陸軍中野学校だ。だが、「中野は語らず」というほど、国家の諜報機関員として各国で諜報活動してきた経験は絶対に口にすることはない。その

○…ルバング島の旧日本兵・小野田寛郎さん(ミ)が六日、町校夫人(ミ)とともに県庁に西銘知事を表敬訪問した=写真||。小野田さんは昭和十九年十二月、激戦地のフィリピンに赴く途中、飛行機の給油のため沖縄の地を踏んだことがあり、沖縄の土を踏むのはそれ以来のこと。

○…小野田さんはフィリピン・ルバング島で敗戦を知らぬまま、約三十年間のジャングル生活を送避。一年後にはブラジルに移住、七年前にルバング島から帰国した。

○…「小野田牧場」で牛一千二百頭のうち「小野田牧場」で牛一千二百頭ので飼育している。同移住地には沖縄県人もかなりいるという。

○…末次一郎氏(青少年問題審議会委員)の案内で西銘知事を訪ねた小野田さんは「ブラジルには西銘県人にたいへんお世話になった。八月にペルーを訪問するさいぜひブラジルに立ち寄りたい。小野田牧場の牛を殺して歓待します」と語った。西銘知事も「ブラジルには沖縄県人が多いので、いずれ県人会を激励しつつ、小野田牧場も訪ねたい」と話していた。

連絡を受けた南部土木事務所は午前十時ごろからバス、タクシー以外の交通量を通行止めとし、補修工事に乗り出した。デコボコに土砂を埋め、午前十一時ごろには復旧工事を終えた。

現場には県の城間土木部長、那覇南部マットグロッソ州で約一、川交差点間をバス、タクシー以外の通行量を通行止めとし、補修工事に乗り出した。デコボコに土砂を埋め、午前十一時ごろには復旧工事を終えた。

現場には県の城間土木部長、那南部土木事務所員らがかけつけ工事を見守った。同南部土木事務所では「業者のミスだ。厳重に注意したい」と話していた。

前六時まで全面通行止めし、工事替えをした際、そのあとを埋めたクラッシャーラン(土砂)の地ならしを十分しなかったようだ。

その上、クラッシャーランがしめっていたため、六日朝の激しい交通量で路面がえぐり取られ、全に渋滞をきたしてしまった。

連絡を受けた南部土木事務所は午前十時ごろから山川交差点~松川交差点間をバス、タクシー以外の交通量を通行止めとし、補修工事に乗り出した。デコボコに土砂を埋め、午前十一時ごろには復旧工事を終えた。

フィリピンへ向かう途中、沖縄に不時着したことを話す小野田寛郎氏の記事(琉球新報、1981年5月6日付夕刊)

活動内容は墓場に持っていくものだと強く言われている、ということは常識として知っていた。

　私はその行を目にするや、密貿易の聞き取り調査の前に、矢も盾もたまらずこのかたから聞き取りしたくなった。その写真集のあとがきには実名と職業も書かれていたので、直接お会いすることは容易だった。

　島で唯一の自転車店を営むその家はすぐに見つかった。ベトナム語を話せるS・Kさんは妻と二人暮らしだった。私は、沖縄国際大学の教員をしていて、島々で「生活史」の聞き取り調査をしていることを告げた。「ベトナム難民の世話をされたということで訪ねてきた」というのは、最後の「決め手」としてとっておこうとしたことは言うまでもない。

　いつものように、いつ、どこで、うまれたのか、そして家族構成を聞き、親の暮らしなど記憶のある幼少期からどのような環境のもとに育っていったのかを尋ねていった。初めてお会いする人でも、幼年時代から知りたいという熱意が相手に伝わるや、「アカの他人」の私との間にたちまち「信頼関係(ラ・ポール)」が生まれていく。「生活史法」調査のフィールドワーカーには自然に身についていくことである。

　S・Kさんが、出生地の鹿児島で「工業学校」へ進学

したということを話した時、そこで私は、内心「陸軍中野学校」出身にちがいない、という確信が湧いた。諜報活動には、本国との極秘の通信をする技術が必携の技にちがいないと思ったからである。あとは、予測にもとづいてどんどん質問を続けていった。兵役についても聞くのは自然の成り行きだ。すると、中国大陸へ赴いたということだった。戦闘部隊ではなかったということばを引き出したので、そこで「いよいよだ」と思い、いきなり、「特務機関員として行かれたのですね」と、さりげなく切り出した。「なぜ、それが分かったのか」と、驚いたふうだった。だが、私を信頼して中野学校出身だという身分を明かし、「中野は語らず」の内容を語りだした。傍らの小柄な奥さんは夫の素性とスパイ映画のようなアジア各地での活動を初めて聞き、身震いしていた。ベトナムで暗躍中、小野田さんが沖縄にいることを自分で組み立てた通信機で知ったということは話がクライマックスに達したころだった。

　その後、小野田さん自身がルバング島へ赴任するとき、沖縄に不時着したと語る「琉球新報」の記事を見つけた時、私は跳び上がらんばかりに驚いた。S・Kさんの証言が裏付けられた瞬間だった。

59

第27回
中野の精神

「正規軍全滅後が出番」／占領下の秘密戦も想定

S・Kさんが中野学校出身だと、筆者が知ったきっかけは、密貿易調査で訪れた与那国島祖納の旅館で、写真集のあとがきを読んだ時だった。ベトナム難民が与那国島へ漂着したとき、島の消防団長S・Kさんがベトナム語を話せて通訳してくれたので皆が助かったというエピソードが添えられていた。

ベトナム語が話せるというのは、頭脳明晰な中野学校出身者ではないかと閃いた。生活史の聞き取り手法で、信頼関係を築いたうえ、根掘り葉掘り聞いていった。四回も聞き取りに訪れ、確信を得た段階で、さりげなく「特務機関員」としてまずは中国へわたったのですね、と切り出したら堰を切ったように、アジア各国での壮大な日本軍の諜報活動が口をついて出た。

乳飲み子を含む27人のベトナム難民が、約3トンの小船で与那国島の久部良港に漂着（1977年5月1日）していなかったら、79年12月に私は与那国島で陸軍中野学校出身のS・Kさんに出会うことはなかった。その経緯については第26回目に記したところである。

S・Kさんは、諜報特務機関員として海外で暗躍中、「水晶発振器」をポケットに常時忍ばせていたので、それを用いて（その通信の可能性について東京工業大学出身の友人新里康紀さんに電話で確認した）フィリピンに赴任途中の小野田寛郎元少尉が沖縄にいることを通信傍受して知っていたという。それは前回紹介した「琉球新報」の「81年5月6日、末次一郎氏（青少年問題審議会会長）の案内で、ルバング島の旧日本兵・小野田寛郎さん（59）が、夫人とともに西銘順治知事を表敬訪問した」という記事（同日夕刊「えんぴつ横丁」）によって、S・Kさんの証言が裏付けられた。

ここで、S・Kさんや小野田元少尉が所属していた陸軍中野学校について触れておく。

■中野学校の中身

俣一戦史刊行委員会『陸軍中野学校　俣一戦史―二俣分校第一期生の記録』（1981年、俣一会）《NHK陸軍中野学校取材班コピー》によると、小野田寛郎と末次一郎（旧

名給）は、（俣一）会員として名を連ねている。2人は中野学校での同期生だったのだ。同書に2人とも回想記を残している。

「中野は語らず」といわれ、秘密のベールに包まれてきたが、私の知る限りでは、中野学校を1960年から61

与那国島にベトナム難民が漂着したことを伝える1977年5月2日付琉球新報の記事

年にかけて『週刊サンケイ』誌に連載した記事が、畠山清行著『陸軍中野学校』（番町書房）六巻本として、１９７１年から７４年にかけて出版されている。

それは、「密命！離島残置諜者の勇士たち！大陸に、南海の島々に、挺身隊となり、残置諜者となって密命を帯び、任務遂行のために、死地にとび込んでいった陸軍中野学校出身者たち！彼らの果たした役割は？」という帯広告のもと、諜報戦史、秘密戦史、ゲリラ戦史などのサブタイトルもつき、中野学校の全貌があるていど見える。その後、中野学校の書籍はいくつか出版されており、それらの既刊本などから中野学校のカリキュラムや目的を知ることができる。

陸軍中野学校そのものは、１９３８年から４５年の敗戦に伴う閉校までに２５００人余の卒業生をだして、世界各国で情報収集活動の任務に就かせていった。その実体については、軍の内部においても一部の関係者にしか知られていないので、ましてや一般国民はその肉親でさえ皆目知らないといわれている。また、単独行動が多かったので、同期生同士でもお互いの活動内容は知らないのがほとんどだった。したがって、いっさいの「名利を求めない」生き方が基本だった。

１９４０年８月に創設された「陸軍中野学校」の前身は、３８年に秘密戦士養成機関の「後方勤務要員養成所」で、「外国に死ぬまで住みついて、その土地の人間になりきって情報を送り続ける」とか「外国に協力者」を作って情報を入手する方針もとっていた。しかし、実際は戦局の変化で、当初の計画通りには進まなかった。

帝国日本の軍人の心得は、「生きて虜囚の辱めを受けず」「捕虜になりたる場合必ず死ぬこと」といわれてきたが、中野学校の戦士は、正規軍部隊が全滅した後こそ自分たちの出番ということを徹底的に植えつけられていたので、「自死」などはありえなかった。

中野学校出身者による第３、４遊撃隊の配置図（『陸軍中の学校』中野校友会より）

■授業科目

学校の教科は、一般教養基礎学として、国体・思想・統計・心理・兵器・交通・築城・航空・海事・薬物学と戦争・日本戦争論に外国事情（軍事・政治・経済・その他）はソ連（軍事攻略・兵要地誌）、ドイツ、イタリア、米英、フランス、中国（兵要地誌）、南方地域（軍事）、語学は英語・ロシア語、支那語、専門科目は諜報・謀略・防諜・宣伝・経済勤務、経済謀略、秘密通信法、防諜技術、秘密兵器、破壊法、暗号解読、実科として秘密通信、写真・変装・開錠術などである。さらに、占領地行政・武術や忍法など多種多様な内容が組み込まれている。

帝国日本の組織的戦争遂行は、１９４５年の半ばごろまでと判断し、以後はゲリラ戦に移行するだろうと、４４年８月に陸軍中野学校二俣分校が開校された。そこで「国内遊撃戦の参考」のもとに戦局の破局を想定した遊撃戦（ゲリラ）、離島残置諜者（工作員）教育や敗戦後の占領下における秘密戦も想定していたが、それは中止された。沖縄での秘密戦中止については後で述べる。そして生き残った中野学校出身者は各地での持ち場で、「中野の精神」のもと日本の再健に心砕いていったという。

第28回
S・Kさんの諜報活動

単独で各地を転々
現地で協力者作る

戦時中は、日本軍の諜報活動に従事していたS・Kさんの体験証言を裏付けるような本は、番町書房の畠山清行著「陸軍中野学校」（全六巻）や校友会編「陸軍中野学校」などに照らすと、誇張ではないことがわかった。その活動は連合軍に「逆探知」されていたようで、戦後日本へ引揚げて来た時に逮捕され、極東裁判にかけられた。米軍機でフィリピンのモンテルパ捕虜収容所送りになった。だが、中継地の嘉手納飛行場で、米軍のための諜報活動に従事するなら、モンテルパ送りは中止するという条件を受け入れた。朝鮮戦争前夜まで、朝鮮半島での諜報活動を経て、与那国島で１９７２年５月１４日まで米軍の諜報活動に従事していた。

戦後、与那国島に住むことになったS・Kさんは、鹿児島県肝属郡始良町で、１９１７（大正6）年8月に生まれた。旧制小倉工業学校で電気通信関係を学んだ後、軍務に就くことになった。

明治国家は、戦争をするために必要な情報を得るための「兵要地誌」調査や情報収集する間諜（スパイ）を明治初期から中国大陸で実施していったようだ。その後、無線通信能力を加えた特務機関として、世界各地で情報収集活動をするようになったが、第1次世界大戦直後に「特務機関」という名称を用いるようになった。１９３１年「満州事変」以後の十五年戦争のなかで、関東軍のなかにも特殊情報部が新設され、大陸の各地に「特務機関」が創設されていった。そして特務機関の組織を科学的、技術的に強化し、軍隊組織に変えることにして、陸軍中野学校の前身である「後方勤務要員養成所」の設置に至ったようである（『陸軍中野学校』中野校友会１９７８年　年表参照）。

■特務機関の宣撫班

S・Kさんは、特務機関の宣撫班としてモンゴル東部に広がるノモンハンを振り出しに中国全土を回りつつ中野学校を出て、ベトナム、ラオスや北はアリューシャン列島、キスカ、アッツ島から南はニューギニアのポート・モレスビー、東は旧内南洋、外南洋まで宣撫工作や情報収集活動に従事してきた。したがって、小野田寛郎元少尉とは異なって、銃を持っての撃ち合いは体験していない。敗戦はシンガポールで迎え、「埋蔵金」のように秘匿していた金品などを賄賂にして、船員になりすまし、１９４６年1月に日本へ引き揚げてきた。

しかし、ノモンハンでの諜報活動は、連合国側の「第五列（スパイ）」に諜報工作の証拠を握られていたようで、場所や日付入りの自分の写真を突きつけられ、連合国軍に逮捕された。細心の注意を払っていたスパイ活動は、逆に敵側スパイにつけ狙われてもいたのである。横浜軍事法廷で１５年の刑が確定し、フィリピンのモンテンルパ刑務所に送られることになった。

S・Kさんの長時間証言は、前回紹介した畠山清行著『陸軍中野学校』（全6巻）でその大略は裏付けられる。「方面軍（引用者注＝複数の軍によって編成）の特務機関や、参謀本部、あるいは戦時中の国内偵諜にあたっていた兵務局分室などには、中野学校の卒業生も、3人5人とまとめて配属されているが、中野出身者には単独で出先部隊へ派遣されての個人活動が非常に多い」「実際は戦局の変転で」「北から南へ、西から東へと、戦線を転々するケースが非常に多かった」（同書、4巻まえがき）は、まさにS・Kさんの証言そのものだ。

『陸軍中野学校』（畠山清行著、番町書房）。目次だけをみてもS・Kさんの諜報活動をほうふつさせる

■授業科目を実践

　4日間で約8時間の聞き取り調査の内容は多岐にわたったので、前回記した授業科目にかかわるいくつかの要点を記すにとどめる。

　中国にはじめて渡ったとき、中国語は片言だったので、華僑を装って中国人を欺きながら「兵要地誌」の情報入手につとめた。中国の服をつけ、両袖に両手を突っ込み、やや猫背スタイルで、中国人に変装した。主要の土地に入ると、まず、その土地にある図書館でさまざまな情報を集めていった。同時にその土地の有力者に接触していき、友人、知人を作っていった（私の知る限りでは、沖縄の伊是名、伊平屋、波照間島に潜入した離島残置諜者らは、友人どころか島の女性を「現地妻」にし、子どもまでもうけて任務遂行していた）。

　S・Kさんは、行く先々でさまざまな賄賂を用いて、「協力者」作りに励んだ。物品としては「せっけん」が貴重品だった。南方では、材料を入手して自らせっけんをつくったりして、土地の人の歓心を得ていった。

　それぞれの地域で、軍隊の動きなどさまざま情報を送受信しながら行動をつづけていった。例えばベトナムのユエで、優秀なフランス人と親しくなり、レシーバーを借りて、モールス信号の暗号が飛び交っているのを聞き分け、戦況の推移の情報を入手した。1944年9月に潜入したフィリピンでもフィリピン服を着て、裕福そうな邸宅や港に停泊している船から、ラジオ、無線機などを、午睡時間をねらって「調達」した。水晶発振器と普通のラジオで、軍部と情報を送受信できるように仕立てるのはわけなかった。

　長年の諜報活動中、なんどか危機一髪で死地をくぐり抜けてきたが、日本の憲兵につかまって拷問を受けるという悔しい思いもした。中国各地で日本軍が攻め入る前の情報を入手し部隊を先導した形なので、大手を振って歩いていたら、逆に憲兵に不審者として捕まったのだ。戸籍も抹消しての活動なので日本人であることを証明することはできない。日本軍のための情報集めをするという約束（本来の仕事）で釈放されるというきわどい場面も経験した。

■ニューギニアと沖縄

　ところで、S・Kさんはなぜニューギニアまで南下したのか、詳細を語っていなかった。だが、日本軍部隊がオーストラリア大陸を目前にして「米英連合軍の反撃に遭い転進を余儀なくされた時、陸軍中野学校出身者の少壮士官や下士官が現地パプア族を訓練、ニューギニアの山野にゲリラ戦を展開したことは有名であるが、それにならって、フィリピンでも第二遊撃隊をつくり、おおいに活躍した」[注21] という記述により、S・Kさんの証言がむすびついた。

　ここでいう第二遊撃隊は小野田元少尉が派遣された部隊であり、さらに沖縄でもそれにならって「『現地住民を基幹に、第三、第四の遊撃隊をつくり、ゲリラ戦闘にあて、万一沖縄が敵の手に占領された場合は、そのまま密林中に残って残置諜者となる』という方針だった」[注22] とのことだ。

[注21] 同書、3巻　283頁　[注22] 同書、同頁

第29回
沖縄の遊撃隊

北部に少年護郷隊／「不還攻撃」計画を中止

１９７８年３月、中野学校出身からなる校友会が会員限定の「中野学校」を出版した。筆者は、８０年６月、沖縄戦で中野学校の役割を解説するようにと、それを入手した晩聲社社長にコピーを渡された。スパイ養成学校の陸軍中野学校は戦況に応じて役割が変わっていった。戦争末期は遊撃隊を編成し、正規軍部隊が全滅後、後方かく乱するゲリラ戦が主たる任務になった。沖縄には第三、第四遊撃隊が配置された。秘匿名・少年護郷隊の第三遊撃隊は、七月一日に全員決死の「不帰還攻撃」を決行する予定だったが、沖縄出身の照屋軍曹の意見具申によって中断したという内容が、琉球新報の紙面に載った。

　１９８０年４月から９月にかけて、私は出身大学院の大阪市立大学へ半年研修に出向いた。その間、関西や関東で多くの聞き取り調査を行いさまざまな資料を目にすることができた。そのなかで陸軍中野学校の校友会が１９７８年３月にまとめた会員限定版の『陸軍中野学校』にもふれることになった。中野学校の公式記録が発刊されたのである。

　晩聲社の和多田進社長が入手したというそのコピーを読み、沖縄戦で中野学校の作戦はどのように位置づけられるのかを解説するように求められ、それを手にすることができたのだ。

　和多田社長は懇意にしていた琉球新報東京支社の嶋袋浩記者にもその情報をもたらした。それをもとに嶋袋記者は１９８０年６月１８日付の琉球新報で「沖縄戦敗戦後に不還攻撃計画」という見出しで、６月２３日の軍主力玉砕後、陸軍中野学校出身者を中心に米軍への強力な威力遊撃戦が計画されていたとする記事を掲載した。記事は「第３遊撃隊隊長の村上治夫中尉は、北飛行場（本部飛行場）に全員決死の不還総攻撃を決行することとし（６月）２５日に各部隊に準備を命じ、７月１日決行を予定した」と伝えている。

■ゲリラ兵

　ここで「不還攻撃」を決行しようとした沖縄の遊撃隊に

ついて、番町書房と校友会発刊の『陸軍中野学校』に依拠して若干記しておく。

　中野出身者による遊撃隊は、独立性と自主性が重んじられ、一般武力戦部隊とは任務、部隊員の特異性、戦闘方法が大きく異なる。沖縄戦での中野出身者は、遊撃部隊参加者、３２軍司令部勤務者、離島工作要員（身分を秘匿し、残置諜報と遊撃戦の工作）、空挺部隊参加者に大別される。１９４４年８月２９日、３２軍に命じられ、村上治夫中尉を大隊長とする第３遊撃隊総員約４００人（タニユ岳）と、岩波寿中尉を大隊長とする第４遊撃隊総員約４００人（喜瀬武原・恩納岳）が編成された。第３、第４遊撃隊はそれぞれ第１から第４中隊で構成されていた。いずれも防諜上、第１、第２護郷隊と秘匿名を付した（第４遊撃隊の第４中隊は「西表護郷隊」として、西表島へ行くことになった）。

　各隊には秘密戦、遊撃戦教育修了者が配置された。遊撃隊員の人選は、一コ部落一コ分隊を基準とし、一コ中隊が作戦地域の一コ町村からの出身者になるよう留意し、護郷精神の高揚につとめることにした。そこで１９４４年１０月末から少年護郷隊員約７００人を警備召集していった。さらに翌年３月には第３中学校生徒約１５０人が第３遊撃隊に配属された。装備兵器は軍刀、銃剣、九九式短小銃、重擲弾筒、軽機関銃、特殊戦用爆薬、爆破器材、土木器材、通信器材などであった。

番町書房の『陸軍中野学校3』（１９７１年）に書かれた第4遊撃隊隊長、岩波寿大隊長の証言は、少年護郷隊の活動を裏付ける内容の一部である。「なにせ小さいのが着物を着てちょこちょこ歩いているから、敵もまさかこれがゲリラ兵隊とは知らない。戦闘のない時はアメリカ兵も退屈しているので『おいおい、ちょっと来い』と基地の中へ呼び込み、チョコレートなどをくれてからかっている。一方その小さな情報班員は、キャラメルやチョコレートをしゃぶりながら、基地内のどこに弾薬庫があり、どこに食糧倉庫があるかなどをみている。そしていい加減遊んでの帰りには、重要な建物のかげなどに時限式の爆弾をしかけて来る。夜になると、そいつがばかんばかんと爆発しはじめて、炎々と燃えあがる」[注23]。

■秘密戦の基盤作り

国頭地区には、大本営陸軍部特務隊の北班が残置諜報機関として潜入していて、所持していた無線機で大本営発表を傍受していた。１９４５年６月２５日ごろ、第3遊撃隊の村上大隊長は北班の情報によって第３２軍主力の壊滅を知った。「村上隊長は、軍主力が玉砕した今日、従来の遊撃戦の戦法は手温（てぬる）い。さらに強力な威嚇遊撃戦を展開すべきではないかと考え、七月一日を期して北飛行場に全員決死の総攻撃を決行することを決心し、二五日各隊に攻撃準備を命じた（この攻撃を不還攻撃と称した）」[注24]

しかし、不還命令が出された６月３０日の夜、国頭地区の在郷軍人会副会長だった照屋寿吉軍曹が、遊撃隊の現状、隊員の年齢、全戦局から見て、この攻撃を中止してほしいと意見具申した。かれは第3遊撃隊本部付きで、隊長の副官的役割を果たしていた。中野の精神は、主力部隊全滅後、遊撃戦を継続し、米軍の本土攻撃の基地をかく乱することにあるということで、村上大隊長はその意見を受け入れた。そして難民収容所に紛れ込んで秘密遊撃戦の基盤作りにあたることにした。地元出身隊員は一般住民と一緒に出身部落に帰し、町村吏員、米軍作業員となり、遊撃戦の準備を進めて行った。ところが、８月１５日突如「終戦の詔勅を拝し」、部隊は解散した。

沖縄戦敗戦後に「不還攻撃」が計画されていたことを伝える１９８０年６月１８日付琉球新報

関東で調査をしていた私は琉球新報の記事でコメントを求められ「この資料を読んだ晩は眠れなかった。すでに主力が壊滅し、敗けることがわかっていながら本土の国体護持のために、ずるずると真相を知らせないままに抵抗戦にまきこまれ、いたずらに犠牲を続けさせられようとしたわけだ。敗戦による犠牲を目の当たりにしながら、さらに新たにむだな攻撃を仕掛けようとした帝国主義日本の恐ろしさを感じた」と述べている。

[注23] ２９７頁 [注24] 中野校友会『陸軍中野学校』６４６頁

第30回
離島残置諜者たち

身分隠し島々に潜入／米上陸備え、少年を訓練

波照間島が戦争マラリア地獄になったのは、中野学校出身の離島残置諜者（特務工作員）によるものだった。第四遊撃隊から西表護郷隊へ、そして波照間国民学校へ教員として潜入した山下虎雄（偽名）は、密かに遊撃隊を組織していた。波照間はマラリアも発生していない生活が豊かな家畜の島だった。突如、抜刀した山下軍曹は、悪性マラリアで恐れられていた西表島の南風見へ全員を強制退去させ、家畜を燻製にして石垣島の日本軍へ送りこんだ。住民の証言では、山下軍曹は台湾人を虐殺したり、島人も撲殺した。戦争マラリアでは４６１人（石原ゼミ調査）を死亡させた。

第２９回目、沖縄の中野学校出身者の任務は、四つに大別されることを記したが、そのうちのひとつの離島工作員（残置諜者）についてこれからとりあげていく。とはいえ、第１３、１４回で離島残置諜者について、「伊是名島虐殺事件」のかかわりですでに若干ふれてきた。伊是名島では、漂着した３米兵が虐殺されたうえに、「奄美の３少年」と上本部村（現・本部町）出身の家畜商「チナースー」が非国民・スパイ視されて虐殺された事件に伊平屋島に潜入した中野学校出身者がかかわっているとされてきたのである。

■配置先

ここで沖縄戦中の離島残置諜者が潜入した島々を既刊本に基づいて記しておきたい。校友会誌『陸軍中野学校』によると、斉藤義夫（旧姓菊地、偽名宮城太郎）・伊平屋島、馬場正治（偽名西村）・伊是名島、宮島敏朗（偽名柿沼秀雄）・与那国島、仙頭八郎（旧姓阿久津、偽名山本政雄）・与那国島、酒井清（偽名山下虎雄／西表護郷隊では酒井喜代輔軍曹）・波照間島、氏元一雄・久米島、河島登（偽名山川）・黒島、高谷守典・多良間島、鈴木清十郎・粟国島、増田保夫・西表島、T少尉・久米島の１１人だった。

いずれも島人に身分を秘匿するため、正規の国民学校訓導または青年学校指導員の辞令を県知事に発給させた。潜入先の島々で米軍上陸に備え、少年たちに遊撃戦、ゲリラ戦の幹部養成と戦闘技術の訓練・組織作りや陣地構築を秘密裏に行っていた。

■波照間島

まずは波照間島に潜入した山下虎雄についてとりあげたい。第４遊撃隊から西表護郷隊へ派遣された山下虎雄は、西表護郷隊で、酒井喜代輔軍曹として高良鉄夫中尉（琉球大学元学長）の下では、非常にやさしい存在だった。しかし、１９４５年１月、波照間島へ山下虎雄先生として潜入した後は、残置諜者としてその態度は豹変したという。軍刀を抜刀して島人を脅迫し、悪性マラリアが猛威を振るう西表島南風見へ、全住民に「退去命令」を下したのである。４月８日、第一陣が南風見へ向かったが、蚊の発生とともに島人が心配していたとおりに悪性マラリアが発生して病没者が続出した。

「山下虎雄とその配下の者によって少年が撲殺された」「西表島炭鉱から逃げてきた強制徴用の台湾人５人の首を山下がはねた」という住民の証言が『沖縄県史　第１０巻　八重山編』（１９７４年）で明るみになっていた。

１９８２年９月、私は沖縄国際大学石原ゼミ生たちと波照間島の戦争マラリア被害の全家庭調査にでかけた。８１年７月に私が聞き取り調査を実施したのが予備調査の形になっていた。その時の聞き取り調査内容をふまえて、次世代へ戦争体験を継承することが最大の目的であった。

学生たちとは『沖縄県史　第10巻八重山編』、畠山清行『陸軍中野学校3　秘密戦史』（1971年）の波照間島に関する部分「スパイ変じて島の救世主」「牛馬二千頭の焼肉」と『日本の空襲一九　沖縄』（三省堂、1981年）の「第一六章沖縄の遊撃隊〈ゲリラ部隊〉」を2カ月近く読み合わせしたうえで、調査票も作成して波照間島へ渡った。

■台湾人虐殺事件

『沖縄県史』に書かれた台湾人虐殺について山下は、琉球新報記者が直接取材した1986年8月6日付同紙記事で「絶対にそういうことはなかった。疎開地に台湾人が二度と来ないように殴って追い返した。挺身隊の子供を安心させるために、首をはねたからもう来ないよ、と言ったのが、いつの間にか事実のように伝わってしまった」と話している。

しかし、私たちの聞き取り調査（1982年9月）では、山下が複数の台湾人を殺す現場を目撃したという人に出会えた。「山下は疎開する前は怖くありませんでしたが、疎開してから怖くなりました。南風見で彼が台湾人を虐殺する現場を目撃したからです。山下は、後ろ手にしばられてつながれた四人の台湾人を川の側に連れて行って、次々と彼らの首をハネました。この光景を見て私たちは心臓がつぶれそうになるぐらい怖くなりました。私たちこども四人が木の上で山桃を食べている時でした。そのとき、山下がシタダン川のそばに台湾人たちを連行してきました。そこと私たちが登っている木は、十メートルから十五メートルぐらい離れていました。台湾人たちはみんな二十代の後半、27、8歳に見うけられました。台湾人の他には山下だけで、部下はいませんでした。山下は一言もしゃべらず、凶行を行いました。台湾人たちは首をハネられた瞬間は血は出ませんでした。しかし、しばらくしてから一気に首の根元から血が噴き出しました。私は人間が犬畜生のように殺されるのを見て、いたたまれない気持ちになりました。山下は四人の首を落とす

戦争マラリア

「強制疎開は軍命」
酒井氏（旧日本軍特務員）が証言

波照間住民の強制疎開について本紙記者に証言する酒井喜代輔氏＝沖縄県守山市の自宅で（4日）

波照間島住民の西表島への強制疎開について、酒井喜代輔氏のインタビューを報じた1989年8月6日付琉球新報

と、台湾人の胴体を川に放り込みました」

学生たちと聞き取りをした内容は1983年7月、ひるぎ社から出版した石原ゼミナール・戦争体験記録研究会編石原昌家監修『もうひとつの沖縄戦—マラリア地獄の波照間島』に収録した [注25]。目撃者は4人だったが聞き取り当時、生き証人は1人になっていた。「山下が島に出入りするようになったので、具合が悪いから本名を出さないでほしい」という本人の要望があり、本では名前を「Fさん」と符号で表した。（『沖縄県史第10巻　沖縄戦記録2』167頁佐事安祥証言はより詳述）

その本をふまえて西日本テレビが「石に刻む」というタイトルのドキュメント番組を放映し、絵本などにもなった。2012年には、私が若干修正して電子書籍版（《株》おきなわ文庫・秋山夏樹編集長）にもなっている。

[注25] 127〜128頁

第31回

波照間の元離島残置諜者

よみがえった悪夢／本人来島に島人抗議

陸軍中野学校出身者の中には、戦後、正業の傍ら戦中同様に時の国家権力の諜報活動に従事している人たちも存在していたようだ。1981年のNHK特集「証言陸軍中野学校」の番組では、ディレクターが伊平屋島に戦中潜入していた菊池少尉（偽名）を取材したいとのことだった。筆者は取材が確実なのは、波照間島に潜入していた山下虎雄（仮名）なら、容易に島人の詳細な証言が得られることは間違いないことを伝えた。それで筆者の調査に同行する形で1981年夏、大がかりな取材を開始した。しかし、誰もが取材に応じる見込みだったが、「山下虎雄先生が島に出入りするようになっているから怖い」という理由で取材拒否にあった。その後の経過は、島ぐるみで戦時中の責任追及だった。

1981年の初夏、NHK特集「証言陸軍中野学校」を制作中の中田茂ディレクターから、相談があるという電話をうけた。東京から直行してきた中田氏とは初対面だった。相談の内容は、『虐殺の島』（拙著）に登場している琉球大学教授だった元離島残置諜者・斉藤義夫氏を取材したいので、かれの情報を知りたいということだった。

私は、第14回目ですでに記してきた内容、つまり、かれがKCIA（韓国中央情報部）とのつながりをもっているのではないかと軍事評論家の藤井治夫氏が追跡していることや、琉球大学教授時代の同僚教員の噂（うわさ）などを考えると、かれがテレビ取材に応じる可能性は低いと告げた。

代わりに、波照間島に派遣されていた元残置諜者、山下虎雄についての証言を取材してはどうかと提案した。山下に対し、島人は恨み骨髄に徹する思いでいるはずだから、まずは住民から多数の証言が得られるはずだ。そのうえでなら、山下虎雄への直撃インタビューが可能だろう。私もちょうど、夏季休暇中に波照間島での調査を予定していたところだったので、同行取材を勧めた。そして同年7月、NHKの4人からなる陸軍中野学校取材班と私は、波照間島へ向かった。

■取材対応が一変

私と取材班はそれぞれに島の民宿に宿泊した。民宿を営

む夫婦は、すでに『沖縄県史第10巻』沖縄戦記録2で、島出身の玉城功一高校教諭の聞き取りに応じ、その証言が公開されていた。山下虎雄に恨みを抱いている夫婦は当然、NHK取材班のインタビューに応じるものと私は思い込んでいた。ところが、「最近、山下先生が島にたびたび来るようになったので、怖いからもう話せない」と、取材依頼を拒否してしまった。戦時中の山下虎雄への恐怖心が悪夢のようによみがえっていたのだ。4人もの取材班を波照間島入りさせてしまった私は「エライことになった」と、うろたえた。

さいわい、『陸軍中野学校（3）　秘密戦史』に「スパイ変じて救世主」「牛馬二千頭の焼肉」「白骨累々の病菌部落」という見出しで掲載された、山下虎雄の証言に基づくルポの複写 [注26] を持っていた。ただちにそれを皆さんに読んでもらった。すると、状況は一変した。恐怖心を上回る山下虎雄への激しい憤怒がよみがえったのである。たまたま持参していたコピーで、以後NHKの取材はスムーズに行われていった。

4泊5日の取材がおわった。山下虎雄の威嚇抜刀による西表島への退去命令、戦争マラリアによる島の住民半数の病死など、島中で悪夢がよみがえっていた。

ところが、そこへなんと山下虎雄本人が島に現れたのである。3度目だった。

島の人からただちに電話がかかってきた。「ＮＨＫが取材をおえたとたんに山下虎雄が現れたというのは変だ。ＮＨＫは山下虎雄の回し者だったのではないか」と、私への疑念もこもっている口調だった。３度目の来島を聞き、島人同様に私自身も吃驚仰天（びっくりぎょうてん）した。「私がＮＨＫ取材班を案内したのです」と、ことの経緯（いきさつ）を必死に説明して、やっと疑惑が晴れた。

■退島要求

山下虎雄３度目の来島で島中大騒ぎになった。島人たちは急きょ抗議文書を作成し、ただちに「退島」するよう山下に迫った。

抗議書は西表島への住民退去命令について「全島を家畜の生地獄にさせ、またその後は食糧難とマラリアで全島を人間の生地獄にさせ、そのために家系断絶や廃家を続出させた。我々住民はこの平和な島の歴史に、たとえ戦時中といえども、あなたの謀略による極悪非道な犯罪とその傷痕はこの島の歴史の続く限り忘れることはできない」と怒り「あなたが三度来島したことは、その犯罪を正当化し、真実を曲げるためのものであり、住民を愚弄するも甚だしい」と強く批判している。

波照間公民館長はじめ公民館役員４人、竹富町議会議員３人、北・南・前・名石・冨嘉部落代表、波照間老人会長・副会長、波照間婦人会長・副会長、波照間青年会長・副会長、波照間区長ら１９人の名前と押印のある抗議書は、全住民の意思を体現したものとなっている。

＜抗議書＞

山下　虎雄
酒井喜代輔　殿
酒井　清

あなたは今次大戦中から今日に至るまで名前をいつわり、波照間住民をだまし、あらゆる謀略と犯罪を続けて来ながら、何らその償いをせぬどころか、この平和な島に平然として、あの戦前の軍国主義の亡霊を呼びもどすように三度来島したことについて、全住民は満身の怒りをこめて抗議するものであります。

あなたは、今次大戦中に学校の教師の仮面をかぶり、また国民を守るはずの軍人を装いながら、島の住民を守るどころか住民を軍刀による抜刀威嚇によって極悪非道極まる暴力と横暴をふるまい、軍の命令といつわり、島の住民を死地マラリアの島へ医薬品等皆無のまま強制疎開させ、全島の家畜を日本軍の食糧に強要させ、全島を家畜の生地獄にさせ、またその後は食糧難とマラリアで全島を人間の生地獄にさせ、そのために家系断絶や廃家を続出させたほどの悲憤の歴史的事実を、あなたは忘れたのか。

我々住民はこの平和な島の歴史に、たとえ戦時中といえども、あなたの謀略による極悪非道な犯罪とその傷痕はこの島の歴史の続く限り忘れることはできない。当時、あなたの犯した行為は、あなた自身がよくわかるはずだが、あなたの書かせた秘密戦史（３）「陸軍中野学校」（昭和四六年発行）の一九七頁より二一三頁の内容はあなたの良心のひとかけらも疑われるように事実を曲げ、悪の限りをつくした非人道的な行為を反省するどころか正当化しようとする魂胆は卑怯千万の最たるものであり、全住民は怒り心頭に達し、絶対承服できるものではない。いかに言葉巧みに合理化し、その責任を逃れようとしても歴史的事実が真実であり、あなたの卑怯極まる謀略手段をつくしても、住民一人一人の脳裡に深く焼きつく傷痕は消えるものでなく、また真実を曲げて報道することは歴史に逆らうものであり、断じて許しておけない。

あなたが三度来島したことは、その犯罪を正当化し、真実を曲げるためのものであり、住民を愚弄するも甚だしい。また、あなたが戦前と変わらず軍国主義の謀略の手先となって暗躍するあなたの正体を見ぬき、再びこの島の平和を乱すものであることを考えると、我々住民や我々の子孫のためにも、その謀略を再び許してはならないことを決意し、ここに全住民は満身の怒りをこめて、あなたの来島を厳重に抗議する。尚、今後我々の抗議に逆らって来島するようなことがあれば、如何なる事態が発生しようとも我々はその責任を負えないことを申し添えます。

昭和五六年八月七日
波照間公民館長　浦仲浩、公民館役員　石野友三、越地信一、加屋本正一、竹富町議会議員　崎枝政幸、仲底長幸、東盛弘佑、北部落代表　野原宏栄、南部落代表　加屋本善一、前部落代表　金武久吉、名石部落代表　波照間徹、冨嘉部落代表　安里正、波照間老人会長　仲白保幸助、副会長　貝敷文雄、波照間婦人会長　新盛シゲ、副会長　波照間シゲ、波照間青年会長　内原正男、副会長　後冨底周二、波照間区長　東迎正夫

[注26] １９６～２１３頁

「苦しみ忘れるなかれ」／児童らの無念石に刻む

NHKの取材は、数日にわたり数１０人から証言を得て、さらに多くの死者をだした現場の西表島南風見まで取材範囲を広げた。しかし、１９８１年１０月１６日、４９分放映された番組のなかで、戦争マラリア地獄の波照間島について割かれたのは、６分４６秒だった。取材に協力した島人の怒りは筆者に向けられた。だが、戦争マラリアの悲惨さを伝える「忘勿石」の刻銘岩は、NHK取材班がそれを保存してきた保久盛長正さんに出会えて、それを筆者が「もうひとつの沖縄戦―マラリア地獄の波照間島」の表紙に使用したことで世間に知られることになった。

　NHK特集「証言陸軍中野学校」は、１９８１年１０月１６日金曜日午後８時から４９分放映された。放送が終了するや、波照間の島人からすぐさま電話がかかってきた。「あんなに何日も協力して、たくさんの人が取材に応じたのに、たったあれだけの放送か」と、あっけにとられた電話であった。波照間島の戦争マラリア被害とその元凶の山下虎雄に関して、たった数分の放映ということで、取材の案内人だった私に不満が向けられた。

　しかも、取材直後の８月７日に怒りの抗議書（第３１回）を突きつけた山下虎雄が顔出しのインタビューで、軍の命令は上からの命令であり、「おかげさんで、私は悪人ではなかったらしいね。自分が悪人だったら島民に殺されていますよ」と、自己弁明に終始した内容だった。したがって、取材に協力した島人にとって憤懣やる方ない思いは十分に理解できた。しかし、私は「海外を含む長期間の取材の結果を５０分弱でまとめた番組だから、７分弱を波照間に割り当ててあるのは多くの時間を割いている方ですよ」と、島人の怒りを鎮めることに努めた。

　しかし、放送されなかったので一般には知られていないが、NHK取材班は戦争マラリア被害を伝えるうえで、多大な功績をのこしていた。

■「忘勿石」

　取材班は、波照間島出身で西表在住の保久盛長正さん（当

時５２歳）が、南風見で戦争マラリア病死者を埋葬した跡地を保存したり、ユタをつれて遺骨収集にきた遺族を案内したりしているという情報を入手したのだ。悲劇の現場が撮影できそうだと、急きょ漁船をチャーターして波照間島から直接西表島へ渡ることになった。

　今度は逆に私が取材班に同行することにした。取材の目的が分かった保久盛さんはすぐに一行を南風見海岸へ案内した。雑木が生い茂る埋葬跡地を撮影し終えたら、波照間国民学校の識名信升校長が、「退去先」でも寺子屋式授業を実施していたという場所に案内してくれた。ヌギリヌパ（のこぎりの歯の意味）という南風見海岸岩場の平板な岩に屋根を葺いて教室替わりにし、空襲を避けながら３０人余

忘勿石の碑

の児童生徒たちの勉強をみていた。

しかし、１９４５年６月の雨期に入るとマラリア原虫を媒介するハマダラ蚊の発生で、もっとも恐れていた悪性マラリアが発生した。すぐに生徒たちも罹患して病死者が続出しはじめた。南風見の避難小屋でも「マラリアで昨日は何名死んだ今日は何名死んだとみんな騒いでいました」（西本比真津証言）。７月半ばで５０人をこえる病死者がでて、確保してあった食糧も底をつきはじめた。

この悲惨な状況では、全滅は目に見えていると恐怖におののき、とくに母親たちが意を決し「マラリア無菌の地」波照間に引き揚げたいと山下虎雄に要請した。すると、山下は「帰さない」の一点張りで、そのうえ、退去地の婦人たちに『近いうちに避難小屋へ行くから一張羅の晴れ着を用意しておけ』という。自分たちを殺すかもしれないと思って（難を逃れる準備として）非常用袋を用意した。[注27]。このままマラリアで死ぬか山下に殺されるかという岐路に立たされた。そこで立ち上がったのが識名信升校長だった。島人を救うため、八重山の宮崎旅団長に実情を報告して、帰島できるよう直訴するしかないと決意した。

そこで有志を募り、７月３０日の夜間、山下に気づかれないように秘かに南風見から川を渡って海岸づたいに歩き、隠してあった船で小浜島を経由し、石垣島へ無事渡った。窮状を知った宮崎旅団長の帰島許可を得たので、住民は「バンザイ」を叫んで喜び合った。山下と識名校長とのせめぎあいの結果、全員が波照間島へ引き揚げることになった。翌８月いっぱいでなんとか生存者全員が島にたどり着いた。

識名校長は最初に病死した生徒を弔った場所でもあり、教室でもあった岩場に、「忘勿石　ハテルマ　シキナ」と

「忘勿石」の写真を使った『もうひとつの沖縄戦』の表紙

小さなツルハシで掘った。識名信升校長・清夫妻から聞き取りしたとき、「ハテルマ住民よ、この石にしみ込んだ苦しみ悲しみを忘れる勿れ、シキナ」と、すでに亡くなった６６人の無念の思いをこめ、掘ったと元校長は語っていた。

同年、９月に生き地獄と化した故郷へ復員してきた保久盛長正さんは７人の同志と共に山下に天誅を加えようと企てたが実現しなかった。その悔しさから「忘勿石」が風化しないように原型を保つことに長年努めていた。ＮＨＫ取材班のおかげでそれを知った私は、以後周辺のひとたちにその存在を共有することに努めた。いまや戦争マラリア被害の象徴となった『もうひとつの沖縄戦』の表紙に使った「忘勿石」の写真は、掘った文字に砂を入れて浮き彫りにするという新聞社のカメラマンのアイディアによるものだ。

■「石に刻む」

那覇空港売店で『もうひとつの沖縄戦』（石原ゼミナール・戦争体験記録研究会編、石原昌家監修　おきなわ文庫）が西日本テレビの久富正美プロデューサーの目に留まった。機内でよみ、ただちにドキュメンタリー制作を思い立ったという。相談をうけた私は山下虎雄氏からのインタビューが実現できたら番組として成功といえるでしょうと返事した。久富氏はなんども取材拒否にあいながら、ついに山下虎雄という偽名で、という条件なら顔出し取材の了解をえた。そして１９８５年６月２２日に、「石に刻む　もうひとつの沖縄戦」（沖縄国際大学教授・石原昌家監修、昭和６０年度日本民間放送連盟賞出品作品）として西日本テレビで放送された。ゼミ学生たちの調査執筆の苦労も報われた。

[注27] 上盛ミツ証言、『県史』１０、１６７頁

生存１４００人多様な活動／朝鮮戦争前半島派遣も

NHK取材班は、生存者1400人の「中野学校校友会員名簿」を入手し、陸軍中野学校出身の戦後の活動について深く調べていった。職業は、会社経営者、宗教家、国会議員、評論家、公安調査庁、内閣調査室、大学教授、青果商、公務員など多彩だった。なかでもGHQ地理局に入局し、情報関係の仕事に従事していたと実名での証言は、筆者が与那国島で米軍の諜報活動に日本復帰直前まで務めていたというS・Kさんの証言を裏付けるようなものだった。中野学校の後身は、「自衛隊調査学校」「自衛隊写真隊」（81年現在）に引き継がれているという。小野田元少尉を西銘沖縄県知事に引き合わせた末次一郎氏も、中野学校同期生だった

私が１９７９年の暮れ、与那国島で出会った陸軍中野学校出身のS・Kさんについて、その数奇な戦時中の体験と戦後帰国するや逮捕され極東国際軍事裁判のひとつ横浜軍事法廷で懲役１５年の判決を受けてモンテンルパ刑務所（フィリピン）送りになったことなどを、第２６回、２７回、２８回で既述した。

今回は中野学校出身者の戦後の活動の一端にふれておきたい。

■与那国のS・K氏

　１９４６年１月に日本へ引き揚げてきたS・Kさんは、４３人の戦犯と共に飛行機でフィリピンへ送られることになった。ところが飛行機は、離陸後３時間半ほどで着陸した。「米国の飛行機はこんなに早いのか」と驚いたS・Kさんは、外の様子を知りたいと思った。「ノミ、シラミがわいてかゆいかゆい」とジェスチャーで米兵にアピールしたところ、全員素っ裸で機外に出され、甲羅干しをさせられた。外に出たとたん潮風を感じて、海が近いと思った。何かが印刷された紙切れが落ちているのに気づいたS・Kさんは、ゴロゴロ寝ころびながら近づき、米兵の目を盗んで素早くそれを口に入れた。再び戻された機内で、そっと口内の紙切れを取り出した。それはガリ版刷りの新聞紙で、それによってここが沖縄だということがわかった。嘉手納飛行場に着陸していたのだ。

　GHQ連合国軍司令部は陸軍中野学校出身者にたいして、これまで行ってきた諜報活動と同じような活動を米軍のために行うことを約束させた。それと引き換えに、モンテンルパ刑務所行きは中止になったという。

　S・Kさんは、紆余曲折を経て１２人の仲間と共に朝鮮戦争前夜の朝鮮半島へ２カ月も派遣された。米軍の朝鮮半島への進攻に備えた先発隊として釜山から北上して忠清南道まで活動した。石鹸、煙草、チューインガムなどを住民にあげて、米国に好感を抱かせるための宣撫工作だった。しかし、開戦間近になるや日本人要員は全員、半島を引き揚げさせられた。

　その後、S・Kさんは、沖縄で結婚して妻の故郷与那国島で生活することになった。与那国町役場に勤めながら、そこでも１９７２年５月１４日まで米軍の諜報部員としての仕事も担っていた。日本復帰後に任務は解かれ、手切れ金１００ドルを元手に自転車店を営みながら島の消防団長を務めていた。妻の身内からは、前科者か思想犯ではないかと不審がられたが、消防団長をしていたので信用を得たという。私はその７年後、ときおり眼光が鋭く光るS・Kさんから聞き取りできたのだ。

　戦時中同様、戦後体験も信じがたい内容だったが、それから１年７カ月後の１９８１年７月、NHK特集「証言・陸軍中野学校」の取材に同行した際、取材班が入手していた資料を読み、実名での証言を聴いたら、納得できた。

■中野校友会

　「取材班」が入手した生存者１４００人の「中野学校校友会員簿」には、全員の職業（１９８１年頃）が明記されている。会社経営者、宗教家、ジャーナリスト、評論家、衆議院議員、公安調査庁、内閣官房内閣調査室、大学教授、青果商など多彩である。なかでもＧＨＱ地理課に入局して、情報関係の仕事に従事したという人による実名での証言もあり、Ｓ・Ｋさんの私への証言を裏付けるかのような内容だった。

　取材班への証言によると、朝鮮戦争勃発の翌１９５１年、ソ連、中国、「北鮮」からの引き揚げ者から詳細な聞き取りを実施して、米軍のために（軍事）地図を作成

厚木飛行場を出発したと思われるＳ・Ｋさんらが降ろされた嘉手納飛行場。滑走路以外は建設段階の写真＝１９４５年５月１７日、嘉手納（米軍撮影、県公文書館所蔵）

したり、外地から持ち帰った文書の整理分析をしたりしたという。そして「中野学校の後身」は、戦後、国内の防衛・警備の情報収集を指導する「自衛隊調査学校」と「自衛隊写真隊」に引き継がれているという。現在（１９８１年当時）進行中の活動なのでこれ以上は話せないということだった。

■末次一郎氏

　第２６回目で、１９８１年５月６日付「琉球新報」夕刊「えんぴつ横丁」に掲載された「末次一郎氏（青少年問題審議会会長）の案内でルバング島の旧日本兵・小野田寛郎さん（５９）が６日、夫人とともに西銘順治知事を表敬訪問した」という記事を紹介した。戦時中、小野田氏が沖縄に一時滞在したので、再び沖縄の地を踏んだのだ。

　当時、国際的「時の人」だった小野田寛郎さんを西銘知事に引き合わせた末次一郎氏という人は、いったいどのような人物なのだろうと読者は思ったはずだ。「校友会誌」によると、小野田さんと同期の中野学校出身だったのである。

　その末次一郎氏の大物ぶりは、『世替わり裏面史　証言に見る沖縄復帰の記録』（１９８３年、琉球新報社）で知ることができる。「『沖縄の祖国復帰が実現しない限り、わが

国の戦後は終わらない』という佐藤総理の発言は、『県民の心情をくすぐる名文句』として有名になった。それは、１９６５年８月１９日、戦後初めて日本の首相が沖縄訪沖したとき那覇空港で発せられた。末次一郎氏は『あの文句が有名になってから、自称おれが書いたという人が何十人もでてきたよ。びっくりしたが、あれは全くのウソ』『原稿は、特連局と総理官邸の間を何度も行き来してつくったんだが、その間、僕が沖縄には詳しいからと相談にきて、僕も筆を入れた。おそらく十何人かが手を入れたでしょう。僕にいわすれば、あの部分は正確に僕が書いたんです』『総理は、その原稿があって、はじめてそういうことが言えたんですよ』とキッパリ」[注28]。

　この末次一郎氏の証言は、中野学校出身者が戦後どのような活動をしていたかを知る一事例である。

　ＮＨＫ取材班は、入手した「中野学校校友会員名簿」をもとに各地で出身者の取材をしていったが、生存者1400人のほんの一部から聞き取りしたにすぎなかった。相変わらず「まぼろしの軍隊」といわれている「陸軍中野学校」の解明には、「中野は語らず」の大きな壁が立ちはだかっていると嘆いていた。

[注28] 同書３２〜３３頁

第34回
戦災実態調査

惨状、数量的に把握／聞き取り、学生たちが奮起

　私が沖縄国際大学のゼミ学生と共に浦添市で実施していた沖縄戦戦災実態調査が、全国紙で1面トップ記事になった。空前絶後の画期的なできごとだった。1981年8月8日付夕刊で長崎の原水禁本大会開幕より大きく報じた「朝日新聞」（西部本社版）の記事には、さまざまな意味が込められていたのだと、いま顧みると認識を新たにすることができる。

　朝日新聞大阪本社の水野俊吾記者は、沖縄戦の惨状を数量的に把握するという新たな視点に着目するともに、紙面には明記していないが「有事法制下の日本」への警鐘という意図が込められていたということが、当時の軍事にかかわる動きをチェックすると理解することができた。

■新たな段階

　1970年代、沖縄県史と那覇市史への集録のため、個々人の沖縄戦体験の証言聞き取りが行われ、沖縄戦の惨状が明らかになっていった。私は「沖縄戦を考える会」での活動を起点に、大学2年次の社会学実習の時間に、各家族・集落単位で沖縄戦戦災実態調査を実施していた（連載21回〜25回）。

　折しも私は浦添市史編集企画にかかわることになっていたことから、旧浦添村（現・浦添市）18集落全域で沖縄戦戦災実態調査を行うことを市史編集委員会に提案し、承認された。従って、調査は大学正規科目の社会学実習とゼミナール活動として、1980年度後期から開始した。浦添市史編集の一環という位置づけでもあった。

　個々の戦争体験の証言をふまえながら、各家族・集落単位で沖縄戦被害の実態を数量的に把握しようということにしたのである。この壮大な計画は、若者がもてる力を発揮することによってしか実施できないと思えたし、その調査をとおして若い世代へ戦争体験を継承する絶好の機会にもなるだろうと確信していた。実施に当たって、それまでの私自身の聞き取りと1970年代にゼミ学生たちと行った調査体験を語り、その意義は計り知れないほど大きいことを訴えたので、80年代の若者たちは大いに奮起してくれた。

　調査は、1980年度から83年度にかけての2年次で、私の社会学実習科目に登録した43人の学生たちが、それぞれ3、4年生になるまで「石原ゼミ」生として取り組んだ。班分けしたグループを各集落に割り当てていき、ほぼ毎日どこかの集落で調査が行われているということになった。各公民館での調査のときは毎回私が主導していくので、私はどこかの班の学生たちとほぼ連日、浦添市内を歩き回る日々を過ごした。その学生たちは市史担当嘱託職員（2019年現在沖縄新県史編集委員の新垣安子さん）の協力のもと、指導教員たる私と共に3年間で約千人の戦争体験者（生存者）に各公民館に集まってもらったり、自宅を訪ねたりして、直接面談することになった。延べ人数にするとその数を超えていた。

幸いにも民俗調査が先行して行われていて、屋号による集落内家屋配置図がすでに出来あがっていた。私たちの調査は、その屋号入り地図を基本に実施していった。調査の内容は、沖縄戦で直接受けた被害ということで、沖縄内居住の家族人数と戦死（戦争死没）者の数、家屋の被害状況（全壊・残家の有無）、日本軍の民家利用（将兵の居住・糧秣倉庫としての利用、慰安所〈朝鮮人慰安婦か沖縄人慰安婦の別〉）を調べ、集落内の日本軍陣地構築・住民の避難地域図を作成していった。１９８４年発行の『浦添市史　第五巻資料編４　戦争体験記録』に掲載予定だったので、必要最小限の調査項目に絞ったが、つぎのようなことが判明していった。

■知られざる被害も

　１８カ所の集落ごとにすべての世帯数（合計２０７７世帯）、家族人数（９２１７人）と戦争死没者数（４１１２人）、戦争死没率（４４・６％）、沖縄内にいた家族の全滅家族（４６９世帯）、一家全滅率（２２・６％）、戦争死没無世帯数（４４３世帯）、戦争死没無世帯率（２１・３％）が判明していった。ただし、県外への疎開者や出征兵士が戦後引き揚げ・復員してきて、一家全滅を免れた世帯も存在しているが、この調査では省かれている。

　聞き取り調査では、避難壕内で子どもを産んだが、名前をつける間もなく被弾死したとその母親が語っていても、家族人数には含めていない場面に偶然出会った。私はその母親に、名前をつける間もなく亡くなったとしても、戦争死没者としてその子も家族人数に含めましょうと提案したらたいそう喜んでくれた。以後、学生たちにはこのような事例も家族人数に含めるように指示した（後の「平和の礎」に「〜の三男」とかいう刻銘方法に活かした）。

　さらに驚いたことには、日本軍の焼却命令や被弾によって焼失した戸籍簿を戦後復元するさい、役所が個々人分の費用を徴収していたので、困窮世帯では生存者のみ申請し、戦争死没者がこの世に生まれていなかったことにされてい

沖縄戦戦災実態調査について１面トップで伝えた朝日新聞の1981年8月8日付夕刊。注目すべき空前の報道

るという事例があることも偶然判明した（１９８１年に「援護法」が６歳未満児まで適用が拡大されたとき、戸籍の復元が増えたのは、これらの事情による）。戸籍簿から消えていても家族人数に含めて、戦争死没者数として当然数えていった。以後、戸籍簿に載っていない戦争死没者がいないかということを尋ねる必要があることも分かった。沖縄戦の住民被害の調査は、実際の調査過程で偶然知りうる予測できないことが存在することも知っていったのである。

　全国紙が１面トップ記事で報じたこの沖縄戦戦災実態調査は、途中経過の段階であった。しかし、取材した水野俊吾記者は、広島原爆被害調査の報道に長年携わっていたということで、この調査にも強い関心を寄せたようだ。発刊後、他のメディアはもとより、「慰安婦問題」で日本政府も注目することになったのは予想外だった。

地域史づくりに新風／戦災調査、各地に広がる

旧浦添村全域の沖縄戦戦災調査は、市の全面的協力のもとにゼミナール学生たちが精力的に取り組んだ成果が、「浦添市史」第五巻として公表された。それは情報源のお年寄りと語り合う会を市史編集室で、執筆者と何度も公民館で行い、各集落の民俗地図も作成してあったので、二十歳前後の大学生が沖縄戦の戦災調査に取り組みやすかった。そのうえに、教科書検定で日本軍による住民虐殺の記述が削除されたり、また、映画「ひめゆりの塔」が空前の観客動員をしたということもあり、戦場から生き延びた人たちに特別な思いが湧いていたようだ。以後、「浦添方式」と称された戦災調査が各地に広がった。

　浦添市史の編集作業は、地域史づくりに新風を吹き込むことになった。

　まず浦添市史の編集事務局が各集落を丹念に回って、さまざまな体験をしてきたり、その集落にまつわる事柄に詳しい長老（古老）たち（男女）をピックアップしていった。そのような準備段階を経て、事務局は歴史・民俗・民話・言語・社会学（フィールドワーカー）など、さまざまな分野の専門家に調査執筆を依頼していった。

■シマ語れー会

　事務局では、「シマ語れー会（故郷を語り合う会の意）」という名の下に、各集落の公民館にその地域の長老たちに足を運んでもらい、調査執筆予定者の専門家が数人単位で大まかな聞き取りをしていき、話者としての得意な分野の把握に努めていった。それをもとに事務局が聞き取り相手の名簿を作成していき、それを足がかりにして執筆予定者は、調査に取りかかっていった。

　沖縄戦戦災実態調査は、悉皆（全数）調査だから特にそのような名簿を必要とはしていなかったが、兵士、防衛隊、義勇隊、救護班、炊事班などの個々人からの聞き取り調査には、その名簿は貴重だった。

　しかも、１９７９年２月に糸満市国吉集落の戦災実態調査に石原ゼミ生として参加していた新垣安子さんが、大学卒業後まもなくその実績が評価され、「即戦力」として編集事務局に採用されていたので、戦災調査・戦災地図作成はほとんど支障なく実施することができた。

　それまでの地域史づくりにこのような取り組みの前例がなかったので、他所から「浦添方式」と称されるようになった。とくにその後の地域史づくりには、それぞれの地域が調査項目を増やした沖縄戦戦災実態調査が定着していき、体験証言と数量的な沖縄戦被害調査の結果が集録されるようになっていった。

■反響

　１９８４年３月、「浦添市史第五巻　戦争体験記録」が発刊された。すでに調査段階で全国紙でもその調査が注目されていたが、刊行時の記者会見で写真のとおり１９８４年３月２５日、琉球新報は「よみがえった "戦死者"」の見出しで大きく報じた。同日、沖縄タイムスも「画期的な『戦災地図』作成／浦添市の戦死者数、避難壕、陣地など／実相、より鮮明に」、同日、朝日新聞は「沖縄戦の犠牲、浦添市で全戸 "復元" 調査／全住民の半数が死亡／沖縄国際大３年がかり／家屋は９９％が全壊／公式記録上回る死者」、同紙はさらに２９日にも「沖縄のページ」で「浦添市史の第五巻／犠牲者の解明に光／注目集める戦災地図／全市町村に広げれば…」と、それぞれトップ記事で扱っているところに、注目の度合いを知ることができる。

　テレビでもそれぞれとりあげていき、とりわけＮＨＫ教

よみがえった"戦死者"

多い申請もれ

公式発表と大きなズレ

浦添市がユニークな戦争体験記

全家庭を調査

明

戦災実態調査の結果を集録した「浦添市史　第五巻」発刊を伝える１９８４年３月２５日付「琉球新報」

育テレビは、全国放送で午後８時４５分から９時までの間の「テレビコラム」で「沖縄戦を掘る」というタイトルで、１５分弱も沖縄戦の惨状を伝える時間を私に与えてくれたのも特筆すべきできごとだった。

　そして「浦添市史第五巻」戦争体験記録は「市民による戦争告発の書ともなっており、なかでも『資料にみる沖縄戦』の実証と数字による激戦地域の実態調査は圧巻である」という賛辞をうけ、第５回沖縄タイムス出版文化賞特別賞を受賞するに至った（１９８４年１２月２４日授賞式）。

■学生の自主活動

　この浦添での「戦災実態調査」にかかわった学生たちは、自主的に１９７５年、仮称で立ち上げていた「戦争体験記録研究会」を１９８１年に正式に発足させ、登録科目の延長線上でさらに戦災調査活動の範囲を広げていった。

　学生たちは「私たちがいまやらなければ、歴史が闇に消えてしまう」を合言葉に、「次代へ」という手作り機関誌も発行し、発表の場も自ら立ち上げていった。連載第３２

回で紹介した「もうひとつの沖縄戦―マラリア地獄の波照間島」（おきなわ文庫・ひるぎ社）の著者が「石原ゼミナール・戦争体験記録研究会」となっているのもその成果の現れであった。

　さらに、宜野湾市字嘉数、西原町字徳佐田・小橋川・桃原（共同調査）、旧真和志村（現・那覇市）真地、東風平町世名城（各単独での調査）の調査成果を「大学生の沖縄戦記録」（１９８５年１０月ひるぎ社）として発刊した（調査員４１人の中に、琉大生６人と平和祈念資料館職員１人含む）。その本に、月刊誌「世界」（１９８５年６月号）が「沖縄戦４０年」特集のなかで座談会「復帰後世代のみた沖縄戦―沖縄国際大学石原ゼミの調査の中から」（大城恭子、金城美智子、湧川紀子、知念弘聡、翁長洋、司会編集部）を企画したが、それを転載できたのも、１９７５年から１０年にわたる大学生の沖縄戦調査を総括する内容だったのは幸いだった。

　また、毎年の「慰霊の日」の前になると、地元・沖縄のテレビは、若者たちの沖縄戦記録活動として、毎年のようにその調査活動を取材して紹介した。地元紙の琉球新報、沖縄タイムスはもとより、朝日新聞、毎日新聞、読売新聞などの全国紙が学生たちを取材し、その活動に光をあてていった。

■反省

　私は「大学生の沖縄戦記録」のまえがきで、「どんなに慎重に取り扱ってきてもおこしてはいけない戦死者数の数字の間違いがでてきて、ショックを受けたものである。本書を世に出すにあたっても、ためらいはあるがあえて公刊する理由には、沖縄戦戦災調査が可能な残り時間が後わずかしかないことを、調査過程で痛感しているからである。私たちの力には当然限界があるので、沖縄全域で一斉に戦災実態調査が開始されるステップになればと願っている」と結んでいる。

　この失敗と願いは、１０年後の１９９５年６月２３日に除幕した全戦没者刻銘碑「平和の礎」に活かされていくことになった。

「ソ連脅威論」声高に／沖縄戦の惨状伝え対抗

日本が軍事拡大を進めていく目安になるのが「日米ガイドライン」（日米防衛協力のための指針）だ。１９７８年、国内戦場を想定した「有事法制」制定の動きが芽生えた４か月後の１１月、初の「日米ガイドライン」が決定され、一気に国内戦場化の危機が叫ばれはじめた。国防族が各種メディアで、仮想敵国ソ連（現在は仮想敵中国）による「ソ連脅威論」を用いて、ソ連侵入の具体的地名（現在は琉球弧・南西諸島の島々）をあげ、戦場化の危機を煽って、国防予算（現在は大軍拡予算）を増大していった。筆者が沖縄県外ではじめて「沖縄戦の惨状」について講演することになった１９８１年８月は、「国内戦場」化した沖縄戦の実態を共有し、「有事法制」制定の動きに抗うためだったようだ。

■県外で初の講演

　大分県の教職員組合と総評（当時の労働組合の団体名）の２団体それぞれから依頼された「沖縄戦の惨状」という演題の講演のため、初めて大分県を訪れた。８月13日に「教職員組合」の夏季研修会での講演と県総評主催の８月15日戦争終結36年講演に招かれていた。私は本土で沖縄戦について講演するのは初めてのことであった。周辺に聞いても、本土で沖縄戦の講演依頼を受けたという人はいなかった。

　そこで、沖縄の私に講演を依頼する主催者側の意図はどこにあるのだろうと思いめぐらすことになった。

　その頃、マスコミは日本の防衛予算が国民総生産（GNP）比１％枠を突破するかもしれないと、さかんに報じていた。長崎原爆被爆者で「被爆者手帳」を所持しているという防衛産業の労働組合委員長が「組合員家族の生活のためには、１％枠を突破して防衛予算が増加することはやむを得ない」というインタビュー記事が全国紙に載るような状況にあった。

　そして、政府筋は「ソ連脅威論」や、みなさんの家庭では、強盗に入られないように戸締りを厳重にやるように国も防衛を強化しないといけないという論法の「強盗戸締り論」をさかんにふりまき、国民に「防衛費」という名の「軍事費」増大を当然視するように、意識転換を図りつつあった。

　それで主催者側は、庶民感覚で説得性のある「強盗戸締り論」に対抗するには、住民を巻き込んだ日米最後の地上戦闘だった沖縄戦の惨状について、国民が認識を共有することが必要だと考えたのではないかと推察した。そこで１９７８年１月に上梓した『虐殺の島』が主催者の目に留まり、私に講演を依頼してきたのであろうと勝手に推測した。したがって、国内が戦場化したときは、自国軍隊が自国民をスパイ視・非国民視して殺害したり、住民同士でも同じような事態が発生したりすることもあるという、ショッキングなできごとをメインに話すことにした。

　当時は沖縄戦での日本軍による沖縄住民スパイ視・非国民視殺害は、帝国日本の沖縄差別によるものだという言説が一般化していた。しかし、私は米軍が「本土上陸」したら、日本本土でも似たような事態が発生していたはずだと確信していた。

　それで、早めに大分県を訪れて県立図書館で沖縄戦が終結間近の１９４５年６月の地元新聞をチェックすることにした。すると、予想通りに「大分県内にもスパイ」という記事を見つけることができた。さっそく、そのコピーをとり、本土決戦で米軍が大分に上陸したら沖縄戦同様の事態

が発生したかもしれないという内容を付け加えて、講演に備えた。

１９８１年８月の段階までは「ソ連脅威論」「強盗戸締り論」は、軍拡推進論者による「防衛予算」増大のための世論操作だというのが、私の認識だった。

■「有事」シナリオ

ところで、２００３年６月に「有事関連三法案」が国会で可決された前後から「有事法制」ということばが一般に知られるようになった。そこで水島朝穂編著の『知らないと危ない「有事法制」』（２００２年５月、現代人文社）などによって、１９８０年前後の政治状況を具体的に知り、認識を深めることになった。

１９７８年７月、自衛隊制服組のトップ、栗栖弘臣統合幕僚会議議長が週刊ポスト誌上で「自衛隊法には不備な面が多いため、いざという時、自衛隊は超法規的行動に出ることはありうる」という発言で、世間は衝撃を受けた。それは文民統制に反しているということで、金丸信防衛庁長官が発言の撤回を求めたら「当然の発言だ」ということでそれを拒否した。それで、議長は解任された。その事実関係については、私も熟知していた。しかし、それが「有事法制」制定の動きの大きな節目になるというところまでは思いめぐらすことはできなかった。

解任された栗栖弘臣元議長が、水を得た魚のように「有事法制」制定の動きに奔走していたというのは、後年知ったところである。

しかし、前述の『知らないと危ない「有事法制」』によると、１９７７年８月には福田赳夫内閣では「有事法制」研究がすでに始まっていたので「北方（ソ連）脅威論」に基づく「日本有事」シナリオが声高に語られるようになったという。

「『ソ連軍東京湾、北海道強襲─自衛隊はこう戦う』（「現代」１９７８年１１月号）、『『ソ連上陸に用意』はじめた北海道住民の『本気』レポート」（『週刊新潮』１９８０年３月２７日号）等々、当時の雑誌には、今にもソ連が北海道に侵攻するかのようなトーンの記事が並びました。書店には『ソ連軍日本上陸！』（二見書房）、『北海道の一一日戦争』（講

栗栖弘臣著「仮想敵国ソ連　われらこう迎え撃つ」

談社）といったおどろおどろしいタイトルの本が平積みになりました」[注29] という。なかでも自衛隊制服組トップだった栗栖元議長の『仮想敵国ソ連　われらこう迎え撃つ』（１９８０年、講談社）は、説得性をもち、１９８１年１１月には北海道に住む２０家族８０人が「ソ連が北海道に攻めてくる」と、鹿児島県に集団移住したという [注30]。しかも、そのソ連が１９７９年１２月２７日、アフガニスタンに侵攻していたので、いっそう説得性を持っていた。

私が大分県に招かれたのは、単なる「防衛費」増額の問題ではなく、このような緊迫した状況下だったので、沖縄戦の惨状を具体的に知りたいということだったのかと認識を新たにするとともに、「朝日新聞」の１面トップ記事扱いも戦場化の国土を想像できるようにということだったのか、と今さらながら水野俊吾朝日新聞記者の見識の高さに敬服している。

[注29] 同書6頁

第37回
82年教科書検定事件

「沖縄戦　真実伝えて」／「虐殺」削除に県民抗議

戦後日本が軍事化の道に歩むうえで、最大の障害が沖縄戦で住民を虐殺したり、死に追いやった日本軍の悪業だった。日本政府は、戦後7年目に遺骨収骨状況調査をし、沖縄戦の実態を知った。後に「援護法」で住民にも遺族年金を支給し、靖国神社に合祀することによって軍民一体だった、と住民の体験を捏造して法的にからめ取っていった。学校教科書が国民の意識形成に最重要だということを知っている日本政府は、沖縄戦で日本軍の住民虐殺行為の記述は断じて認められないことだった。従って、1982年の教科書検定で住民虐殺の記述を削除したのである。しかし、沖縄戦の真実を抹殺する行為だとして、県内では政府に怒りが爆発した。

現代の国家が民衆を操作するもっとも有効な手段のひとつは、学校教育である。その教育現場で使用する教科書が、国家にとって特別な存在であることは、帝国日本における軍国教育、皇民教育が、国民を戦場へ駆り立てていったことでも明らかである。

政府は「戦争放棄」を謳う憲法をもつ、本来無軍備国家日本人に、「有事（戦争）」にそなえた法整備の下準備のひとつとして、教科書記述をとおして「軍官民一体」化した国防意識を育む方針に着手したようである。それは、有事法制制定前夜から沖縄戦の記述に「軍民一体の戦闘」だったことが強調されていったことでも明らかである。さて、その動きの端緒になったのが、1982年の高校「日本史」検定である。

■執筆者へ圧力

1982年6月26日「毎日新聞」が教科書検定で文部省（現・文科省）の指示により沖縄戦における日本軍の住民殺害の記述が削除された、と報じた。その第一報以後、沖縄地元紙は、精力的にその問題を報じていく。同時に沖縄教職員組合をはじめとするさまざまな団体がその問題に取り組み始めた。なかでも北中城村議会をはじめ県議会も、臨時議会を招集して「教科書に沖縄戦の真実を求める」意見書を採択し、各種団体と共に日本政府への抗議の意思を

示していった。

琉球新報では、1982年7月6日朝刊、社会面で〈教科書から沖縄戦の虐殺削除／文部省「根拠資料が不十分」〉という見出し記事が第一報であった。7日にはやはり朝刊社会面で「沖教組　教科書問題で委員会／沖縄戦の虐殺削除　今月中旬にも初会合」の見出し記事で、まずは直接の関係者である教職員組合が、この問題に取り組み始めようとしていることを報じている。そして7月8日には、朝刊1面トップ記事に「事実抹殺図る文部省／教科書の沖縄住民虐殺削除／修正経過で鮮明／「検定」の在り方問題化」という大きな見出しで本格的に報道を開始している。同日は当時首都圏で発行されていた「東京タイムズ」も同問題を1面トップで扱った。

そして、7月10日朝刊の第2社会面で「教科書からの沖縄住民虐殺削除／文部省検定の経過／記述そのものを問題視／"抹殺"された4次修正でパス」という見出し記事で文部省が執筆者にどのような圧力をかけていったかを詳細に記している。

すかさず、翌11日朝刊の1面で「沖縄戦と継承／教科書から削除された県民虐殺〈1〉／第1部　虐殺はあった」「殺害認めた鹿山／国は遺族20人に見舞金」という見出しで連載を開始し、以下のリード記事を書いている。〈教科書検定で、沖縄戦のなかの「日本軍による沖縄住民殺害」

が削除された。沖縄戦の最も鋭い矛盾点を教育の場に初め
て持ち込もうとした試みを、文部省が阻んだ。文部省はさ
らに沖縄戦のその他の記録についてもクレームをつけた。
これは、教科書への不掲載という問題ばかりでなく、沖縄
戦継承への問題をも改めて提起したと考えないわけにはい
かない。沖縄戦とその継承について洗い直してみた。〉

　以後、各地での日本軍による住民虐殺事件を連載して
いった。世論を喚起していくうえで、その果たした役割は
大きかった。この教科書からの「住民殺害」削除は「有事
法制」制定が真の目的だったのであろうということは、い
ろいろ照合させて後日、私は知ることになった。

■戦争生存者の思い

　戦争を生き延びた方々にとって１９８２年は格別な年に
なった。私は、ゼミ学生を連れて、浦添市内で沖縄戦体験
の聞き取り調査をしていた。おりしも、今井正監督の映画
「ひめゆりの塔」が６月１２日に封切られ、当時沖縄映画
史上空前の観客動員だと報じられていた。沖縄戦戦争死没
者の「三十三回忌」を終え、評判の沖縄戦映画が上映され
るということで、沖縄戦を生き延びたかたがたの子や孫が
「じいちゃん、ばあちゃん」を映画館へ案内した。すると、
帰宅するやこれまでの「沈黙」を自ら破り、「自分たちが
体験した戦争は、あのようなものでなかったよ」と、初め
て子や孫に凄惨な体験を語り始めていた。異口同音に「子
や孫に夜遅くまで、体験を話したところだったよ」と語る
場面に出あい、聞き取り調査がとてもやりやすくなってい
た。

　さらに、７月以降「教科書の沖縄住民殺害削除」などの
新聞報道などをうけ、戦争生存者は煮えたぎる思いで悶々
としていたようだ。

　やはり、ゼミ学生ともども、８０歳代の宮里栄正さん宅
を訪れたときのことである。宮里さんは、部屋の壁に貼っ
てある文部省が沖縄戦の事実を抹殺していると報じる新聞
の切り抜きを外して私に渡し、両手をついてひざまずき「先
生、若い人たちに沖縄戦の真実をしっかり伝えてください。
お願いします」と、なんと深々と私に頭をさげたのである。

「二度殺し」いうべき教科書問題を１面トップで扱った
１９８２年７月８日付「東京タイムズ」

後にも先にもないできごとであった。

　さらに、宮里さんは、私のライフワークになっている「援
護法」（戦傷病者戦没者遺族等援護法）の本質的問題も示唆
してくれた。「私の娘は、私と避難中に日本軍に見つかっ
て『炊事班として部隊に協力しろ』と南部の方に連れてい
かれ、戦死してしまった。しかし、戦後、遺族年金をもらっ
たら国に文句が言えなくなるから、戦死した娘について申
請をしていない。隣は家族のなかに日本兵に虐殺されたひ
とがいて、遺族年金をうけとっているので、どうやって申
請したのか聞きに行ってごらん」とも言われた。

　１９８１年１０月１日、有事法制定の動きと共に、沖縄
戦当時６歳未満の戦傷病者ならびに戦没者の遺族にたいし
て、「軍民一体」を住民自ら申請させる援護法が適用され、
障害年金・遺族給与金の申請受け付けが開始された報道に
接し、娘の不条理の死にたいする悔しい思いをつのらせて
いたのであろう。

第38回
83年検定事件

国、住民殺害に注文／「集団自決」加筆命じる

沖縄戦裁判は、1984年の家永教科書訴訟が最初だった。歴史家の家永氏が、自著の「高校日本史」で、日本軍の住民殺害を加筆したら、「集団自決」を先に加筆するよう求められた。家永氏は国のいう「集団自決」とは、日本軍の間接殺害という認識だったので抵抗した。だが、検定の合格を得るために、止むを得ず「集団自決に追いやられたり」と記述した。合格するや学問の自由を侵されたと、ただちに国を訴えた。筆者は当時沖縄戦における住民被害の特徴は住民虐殺と「集団自決」だという認識だったので、家永氏の訴えが当初理解できなかった。筆者が政府の真の意図を解き明かせたのは、その後のことである。

家永三郎東京教育大教授（当時）は、自著の日本史教科書『新日本史』（三省堂）が文部大臣に検定不合格とされたので、１９６５年６月、国に対して「教科書検定違憲訴訟」を起こした（第一次訴訟）。それは第二次訴訟（６７年）、第三次訴訟（８４年）にわたったので、その裁判は、97年まで実に３２年間も続いた。その結果、世界一「最も長い民事裁判」といわれ、ギネスブックの世界記録に登録されているという。

家永氏自身「この訴訟は日本国内だけの人権を守るたたかいにとどまらず、その究極において、人類の破滅を阻止するための人類史的課題を背負っている」[注30]と自負するほど、自信に満ち溢れていた。したがってその業績が世界的に讃えられるよう、２００１年には「家永三郎さんを平和賞候補に推薦する会」が発足した。そして日本はもとより海外の閣僚、国会議員１４人、１４４人の著名な大学教授らの推薦のもと「ノーベル平和賞候補」にノミネートされ、最有力候補者と目されていた。しかし、同年９月１１日、米国の同時多発テロが発生したことにより、国連とアナン国連事務総長が受賞することになった（同書）。「推薦する会」の期待は、史上例のない突発的大事件によって潰されてしまったのである。

■「密室」のやりとり

第３７回で述べた１９８２年教科書検定事件は「島ぐるみ」で政府への抗議行動を展開したので、日本軍の住民殺害（虐殺）を教科書で記述することに国は黙認せざるを得なくなった。その翌年の１９８３年、たまたま家永三郎氏の高校日本史用教科書『新日本史』が改定検定の時期を迎えていた。前年大問題になった日本軍の住民殺害について自著では記述していなかったので、これまでの脚注部分に、その点を付け加えることにした。その加筆により、「密室」（写真『続「密室」検定の記録』参照）で行われる国の検定調査官と家永氏とのやりとりの結果が、３２年間の教科書検定裁判史上で最大の注目を集めることになるとは、誰も想定することはできなかったであろう。

１９７０年から沖縄戦体験の聞き取り調査をしてきていた私自身は、検定に対して家永氏が訴訟を起こした理由を、当初まったく理解することはできなかった。

では、その「密室」の検定官と家永氏とのやりとりは、いかなる内容であったのであろうか。以下は、その引用である。

「家永氏は、昭和５５年度検定済み教科書において、沖縄戦につき、次のような記述をしていた。『沖縄県は地上戦の戦場となり、約一六万もの多数の県民老若男女が戦火のなかで非業の死に追いやられた』。この記述を、昭和５８年度改定検定に際し、次のような記述に改訂しようとした。『沖縄県は地上戦の戦場となり、約一六万もの多数の県民老若男女が戦火のなかで非業の死をとげたが、そ

のなかには日本軍のために殺された人も少なくなかった』。
これに対して、文部大臣は、沖縄戦における沖縄県の犠牲
については、沖縄戦の記述の一環として、県民が犠牲になっ
たことの全貌が客観的に理解できるようにするため、最も
多くの犠牲者を生じさせた『集団自決』のことを書き加え
る必要があるとして、修正意見（これに従わないと、不合格
になる）を付した」（『家永・教科書裁判　第3次訴訟　地裁編
第5巻　沖縄戦の実相』1990年、ロング出版）

　その結果、家永氏は「『約一六万の多数の老若男女が、
米軍の攻撃や、集団自決や、あるいは日本軍によって壕か
ら弾丸雨飛の地上に追い出されたり、または壕内で泣声を
たてる幼児やスパイと目された人たちが殺害されたりする
など戦火のなかで非業の死を遂げた』」（『続「密室」検定の
記録』53頁）と書き改めた。

　すると検定官は「こんなに訂正が大きくなると修正意見
の範囲を逸脱する。他を削ってまで新しいことを入れるの
は範囲を超えているので認められない。集団自決が数的
に多いので入れよといっただけ」（『続「密室」検定の記録』
53頁）とはねつけ、これは「修正意見」だと「事実上の
加筆命令」が改めてくだされた。

　「その結果、家永氏は、最終的に、次のような記述にせ
ざるをえなかった。『沖縄県は地上戦の戦場となり、約
一六万もの多数の県民老若男女が、砲爆撃にたおれたり、
集団自決に追いやられたりするなど、非業の死をとげたが、
なかには日本軍のために殺された人びとも少なくなかっ
た』」（前記『沖縄戦の実相』）。この記述によって、家永氏の
教科書は、検定に合格することになった。

■訴訟へ

　1965年から国を相手どって教科書検定に違憲訴訟を
起こしている家永氏に対して、国は日本軍の住民殺害の記
述（日本軍のために殺された人も少なくなかった）を容易に認
めようとはしなかった。その前に数が多かったとして「集
団自決」という記述を書き加えることを命じたのである。
家永氏は、国の言う集団自決について「〈家永〉もっとも、
それは『非業の死』の中に含めてあるんですね。…で、『そ

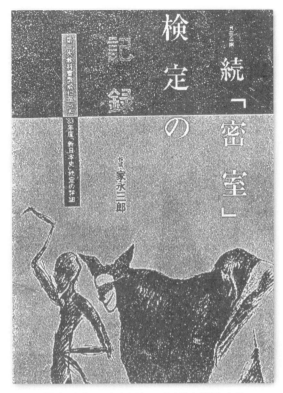

国が研究者に圧力をかけている内情を暴露した書

のなかには』ということで、これは極めて日本軍としてあ
るまじきことをした故に、特別に書いたので…」（続『密
室』52頁）と指摘している。つまり、家永氏は、国が書
き加えることを命じた「集団自決」というのは、日本軍の
ために殺され、非業の死を遂げた人の中に含まれているこ
とを主張していた。にもかかわらず、日本軍のために殺さ
れた人とは別に、国に「集団自決」（殉国死）を書かされ
た、ということを不服として国を訴えることにしたのであ
る。私は、それまで沖縄戦における住民被害の特徴は、日
本軍の虐殺と「集団自決」だと書いてきたので、家永氏の
考えを理解することができなかった。むしろ、国は良いこ
とを言っているとまで思っていた。だが、国が家永氏に良
いことを言うはずはなかろうと自問自答していた。

[注30]『家永三郎生誕100年 - 憲法・歴史学　教科書裁判』2014年、日本
評論社参照

第39回
第三次教科書訴訟「沖縄戦部分」

空前絶後の報道態勢／全国へ実相伝える好機に

家永教科書裁判は、１９６５年から１９９７年第三次の結審まで３２年も続いた。その裁判の中で１９８８年２月９、１０日にわたる沖縄出張法廷は、新聞やテレビが連日報道して、空前の報道態勢がとられた。沖縄戦の真実を全国に発信できる絶好の機会ととらえたようである。原告家永氏側の４名の証人のひとり、安仁屋政昭沖国大教授は「自決とは自ら決意して責めを負って命を絶つこと。赤ん坊が自決しますか」「沖縄戦の住民被害で『集団自決』なるものはなかった。日本軍により強制された殺し合いという集団的死で定着している」と、明快に証言した。

　１９８４年１月１９日に家永教科書裁判の第三次訴訟が提訴された。家永氏は修正意見をつけられた数カ所のうち「沖縄戦に関する部分」で「集団自決に追いやられたり」と加筆させられたのも、国の不法行為として、国家賠償を請求する訴えを提起した（『続「密室」検定の記録』）。

　その沖縄戦に関する部分については、１９８７年６月、東京地裁での証人調べで、争点箇所のひとつが「沖縄戦」ということで、１９８８年２月９日、１０日に那覇地裁で「沖縄出張法廷」の開催が決定した。原告家永氏側と依頼した４人の証人（大田昌秀琉球大学教授、金城重明キリスト教短期大学教授、安仁屋政昭沖縄国際大学教授、山川宗秀普天間高校教諭）とは、何度も裁判の争点について認識を深めることに努めていった（本稿執筆にあたり安仁屋政昭氏から電話で確認した）。

　私にとって、はるかに仰ぎ見る存在の家永氏本人から、私がこれまで沖縄戦被害住民から聞き取り調査をして、印刷されたものはすべて送ってほしいという裁判への協力依頼の手紙をいただいた。「実は私は沖縄について認識不足があった」と打ち明ける家永氏自身、証人と弁護団ともども４年間周到な準備を行っていき、沖縄戦体験の認識が教科書裁判を通して深められていくことになったのである。

■「出張法廷」以前

　「沖縄出張法廷」に向け、琉球新報、沖縄タイムスをは

じめテレビなど沖縄のメディアは、家永教科書裁判史上空前絶後の報道態勢を敷いた。そもそも沖縄は、家永教科書裁判に強い関心を寄せていた。田港朝昭琉球大学名誉教授によれば、米統治下の沖縄で１９６７年２月、「沖縄県教科書検定訴訟を支援する会」が結成され、同年８月の「宮古支援会」総会では、家永氏から「反戦平和精神を抜き取ろうとする教科書検定を見過ごすことはできない」「はるか南の島から訴訟支援のお知らせに感激」という内容の長文の祝電が寄せられたという。さらに「日本復帰」前の１９７０年７月、家永氏が勝利した「杉本判決」（第二次訴訟）に呼応し、「八重山支援会」では勝利宣言を身の丈を超すほどの立て看５０枚を島中に掲げた。（『家永三郎生誕１００年』）。私自身、７２年１０月、初めて石垣島を訪れた際、その立て看を見て感激したものである。また、勝利のパレードを５００人規模で実施し、主催者が打ち上げの時、酒の勢いで東京の家永氏宅へ国際電話をかけ、石垣島での教育講演を依頼したことも直接関係者から聴いた。それで、１９７３年１２月２７日（田港氏確認済）、「八重山ぐるみ」の後援で家永氏の石垣島教育講演が実現し、その途次、那覇市松尾の沖縄教職員会館でも家永氏に講演してもらった。その時、私も聴衆の一人だった。

　このように教科書裁判に関心の強かった沖縄で、初めて沖縄戦に関する部分の「出張法廷」が開催されることになった。沖縄の全メディアは、沖縄戦の実相を全国に伝える絶

好の機会と捉えたようだ。琉球新報の１９８８年
２月１日から証人尋問の９日、１０日を挟む１３
日までを開いただけでも、朝刊や夕刊を合わせて
２１回も関連記事が載っており、そのうち社説が
２回も掲載されている。その記事のほとんどが
トップ記事なので、紙面を占めている量は膨大で
ある。

■家永氏側の見解

　法廷開催の前に、琉球新報社では原告家永氏と
証人４人にインタビューをしている。
　家永氏は「教科書に日本軍の虐殺を一行書いた
ところ、文部省はそれを書くなら集団自決を書け
という。その方が数が多いからと。集団自決は愛
国のために日本軍による殺害の残虐性を薄める
役割を果たさせようとしているのではないか。本
土の人はこれらのことをあまり知らないだろう
し、この機会に沖縄戦や検定について真実を知っ
てもらいたいと思う。幸い沖縄でも熱心に受け入
れ態勢をつくって頂いているし、裁判官も現地で意見を聞
くのは理解に役立つのではないか、またそうなってほしい
と思っている」と、提訴の動機を語っている（今、問い直
される沖縄戦　教科書裁判沖縄出張法廷（３）家永三郎氏に聞
く『琉球新報』１９８８年２月１日）。
　大田昌秀氏は〈文部省の『集団自決が一番多い』という
のは何がその根拠にあるのか、その目的は何か！「命令さ
れずに住民が自ら国のために死んだという印象を与えるた
め」との意図が見え隠れしている〉と言う（同、証言者に
聞く〈５〉２月５日）。
　金城重明氏は〈文部省の「集団自決による犠牲者が一番
多い」という修正意見に対し、「住民虐殺を覆い隠そうと
するもので、実態にそぐわない。だれが自ら望んで命を絶
つか。日本軍に追いつめられた結果だ〉と話し、実際に
日本軍がいなかった島では集団自決（殉国死）はなかった
ことを強調した。さらに〈「集団自決」は日本軍に追いつ
められた結果であり、スパイ容疑で虐殺されたり、壕を追

教科書裁判で大田昌秀氏らが証言に立ったことを報じる琉球新報の１９８８
年２月９日付夕刊

い出され砲弾に倒れたのと本質的に同質。自発的ではな
い〉とも指摘した（同、証言者に聞く〈５〉２月５日）。
　安仁屋政昭氏は「赤ん坊が自決しますか」「自決とは自
ら決意して責めを負って命を絶つこと。自らの意志で死ん
でいったというもの。赤ちゃんが自決することはできない
し、だれが自発的に喜んで肉親を殺すというのだ」「牛島
司令官の自決と『集団自決』を同じレベルで考えると、と
んでもないことになる」〈沖縄戦の住民被害で「集団自決」
はなかった。県民の一般的認識は自ら死でいったのではな
く、日本軍により強制された殺し合いということで定着し
ている〉〈また「集団自決」を「住民の集団的な死」と見
た場合でも、それは文部省検定の「最も犠牲者の多い集団
自決」ということさえ全く沖縄戦の実相にそぐわない〉と
言う（同、証言者に聞く〈６〉２月８日）。これらのインタビュー
内容が法廷で証言されていったが、次回も「出張法廷」に
ついて触れていく。

第40回
検定訴訟出張法廷

家永裁判で研究深化／住民虐殺に「直接」「間接」両面

家永三郎教授は、沖縄戦研究者ではないにも関わらず、沖縄戦研究を深化させることになった。筆者は家永氏が国を提訴していなかったら、日本政府に沖縄戦の認識をからめ取られるまま、定年を迎えることになるところだった。後の沖縄靖国神社合祀取消裁判同様に、2つの沖縄戦裁判は、筆者の沖縄戦体験の研究を深化させた。つまり、沖縄戦の特徴として認識していた住民虐殺と「集団自決」は、日本軍の直接殺害と間接殺害だと認識を新たにすることができた。住民に「集団自決」したと表現するのは、住民が天皇のため、国のために殉国死したので、靖国神社に軍人同様合祀すべきだと判断したことになると、後に理解する道筋をつけてもらった。

　32年間におよんだ家永教科書裁判の過程で、「沖縄戦に関する部分」が1984年の第3次訴訟ではじめて争点になり、沖縄出張法廷が開かれることになった。自国軍隊が自国住民を虐殺した沖縄戦の実相を全国に伝える絶好のチャンスととらえ、沖縄のマスコミは空前絶後の報道態勢をとって裁判の争点を報じ始めたことは、第39回で述べた。

　日本政府から、沖縄戦の教科書記述に日本軍の住民殺害（虐殺）よりも「数の多い『集団自決』を先に書こう」という事実上の命令を受けた家永三郎氏が「集団自決に追いやられたり」と書かされたことを憲法に違反した行為として、国を訴えたのである。

　提訴した1984年当時は、私も一般同様に沖縄戦での住民被害の特徴の一つが日本軍の住民虐殺と「集団自決」だという認識だったので、裁判の争点は分かりにくいものであった。しかしながら、家永氏のこの教科書訴訟によって、沖縄戦体験の研究が深化することになった。私にとっても、この訴訟の意味について長年、試行錯誤を重ねて考えていく過程で沖縄戦体験の研究を深めることができた、と今では確信して裁判に至った経緯に深く感謝している。

■証人尋問の前に

　証人尋問を前にした先輩同僚の安仁屋政昭沖縄国際大教授（当時）は「最近の安仁屋先生はピリピリして声が掛けにくい」と女性職員がつぶやくほど緊張を強いられていたようだ。私は原告の家永三郎氏同様に、聞き取りしてきた日本軍の住民殺害の証言記録のコピーを集めてほしいと安仁屋氏にも依頼された。この歴史的な検定訴訟の沖縄出張法廷への私の関わりは、原告家永氏と証人安仁屋氏から依頼された単なる資料集めだけであった。（それから4年後、よもや私がその裁判の第2審の証人を原告家永氏側から依頼され、ピリピリした緊張と苛立ちを体験することになるとは、そのとき夢想だにしなかった）。

　安仁屋証人の緊張や苛立ちは、同僚であるがゆえにじかに知ることになった。文部省の時野谷調査官が沖縄入りして、沖縄県史料編集所を訪れた際、大城将保所員が応対したとの情報を安仁屋氏が得たときのことである。安仁屋氏の後任の大城さんは「沖縄戦を考える会」の研究仲間だという気安さから「文部省の時野谷調査官は証人尋問を前にして一体、どのようなことを聞いたり調べたりしていたのか」と聞き出そうとしたが、「大城さんはまったく話してくれない」と何度か口にしていた。

　また、沖縄師範学校の鉄血勤皇隊員として学徒動員され、九死に一生を得た生存者で研究者でもある大田昌秀琉球大教授は、証人尋問に備え、裏付け調査を急ピッチで実施していた。その調査結果は、大田氏が証人尋問を受ける前日

の１９８８年２月８日、公表された。それは琉球新報も翌９日朝刊の社会面で〈住民"虐殺"４７６６人／集団自決上回る／日本軍の間接殺害も含め調査〉の見出し記事で大々的に報じている。

そのリード記事は以下の通り。〈集団自決より日本軍による住民虐殺がはるかに多い―。琉大教授の大田昌秀氏は、沖縄戦における住民被害の実態を八日午後、初めて公表した。これは教科書検定において、文部省が家永三郎教授の沖縄戦の記述に、「沖縄県民の被害は集団自決が多いから、これを加えなければ沖縄戦の全ぼうはわからない」と修正意見（引用者注：それに従わなかったら不合格になるので、事実上の命令といえる）をつけたことに対し、これまでの文献、記録、体験者の証言をもとに、具体的数字をはじき出し、反論したもの。九日の家永教科書裁判出張法廷で、「集団自決が、日本軍によって死に追いやられたものである」ことを証言する。〉と、大田氏の証言ポイントを紹介している。

本文では、大田氏が〈昨年の十二月まで三カ月間を費やし、一般図書二百八十八冊、県内各市町村史百一冊、防衛庁戦史室資料百八十一冊、戦争体験者の証言等を分析してまとめ〉、沖縄戦における住民被害を、日本軍に直接殺害されたものと、国のいう集団自決は〈軍命によって自決を強いられた人〉として〈強制的に壕を追い出されて死亡〉、日本軍による〈食糧強奪によって死亡〉〈守備隊兵によって強制的に移住させられ、マラリアにかかり犠牲になった〉ことなどを日本軍による間接殺害として、いずれも日本軍による住民虐殺で〈非業の死に追いやられた者がいたことを銘記されなければならない。この事実こそが沖縄戦の本質である〉ということを、当日の証言内容を前もって詳細に公表している。

■着眼点の継承

私は「沈黙に向きあう」の本紙連載にあたって３１年ぶりに、この新聞記事を読み「アッ」と驚いた。１９９１年１０月２１日、この裁判の第２審の原告側証人として、東京高裁で尋問を受ける前に、第１審の安仁屋政昭証

教科書検定訴訟の沖縄出張法廷について報じる１９８８年２月９日付琉球新報朝刊

人、田港朝昭補佐人ら数人の研究仲間と討論し、熟考を重ねた上で、私の「意見書」をまとめて裁判所に提出した。家永氏の教科書記述で「日本軍のために殺された人も少なくなかった」というのは「日本軍のために直接殺された人の態様」と「日本軍のために必然的に死に追い込まれた（＝日本軍のせいで死んだ）人の態様」に分け、裁判官たちに短時間に多様な沖縄戦体験の理解が容易に得られるよう思いついたのが主要テーマだった。だが、それはすでに大田氏が証言前日の記者会見で、日本軍による住民の「直接殺害」と「間接殺害」という表現を用いて分析していたのだ。私は第一審大田氏の着想にヒントを得ていたのだと、いまその記事を読んで確認するに至った。私は、フィールドワークに集中しすぎて先達に学ぶ姿勢が欠けていたようだ。次回は、沖縄戦研究の到達点を示す決定的証言を紹介する。

住民は強制集団死／軍の自決と明確に区別

沖縄戦で0歳児にまで「集団自決」（殉国死）したとすることは、日本政府にとって死活的に重要な問題だった。それは沖縄戦での国家の戦争責任を免責にして、日本軍の戦争犯罪が免罪になるからである。兵士同様に住民も敵に投降することを絶対に許さないので、絶体絶命の絶望的状況下で住民は集団死を強いられた。日本政府は、軍人の集団自決同様に日本軍の強制による住民の惨劇にも、「集団自決」という言葉を用いて、準軍属扱いして靖国神社に合祀している。それは、国が戦争責任を免責され、日本軍は戦争犯罪が免罪になる仕組みだ。従って、軍人の集団自決と住民の「強制集団死」を明確に区別しないと、沖縄戦の真実は見分けられないままだ。

1983年に日本政府が家永氏に教科書の沖縄戦記述に「集団自決」（殉国死）を書くように指示したことは、「意図せざる結果」として、全国に沖縄戦の実相を知らしめる契機になった。

私自身も住民虐殺と「集団自決」が沖縄戦での被害住民の特徴だと述べていたので、その表現の仕方をあらため、沖縄戦体験の認識を深める機会を与えられることになった。

まず、国が使っている「集団自決」という言葉の意味を調べることにした。それは、防衛庁防衛研修所戦史部（現・防衛省）が著した戦史叢書『沖縄方面陸軍作戦』（朝雲新聞社、1968年）に見つけることができた。「慶良間列島の悲劇 集団自決」の項目の中で「小学生、婦女子までも戦闘に協力し、軍と一体となって父祖の地を守ろうとし、戦闘に寄与できない者は小離島のため避難する場所もなく、戦闘員の煩累（はんるい）を絶つため崇高な犠牲的精神により自らの命を絶つ者も生じた」[注31]とある。ここで「戦闘員の煩累…自らの命を絶つ者」までの記述は、政府の「集団自決」の定義といえよう。それはまさしく、国のいう「集団自決」とは「殉国死」「自発的死」ということだ。それはのちにこの裁判の国側証人の曽野綾子氏証言で具体的に示されていく。

■歴史的証人尋問

これらの点を念頭に入れて、国のいう「集団自決」に特化して、出張法廷2日目の安仁屋政昭証人に対する主尋問の肝要部分のやりとりをピンポイントでみていきたい。しかし、安仁屋氏や大田昌秀氏、金城重明氏、山川宗秀氏それぞれの意見書、尋問内容をいま読み直していくと、控訴審（第二審）の証人を引き受けたものとしては、新たにつけ加える事柄はわずかしかなかったといえる程、充実した内容に、深く感銘を受けている。

沖縄出張法廷は、一般人の傍聴はできず、原告証人の補佐人として君島和彦氏、直木考次郎氏、田港朝昭氏、平良宗潤氏、大城実氏、保坂廣志氏の6名が全国の支援者を代表して入廷できた。法廷での主尋問と反対尋問は教科書検定訴訟を支援する全国連絡会編『家永・教科書裁判　第3次訴訟　地裁編第5巻　沖縄戦の実相』（1990年11月発行、ロング出版）ですべてを知ることができる。

■決定的な証言

「問92　参考のためにお伺いしますけれども、自決という言葉は、どういう意味の言葉なんですか。

答　私が解説するんじゃなくて、日本語として日本国民の共通認識ということで言うと、いわゆる国語辞典的に言いますと、自決というのは、自ら決意して責めを負って命を絶つというふうに日本国民の日本語としては共通認識があると思います。

問93　そうすると、自発性というか任意性というか、そういうものを含んでいるように理解されるものなんですか。

答　そうすべきだと思います。

問94　証人自身は、その集団的な殺し合いを集団自決という四文字で表現することについてどういうふうにお考えですか。

答　極めて疑問に思っております。これは天皇の軍隊の、例えば牛島司令官や長勇参謀らの自決というものとは明確に区分しなければいけないと思います。なぜならば、この住民の集団的な死は、強制され、あるいは追い詰められたものであって、自らの意思によるものではないとそういう意味で言いますと、これらを集団自決と表現することは不適切であります。不適切であるばかりか、その住民の集団的な死を正しく伝えることを妨げ、誤解と混乱を招くと、こういうふうに思っております。」[注32]

この一問一答の尋問は、322回まで続いている。ここで集団自決というのは、軍人が自決したときに使える言葉であることだと証言している。他の個所での説明を含めると、住民には集団自決というのはなく、軍の指導、誘導、説得、強制、命令などによる集団的な死、殺し合いだと証言し、軍人の集団自決とは明確に区別すべきだと証言している。

この段階で、沖縄戦体験研究の深化の到達点が示された。1988年2月10日の那覇地裁の法廷の場だ。

■私の悔恨

ところで1991年10月21日、私が第1審の安仁屋氏証言を受け、第2審東京高裁での証人尋問を終えると、その足で傍聴できなかった全国から参集した約200名の支援者を前にした報告集会が開かれた。そのときのことである。沖縄から駆けつけて傍聴できた安仁屋氏に「なぜ、住民に集団自決なるものは無かったと、はっきり証言しなかったのだ」と、私は集会の場で叱責された。

実は、東京高裁の開廷前に安仁屋氏の証言を受け、もはや、住民に集団自決という表現は使えないという認識に私

教科書検定訴訟の沖縄出張法廷について報じる1988年2月9日付琉球新報朝刊

も到達した段階で、それに代わる言葉を模索しだした。すると、私の担当弁護士たちとの最後の打ち合わせ会議の席上、突然、弁護士から「裁判というのは、その提訴された時の学界の状況で問答するものだから、提訴された1984年段階で石原さんは『集団自決』という言葉を使っているので、それ以外の言葉を使用したらいけませんよ」と、くぎを刺されてしまっていたのだ。

困り果てた私は、窮余の策として「日本軍の強制という意味での『集団自決』」という表現を思いつき、証人尋問中、それを常用してきた。それは「強制」と「自発的」という矛盾した、まさに「誤解と混乱を招く」言葉だ。私がそのような失態を演じている場面のなかで安仁屋氏は腸が煮えくり返る思いで傍聴していたに違いない、とあらためて想像できる。私はいま、担当弁護士の制止を振り切ってでも、安仁屋氏の言う「強制による集団死」という言葉で証言すべきだったと悔恨の念にかられている。次回以降は国側証人（曽野綾子氏）の証言などをみていく。

[注31]　252頁　　[注32]　153頁

第42回
曽野氏起用の理由

虐殺証言を中略／国証人、引用を取捨選択

家永教科書裁判では、被告国側の証人として「ある神話の背景―沖縄・渡嘉敷島の集団自決」の著者曽野綾子氏が意見書としてそれを提出し、原告家永氏側の証人尋問をうけた。赤松隊から手榴弾を渡され、「西山陣地近くに住民を集結させろ」と命じられたという当時の兵事主任新城真順氏が証言していることを原告側が確認し、さらに曽野氏に「二、三回取材関係でご協力してお会いしている」ことまで確かめていた。しかし、曽野氏は、それについて記憶にないと答えている。不都合な事実を記憶にないことにする取材方法を裁判記録で知った筆者は、曽野氏を非難した投書に反論している著書の個所に、引用文で（中略）とあるのを知り、当時の新聞でそれを確認した。それは赤松元隊長自身が住民殺害を認めた個所だった。

第3次家永教科書訴訟の「沖縄戦に関する部分」について、原告家永氏側の4証人調べのために沖縄出張法廷が1988年2月9、10日開かれた。引き続き、同年4月5日、5月13日、東京地裁で被告国側の証人調べも行われた。国側の証人は、作家の曽野綾子（本名・三浦知寿子）氏と元防衛庁戦史教官の一富襄氏だった。

曽野綾子氏は、多くの沖縄戦体験者にインタビューしてきたようだ。「説得力」のあるその取材力で、読者の沖縄戦体験の認識に影響を及ぼし続けている。国側は原告家永氏側の沖縄戦体験者の証言を論破する切り札として、曽野綾子氏を起用したようだ。その証言をみる前に、曽野氏の沖縄戦体験への向き合い方をみていくと、なぜ、国側が氏を適任者と考えたかという理由が推測できる。

■曽野氏の取材動機

この連載で曽野綾子氏に触れることになった経緯は連載の第2～4回目で述べてあるが、その要点は、以下の通りである。日米両軍が沖縄で地上戦に突入してまもない、1945年3月28日、渡嘉敷島に駐屯していた日本軍の戦隊長赤松嘉次氏（通称・赤松隊）が、住民に「集団自決」（殉国死）を命じたので400人余が集団死した。

その赤松氏が25年後の1970年3月、元部下を伴い、渡嘉敷島での慰霊祭に参列するため来沖することになった。その事実を知った沖縄の民主団体や渡嘉敷島郷友会の青年部が赤松氏の慰霊祭参列を実力阻止するという「赤松氏来島事件」が発生した。それを連日、沖縄地元2紙が大々的に報道した。

その内容は、米軍の命令をうけ、投降勧告にきた伊江島青年男女6名を赤松隊がスパイ容疑で斬殺した。だが赤松氏は「当時の状況ではやむを得なかったので、住民にたいしてうしろめたい気持ちはひとつもない」、「集団自決」は「私が命令したのではない」と言い、さらに「真相はほかにある」「もし、本当のことを言ったら大変なことになる」という、謎めいたことばを残していることなどである。

曽野綾子氏はこの「赤松氏来島事件」に関心を寄せ、取材を重ねて『ある神話の背景―沖縄・渡嘉敷島の集団自決』を1973年に発刊したことも述べてきたが、その取材の動機についても、「赤松さんがあんまり悪い人間に書かれておりましたので、そういう悪魔のような悪人がいるなら一度見てみたいと思ったのが『神話』にとっついた理由です」（第3回）と語っていた。

■（中略）の中身は

私はこの連載のため43年ぶりに『ある神話の背景』を

再読した時、当初は気づかなかった個所が目に留まった。渡嘉敷島で伊江島の青年男女6名が赤松隊に斬殺され、恨みを抱いていた伊江島の阿波根昌鴻氏ら2人が、沖縄を訪れた赤松氏を激しく非難する内容を「琉球新報」紙声蘭に投稿していた。曽野氏は、その著書で2人の新聞投稿を引用して、赤松氏をかばう反論をしていた。ところが、阿波根氏の引用記事のなかで「(中略)」とした件が気になった。そこには一体何が書いてあったのだろうと知りたくなり、急ぎ沖縄国際大学図書館の地下書庫にかけこみ、当日の新聞をめくった。その個所を目にしたとき、思わず「ヤッパリ」と、つぶやいた。阿波根氏の投書記事を第4回目に使用している。曽野氏は赤松氏の発言の中で〈「集団自決を命じたのは私ではない。大半は事実に反する。なぜ抗議をうけるか私にはわからない」と言い、きびしく問いつめられて、やっと「三人は殺した覚えがある」と答えている〉という個所を「(中略)」にしていたのだ。当時のとくに本土の読者がその内容を確認する術は、ほとんどなかったはずだ。この「(中略)」で赤松氏自身が「三人は殺した覚えがある」と述べている個所が重要である。曽野氏にとって、その事実は「ある神話」を書くにあたり、不都合なので「(中略)」にしたのであろうと推測せざるを得ない。私がこの「(中略)」をもしやと、その中身を知りたくなったのは、曽野綾子証人尋問調書を読んでいたからである。前出の安仁屋政昭編『裁かれた沖縄戦』(1989年12月、晩聲社)には、「速記録　昭和63年4月5日　第26回口頭弁論」全文が掲載されている。以下は、家永代理人と曽野氏との応答である。

■記憶ございません

　「赤松隊から、『西山陣地近くに住民を集結させろ』という命令がでていたことは、元兵事主任・新城真順氏が明確に証言している（安仁屋氏）。ところが、原告代理人の「91　私どもが最近、その新城元兵事主任殿に直接お会いして確かめましたところでは、彼はこの証人の調査・取材過程で、二、三度お会いになったということなんですが、記憶ありませんですか」の問に、曽野氏は「は

安仁屋政昭編「裁かれた沖縄戦」（晩聲社）

い、記憶ございません。とすれば、どこかでお目にかかってお辞儀をしたとか、そういうことはあるかもしれませんが、私はひどい近視でございますので、お顔も全く記憶ございません」と答えた。

　さらに「92　彼は近視ではなさそうなので、的確にとらえたのだと思いますが、二、三回はその取材関係で御協力してお会いしてるということだったんですが、記憶はないわけですね」の問に、「はい」[注33] と答えた。

　曽野氏は、『ある神話の背景』を執筆するにあたり、軍命の有無を知る事件解明のキーパーソン・新城真順氏の証言を知らないことにしたのだ。私は証言の取捨選択の仕方を読んでいたので、引用「(中略)」の確認を思い立ち、赤松氏が住民虐殺を認めていた箇所を曽野氏は伏せていたことを確認したのである。

[注33]『裁かれた沖縄戦』219頁

91

第43回
初の「裁判所判断」

国側の意見に沿う／「間接殺害」の実相認めず

第三次家永教科書裁判の沖縄戦に関する部分について、第一審判決文では、国側のいう「集団自決」については、原告家永氏側がいう「日本軍のために殺された事例」と集団自決を同視し得るがごとく断定的にとらえることはできない」として、門前払いした。家永氏が国のいう「集団自決」とは、日本軍の強制・命令などによる「間接殺害」という沖縄戦の実相を認めない判決を下した。筆者は、その判決を覆すべく第二審の家永氏側の証人を引き受けることになり、裁判官をいかにして納得させるかと、苦心することになった。

　第3次家永教科書裁判の第一審判決をみる前に、裁判の争点を改めて確認しておきたい。家永氏が国に「集団自決」という4文字を事実上の命令によって書かされたことを憲法違反として国を訴えた。家永氏側は国のいう住民の「集団自決」というのは、日本軍の「指導・誘導・教唆・強制・命令」などによって住民同士が殺し合い・集団死「させられた」行為なのであって、「日本軍のために殺された人」の中に含まれると考えていた。

　しかし、国側は「集団自決」というのは、日本軍の戦闘の邪魔にならないよう、住民が「崇高な犠牲的精神」で「自らの命を絶った」行為、すなわち、「殉国死」「自発的死」という認識なので、沖縄戦体験を巡って家永氏側と国側は真っ向から対立していた。家永氏側の安仁屋政昭証人が「住民に集団自決なるものはなかった」という発言は、まさにそれは日本軍による「間接殺害」、すなわち「強制・命令などによる集団死」だと断言するものだった。

■曽野氏の証言

　曽野氏は法廷で「できるだけ実証可能であるということが、第一でございます。それから、推論と断定をやめようということを、常に考えておりました」[注34]と言い、「科学的実証主義者」のポーズを強調している。

　国側代理人の問「問17　証人が調査取材した結論として得られる自決命令があったのか、なかったのかというこ

とについての結論といいますか、それはどのようなものでしたか」に対して、「私は、その問題について最初からずっと同じことを言い続けてまいりました。この問題は、自決命令が完全に全く出されなかったという証拠もございません。というのは、作家的想像と笑われるかもしれませんけれども、あるときどっかの洞窟の中からそれを暗示するものが出てくるかもわかりません。しかし、赤松隊長が自分の口で自決命令を出せと言ったという人も一人もおりません。ですから、私はこのようなあいまいな状態に耐えるのが私の任務であるというふうに思いました」[注35]と答えている。

　この曽野証人に対する原告側の安仁屋証人は以下の通り反論している。「重大なことは（赤松隊からの）『自決命令』がすでに米軍上陸前の3月20日に出ていたこと、兵事主任を通じて集結命令が伝えられたという事実である。包（砲）爆撃のなかで『集結命令』を聞いた住民が、いよいよ『来るべきときがきた』と思い、絶望的な状況におちいって、『集団死』に追い込まれていった客観的状況を考えるべきである」（括弧内は筆者が補った）[注36]。

　命令・指示というのは、上意下達というのが通常であり、特に軍隊組織では隊長が一人一人に命令・指示を伝えていくということはありえないだろう。私が1981年夏、戦争マラリア地獄の波照間島で、その惨状の元凶である離島残置諜者・山下虎雄軍曹の「退去命令」について島人から

聞き取りしたときのことである。山下軍曹は班長ら島の数名の有力者に抜刀して退去命令を下していた。しかし、一島人は「私は山下先生からではなく、部落の班長さんに西表島へ疎開するよう伝えられたのですよ」と証言した。その島人にとって事実であろうが真実ではない証言に驚いた。聞き取りでは「事実」と「真実」の見極めが大事なことを教えられたものである。

■一審判決

　1989年10月3日、東京地裁は家永教科書検定第三次訴訟の第一審判決を下した。それは『判例時報』平成2年2月15日号臨時増刊　家永教科書検定第三次訴訟第一審判決（判例時報社）に掲載されている。沖縄戦に関する記述についても原告家永氏側の4人の証言がマスコミの注目を集め、大々的に報じてきたので、日本の裁判所が史上初めて「沖縄戦裁判の判断」をどのように示したのか、その内容が注目された。

　ところが、その判決文は、家永氏側の証言をなんら受け入れることなく、全面的に国側「検定意見」に沿ったものだった。特に争点になった「『集団自決』という語は、通常の用法としては、住民殺害等に含まれるような内容を意味していたものとは到底いうことができない。したがって、原告の右主張は、『集団自決』についての通常の用法とは異なる特殊な位置づけ、性格づけを前提とするものであって、失当である」[注37]と、国側に沿った判断を下している。

　「さらに、座間味島の集団自決についても、従前は軍の自決命令によるものであったと受け止められていたが、最近に至りこれを否定する証言が現れていること…集団自決の原因や背景については、複雑な要素があることがうかがわれるのであって、その性格を原告の主張するように、日本軍のために殺された事例と集団自決を同視し得るがごとく断定的にとらえることはできない。したがって、『集団

家永教科書検定第三次訴訟の第一審判決について掲載した「判例時報」（1990年2月15日号）

自決』の実態について断定的な理解を前提とする原告の主張は理由がない」[注38]と、門前払いをしたと言わざるを得ない判決文だ。つまり、「日本軍のために殺された人」というのは、日本による直接殺害と、強制・命令などによる「間接殺害」という沖縄戦の実相に即した表現であることを全く裁判官は認めなかったのである。

　それから1年すぎた1991年2月、東京高裁の控訴審に私一人が、原告家永氏側の証人を依頼されたことを第40回目に記した。国側と裁判官をいかに納得させられるか、用意周到な準備が必要であり、引き受けるのは覚悟のいる決断であった。ましてや、研究仲間の大城将保氏の著書から曽野氏が引用して、それを裁判所も重要視して、4証人の証言を退ける上で活用しているので、その対策も立てねばならなかった。次回も家永教科書裁判問題に触れていく。

[注34] 安仁屋編『裁かれた沖縄戦』、179頁 [注35] 安仁屋編、前出、191－192頁 [注36] 安仁屋編、前出、187頁 [注37] 409頁 [注38] 409－410頁

援護法に「集団自決」適用／「軍民一体」意識も残存

家永教科書裁判をとおして、国側と家永氏側の主張が分かりにくいという読者の声に答えたい。分かりにくさは軍人軍属を対象にした援護法（戦傷病者戦没者遺族等援護法）を０歳児も含む住民まで適用を拡大したことに起因している。つまり、日本政府厚生省（現・厚労省）は、日本軍に直接・間接殺害された住民もすべて、兵士同様な戦闘参加者という法的身分を与えている。住民は日本軍に壕を追い出されて死んでも、壕を提供して死んだとか、投降を許さない軍の強制・命令の死（強制集団死）でも、戦闘の邪魔にならないよう自発的に死んだ（集団自決）と、１９５７年から相反する沖縄戦体験の認識が日本政府によって形成されたからである。

この連載は、私も東京高裁で証人を引き受けることになった家永教科書裁判のことについて書いているところだが、友人の元高校教師伊波盛勇さんから、一読者として「分かりにくい」「難しい」、という声を届けてくれた。

沖縄戦体験の解釈をめぐって、国（文部大臣）と歴史学者の家永氏側（沖縄戦体験者や沖縄戦研究者が証言）との争いが、分かりにくいという感想をうけ、石原証人の尋問について語る前に、その分かりにくさに応えておきたい。何度も触れてきたが、家永氏が国に教科書記述において、事実上の命令で「集団自決に追いやられたり」と書かされたことを、違憲だと国を訴え、裁判になっている。その"集団自決"という言葉をめぐって沖縄戦体験の解釈に相違があるということである。その根本原因を以下に示していく。

■新聞記者の造語

そもそも"集団自決"という言葉は沖縄戦中、存在していなかったと思われる。その言葉は、日本敗戦半月前の１９４５年７月２９日付『福島民報』紙が、「沖縄はかく戦つた」というトップ記事の中で初めて使ったようだ。その中見出しで「祖国の必勝信じ　重傷者は集団自決」と、重傷の兵士らが部隊の足手まといにならないよう輪になって自爆死した様子を絶賛する言葉として、"集団自決"と

いう表現を記者が思いついたようである。

また、沖縄タイムスの太田良博元記者が『鉄の暴風』（沖縄タイムス社１９５０年刊）取材のときのことをこう述べている。〈集団自決という言葉について説明しておきたい。「鉄の暴風」の取材当時、渡嘉敷島の人たちはこの言葉を知らなかった。彼らがその言葉を口にするのは聞いたことがなかった。それもそのはず「集団自決」という言葉は私が考えてつけたものである。島の人たちは、当時、「玉砕」「玉砕命令」「玉砕場」などと言っていた。「集団自決」という言葉が定着した今となって、まずいことをしたと思っている。

この言葉があの事件（引用者注＝渡嘉敷島集団死事件のこと）の解釈をあやまらしているのかも知れないと思うようになったからである〉（１９８５年５月１１日付『沖縄タイムス』「土俵を間違えた人―曽野綾子氏への反論１』）。

期せずして福島と沖縄の新聞記者が"集団自決"という言葉を考えついたようだが、兵士の死をたたえる言葉を住民の無念無惨な死にも使ったことを太田氏は悔やんでいたようだ。手榴弾を用いた兵士の集団自決と住民の集団死の形態が酷似していたので、"集団自決"という言葉を思いついたようだが、その言葉が沖縄戦体験の解釈を誤らせているかもしれないと、太田氏は問題提起していたのである。

しかも、それは家永氏が国を提訴した翌年だったので、太田氏は家永氏側に大変重要な情報を公開していたことに

なる。それから３年後の「沖縄出張法廷」で安仁屋政昭証人が、これまで使われている“集団自決”というのは、日本軍により強制された殺し合いで、住民の集団的な死だと証言しているのは、太田氏の問題提起を受けた形で、国の言う集団自決は、強制集団死だと安仁屋氏は表現している。したがって、「住民に“集団自決”なるものは無かったとはっきり証言すべきだった」と、私は東京高裁での証人尋問を受けた直後に安仁屋氏に叱責されたのである（第４１回に既述）。

沖縄戦についての記事で、初めて集団自決という表現を使ったとみられる１９４５年（昭和２０年）７月２９日付の福島民報の紙面

■戦闘参加者

　「分かりにくさ」を生んでいる根本原因は、二つある。その一つが、廃止された「軍人恩給法」に代わって、１９５２年４月に制定された「戦傷病者戦没者遺族等援護法」（以下援護法と略記）にある。それは軍人軍属を対象にした法律だが、１９５７年に沖縄戦被害住民にも適用を拡大した。後日、詳細を述べるが、ここでは結論だけを記しておく。

　０歳児を含む戦争被害住民に援護法を適用するにあたり、日本政府厚生省（現・厚労省）は、部隊の要請（命令であればなお良い）を受けて、「集団自決」という軍事行動に積極的に戦闘協力したということであれば、戦闘参加者という身分を付与し、準軍属扱いして援護法を適用してきたのである。申請した遺族には遺族給与金（遺族年金）が毎年支給され、戦争死没者は天皇、国のために死んだものとして、靖国神社に祀られている。

　申請した遺族にとって「集団自決」という言葉は、国が定めた「戦闘参加者」の要件として絶対であり、それ以外の表現では、援護法の認定を取り消されるという恐れを抱いている。この援護法は、２０１７年１月現在でも生きている。１０歳だった兄の「戦闘参加者についての申立書」が厚労省で受理された遺族が存在しているのである。つま

り、国はいまなお、「集団自決」（殉国死）という言葉の使用を住民に法的に強いているのだ。この事実を知っている人は当事者とその関係者に限られている。

　根本原因のもう一つは、軍国主義、皇民化教育である。天皇のために潔く死ねという教育を受けてきた人たちにとって、沖縄戦は軍民一体の戦闘だったという意識が残存している。したがって、皇軍兵士をたたえた集団自決という言葉を、「軍民一体」だったのだから住民に「集団自決」（殉国死）という言葉を使用することを当然視する「空気」が、「援護法社会の沖縄」を包んでいる。

　それで、いま沖縄のマスメディアでは、とくに新聞は「集団自決（強制集団死）」と書き、テレビ・ラジオのアナウンサーは、「いわゆる『集団自決』」と表現している。このような状況下で、家永教科書訴訟の沖縄戦に関する裁判の経緯を書いていると、「分かりにくい」という声が私に届くのも無理からぬことである。では、どのように考えたらよいのか。

　次に、この表記をめぐって、頭脳明晰な若い研究仲間と討議を重ねて得た結論を記した後、石原証人の尋問に向けた動きを紹介したい。

第45回
表記の区別

集団死、3通りに区別／軍、「共死」を県民に強制

研究仲間とも検討した結果、兵士の集団自決、日本政府の戦闘参加者概況表でいう０歳児を含む「集団自決」、投降を絶対に許さないという強制、命令などによる集団死を「強制集団死」と峻別し、①集団自決、②「集団自決」、③強制集団死と、表記の区別を明確にして、沖縄戦認識に誤解と混乱が起きないようにした。すでに、琉球新報紙の社説（１９８８年２月１１日付）では、〈私たちもいつのころからか「集団自決」という表現をしてきたことに反省を加えなければなるまい〉と、なんと３５年前に言明している。①は、軍人を讃える。②は、沖縄戦体験の捏造語、③は、住民の絶体絶命の戦争死、である。

■資料館での表記

２０００年４月に装いを新たに開館した新沖縄県平和祈念資料館の展示について、監修委員会で長時間議論したのは、旧資料館の「設立理念」の扱いについてであった。１９９９年１２月末、新資料館の監修委員会で、「設立理念」に書かれている住民の「ある者は追いつめられて自ら命を断ち」の表現を、沖縄戦研究の到達点をふまえ、新資料館では「ある者は追いつめられて自ら命を断たされ」に変更した。それに沿って展示説明文では「住民犠牲の諸相」の一つを「日本軍の強制による集団死」と書き改めてある。

しかし、沖縄戦生存者の証言コーナーでは、証言者の語る「集団自決」という表現を、当然そのままにしてある。新資料館の沖縄戦体験の認識としては「強制集団死」であっても、証言者の言葉を勝手に変えられないので、沖縄県平和祈念資料館では、結果的に「強制集団死」と「集団自決」が併記されている。つまり、参観者の多い資料館に「分かりにくさ」を、ずっと残すことになっている。

■新たな到達点

この表記をめぐって、頭脳明晰な若い研究仲間と討議を重ね、次のような結論を得たのは２年ほど（２０１９年当時）前のことである。（１）集団自決、（２）「集団自決」、（３）強制集団死、の３通りを明確に区別することによって「分かりにくさ」を、明晰にしたいということである。

（１）は、軍人などが「もはやこれまで」ということで自らの意思で、すすんで死ぬこと。カギカッコはつけない。『福島民報』（４５年７月２９日）の「重傷者は集団自決」の見出しの中身は、「重傷者は数人ずつ、車座になり、中に一人が入って手榴弾を爆破し文字通り一蓮托生の壮絶な自決を遂げ従容として尽忠の大義に生きてゆくのであった。この神鬼も突く見事な最期はこれこそ日本陸軍の精鋭度を端的に現したものであった」とその死を讃えている。

（２）は、日本政府が非戦闘員の住民に援護法を適用する条件として、「水汲み」「弾薬運搬」など２０のケースの一つに「集団自決」を含めたので「援護法用語」「行政用語」になっている。日本軍に積極的な戦闘協力のため「集団自決」（殉国死）したということが認定されると、乳幼児を含む老若男女が「戦闘参加者」として準軍属扱いされ、靖国神社の祭神にされている。つまり、「集団自決」（カギカッコつき）は、国の「援護法用語」である。したがって、援護法による「遺族給与金（年金）」受給者は、「集団自決」（殉国死）という用語に呪縛されたままである。

（３）は、兵士同様に軍事機密（陣地、日本軍部隊の編成・動向など）を知っている住民は、軍と「共死」することが県民の指導方針にされていた。その文書には、極秘の印が打たれているので、住民は極秘に死ぬよう仕向けられていたということである。

天皇・国のために死ぬ教育を受けた人たちは、現実となった地獄のような戦場で、迫りくる敵（米軍）を前にして、男は戦車でひき殺される、一寸刻みで切り殺されるとか女性は慰み者にされたあと殺されるなど極度の恐怖心を日本軍に植えつけられていた。その上、絶対に敵への投降（降伏）は許さないという日本軍が背後にいて、皇民化教育を受けていても、住民は絶体絶命の絶望的状況の中で集団的な死に追いつめられていった。つまり、住民は前門のトラ（米軍）と後門のオオカミ（日本軍）の板挟みになり、「自らの命を絶たされる」という死の淵に立たされていったのである。それで（3）は、軍の「指導・要請・教唆・強制・命令などによる集団死」と解釈されることになった。

■琉球新報の社説

『琉球新報』（1988年2月11日付）では、「沖縄出張法廷」での証言をうけ、〈意義深い教科書訴訟／沖縄戦の実相が明るみに〉という見出しの社説を掲げている。〈渡嘉敷島での「集団死」についての証言は衝撃であるとしか表現のしようがない〉〈牛島軍司令官らの『自決』はあっても、渡嘉敷島やその他で起きている乳幼児の死亡は『自決』といえない〉、という例示は分かりやすい。ちなみに、広辞苑（岩波書店）には「集団自決」という語は出ていない。そういう意味では、私たちもいつのころからか「集団自決」という表現をしてきたことに反省を加えなければなるまい〉と、問題提起している。

いま、今回の執筆にあたり、当時目にしていたのか否か定かでないこの社説を読んでいると、私もまた「社説」氏同様、深い反省を加えながら東京高裁（1991年10月21日）での証人尋問を受ける準備をしていた記憶が甦ってくる。

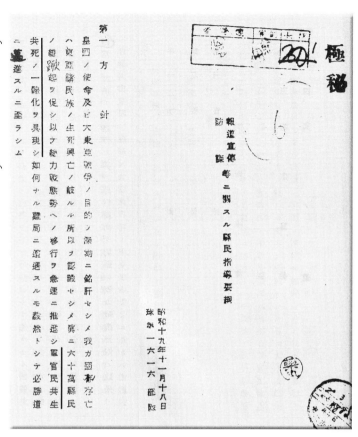

沖縄戦で、住民は軍と共生、共死するよう命じた「軍官民共生共死の一体化」が盛り込まれた県民指導方針。住民に集団死を強制した証拠として、石原昌家氏の証言の中で最重要視された

■石原証人尋問

1991年10月21日、全国から200人ほどの傍聴人が東京高裁へ参集する中、沖縄からも「石原証人を支える会」のメンバー十数人が東京までかけつけるほど第二審も熱気がこもっていた。午後1時からの証人尋問をうける前、琉球新報東京支社の女性記者が私にインタビューを申し入れてきたのだが、緊張しきっていた私はそれを断った。いまでも「取材拒否」するほど余裕がなかったのかと、忸怩たる思いでいる。その時の主尋問、反対尋問の一問一答は、教科書検定訴訟を支援する全国連絡会編の家永・教科書裁判　第3次訴訟高裁編　第3巻『沖縄戦・草莽隊・歴史教育』（1996年9月、民衆社）に全文掲載されている。

第46回
二審への準備

一審判決、否定が課題／研究仲間の著作、国側論拠に

家永教科書裁判の沖縄戦に関する第二審は、１９９１年１０月２１日、東京高裁で開かれた。筆者は、証人を引き受けてからの７か月、日夜、裁判の争点が頭から離れない日々を過ごした。研究仲間との共同討議に基づき、意見書作成にも没頭し、ゼミ学生や講義の中でも意見を聞きながら弁護団と数回議論を深めていった。支援者が模擬法廷を企画して、家永教科書の脚注の８９文字というミクロ部分だが、沖縄戦体験の全体の認識にかかわるマクロな闘いだという問題意識を披瀝した。研究仲間の著作物が、国側に都合の良い個所を切り取り、攻めている事にどう対処するかも、頭痛の種だった。

第三次家永教科書訴訟の第二審に向け、「石原昌家証言をささえる沖縄県連絡会」事務局次長村上有慶さんが新聞投稿している。(『沖縄タイムス』１９９１年１０月１３日「サンデー評論」)。「石原証言支援集会に参加を／家永裁判の勝利目指す」という見出しの記事内容は、私が、９１年１０月２１日、東京高裁で証言台に立つ前の周囲の準備状況を知る唯一の情報源である。それによると、４月以来、支援の会の準備を進め、高教組、憲法普及協議会や全国連（家永教科書訴訟を支援する全国連絡会）のメンバー、会の結成に賛同した学者・文化人らが中心になり、石原証言支援の会が結成されたという。

「第一審判決は、沖縄の主張を認めつつも検定意見を不当とする原告主張をしりぞけ」たので、「住民の戦場体験を記録し研究されてきた沖縄国際大学の石原昌家さんが、沖縄戦の記述をめぐって証言に立たれます。今回は第一審に対する控訴審でもあり、半日２時間の凝縮した時間の中で、県民を代表して、沖縄戦の真実を証言します」「連絡会では、あす１４日午後７時から那覇市古島の教育福祉会館において、石原証言に関する模擬法廷を含めた県民集会を開催いたします。石原証人を激励し、東京高裁へ送り出す会にもなります。東京高裁への支援参加も多数行いたいと計画しています。多くの県民のご参加をお願いいたします」と、熱心に集会参加を呼びかけてもらっていたようだ。

だが私自身は、四六時中、国の私への反対尋問の想定問答を考え、緊張しきっていた頃なので、周囲の動きの記憶は定かでない。しかし、「県民を代表して、沖縄戦の真実を証言します」という言葉は、いま、あらためて襟を正す思いに駆られる。

■模擬法廷

予定通り開催されたその県民集会に２００人余が参加したと、翌日の「琉球新報」は報じている。私にはおぼろげな記憶しかないので、新聞記事で当日の状況を再現したい。〈第一部として、石原氏がまとめた意見書「沖縄戦における日本軍と住民犠牲」に基づいて、一時間余りの模擬裁判が開かれた〉〈石原氏は裁判の焦点になっている“集団虐殺”の解釈について発言した。第二部の激励集会で石原氏は「教科書の脚注は数行。ミクロな世界でマクロな闘いをする。事実については明らかに勝っている。ところが、判決では負けている。県民がどれだけ大きな声を出すかに掛かっている。事実について間違いはないと確信を持っているのでご支援をお願いします」「たくさんの人たちの証言をバックに、二十年間（沖縄戦の証言を）聞いてきたものの、責任として教科書裁判の法廷で事実について証言していきたい」〉と決意を述べている。

■８９文字の脚注

ここで、「集団虐殺は事実」と大きな見出しになってい

るのは、私の意見書で、家永氏の「日本軍のために殺された人びとも少なくなかった」という教科書記述をめぐって、「日本軍（友軍・皇軍）のために殺された人」の態様のなかに（1）日本軍のために直接殺された人の態様と（2）日本軍のために必然的に死に追い込まれた（＝日本軍のせいで死んだ）人の態様、すなわち、家永氏が「日本軍のために殺された人」というのは、日本軍の直接殺害と間接殺害が含まれているという考えを、私が住民の証言に基づいて事実を述べていくので、日本軍の「集団虐殺」と表現したようである。

また、見出しの「マクロな闘い」というのは、家永氏の教科書での沖縄戦記述は、わずか89文字の脚注部分をめぐって、政府の沖縄戦認識と被害全体にもとづく住民の沖縄戦認識との争いになっているので、「ミクロな世界でマクロな闘い」という表現にしたのである。そして、国側代理人役の金城睦弁護士が、住民の集団死には皇民化教育を受け、国のため、天皇のために死ぬという「住民の自発的意思があったのではないか」と、証人石原を激しく攻め立てていたのは鮮明に記憶している。それは、第一審での国側証人の曽野綾子氏の主張を代弁するものであった。

■頭の痛い問題

模擬法廷まで開いてもらい、東京高裁での本番に備えるにあたり、最も頭の痛い問題は、研究仲間の大城将保さんの著作が国側証人の曽野綾子氏や家永氏を敗訴とした一審判決文でも引用されていることだった。国側曽野綾子証人が「…軍の命令が出されたと断定的に評価することはできない旨証言していること、また、『ある神話の背景』については、大城将保著『沖縄戦を考える』（ひるぎ社、昭和五八年）において、『曽野綾子氏は、それまで流布してきた赤松事件の"神話"に対して初めて怜悧な資料批判を加

石原氏を支援するため約200人が集まった沖縄県民集会―教育福祉会館

「集団虐殺は事実」

—家永教科書裁判支援県民集会—

マクロな闘いを決意

家永教科書裁判支援・石原昌家証言をささえる沖縄県民集会（同沖縄連絡会）が十四日夕、那覇市古島の教育福祉会館で開かれ、二百人余が参加した。

石原昌家氏（沖縄国際大学教授）を激励するのが狙い。

家永教科書裁判を支援する県民集会について報じる1991年10月15日付琉球新報夕刊

えて従来の説をくつがえした。『鉄の暴風』や『戦闘概要』などの記述の誤記や矛盾点などを丹念に指摘し、赤松元隊長以下元隊員たちの証言とを突き合わせて、自決命令はなかったこと、集団自決の実態がかなり誇大化されている点などを立証した。この事実関係については今のところ曽野説をくつがえすだけの反証は出てきていない』（乙一二四号証二一六頁）」[注39]。

私の東京高裁での証言は、この判決文を真っ向から否定するのが主眼になる。しかし、私にとっての大城氏は、『沖縄県史 第10巻』沖縄戦記録2や拙著『虐殺の島』の執筆においても、「沖縄戦を考える会」でも常に行動を共にしてきた先輩研究仲間である。にもかかわらず、住民の「集団死」をめぐる沖縄戦体験の認識において、根本から異なる立場に立つことになった。この関係を知っているであろう国側が私をどのように攻めてくるのか、その対処が最大の課題になったのある。

[注39]『判例時報』平成2年2月15日号家永教科書検定第三次訴訟第一審判決、臨時増刊、判例時報社、409頁)

第47回
二審での証人尋問

検定根拠の不当性
主張／2時間超、
国の論法に反論

東京高裁で証人尋問をうける直前、弁護団にくぎを刺された。「集団自決」に代わる言葉を考え始めたら、「裁判は、提訴時の学界の状況で議論するのであり、1984年に石原さんは集団自決という言葉を使用しているから他の用語はダメですよ」との事だった。第一審で、安仁屋政昭証人が「住民の集団的な死は、強制され、あるいは追い詰められたものであって、自らの意思によるものではない。そういう意味で言いますと、これらを集団自決と表現するとことは不適切であります」と証言していた。にもかかわらず、弁護団に集団自決以外の言葉は使用できないとダメ押しされたので、「日本軍の強制という意味での集団自決」と証言した。裁判終了後、安仁屋氏に叱責されたのは当然だった。

1988年2月9、10日の第三次家永教科書裁判第一審の「沖縄出張法廷」には4証人の証言によって沖縄戦体験の認識が深められ、沖縄戦研究の到達点が示されたことをこれまで詳述してきた。

安仁屋政昭証人は、原告代理人が国側証人曽野綾子氏を、尋問する直前の3月30日、弁護士たちと渡嘉敷島へ渡った。研究仲間の大城将保さんは自身の著作で、曽野氏による取材の成果について「自決命令はなかったこと、集団自決の実態がかなり誇大化されている点などを立証した。この事実関係については今のところ曽野説をくつがえすだけの反証は出てきていない」と指摘していた。

これに反証するため、安仁屋氏や原告代理人らは「住民の集団的な死」を発生させた赤松隊の軍命の有無を知る渡嘉敷村元兵事主任の新城真順氏（戦後、改姓して富山真順）から証言を得ることにした。

■ "神話"の真実

富山氏は曽野氏に「『玉砕場（引用者注：住民が集団的な死に追いやられた場所）のことは何度も話してきた。曽野綾子氏が渡嘉敷島の取材にきた1969年にも島で唯一の旅館であった「なぎさ旅館」で、数時間も取材に応じ事実を証言した。

あの玉砕が、軍の命令でも強制でもなかったなどと、今

になって言われるとは夢にも思わなかった。事実がゆがめられていることに驚いている。法廷のみなさんに真実を訴えるためにも、私の証言を再確認する次第である』」[注40]と、元兵事主任の富山氏から貴重な証言が得られた。原告代理人らはこのような用意周到な準備をして、4月5日、国側証人曽野綾子氏を厳しく尋問したのである。

しかし、肝心要の富山氏から話を聞いたことを「記憶ございません」の一点張りだったことは、第42回目に既述してある。

つまり、大城さんのいう「流布してきた赤松事件の"神話"」というのは、元兵事主任富山真順氏の証言を曽野氏が記憶していないということで成り立っていることを、第一審で明らかにしていたのである。

それは、逆説的（パラドクシカル）に言えば大城さんの「曽野氏の軍命がなかったという立証にたいする反証がまだない」という指摘のおかげで、家永氏側は周到な準備をして反証できたのだ。

■高裁で反対尋問

10月21日、東京高裁第二審にむけ、「石原証人をささえる連絡会」は沖縄から21人も派遣した。その中には「意見書」作成に協力してくれた新屋敷弥生研究生も混じっていた。私は、証言台においた石原ゼミ生（新垣尚子ゼミ長）

100

たちの激励の色紙で心落ち着かせ、「沖縄戦における日本
軍と住民犠牲」（意見書）に基づき２時間余、主尋問（原告
代理人による）と国側の反対尋問を受けた。

反対尋問は、裁判長にいかに証人の印象を悪くさせるか
ということも狙っているから、挑発にのらないようにと、
弁護士さんに忠告されていたので、主尋問とは異なり緊張
していた。

ところが、私が最も気にしていた大城さんの著作にかか
わる尋問は受けなかったので、拍子抜けしたことを鮮明に
記憶している。

この２時間余の証人尋問とその直後の報告集会を新聞
記者はどのように受け止めたのだろうか。『琉球新報』
１９９１年１０月２２日朝刊は、２３面トップ記事で次の
ように報じている。〈教科書裁判／「国は"すり抜け"論法だ」
／自決論戦にいらだち／支援者「勝訴まで闘う」〉という
大きな見出しのもと、〈［東京］「国側の反対尋問は一体何
を言っているのか分からない」。二十一日、東京高裁で開
かれた第三次家永教科書裁判控訴審終了後、都内の日弁連
会館で報告集会が開かれ「集団自決」に関する国側の論法
の"すり抜け"を厳しく批判。沖縄戦の実相が伝わらない
もどかしさにいらだちをみせながらも石原昌家沖国大教授
の証人尋問の一定の成果を強調、勝訴まで戦い抜くことを
確認した〉と、リード記事を書いている。

引き続き、〈報告集会には全国からの支援者約二百名が
参加。その中で安仁屋政昭沖国大教授は「もっとはっきり、
沖縄戦において（住民の）集団自決が存在しないことを断
言すべきだった」と意見を述べた。しかし、代理人は、短
い証言時間のなかで、争点である「日本軍のために殺され
た人びとも少なくなかった」という記述の対比として「集
団自決」の書き加えを命じた検定の不当性について石原教
授の証言は一定の成果があったと評価した。また、原告の
家永三郎氏は「集団自決」が「これほどの争点になること
は当初予想していなかった」と明かしながら石原教授の多
大な協力に感謝の言葉を述べた。報告集会後、さらに主婦
会館に場所を移し、「戦争と教育を考える集会」が開かれ、
裁判を傍聴した元ひめゆり部隊の生き残り宮良ルリさんが

家永教科書裁判の控訴審の報告集会について伝える１９９１年
１０月２２日付琉球新報朝刊

沖縄戦の体験を話した」と報じている。

第４１回目の「私の悔恨」の小見出し部分で、報告集会
で第一審安仁屋証人に「なぜ、住民に集団自決なるものは
無かったと、はっきり証言しなかったのだ」と、叱責され
たと書いてきたが、琉球新報記者もこの発言が印象に残っ
たようだ。新聞でその発言が記事になっているのは、この
原稿執筆にあたり知ったところだ。

安仁屋氏が、腸が煮えくり返る思いで主尋問の一問一答
を傍聴していたはずだとも書いてきたが、私の４冊の単著
を手掛けてきた和多田進晩聲社社長も、「じれったい一問
一答ではなく、これまでの聞き取り調査をふまえ、法廷に
戦場を再現させるような証言で、国側や裁判長の度肝を抜
くべきだった」と、そのいらだちを口にしていた。当日の
その後の集会では、私は言い訳から話せざるを得なかった。

［注40］『裁かれた沖縄戦』７０頁

101

県内紙、軍命証言を報道／県外紙「隊長命なし」強調

1988年4月に国側証人として原告家永側の証人尋問を受けた曽野綾子氏の意見書や証言を完膚なきまでに否定する最重要人物のインタビュー記事が、88年6月22日琉球新報夕刊に写真入りで載った。沖縄戦当時渡嘉敷村の兵事主任だった富山真順（旧姓新城）さんが、「軍が役場を通じて非戦闘員の青年を集めて、敵の攻撃あるときは一兵となっても戦え、捕虜になってはならないと、手りゅう弾を自決用も含めて二個渡した」と、決定的証言をしている。それは1985年から87年にかけ、神戸新聞、東京新聞が「部隊長の玉砕命令はなかった。集団自決は助役が命令した、補償得やすくするため」などと報じていたことへの反論になった。

第三次家永教科書裁判の第二審東京高裁で、私が証人尋問を受けるにあたり、国側の反対尋問では研究仲間の大城将保さんの著書が第一審判決文に引用されている。その内容で私を攻めてくるだろうと予測し、その対策を立てていた。しかし、それには全く触れなかったので拍子抜けしたことを第47回目で述べてきた。

それもそのはず、国側にとってはその点について、私への反対尋問をする上で、まったく不都合な内容が琉球新報、沖縄タイムスの2紙に報じられていたのだ。

それについてまず紹介し、さらに、これまで触れてこなかった日本（ヤマト）の新聞が国側にとって都合の良い報道をセンセーショナルに報じていたことも、沖縄で一般には知られていないはずだから、この際、さかのぼって書き留めた上で、私の第二審での証言の中身を具体的に紹介していきたい。

■決定的証言

琉球新報では1988年6月22日夕刊社会面トップで、〈渡嘉敷島の集団自決／「軍からの命令あった」／「慰霊の日」前に新証言／島民に手投げ弾配る〉という大見出し記事の下、沖縄戦当時渡嘉敷村兵事主任だった富山真順（旧姓新城）さんの証言を本人の写真付きで報じている。

〈富山さんによると、渡嘉敷への米軍攻撃が始まる数日前、軍は急きょ役場を通じて非戦闘員である島の青年たちを役場前に集めた。「火の玉のごとく一体となって、敵の攻撃ある時は一兵となっても戦え。決して捕虜になってはならない」〈「手りゅう弾を自決用を含めて2個渡し、そう言ったのはだれだというのか」と富山さんは憤りを込めて語る〉と、決定的な証言記事を載せていた。

また、当の大城さん自身、自著が国側勝訴の判決文に引用されたことについて、沖縄タイムス、1988年6月24日付文化欄、〈『それぞれの沖縄戦』3 よみがえる亡霊（上）〉で、作家としての嶋津与志の筆名を用いて、〈「家永裁判」の断面／意図的に利用された文章〉という見出しの下、こう述べていた。

〈この法廷に私の書いた文章が、なんと国側の証拠資料（書証）として提出されていたのだ。これは寝耳に水の出来事だった。私がこれを知ったのは、原告側証人の報告集会でのことで、話だけ聞いても何のことだかよく理解できなかったが、後で「証拠調書」の速記録を読んでみて唖然となった。とにかくいたるところに拙著「沖縄戦を考える」やそのほかの文章が、原告側の安仁屋政昭証人に対する反証材料として引用されているのだ。公表した文章は独り歩きするもので、だれがどう使おうと文句はないが、長い論文の片言隻語を切り取って、全体の論旨と背反する方向に利用されてはたまったものではない」

〈「集団自決」のほとんどは軍民混在の地域で発生しており、その背後に軍の「住民スパイ狩り」の脅迫が存在したことは歴然たる事実〉〈私がいかにも曽野説を支持しているかに見えるかもしれないが、事実は正反対である〉

〈同書では詳しく述べる余裕がないので、脚注で、「慶良間諸島の惨劇」(『青い海』)を紹介するにとどめてある。ここでははっきり「ある神話の背景」を批判しているのであるが、法廷ではこのことは無視されている。自己矛盾もはなはだしいといわねばなるまい〉と公表していた。

裁判中の国側としては、沖縄地元2紙の以上の紙面も当然読んでいたと思われるので、私に大城さんの著作の中身の質問をしなかったのだろうと、本紙執筆中のいま推察しているところである。

■大問題

前述の渡嘉敷島での新聞記事は、次の座間味島との違いはあるが、本質的には同じ問題なので、以下の座間味島における日本(ヤマト)の新聞のセンセーショナルなキャンペーン記事に対する反論にもなっていた。

神戸新聞(1985年7月30日)が〈米軍初上陸の沖縄・座間味村集団自決／絶望の島民　悲劇の決断／村幹部が率先、170人避難壕で／日本軍の命令はなかった　関係者の証言／信じていた一億総玉砕〉という見出し記事。

同神戸新聞(86年6月6日)にも〈米軍上陸・・・座間味村集団自決／部隊長の「玉砕命令」なかった／長かった戦後の苦悩／「沖縄県史」訂正へ〉という大見出し記事の下、〈自主的自決は早計　大城将保・沖縄県史料編集所(現・県立図書館資料編集室)主任専門員の話　宮城初枝さんからも、何度か、話を聞いているが、「隊長命令説」はなかったというのが真相のようだ。といっても軍隊には勤務隊や整備隊もあったわけだから、集団自決が即、村役場幹部らがリーダーシップをとった自主的なものと決めつけるのは早計だ。新沖縄県史の編集がこれから始まるが、この中で梅沢命令説については訂正することになるだろう〉という談話が載った記事。

さらに同神戸新聞(1987年4月18日)で、〈米軍沖

「軍からの命令あった」との証言を報じる1988年6月22日付琉球新報夕刊社会面の記事

縄上陸—座間味島集団自決／命令者は助役だった／遺族補償得るため「隊長命」に／42年ぶり関係者証言／西宮在住梅沢さん　ぬれぎぬ晴らす〉という大見出し記事。

その5日後には、東京新聞(87年4月23日夕刊)でも〈座間味島民の集団自決／『村助役が命令』／大戦通史勇気ある訂正／弟が証言　補償得やすくするため／元部隊長40年ぶり　“えん罪”晴れる〉という大見出し記事など、日本(ヤマト)の新聞が、家永教科書裁判に向けてか、国側に有利になるような記事を大々的に報じていた。まるで戦時中の大本営発表のような新聞記事だ。

しかも、後でみていくが、「遺族補償を得るため『隊長命』」「補償得やすくするため」などと、「援護法」(遺族給与金・遺族年金)の問題にまで、踏み込んで報じているのは、沖縄にとっては決して見過ごせない大問題の報道であった。

「軍命」発したも同然／軍と共に「死ぬこと」前提

筆者の21年かけた体験者の証言と日米両軍等の史料にもとづいた第二審にむけ作成した意見書は、それから32年後の今も、本質部分においてなんらかわらない。住民被害の根源を示す日本軍の最重要史料を根幹にすえている。米軍が戦闘中に押収した「秘密戦に関する書類」のなかでの「報道宣伝防諜等に関する県民指導要綱」の第一方針に掲げた「軍官民共生共死の一体化の具現」が、住民被害の元凶だと明示している。信用できない住民が兵士同様に軍事機密を知っているので、絶対に投降を許さない方針として、「共死」が前提になっていた。すなわち、1944年11月の時点で、住民の集団死の軍命は出されてたも同然だった。

第48回、慶良間の集団死事件（新聞紙面では「集団自決」と表現されている）について、「軍命」の有無が新聞で大きく取り上げられていたことを紹介した。

私は、住民の凄惨な集団死が発生したそのとき、軍が「命令」を下したのか否か、一つひとつの事例において特定しようと調査したことはない。

1991年10月21日、東京高裁における証人尋問においては、およそ2時間の証言時間しか与えられていない。私はブックレット程度の分量の「意見書」を準備し、それに基づいて応答してきた。本連載執筆に当たり、28年ぶりに裁判所に提出した「意見書」（平成元年〈ネ〉第三四二八号損害賠償請求控訴事件）を再読した。確認できたことは、今日にいたるまで、各地で講演したり、執筆したりしてきている原形がそこに書いてあることだった。

その後「沖縄戦裁判」は新たに起きているし、繰り返し同じ内容を語らねばならない沖縄戦体験をめぐる状況は、聴衆・読者の世代交代もあり、一向に変わりがないことを再認識することにもなった。

「軍命」有無の問題については事件発生時、軍が『玉砕命令』を出したか否か、住民はその命令を受けたか否かは、問題ではない」[注41]と、私は自信を持って言い切っている。つまり、そのような姿勢で第二審の証人尋問に臨んでいたのだ。では、何をもって確証としたのか、ということである。

■「極秘」の軍事機密

1970年代半ば頃、先輩研究者が「秘密戦ニ関スル書類」という米軍が沖縄戦最中に押収した日本軍の極秘軍事機密の史料を入手したということで、大変話題になっていた。その米国の返還文書を私も1977年夏頃、懇意にしていた東京の出版社社長に依頼して、国立公文書館から全文を入手した（そのコピーは1978年にリニューアルした沖縄県立平和祈念資料館に提供し、展示した）。

その中身の一つひとつが沖縄戦の実態解明に最重要な史料だが、なかでも「昭和十九年十一月十八日」に「球一六一六部隊」（第32軍首里軍司令部のこと）による「極秘」の文字が押印された「報道宣傳防諜等ニ関スル縣民指導要綱」は、このうえない重要史料である。那覇市がほぼ灰燼（かいじん）に帰した米軍の「十・十空襲」から1カ月後、地上戦に突入した時、沖縄住民にいかなる運命が待ち受けているのかが、明示されていたのだ。

この史料コピーは、第45回目の写真でも読めるようにしてあり、第二審の私の証言において「住民に集団死を強制した証拠として、石原昌家氏の証言の中で最重視された」

というキャプションが付され、既に本稿の要諦を予告していた。地上戦突入4カ月前、日本軍司令部は極秘のうちに県民指導の「第一　方針」は、「六十萬縣民ノ総蹶起ヲ促シ以テ総力戦態勢ヘノ移行ヲ急速ニ推進シ軍官民共生共死ノ一體化ヲ具現」することを指示していた。

　つまり、総力戦態勢下では住民が軍と「共死」することを「指導」していたということである。日本軍部が軍事思想に乏しいから「信用できない」という住民と「同居」し、陣地構築にも駆り出したので、敵に知られてはいけない最高の軍事機密を、兵士同様に住民も知ってしまった。それで、敵に捕まる前に兵士同様住民も死ぬよう仕向けていたということになる。

　私は法廷において、沖縄戦において、住民被害の全貌を知るための最重要キーワードは、この「軍官民共生共死ノ一体化」であることを指摘し、その方針が出された背景を資料でもって説明してきた。この点を要石にして聞き取り証言に基づき主尋問に答えてきた。

第三次家永教科書裁判の控訴審で証人の筆者が提出した意見書

■「高級参謀」の手記

　私は、家永氏の証人として、文部大臣（代理人）と裁判長にまずはしっかりと伝えておきたかったのは第32軍首脳陣のひとり八原博通高級参謀の手記だった。1945年5月5日、牛島満軍司令官が「余が命をうけて、東京を出発するに当たり、陸軍大臣、参謀総長は軽々に玉砕してはならぬと申された。軍の主戦力は消耗してしまったが、なお残存する兵力と足腰の立つ島民とをもって、最後の一人まで、そして沖縄の島の南の涯、尺寸の土地の存する限り、戦いを続ける覚悟である」[注：42]と記されている。牛島司令官はその言葉通りに島の南端摩文仁まで住民を道連れにしたが、「足腰の立つ島民とをもって」というのは、まさに「軍官民共生共死ノ一体化」を発令した軍司令官が、激戦中にもそれを再確認していたということである。つまり、非戦闘員の住民も、戦場では軍と共に「死ぬこと」が前提にされていたというのは、高級参謀の手記でも明らかといえよう。私の法廷での証言は、すべて、日本軍関係史資料や住民の証言に基づいたものであった。

■「共死」の内実

　第一審で原告家永氏側の安仁屋証人が軍の命令、誘導などによる「住民の集団的な死」という証言に対し、国側は住民が「死んで国を守ろうとした崇高な犠牲的精神の発露」とか「自らの選択の道が全くなくて、軍の命令だったから死んだというのは大変に失礼」という主張も争点になったが、判決では家永氏敗訴となった。

　私はそれにはこう反論した。「（日本軍は）住民に対してデマ（鬼畜米英）でもって死を強制してきたことだということが、沖縄戦の真っ最中に"捕虜"となった住民の知ることとなった。米軍から手厚い保護をうけ、日本軍にこれまで騙されていたことがわかった住民が、自らの命を絶とうとしたということは未だ聞いたことがない」（「意見書」85頁）と、慶留間島での聞き取り証言などをふまえ、国側主張や判決文に反論した。第51回までは家永教科書裁判をテーマとする。

［注41］「意見書」89頁　［注42］八原博通『沖縄決戦』高級参謀の手記、昭和47年8月、255頁

第50回
第二審判決

「不正当な判断」示す／事実証言も違憲性認めず

家永教科書裁判で、沖縄戦における住民被害は日本軍の直接殺害と間接殺害によってももたらされたという家永氏の認識を問うものだった。

裁判官に間接殺害を理解させるために、筆者はゼミ学生と戦争マラリア地獄の波照間島での被害調査結果も意見書に載せてあった。そこでは砲爆撃による死者は一人もいないのに、軍の命令で悪性マラリアの地に退去させられ、沖縄南部の激戦場での住民被害とほぼ同様に四人に一人が、戦争マラリアによる犠牲がでた。米軍と投降を許さない日本軍との板挟みで、絶体絶命の絶望的状況の中に住民を追い込まれて集団死したことについて、戦争マラリア死の事例で、間接殺害について説明した。

本連載で家永教科書裁判に関して、第38回から書きつづっている。1993年10月20日の第三次家永教科書訴訟の東京高裁判決、さらに97年8月29日の同訴訟最高裁（上告審）判決までは日本政府が、住民の沖縄戦体験をどのように認識しているのか、沖縄の地元新聞を通して改めて確認していく。その前に前回に引き続き、第二審の肝要部分を紹介する。

■間接殺害

家永氏は沖縄戦で、「日本軍のために殺された人」の中には、直接殺害された人と間接的に殺されたのも同然の人がいると認識していた。その点が裁判の争点になっているので、私の証言（意見書）では、「日本軍のために必然的に死に追い込まれた（日本軍のせいで死んだ）人の態様例」として、戦争マラリア有病地帯へ軍の退去命令による住民被害について、多くのスペースを割いている。その内容は第30回、第31回、第32回で既述してきたが、そこでは触れていない重要史料を「意見書」の中からみておきたい。それは沖縄戦を知る多くの人にとっても驚くべき史料であろう。

1945年3月、波照間島に潜入した陸軍中野学校出身の離島残置諜者（工作員）山下虎雄軍曹（偽名）が、波照間島全住民を悪性マラリア発生地の西表島南風見に退去命令を下した。住民が恐れていた通りほぼ全住民がマラリア

に罹患した。1982年9月、私たちが波照間島で調査した結果、1945年当時の島内人口1275人中1259人（98・7％）が罹患して、461人（36・2％）死亡したことが判明した。私はそれについて当時の史料でもって日本軍の間接殺害を裏付けていった。

■戦争マラリア

それは、戦争マラリア地獄の中で、学校職員が『波照間小学校沿革史』（明治の創立から今日まで書き続けられている）に記した以下の記録は証拠の一つだ。

「昭和二十年三月二十四日　修了式　並ニ終業式　擧行ス　修了生　男子十二名　女子十九名　同年四月一日　入學式擧行　入學児童　男子廿八名　女子十七名　一、空襲激シク　授業思イキリ出来ズ　一、入學児童アルモ　合同教育ノミ　一、其ノ筋ノ命ニ依リ　移動準備ヲナス　一、島民擧ツテ　西表島へ引越ス準備ヲナス　一、學校ハ當番ヲ設ケ順次引越ス準備ヲナス　（中略）

同年四月八日　其ノ筋ノ命ニ依リ部落民一人残ラズ西表島南風見へ引越シ避難スルコトトナリ児童ハ父兄ト共ニ職員ハ部落民ト共ニ次々引越シ學校ハ重要書類及器具ヲ保持シテ四月半ヲ過ギテ引越ヲ了ス　（中略）　同年七月三十日マラリア罹病者続出シ死亡者数十名ニ上リシタメ識名校長一行ハ夜行デ旅団本部へ行キ窮状報告ト帰島ノ件許可ナル

ヤウ陳情ス　即日許可ナル　識名訓導西表島ユブ島ヘ帰校
ス（引用者注：山下軍曹は絶対に波照間島への帰島を認めなかっ
たので、識名校長はこのままでは全滅するという危機感から決
死の覚悟で山下軍曹の目を盗んで、石垣島の旅団本部へ帰島の
直訴をしたのである）。（中略）同年八月七日（中略）避難中
マラリア罹病者　数百名死亡者約七十名ヲ出セリ　帰島後
部落民ハ食無ク看病人ナクテ死亡者続出シ数百人ヲ死亡セ
シメ児童モマラリヤノ為、『六十六名』死亡セリ」[注：43]

　米軍が北谷、読谷へ上陸した４月１日、波照間国民学校
では入学式が挙行されていた。そして日米最後の地上戦闘
が宜野湾嘉数方面で始まったころの４月８日、「其ノ筋ノ
命」という軍命により、全住民西表島へ退去させられ、沖
縄の石川では琉球政府の前身にあたる沖縄諮詢会が発足す
る直前の８月７日、波照間へ帰島し、マラリア地獄の中で
島の人口約３分の１の命が奪われていったということも高
裁で証言（意見書）し、判決を待った。

　琉球新報は、１９９３年１０月１９日（朝刊２１面）で〈家
永教科書訴訟あす判決／「多くは望めない」／沖国大の石
原教授ら／家永訴訟で見通し／戦争記述への検定が焦点／
第３次で東京高裁〉という見出しのもと、〈二十日の判決
について石原教授は「多くは望めない」としながらも「細
川新首相が先の大戦を侵略戦争と認め、戦争責任の所在を
内外に明らかにした。裁判所は自由裁量な判断を下せる環
境が整った。事実に基づいて判断してほしい」と話し、家
永氏敗訴の場合「戦争責任を認める新政権の文部省は判決
にどう対応するのか」と判決に注目している〉と、私は記
者に語っていた。

■真実隠す検定

　その注目の判決は〈「集団自決」一審判決を支持／記述
の意図まげられず〉（「琉球新報」１９９３年１０月２０日夕
刊１面）という見出しのもと、国が家永氏に修正意見を付
したこと（事実上の書き換え命令）は「適用上違憲であると
も認められない」との判断を示した〉というものだった。
そして同紙７面はトップ記事で〈第３次教科書訴訟高裁判
決／沖縄の心　理解されず〉という大見出しのもと、私の

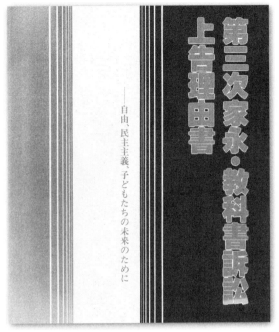

「第三次家永・教科書訴訟　上告理由書」

談話は〈沖縄戦で不正当な判断〉という見出しのもと〈沖
縄戦に関して言うならば、沖縄戦の事実を知らない日本の
裁判官たちが不正当な判断を国内外に示したことになる。
これは沖縄戦で亡くなった死者に対する冒とくである。沖
縄県民の世論に対する真っ向からの挑戦でもある。沖縄県
は、平和の発信地として平和行政を推進し、全戦没者の調
査をしようとしている。沖縄県民として事実を突きつけて
司法判断を覆していくべきだ〉と、戦争犠牲者の怒りを代
弁している。

　さらに、同紙１面では、〈上告し検定の誤り明らかに〉
という見出しのもと、弁護団声明として〈「侵略戦争の事
実をゆがめる検定を違法と判断した意義は大きく、最近の
国民の戦争への反省の認識に沿うものだ。しかし検定制度
や検定処分の違憲性を認めなかったことなどは不当。上告
し、戦争の真実を隠す教科書検定の重大な誤りを明らかに
する」との声明を発表した〉ので沖縄戦裁判は、最高裁判
断を待つことになった。

[注43]「意見書」５６～５８頁

第51回
最高裁判決

上告も合憲判断を維持／「集団自決」記述を容認

国が、家永氏に「集団自決」の加筆を命じたことを、今になって「そうだったのだ」と理解できた。日本政府が、沖縄戦体験を捏造した援護法の戦闘参加者概況表に「集団自決」の項目があり、それを当然の如くに書かすことだったのだ。つまり、政府の沖縄戦体験捏造の押しつけに家永氏は敢然と立ち向かったのだった。内閣の指名に基づき天皇に任命された最高裁判所長官が、国家のため、天皇のために殉国死したことを否定する判決を下すことはできなかった。最高裁判決を聞いた高教組の下地教諭が「裁判に負けても『集団自決』という言葉がひとり歩きしなければ問題はない」と発言している。それは今なお続いているメディアの「集団自決」使用を問うものだ。

■上告理由書

　１９９４年５月１４日付で「教科書訴訟弁護団／教科書検定訴訟を支援する全国連絡会」から「第三次教科書訴訟の家永側証人のみなさま」というタイトルで、５月６日に提出した「第三次家永・教科書訴訟上告理由書」が送られてきた。上告人訴訟代理人は弁護士４７名（７名は沖縄の弁護士）の連名である。「第三次訴訟は、最高裁のたたかいを迎えています」という書き出しのもと、弁護団は「家永訴訟三〇年の最後の法廷の場での主張としても弁護団で討議の上決めました」と、３０年の英知の結晶を自負している。会員２万人余の「全国連は、今後最高裁で適正かつ公正に審理させるために『１００万人署名』運動、『みんなの証言　みんなの意見』運動、『戦後五〇年―いま見つめる戦争と教科書展』運動などをすすめる」、という決意を表明した一文が挿入されていた。そして序章では「本件は最高裁大法廷で審議され、口頭弁論を開催すべき重要憲法案件である」「本件は国際的にも最高裁の判断を注視している案件である」などと、その意義を述べている。

　６０５頁の分厚い上告書のなかで沖縄戦に関して５０頁を割いている。再び第一審の金城重明、安仁屋政昭証言も引用しつつ、第二審石原証言（意見書）は、慶良間諸島での強制による集団死の実態や石垣、波照間島での戦争マラリア被害の実態が日本軍の命令・強制によるものなどを取り上げている。日本政府の言う「集団自決」はもとよりマラリア死なども、日本軍の命令、指示、威力、強制などによるもので、「日本軍のために殺された」のと同質同義であると断じている。

　したがって、「集団自決」と「日本軍のために殺された人びと」を別に記述することは誤りだ（すなわち、「集団自決」の加筆を国が家永氏に事実上命じたことは誤りの意味）と弁護団は判断して、上告している。

■３２年の裁判終結

　１９９７年８月２９日、家永教科書訴訟の最高裁判決が言い渡された。それは３２年に及ぶその訴訟の終結でもあった。３０日の琉球新報朝刊１面は、〈家永教書訴訟が終結／沖縄戦の検定　合法／「集団自決」書き加え必要／７３１部隊は違法／合憲判断は維持／最高裁〉をトップ見出しで大きく報じた。つまり、沖縄住民が、天皇のため、国のために自発的に死んだという意味の「集団自決」を国が家永氏に書き加えさせたことを合法だと最高裁は判断したのである。

　琉球新報の当日の社会面トップ記事は〈沖縄戦　理解されず／正しく伝える必要痛感／「歴史研究無視された思い」〉という見出しの下、関係者のコメントを紹介しているが、高教組から派遣された下地輝明浦添高校教諭は〈裁

判で負けても、「集団自決」という言葉がひとり歩きしなければ問題はない〉と、裁判以後の沖縄戦認識問題に的確な指針を示している。

私は、第2社会面26面で〈沖縄戦の真実伝える努力を〉という見出しのもと、〈予想していたとはいえ口で言えない怒りを感じた。沖縄戦においては日本軍が住民を死に追い込んだ事実を認めない国の立場を、最高裁が正しいと判断したことは、特措法改訂で強まった国に対する県民の不信感をさらに助長するものだ。しかし、判決で沖縄戦の真実が覆るわけではない。私たちはさらに沖縄戦の真実を伝える努力をすべきだと思う〉と司法（5人の裁判官）への怒りを表明している。

また、当時の琉球新報社会部・米倉外昭記者は同日の解説記事で〈今後の沖縄戦記述は、教科書執筆者と現場教師の研究・実践にかかっている〉と、私が今なお教科書執筆者に沖縄戦の真実の記述を求めていることについて、1997年に既に明確に提示していたようだ。なお、判決で〈他の論点が三対二、あるいは二対三と分裂したのに対し、「日本軍のために殺された」という記述がいわゆる「集団自決」も含むのかどうかが争われた沖縄戦記述については裁判官五人一致による家永氏側敗訴に終わった〉ということも米倉記者は指摘している。

それについては沖縄国際大学の気鋭の研究者、安原陽平准教授は具体的に5裁判官の意見分布を南島文化研究所第201回シマ研究会（2017年7月24日）で報告している。最近提供を受けた安原准教授のその報告資料で、沖縄戦の「集団自決」記述を合法とした裁判官5人（カッコ内は出身）とは、大野正男（弁護士）、園部逸夫（学者）、千葉秀夫（裁判官）、尾崎行雄（弁護士）、山口繁（裁判官）だということを知った。（家永教科書裁判に関しては今回で閉じる）

■追記

第46回で、私が東京高裁で証言する直前、「模擬法廷」が開催されたことを記してきた。そのとき金城睦弁護士が国側代理人役を務め、石原証人を激しく攻め立てたと当時を振り返った。すると、一著名な読者から「金城睦弁護士

家永教科書訴訟の最高裁判決について報じる1997年8月30日付琉球新報朝刊の社会面

は社会派と思っていたが、とんでもない人だったのか」と電話があり、大変な誤解を与えてしまったことを知った。

1991年10月14日に実施された県民集会の第一部模擬法廷は、村上有慶司会のもと裁判官役：山川宗秀、浦島悦子、証人：石原昌家、原告弁護人役：永吉盛広、伊志嶺善三、国側弁護人役：金城睦、安仁屋政昭で行われた。第二部激励集会では裁判に向けての決意表明は私のほか、富樫守（高教組副委員長）、鈴木宜幸（憲法普及協議事務局長）、喜屋武幸弘（マスコミ労協議長）、頑張ろう三唱　嵩原久男（連絡会顧問）、というのが県民集会のプログラムだった。なお、家永教科書裁判の連載では当時の沖縄国際大学文学部新屋敷弥生研究生が第二審石原証人関係資料一式を分厚いファイルにまとめてくれてあったので細々とした内容まで執筆することができた。

第52回
サイパンの戦争体験（上）
想像絶する収容所／見捨てられた孤児、赤ん坊

出身地の歴史を将来世代に残すことに全力を注いだ先輩同僚の高宮城繁沖縄国際大学教授が、友人や実父を説得して得難いサイパン島と海南島での戦争体験を聞き取りし、記録することができた。サイパン島で孤児となった沢岻少年の証言は、戦争というものが〝これほど残忍で、汚辱にまみれ〟、人間が人間でなくなってしまうのかと、証言を頭の中で映像化すると身の毛もよだつ。しかし、瀕死の沢岻少年を救ったのも人間ではあった。

■1人だけ生き残る

先輩同僚の高宮城繁さん（沖縄国際大学名誉教授・空手範士九段・故人）は、言語学者（英語）にもかかわらず、出身地の北谷町上勢頭の字誌作りに並々ならない情熱を傾けていた。とりわけ戦争体験者の「沈黙」に高宮城さんほど熱意をもって向き合おうとした人を、私は知らない。氏が体験者を説得することによって私は上勢頭で聞き取り調査をスムーズに進めることができた。それは『上勢頭誌』中巻通史編Ⅱ（1993年、旧字上勢頭郷友会）に収録してある。

上勢頭での海外での体験は、中国大陸、中国海南島、フィリピン、台湾、満州（中国東北部）、朝鮮、ペリリュー島、サイパン島などで軍人・軍属や移民者としての体験であった。

ここでは、サイパン島で9歳のとき戦争孤児となった沢岻安英さん（1935年生）の「人間が人間でなくなる」極限状況の一部をたどる。米軍がサイパン島へ上陸した1944年6月、マタシャ国民学校3年生の沢岻さんは、祖父母、両親、兄、本人、妹2人、弟、従兄弟2人の11人が一軒家に同居していた。

激しい艦砲射撃の後、米軍上陸のサイパン島は、追いつめられた日本軍と住民がパニック状態に陥り、日本兵による住民殺害や住民自身も手榴弾などを用いて至る所で集団死していった。沢岻さんは

父親が破裂させた手榴弾で重傷を負いながらも、大家族の中で1人だけ生き残ることになった。米兵に救出され、野戦病院で2世の看護婦さんの手厚い看護をうけて、胸などに無数の小さな破片が入ったまま（1988年7月現在も）生還し、収容所生活を送ることになった。沢岻さんの以後の孤児体験は想像を絶する苦痛の連続だった。

■残飯で飢えしのぐ

「（野戦）病院から一般住民の収容されているキャンプに移された時、（米軍に）病院で支給された衣服を同じ沖縄人に身ぐるみ剝ぎ取られてしまい、〝褌一本になりました。自分の子供に着けさせようとしたんでしょう。キャンプ内は班長もいて、人数分の食事が配給されていました。しかし、ぼくのような孤児に対して、キャンプ内の大人たちはまず雨が降ろうが、夜になろうが、建物の中に入れてくれないのです。それでぼくは雨に濡れて木の下で寝て、暮らしていました」

「さらに、配給も何もあてがわれずに、共同炊事で食事を作っているが、何も食べさせてくれないのです。そこで僕のような孤児がまだたくさんいたので、孤児たちは残飯を捨てるのを待ち受けていて、それを拾って食べて飢えをしのいでいた

『上勢頭誌』中巻通史編ⅠⅠ（1993年、上勢頭郷友会）

のです。全然誰も助けるひとはいなかったのです」

　私は首里の城北小学校に１９４８年４月に入学して、５４年３月に卒業した。クラスには沖縄戦で孤児になった石嶺孤児院（後に厚生園と称す）生も混じっていた。この沢岻さんの体験を聞くと、彼らも似たような境遇にあったのかと、いつも暗い表情だったクラスの孤児院生の顔が浮かんできた。

■毎朝、首吊り死体

　沢岻さんは、さらに度肝を抜くような証言を続けていった。「キャンプは金網が張られていて、自由に外へ出ることは出来なかったのです。僕はカマキリ（果実木）の下でよく寝ました。朝起きたら上で首吊りしているのを沢山みました。沖縄の大人が首吊って、口から泡を出しているのです」

　「それで翌日は一応こっちで死んだからこっちを避けて、次はあっちの木の下で寝ると、その翌日もそこで首吊っているという具合に、木の下を転々としながら、毎日首吊り死体をみているときがありました。キャンプ内の人達は建物に入っていたのであまりそのことを知らないはずです。しかし、昼は木陰を求めて木の下にやってきた人が、そのような首吊り死体を見つけて、騒ぐけど僕らは見慣れているので、平気でした」

　「僕たちは、朝目覚めたら枕元に首吊り死体がぶら下がっているのが嫌で、今度はキャンプ内で死んだ人の墓場をねぐらにすることにしました。毎日死人がでるので、十人位ずつ穴掘って埋めるのです。こうして沢山墓ができるのでその間のうねとなった、むきだしの地面の上で寝たのです。墓は木もないから死体がぶら下がることもないので、安心でした」

　この証言は、沖縄戦で米軍に保護され、山原方面の難民収容所へ運び込まれても衰弱死し、その死体を大きな穴を掘ってどんどん埋めていったということを思い出させた。

■共同便所の下に

　沢岻さんは、さらに衝撃的な証言をした。

　「（収容所の）共同便所は、穴を掘った上に長い板を張っ

て、そこに四角い穴をあけてそこから用足しするようになっていました。周囲はテントを張りめぐらして、一つの便所で七、八人が用足しできました。キャンプは広いからそれが十か所ほどありました。ところが、便所の下をみたら、赤ちゃんを産み落としたのか、なか（便壺）で何人ももがいているのがよく見えました。沢山赤ん坊が落ちていました。僕たち子供はあっちこっちの便所を使用しますので、こんなのはよく見ました。戦争前に妊娠した赤ちゃんを便所で産み落としたのか、生まれた赤ちゃんを夜捨てていたのか知りませんが、それ（捨てる現場）はみたことはありません。赤ちゃんが生きているのもいましたが、僕たちは何にも感じませんでした」

　この収容所の共同便所については、沖縄戦で各地に米軍が設置した形式と同じだったようであるが、この衝撃的事例は初耳だった。沢岻さんの証言は、同書 [注 44] に載せてある。沢岻さんの衝撃的な証言は、まだ続いていった。

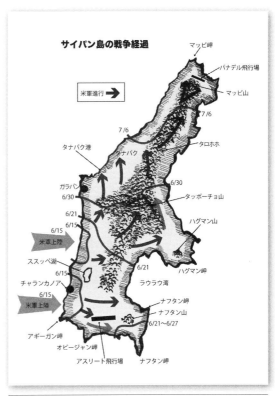

[注 44] 同書、５４９〜５５６頁

県人捕虜、米軍作業に／郷土への爆撃加担に苦悩

サイパン島での戦争体験を初めて聞き取りしたのは、１９７２年、日本復帰直後だった。沖縄の民は、「受難の民」ともいわれてきたが、それを実感させたのが、聞き取り調査まもない証言だった。米軍の捕虜となった長堂さんは、収容所から軍作業として沖縄爆撃に出撃する米軍機への爆弾積み込みを強いられた。夜になると、故郷の沖縄が爆撃される映像をみせられ、「アーアー」と毎晩泣いた。その沖縄でも米軍の捕虜となった住民は、米軍作業に従事させられた。戦後、米軍基地で働く住民の仕事のひとつが米軍機への爆弾積み込み作業だった。人殺しの軍事基地がある限り、被害住民が加害の立場に立たされる。

■孤児への大人の対応

　戦場で破傷風に罹（かか）るというのは、死を意味するということだった。それは元ひめゆり学徒の島袋淑子さん（前ひめゆり平和祈念資料館長）が、南風原陸軍病院の分室として糸数アブチラガマが使用され、そこで重症患者の看護をしていた体験を証言してもらったとき、口が開かなくなったら最後だと聞かされていた。

　したがって、沢岻さんが「孤児仲間に男の子と女の子の兄妹がいた。兄が破傷風にかかって死にかかって口も開かなくなっているが、喉が渇いている様子で、妹が泣きながら兄にとりすがっていた」というのは、まさに沖縄の戦場とダブる場面だった。

　沢岻さんの大人不信は次のような場面で決定的になった。

　「だが、その側から大人達が歩いているが、まったく見ていないふりをして、誰一人助けようとしなかった。『僕はこの女の子を助けたいが水が手に入らないし、配給もないから何にも持っていないし、とうとうその兄は亡くなってしまいました。それで妹は泣いていたが、僕もそこで一緒に泣きましたけど、僕も親のいない子供だし、どうすることも出来ませんでした』」

　「沢岻さんの孤児仲間は二十名ほどいた。兄弟以外はそれぞれ単独行動しながら、ねぐらを一緒にするという状況だった。だいぶたってから破けた衣服を身につけていた

が、雨露に打たれながら地面に寝ているし、食事は残飯をあさって食べるだけだから、栄養失調にもなり、とうとう病気になってしまった。このキャンプに収容されて数か月後に、意識もうろうとしているときに、親戚付き合いしていた高宮城トヨさん（トヨさんの父と沢岻さんの父がまたいとこの関係）が、発見してくれたのである」

■親戚に発見され

　私は、高宮城繁さんの紹介で沢岻さんを救出した高宮城トヨさんからも聞き取りできたので、ひん死の沢岻さんを発見した経緯も明らかになった。トヨさんの記憶では、沢岻少年は収容所の幕舎にも入れてもらえずにその軒下に栄養失調状態で横たわっていた。手足は細く、お腹は膨らんで大変な恰好（かっこう）になっていた。

　沢岻安英さんが九死に一生を得た場面について、トヨさんも鮮明に記憶していた。「私は、安英に似ているので、どうかなと思いながら、ジッと見つめていたら、あの子もまた私をジッと見つめていたので、そのまま近づいて行き、『あんたは安英か』と聞いたら『そうだ』というのです。それから両親の消息を聞いたら、みんな死んだというのです。その子は私を見たもんだから、私のテントについてきてそこに眠って動かないのです」

　そこでトヨさんは、班長に頼んで沢岻さんを引き取り、

裸同然だったので、班長にパンツやランニングを支給してもらった。その収容所内に孤児院ができても我が子同様にして連れ帰った。

　そのとき、戦場の修羅場の中でトヨさんの息子・清さん（沢岻さんより一歳年上）が行方不明になり、傷心の身ではあった。しかし、沢岻さんを救出した1週間ほど後に、清さんとも再会することができた。私はその清さんからも聞き取りできた。沢岻さんより1歳年長なのでより詳細な体験を聞くことができた。

　一方、救出された沢岻さんは、キャンプ内の生活が一変した。体力も回復した１９４６年２月に米軍の上陸用舟艇で沖縄へ引き揚げることになった。身内の眠るサイパン島を離れるのは、身を切られるようにつらかった。そして沖縄の孤児としての生活は、孤児であるがゆえにどこへ行ってもいじめに遭い、言語に絶する惨めな思いを味わってきた。以上の証言は、『上勢頭誌』中巻・通史編Ⅱ（１９９３年、上勢頭郷友会）の５３５〜５５６頁にかけて詳細に収録してある。

　長い時間かけて体験を語り終えた沢岻安英さんは、さまざまな思いを共有した私と、しばし別れがたい様子だった。

■身を切る思い

　実は、私がまだ２９歳のとき、与那城村（現・うるま市）屋慶名の南洋諸島からの引揚者が多く住む "南洋部落"（平田）で、サイパン島での戦争体験を長堂松次郎（１９０４年生）さんから聞き取りしていた。『沖縄県史』１０沖縄戦記録２（１９７４年）への収録のためだった。上勢頭での聞き取り調査では、米軍に収容された住民が米軍作業に駆り出されたことを異口同音に語っていた。その米軍作業

道路脇の土手に座り、収容所行きの輸送車両を待つ日本の軍人と民間人ら（米陸軍通信隊写真）＝１９４４年７月１４日、サイパン島（県公文書館所蔵）

は、長堂さんの証言でどれほど精神的苦痛の伴うものであったかがわかる。

　「（１９４４年７月、サイパン陥落後沖縄戦での米軍）爆撃は、このサイパンの自分たちが建設したアスリート飛行場から行われたのです。しかも "捕虜" となった自分達が、爆弾の積込み作業をやらされました。キャンプでは二世が、戦況の模様をずっと放送していたし、毎晩戦争のニュース映画を見せられました。米軍の硫黄島爆撃、特になつかしい我が郷土の島が浮かんできたかと思うとそこに爆弾の雨を降らせる場面を、身を切られる思いでみせられました。昼、自分達が積み込んだ爆弾がウヤファーフジ（親兄弟〈ご先祖様〉）の国をたたくのだと知りながらも、その仕事をせざるを得ない捕虜生活は本当につらく「アーアー」と毎晩泣いたもんです。こうして当時の話をしているとあの時の様子がはっきりと目に浮かんできますので複雑な気持ちになります」[注：45]

[注45] 同書１０１１頁

113

日本軍が中国人虐殺／２県人目撃、「血の海に」

全戦没者刻銘碑「平和の礎」には、遺族会の要望によって、沖縄出身者だけは沖縄戦だけではなく、満州事変にまでさかのぼり、１５年戦争全体の戦争死者を刻銘している。期せずして沖縄出身兵士が皇軍の一員として海外侵略の足跡を刻むことにもなった。先輩同僚の実父とその友人が共に軍属として中国の海南島で、中国人に対する日本軍の残虐行為を目にすることになった目撃現場を、二人がそろって語るのは奇跡だ。
当時の加害者の立場でたんたんと語る内容は、耳をふさぎたくなる場面だった。

サイパン戦について第５２回目で、沢岻少年の証言に衝撃を受けた読者から「せっかく助かったのになぜ首吊り自殺が続出したのだろうか」という声が寄せられた。私も沖縄戦での生存者が収容所で「自殺」したということは聞いたことがなかったので、当初不可解だった。

だが、それは第５３回目の証言者・長堂松次郎さんの体験で推測できるかもしれない。追い詰められた住民は、手榴弾を用いて「一家全滅」する家族が続出していた。長堂さんは家族を引き連れて必死に逃げながら、他家の「一家全滅」している様子を見るとうらやましかったという。子どもが一人でも生き残ってしまったら大変と思い、長堂さんは手榴弾を爆発させる決断がつかないうちに長男がそれを捨ててしまった。それで助かった。

その証言で、子どもたちに死なれて一人、異郷の地で生き残った大人が悲嘆のあまり「首吊り」したのではないかと私は想像している。

既述の先輩同僚・高宮城繁さんの「沈黙に向き合う」姿勢は、中国で皇軍兵士たちの斬殺場面の目撃者の実父とその友人をも説得してくれた。これほどの凄惨な話を同じ体験者２人から同時に聴けるのは奇跡としか言えないことだった。

■海南島への軍属移民

高宮城実盛さん（１９０２年・明治３５年生）と屋良朝松さん（１９１４年・大正３年生）は、同郷（旧北谷村上勢頭）だった。高宮城さんは１９２８年（昭和３）、フィリピン移民していたが、３９年（昭和１４）年に母危篤の電報で帰国した。その時母はすでに他界していた。そのおり、中国の海南島へ軍属移民の大募集が行われていることを知り、それに応募することにした。屋良さんは、大東島へ出稼ぎに行っていたが、たまたま帰郷したときにその募集を偶然知った。月１３０円という破格の好条件だったので応募することにした。

　１９４０年（昭和１５）３月ごろ、那覇市内での身体検査中、同郷の２人はそこでバッタリ出会った。２人は４種類もの予防注射をうたれ、その翌日には海南島むけに那覇港を出港するという慌ただしさだった。

香港経由でたどり着いた海南島への軍属移民として、北谷村からだけでも十数名も加わっていて、全国から約２千名が参集していた。仕事の内容は、ダイナマイトで石山を崩して、トロッコで海岸まで運搬して防波堤造りをしたり、島の南部では燐鉱を掘って船積みしたりしていた。

■慰安所

荒仕事の軍属生活は、酒飲みと酒を飲まないグループに分かれ、酒飲みグループは毎晩のように命を落としかねないほどの喧嘩が絶えなかった。高宮城さんは一滴も酒は飲めないと周囲に嘘をついて禁酒を誓い、こういう

旧日本軍の基地建設に伴い、沖縄からも動員された海南島

ハノイ　ハイフォン　香港　台湾　東沙諸島　北緯20度線　海南島　ダナン　西沙諸島　ベトナム　フィリピン　南沙諸島

所で酒を飲んだら命取りになると思った。屋良さんも同様だった。

　島内には陸軍、海軍、設営隊の兵士と軍属のために「連合慰安所」が設置されていた。慰安婦（性奴隷）は、当初朝鮮人が一連番号をうたれて何十名もいたが、半年後には日本人女性も加わり、花子、ナミ子などという名前で呼ばれていた。

　さらに沖縄女性も1人混じっていたが、沖縄男性に身元が知られるのを恐れてか、話しかけてもそれに応えなかったという。ときにはトラック数台で島一番のにぎやかな町にくりだし、中国人女性のみの慰安所へ遊びに行くということもあった。そのような軍属生活中、2人は、中国人虐殺事件を目撃することになった。

■一斉射撃

　（以下、聞き手の石原、カッコ内は石原が補い、二人の証言は会話のまま記録）。

高宮城　海南島も事件はありましたよ。便衣隊（民間服で偽装したゲリラ兵の意味）が、支那の本国から海南島へ牛を捕りにきたのです。日本軍は、彼らの行動を初めから密かに見ているけれども、船一杯に積んで、沖合に出た所を船も牛も人も諸共に全部捕まえて引っ張ってくるのです。見張り人が双眼鏡でちゃんと見張っ

ていて、無線で連絡をとって捕まえるのです。

石原　船は出て行ったのに、それを引っ張ってくるというのは、どんな風にですか。

高宮城　船を出させておいてから、沖合で日本軍が周囲を取り巻いて、銃を突きつけた形で誘導してくるわけ。30名余りでした。

屋良　その時が一番多く殺されたね。

高宮城　30名余りの便衣隊をトラックから運んできて、穴掘って、一人一人そこに座らして銃剣でやるのもいるし、しかし、男の人ももう、その穴の前に引っ張ってこられたら、歩けなくて、足もガタガタ手もガタガタしておる人もおればね。また、すぐ海は近いから、海の方に2人を（わざと）逃がしてね、海に入ったところで一斉射撃をするのです。それを遠く離れても海が血で赤く染まるので、当たったのはすぐわかりますよ。

石原　これは、だいたい何名の人が目撃していますか。

屋良　たくさんいるよ。

高宮城　兵隊が、軍属も首斬りがあるから皆行ってみなさい、というんだからね。それで沢山の人が見にいって、ぎっしり詰まっていたよ。

屋良　しかし、見に行ったら、穴の手前で斬るから、穴の向かい側で座ってみていたら、返り血を浴びるんですよ。水鉄砲のように（血が）跳ねるんです。こっちで斬ったら。

高宮城　首斬ったらね、大きい血管から血が砂に穴を開けるんですよ。穴開けるくらい血が出るからね。

屋良　向かい側には座れませんよ。（死体が入る位の）穴を掘ってあるでしょう。その前にひざまずきさせて、そして首斬ると、すぐにスットンと穴に落ちるのです。

高宮城　穴に落ちる時、血がすぐ飛び出るからね。

石原　（軍属の）みんながそれを取り巻いて見物しているわけですね。（以上、証言より引用）

　この凄惨な場面を2人は淡々と語り、私は可能な限り根掘り葉掘り聞きだすことに努めた。2人の証言は、まだ続いていった。

第55回
海南島（下）
中国人を次々と斬首／「良民証」不所持をスパイ視

多数の中国人の斬首場面を二人の目撃者が、二人そろって証言することは、きわめてまれな出来事だ。先輩同僚の高宮城繁教授の証言記録への執念で、実現できた。

筆者は、気持ちを表に出さないようにして、可能な限り二人が目撃現場へタイムスリップして、当時の感情まで再現するようにつとめた。それでその時の会話のまま、文字化していった。その上に、二人そろって自分たちと同じ軍属の沖縄の人が、中国人のおばあさんを殺害した事実まで語った。中国侵略における沖縄の加害の側面が明らかになる証言だった。

海南島は、現在「中国のハワイ」（ハワイと同じ北緯２０度）といわれ、癒しのリゾート観光地として有名だ。高宮城実盛さんと屋良朝松さんの海南島での体験は、現在その地を訪れた人たちには、信じられないだろう。

二人から体験を聴きだすにあたり、聴き手の私は感情をしまい込むようにし、二人には虐殺現場にいたときにタイムスリップしてもらい、その時の心根を引き出すことに努めた。目をそむけたくなる場面を直視し、戦争になると人間はどれほどおぞましい行動がとれるのか、とくに次世代のひとたちに伝えたいために二人は証言してくれたのだ。

■悲鳴も上げず

（以下、日本兵に中国人が首を斬られた瞬間などについての証言を引用）

高宮城　向かい側では、血が飛んでくる恐れがあるので、一方（血が飛んでこない片側）で見ることができるんです。

石原　中国人は、（そのとき）悲鳴をあげるんですか。

高宮城　誰も悲鳴をあげないね。しかし、女がね。こうしてそこに座らされたら、自分で後れ毛をこう持ち上げてね、首をこうして斬らす女もいましたよ。女も混じっていたよ。

屋良　うちは、女がいる時は見ていないですね。

高宮城　男は度胸なかったね。女が度胸は上だった。いざという時は。こうして、後れ毛を持ち上げて、首を長くしてこうして（ひざまずいて）座っているからね。

斬りやすいよ。

屋良　昔、首斬りの時、刀に水をかけるでしょう。あれとまったく同じですよ。斬りにくくなると、水を軍刀にかけ、それで斬ってからまた水をかけて、手では全然触れないのです。

高宮城　（斬首される中国人の）人数が多いもんだから、軍属も希望者は軍刀を貸すから斬りなさい、というのでひとり出ていって斬ったけれども、斬り損なってね。こっち（後頭部）から斬ってね。それでも穴に落ちたからね。しかし、まだ死んでいないから兵隊が、上から銃剣でブスブス（刺して、息の根を止めた）。

屋良　兵隊が、君たちは大根も切れないかといいよったよ。

高宮城　また、（座っている）後ろから銃剣で突くから、ちょうどこっち（心臓）に剣先が出ているひともおればね。また、こっち（背骨）の骨にあたってね、突き落としておる人もおったけれどもね。二、三間（一間は１・８２メートル）離れて勢いをつけて飛んで来て突き刺すから。

屋良　陸戦隊の兵隊がね。僕たちにも斬れ、斬れ、という。

石原　この場合、（殺される中国人は）みんな目隠しをしてやっているんですか。

高宮城　目隠しはやっています。

石原　ほんとに悲鳴ひとつあげないんですか。

屋良　悲鳴はあげないよ。

石原　覚悟を決めているからですか。

高宮城　しかし、その時は可哀そうという気持ちはなかっ

たですね。戦争だから。

石原　何か動物でも殺すみたいな感じで見ているのですか。みんなは。

屋良　僕は、最初の時に（兵隊が中国人を）連れて（来て）、やれ！といって斬る恰好をするもんだから、もう、怖くなってすぐ逃げました。

高宮城　私は最後まで見た。

屋良　しかし、どうしても一度見ておかないと、と思って、高宮城さんに一緒に行ってくれと頼みこんで、2回目は全部終わりまでみたんですが、最初は見れんかったですよ。2度目は、（兵隊が）十二、三人を斬りましたが、2、3日飯が喉を通らなくて、二度と見る気はしませんでした。戦の時は、人間が変わってしまい、普通ならかわいそうに見えることでもまったく少しも同情しません。それはもう戦のせいだと。

石原　一回ではなくて、何度もそのようなことがあったのですか。

屋良　何回もあったよ。

高宮城　一番多いときが30名あまりで、その後は少人数ずつだった。

石原　いったい、何回ぐらいあったのですか。

屋良　何回もあるでしょう。

高宮城　2、3名、4、5名ずつ（首斬るのは）たくさんあったね。

屋良　こっちに穴掘って、また次はこっちに穴掘ってという具合に。

高宮城　2、3名斬るときは、行ってみなさいと言わなかったからね。かれらの場合は、（中国人）スパイということでした。

屋良　ちょっとしたことでも、簡単に首を斬りましたよ。兵隊は。

■沖縄人による殺害

　二人の証言を総合すると、日本軍は占領した土地で、日本軍に従順な中国人が住む場所を「平定」地域として、その地の中国人に「良民証」なるものを発行した。海南島で

日本軍による中国人虐殺を目撃した状況などについて話す高宮城実盛さん（左）と屋良朝松さん＝1988年、北谷町の上勢頭郷友会事務所（『上勢頭誌』中巻より）

も7名ほどの日本軍兵士のグループがその「良民証」を所持していない中国人を、ただちに「スパイ」として有無を言わさず首斬りしていった。

　そして平定された地域の各集落には「村長」がおかれていた。日本軍に従順な「村長」は、「良民証」を所持していない中国人を、日本軍に引き渡していた。「良民証」を持っていたら、仕事も探せるし、大手を振って歩けた。

　ところが、「良民証」を所持していても中国人がまったく安全というわけではなかった。日本軍に信頼されていた「村長」の母親が、沖縄人軍属に殺害されるという事件が発生した。屋良さん所属の野砲あがりの班長（沖縄本島中部出身）が中国人の部落に行って飲酒し、酔っ払って帰るときに老女に出会った。屋良さんの推測では、多分、酔っぱらいが怖いから避けようとしたら、殴って殺害した。

　高宮城さんはその事件について「海南島民の命は安かったですよ。お婆さんが、（沖縄の）軍属にたんぼに突き飛ばされて、死んでしまったのですが、5円だったかを払ったら、それっきりです」と記憶していた。だが、屋良さんは、軍が30円払ったとその金額の記憶には食い違いがあった。（二人の証言は『上勢頭誌』中巻、507〜514頁に収録した）。次に二人の証言と関連する皇軍の本質にかかわる証言などについて述べる。

第56回
読者からの手紙（上）

中国人斬首を目撃／父が戦時下の海南島に

新聞連載の効用は、即座に読者から新たな関連情報が得られることだ。大阪在住の首里高校同窓生から、「自分の父も海南島で中国人斬首事件を目撃していたようだ」、と情報が寄せられた。高宮城教授の実父と友人は、出稼ぎ募集に応募した軍属だった。しかし、同窓生の小渡さんの父・有得さんは、台湾から海南島へ派兵された皇軍兵士だった。中国福建省からの渡来人の末裔だった。先祖の地を侵攻することになり、その苦悩を得意の短歌に表現している。小渡さんは「何でも記録する」父の遺稿を琉球新報社から「小石のつぶやき」として発刊するにあたり、斬首した側の兵士として目撃していたことを知った。

本連載は、読者からの電話や手紙などによって、内容に広がりを持ってきたりしている。第55回では、中国海南島での戦時体験の聴き取りを紹介した。ほどなく、東大阪市在住の小渡照生さん（首里高校同窓生）から手紙が届いた。開封し、読み始めるやくぎづけになった。

小渡さんの実父は、連載記事内容と同じ海南島で中国人斬首場面の目撃者のようだという内容だった。身近な人の身内の恐るべき「証言」に偶然出会うことになった。前回、二人の証言者・高宮城実盛、屋良朝松さんが北谷町上勢頭の同郷人で、しかも二人がそろって証言できたのは奇跡だった。二人は軍属という身分だったが、小渡さんの実父は、なんと中国人を斬首した側の日本軍部隊兵士だったのである。二人の証言内容を裏付け、さらに日本軍の悪業の父の記録を照生さんは手紙にしたためてくれた。

■記録の経緯

照生さんの父・小渡有得さんは、中国福建省から渡来した渡来人・久米三十六姓のうちの蔡崇の末裔（19世）で、いわゆるクニンダンチュ（久米村人）である。1913年生で、27年には県立第一中学校（現在の首里高校）に入学したが、在学中から短歌・詩や文に秀でていた。全国誌『日本少年』や一中校内誌『養秀』に投稿して銀メダルを受賞したり1位、2位に入賞したりするほど、見聞きしたことを表現する能力に長けていた。

その特技を生かして、戦争体験も文字にしていた。「なんでも記録する」「なんでも残す」父の性分によって、短歌・詩・随想など膨大な作品がノートや紙片に記されていた。照生さんのきょうだい4人が手分けして父の作品を世に出すことにした。

それには照生さんが沖縄の総合月刊誌『青い海』の編集デスクで培った取材・編集力が最大限に生かされたであろう。父の貴重な記録は、『小石のつぶやき―或るクニンダンチュ（久米村人）の95年、心の軌跡―』（2008年、琉球新報社）として編纂され、発刊された。

■台湾から海南島へ

1931年に台湾へ渡航した有得さんは、台湾総督府交通局逓信部に勤務していたが、日中戦争のさなかの39年7月、台湾の日本軍に配属され、海南島へ派遣された。12月初旬まで同島に駐屯したのち、同年12月から中国大陸（江西省）を転戦した。さらに1940年半ばから41年正月を過ぎて、台湾に帰還するまでの5月17日まで海南島に駐屯し、6月に召集解除となった。戦争に関する短歌等は、この間の体験記録であり、前回の二人の証言

小渡有得さんが短歌や詩などを投稿し、銀メダルを受賞した全国誌「日本少年」（昭和3年）

小渡有得さんが投稿した短歌が1位、詩が2位になるなどして掲載された一中校内誌「養秀」（昭和4年）

者が目撃した海南島斬首事件は1940年3月以降ということなので、父の記録と重なるというのが照生さんの驚きの手紙だった。『小石のつぶやき』の膨大な記録の中から、前回二人の証言を裏付ける内容を中心に見ながらも、前回の証言者高宮城・屋良さんが属していたであろう部隊のその後の所業を短歌でみていきたい。

まず、随想「戦地海南島の思い出」には、1939年8月海南島へ上陸したが、「海南島は共産軍の勢力の強い所」と聞かされていた。「あの日、強い陽ざしの降りそそぐなかを、兵隊たちが海岸の方へ歩いて行った。それはまるで、祭りへ急ぐ人の群れのようだった。密偵の処刑を見に行こう、というのである。将校たちはこの時とばかり、新刀の試し斬りをするのだと聞いた」[注：46]。その後の様子も短歌で表わしている。「密偵」の標題では、先の二人の証言を短歌で表したとしか言いようがないほど酷似している。「逃げ遅れ捕へられしとふ密偵は物言はむとして我等見廻す　密偵は目隠しされて陽の中に影著く坐す白砂の上　処刑後の骸を埋めし砂浜は小さき貝が波に転べり」[注：47]。

ここでいう密偵というのは、日本軍の内情を探りに来ていた中国軍のひと、ということだろう。有得さんは、二

人の証言のような生々しい表現をさけているが、「戦地海南島の思い出」の随想のなかには、二人の証言者の語りと似たような描写が記されている。「ある所では、後ろ手に縛られたまま、黒焦げになった小さな死体や、真昼の陽の下に、ゴロゴロころがっている数十の、顔かたちもそのままの死体もあった。小さな田舎町の市場らしい所を通った時、兵隊ではなく、普通の中国服を着た男が、路上に倒れていた。その体から、なまなましい血が、ドクッドクッと流れていた。彼の故郷であろうこの地面が、やがて彼の血をすべて吸い込んでしまうだろう[注：48]。この場面は、二人の証言者の語りそのものである。有得さんの年譜には、自分の所属する部隊名は台湾第一連隊第三大隊と記しているので、高宮城さんと屋良さんが記憶していなかった軍属として所属していた部隊名を有得さんは記録していたということになろう。

■侵略・占領

有得さんは、皇軍兵士として先祖の地を侵略し、占領していった状況も短歌に託している。「侵略」の標題では「兵士等を下ろすや母船に引返す舟艇の往来休む間もなし　舟艇に低く構へて暗闇を窺い居ればわが喉の鳴る　間をおきて撃ち合ふ音の聞こえくる後方に吾等暫くを待つ」と、攻め入るときの緊張につづき、「占領の印を地図に書き入れて日々に我等は心驕りぬ　占領の式を終へにし兵士等が無人となれる家に出入りす　陽の匂ふ籾干す庭に引出せし女一人を兵等囲めり」[注：49]と、侵入者の心情と合わせて、捕らわれた住民の慄きも伝えている。

さらに「戦に追われ逃れし人々が残せる空家にわが軍靴の音　踏込みし我等を咎めゐる如し鍋に冷えたる粥の白きが」[注：50]には、先祖の地を侵略していったクニンダンチュの心情が込められているように思える。

[注46] 同書333頁 [注47] 同書36頁 [注48] 同書333頁 [注49] 同書37頁 [注50] 同書38頁

第57回
読者からの手紙（下）

父、「先祖の地」侵攻に苦悩／中国渡来の久米村に出自

同窓生の小渡さんは、父の遺した短歌を読み直すと父も中国人に向け、銃を発射したのではないかと疑問が湧き、苦悩しているようだった。しかし、それは父親が「中国を転戦している間、もしや父に似た人がいないかとひそかに胸を痛めておりました」という苦悩の比ではないだろうとも思い、父を思いやった。

中国帰りの父をもつ、子どもたちの中には父の激しい寝言から、中国で口にできないことをしていたのだろうと推し量っている人からも、偶然筆者は証言を得ていた。

前回紹介した手紙の主・小渡照生さんは、２０２０年２月１０日、ご夫妻で大阪から私の家に足を運んでくれた。楊姓門中の中宗家を預かる私の家で門中を同じくする妻・美智子さんが、ルーツをたどる旅の途中でもあった。だが、話題は海南島の父の戦時体験から始まった。私に手紙を送った後、気になる短歌が目に留まったということで、先に贈呈されていた『小石のつぶやき』を持ち寄って、二人で確認しあった。

中国戦線帰りの父をもつ子どもたちは、自分の父も残虐行為に加担したのではないだろうか、と直接は聴きだせない悩ましい問題を抱えていることをしばしば耳にしていた。ときおり聞く父の激しい寝言から、「きっと私の父も中国で口にできないことをしてきたのだと思っている」とヤマトの女性教師に打ち明けられたことがあった。

照生さんも８０年ほど前の父の戦時体験を、私が紹介した海南島での衝撃的な証言を読み、フラッシュバックし、苦しい思いがよぎっているようだった。照生さんの手紙は「だんだん書くのが苦しくなって来ました。ここらで筆を置きます」と、結んでいる。

■中国侵攻

照生さんが「苦しくなって来ました」というのは、父が「中国への回想は、たとえ実際の戦闘には参加せず、従って一人の生命も奪ってはいないにしても、胸が痛む。そし

ていまもなお、悔と責めを負うて中国に対する。人も自然も、心から愛し、親しむべき、中国であったにもかかわらず─」[注：51] の記述に疑問を感じたからのようだ。「一人の生命も奪っていない」にしても「戦闘には参加せず」というのは、「真実ではないようです」と疑問を呈している。

それは、「兵士」の標題で「流弾が兵士の命奪ひけり小春日の畦に休みゐる時　空を切る鋭き音の相次ぎて頭上を越ゆる黒き弾影」[注：52] は、まぎれもなく、戦闘に参加していたということだろうと推察している。

また「たたかひの後占領が続く日々児らが広場に影踏み遊ぶ　わが銃がこの児らの父を奪ひしか町に攻め入りし曩日の戦に」[注：53] とも書き残しているので、照生さんの悩みは深まる。「わが銃」は、「われわれ部隊の銃」という意味かも知れない。部隊の誰かが、その児らの父を殺したかもしれないと想像できる余地がある。

父・有得さんは「私の先祖は、今から約六百年前に琉球の造船や航海の技術、海外貿易や外交、それに伴う文書の作成など、その他もろもろの指導のため、当時は明国とよばれていた中国」からの渡来人と、出自を明らかにしている。

そして那覇の久米村では、「北京語を覚えるための歌があり、子供らが暗誦したといいます。母がよく口にしていたのを今でも覚えています。良夜（リエンエー）月の夜（チチヌユー）　闇夜（エエンエー）　闇の夜（ヤミヌユー）」[注：54] と、『小石のつぶやき』の「思い出の道─序にかえて─」

で、冒頭に記すほど、中国の子孫であることに誇りを抱いていたようだ。

それゆえ１９３９年の６月に台湾で召集され、海南島を経て、「中国を転戦している間、もしや父に似た人がいないかとひそかに胸を痛めておりました」[注：55] という。

中国人の子孫だから、中国人のなかに父似がいないかと見つけようとしていたのは、召集３か月前に父が他界していたからでもあろう。「父の死後の応召でよかったと思いました」[注：56] というのは、息子が先祖の土地へ侵攻することを父が知ったらどれほど悲しんだか、と容易に推察できる。そのような思いを抱いて転戦していた有得さんには、まともに中国兵に銃を向けられず、たとえ撃つにしても標的を外して引き金を引いていたのでないかと、私は推察している。それには私なりの「根拠」がある。

■村人全員皆殺し

私が戦争体験で一番長時間聴き取りしたのは、１９８３年、浦添市牧港の又吉栄吉さんからであった。４回に分けて聴き取りするほど、中国戦線や沖縄戦でさまざまな体験をされていた。１９４４年、日本軍が沖縄へ移駐し、陣地構築をしているとき曹長が牧港の区長に到底実現できない無理難題の供出を命じた。命令は絶対なので、区長は戦地帰りの栄吉さんに泣きついた。

それを聞いて「私は激怒してその曹長の所にかけつけました。『私は満州で二か年、支那で二か年武漢攻略まで戦闘をやってきた。あんたがたは華南作戦やってきたと大威張りしているがカナワン（敗北の意）作戦をやってきたんじゃないか本当の戦闘体験は私の半分もやっていないじゃないか』とまずそういったのです」[注：57] と、啖呵を切って無理難題を退けた。私の聞き取りでは、日本軍の命令を覆した唯一の住民証言である。

その中国での体験を語っている最中、突然、声を潜め、録音を止めて表情を硬くした。以下は、ノートにメモした証言である。

３０名ほどの小部隊で作戦中、一人の兵士がどこからともなく飛んできた弾で即死した。仕返しのため斥候兵を探

「小石のつぶやき」（小渡有得著）

し回った小隊が、とある老幼男女のみの集落を山中で見つけた。そこの村人が斥候兵を手引きしたにちがいないと判断した小隊は、村人を皆殺しすることにした。銃弾は戦闘用だ、という理由で手斧を用いて一人残らず殺害した。

その部隊には又吉さんのほかに新垣さんという沖縄出身兵士もいた。私は「沖縄の兵士もその殺害に加わっていたのですか」と単刀直入に尋ねた。すると、「とんでもない、怖くて逃げていましたよ。そしてクニンダンチュの新垣さんに『エー、イッター、ウヤファーフジ（あんたがたのご先祖）の国でこんなことをしているのをどう思うのか』と聞いたら、『シッ、アビランケ（黙って）自分が中国系と部隊に知られたら自分も殺されるかもしれない』」と、恐怖に慄いていたという。

この証言が前述の私なりの「根拠」である。

[注51] 同書３３６頁 [注52] 同書１０２頁 [注53] 同書９０頁 [注54] 同書１〜２頁 [注55] 同書３頁 [注56] 同書４頁 [注57]『浦添市史第五巻』１９８４年、３５頁

第58回
沖縄人の加害側面

皇軍兵で侵略に関与／アジア太平洋、広く派兵

同窓生の父の短歌を筆者が推測した部分について、読者から認識が甘いというメールが届いた。それは、侵略軍兵士たちが、中国人女性を輪姦している場面だと指摘をうけた。その内容に触発され、私がこれまで文字にしていない皇軍兵士として中国を侵略占領してきた沖縄の兵士の体験の一部を文字に残すきっかけが生まれた。
日本兵の魔の手から逃れるため、鶏の首を切り、その生き血を自分の股にこすりつけて難を逃れようとした中国人女性の必死のふるまいの証言だった。そのような行為に加担したことを自慢する沖縄兵士がいたという証言も筆者は得ている。

■鶏の血

「一読者の感想」の一部に、"「陽の匂ふ籾干す庭に引出せし女一人を兵等囲めり」という表現に注目しています。"とあり、"「捕らわれた住民の慄き」と石原さんは表現しているが、これは占領軍が地元の女性を無人化している家の中で息をひそめて隠れていたのを引きずりだし輪姦したということです。"との指摘があった。

じつは前回紹介した浦添牧港の又吉栄長さんから、そのような行為に関連した証言も得ていた。又吉さんが所属する皇軍部隊が、占領地を拡大していくとき、「老幼婦女子」のみが残った集落で、若い女性は、飼っている鶏の首をちょん切って、その血を自分の股間になすりつけ、いま生理（月経）中だという意思表示をし、日本兵の輪姦から逃れようとしていたという。その地元女性の苦心のカモフラージュは見破られたから、又吉さんはそのように証言をしたはずである。

そこで私はすかさず「沖縄の兵士もそのような行為に加担していたのですか」と問うたら、「沖縄人のような最下級兵士が、そのような行為に加担できる状況ではなかったよ。それは、ヤマトの上級兵士たちの特権みたいだったよ」とのことだった。しかし、海南島で沖縄人による老婦人を殺害した事例の証言はすでに示してきたし、また、中国戦線からの復員軍人の叔父が、中国人の切断した頭を片手にぶら下げて撮った写真を持ち帰って来ていたので、父が、「すぐにその写真は燃やせ」と叱りつけていたという研究仲間からの証言を得たのは、１９７８年のことだった。沖縄の兵士が輪姦とはまったく無縁だったというわけではないかもしれない。

■「平和の礎」にも

「一読者の感想」の中に、"日本による植民地支配の中で徴兵され、先祖と呼べる人々あるいは歴史的に深いつながりのある民族に銃口を向けなければいけなかった沖縄の人々の想いについて、一人の日本人として深く考えさせられる考察でした。"につづいて、"「平和の礎」には、沖縄戦だけでなくいわゆる「15年戦争」で皇軍兵士として中国侵略戦争に参加させられ亡くなった沖縄の人たちの数も入っているということの意味合いを考え続けています。"と、しめくくっていた。

その「感想メール」では、１９９５年６月２３日に戦後５０年を記念して除幕した「全戦没者刻銘碑平和の礎」にまで及んでいるので、「平和の礎」の「刻銘検討委員会委員長（座長）」を務めていたものとして、沖縄戦以外で亡くなった人の名前が刻銘されるに至った経過をまず記しておきたい。

１９９０年に就任した大田昌秀沖縄県知事のもとで「平

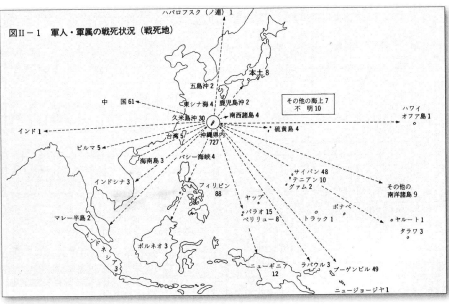

図Ⅱ－1　軍人・軍属の戦死状況（戦死地）

ハバロフスク（ソ連）1　本土8　五島沖2　東シナ海4　鹿児島沖2　中国61　久米島沖30　南西諸島4　台湾5　沖縄県内727　硫黄島4　ハワイオアフ島1　その他の海上7　不明10　インド1　ビルマ5　海南島3　バシー海峡4　インドシナ3　フィリピン88　サイパン48　テニアン10　グアム2　その他の南洋諸島9　マレー半島2　ヤップ2　パラオ15　ペリリュー8　ボナペ　トラック1　ヤルート1　タラワ3　インドネシア1　ボルネオ3　ニューギニア12　ラバウル3　ブーゲンビル49　ニュージョージヤ1

日本軍の中で、浦添市出身の軍人・軍属の戦死地と戦死者数（『浦添市史』第五巻　戦争体験記録より。石原・新垣作成）

「和の礎」建設計画が推進されていたおり、刻銘の範囲を決定する大事な場面で、その関係の各界の代表者も加わった「拡大刻銘検討委員会」が開催された。

　その席上、沖縄県遺族連合会の会長が「戦争では敵兵だった米英軍の兵士の戦死者氏名も刻むのだから、あの戦争時に海外で死没した沖縄の人々の名前も全員刻むべきではないか」と提案した。私にとって、それは願ってもない、渡りに船の提起としてうけとめた。

　なぜなら、第22回目から何度か書いてきたゼミ学生との沖縄戦災実態調査において、沖縄戦のみならずフィリピンや南洋諸島などの「出稼ぎ移民地」における戦争死没者や兵士として海外での戦死者に関しても調査の範囲を広げることにした。

　だが、その調査にとりかかるや、ゼミナール活動としては到底不可能だということを思い知らされた。それは行政の力でしか把握できないテーマだと悟らされていたからである。その提案は委員会の決定事項になり、沖縄県平和推進課の主導のもと、大変な苦労が伴う調査が実施されることになった。

　その結果、沖縄住民の戦争死没者のみは、沖縄戦に限定しないで海外（「外地」）での戦争死没者の名前を刻銘することになったのである。

　「一読者の感想」のとおり、中国など外国で戦死した人も刻銘することになったので、沖縄の人も皇軍兵士として外国へ侵略していった行為が、「平和の礎」に刻まれることになった。つまり、徴兵検査に合格したものが、中国その他の外国で戦死したということであれば、皇軍兵士として侵略戦争にかかわったということが、図らずも裏付けられる結果になったのである。

■浦添の援護資料

　その点に関しては第35回（2019年2月27日）に紹介した1984年3月に発刊した『浦添市史』第五巻戦争体験記録にも掲載してある。浦添市社会課に「戦傷病者戦没者遺族等援護法」に申請したすべての資料（却下された申請書も）が保存されていることを知り、「市史」にそれを活用することにした。

　その資料の中で「軍人・軍属」の戦死地がすべて記録されていたので、石原ゼミ卒業生の新垣安子浦添市史嘱託員と二人で軍人・軍属の戦死地を確認していった。それをアジア太平洋地域の地図上で戦死地点に記していくと、言を俟たないが大日本帝国の皇軍部隊がアジア太平洋地域を侵略・占領していった地図と重なった（写真参照）。その戦死者氏名は「平和の礎」にも当然刻銘されていることになる。次回から、「平和の礎」にかかわる事柄について執筆していく。

なかゆくい（1）

1．巨大兵器展示と軍事国家への道

　非軍事による平和か、軍事による"平和"かのせめぎあいが可視化されているのが、糸数アブチラガマです。それを目の当たりにすることができます。

　１９７５年５月、私の勤務する沖縄国際大学の石原ゼミナール学生たちが調査した糸数アブチラガマ・自然洞窟は、非軍事による平和教育の拠点になってきました。戦跡基地巡りの重要なコースになっています。

　ところが、それを粉砕するかのように、糸数アブチラガマの真上に巨大な大砲が据え付けられました。軍事による"平和"教育の教材になると思っているようです。しかも、本来、「無軍備国」日本が戦争のできる国として、2016 年 3 月に戦争法（安保関連法制）が施行されたときに巨大兵器を設置したというのは、まるで市町村自治体サイドから、戦争準備態勢を整えるかのようにみえます。琉球弧・南西諸島の軍事化と歩調を合わせているようです。

　じつは、１９９９年に発生した「沖縄県平和祈念資料館改ざん事件」にみられるように、沖縄でも日本全体の軍事化の流れが押し寄せてきました。２００１年に平和の礎の理念を破壊するように沖縄県平和祈念資料館との間に巨大兵器が展示されたのを皮切りに、西原町立図書館入口にも大砲が展示されました。しかし、それは西原町議会の伊礼一美議員が、粘り強く議会で批判を続け、住民運動と連携した結果、撤去されました。また、平和の礎前の巨大兵器も姿が見えなくなりました。ところが、「戦争ができる国」作りの土石流のような勢いは、糸数アブチラガマに大砲設置という大きな力が働いたようです。しかも、「現在砲としては、靖国神社遊就館にも展示されている」という説明まで付け加えていました（2016 年現在）。それは「靖国神社の威光」に沿って設置し、それへの批判は靖国神社批判だと言わんばかりの説明版です。ところで、2022 年 11 月に確認しに行ったところ、その説明版は見当たりませんでしたが、大砲は依然として、でんと据え付けられていました。

　兵器展示については、1978 年、沖縄県立平和祈念資料館の展示改善委員会で、何時間も検討しました。人間殺戮の兵器は、戦場跡の残骸としてオブジェ（物体）にして、その証拠物を展示するという結論に達しました。現在の兵器展示は、その結論を覆し、まるで軍国日本の軍事力を誇示するかのような展示方法です。

　糸数アブチラガマに据えつけられた大砲の行方は、沖縄の平和力を示す試金石になっています。

2．御三家「橋幸夫」の平和への思い

　１９９９年１月頃、ジャーナリストで編集者の南里空海さんから、30 名ほどの橋幸夫一行が沖縄入りするにあたり、沖縄戦で亡くなった人の遺骨収集をしたうえで、石原さんから沖縄戦の話を聴きたい、と依頼されました。

　橋幸夫さんは、沖縄戦犠牲者の遺骨収集をしないと、沖縄入りはできないという強い思いをもっているとのことでした。あの国民的大人気歌手の橋幸夫がそのような考えを持っていることを聞かされたうえに、講演の依頼までうけ、驚天動地の思いでした。そしてメディアには絶対に知られないようにしてほしい、と強くクギをさされました。隠密行動だということで、平和への思いの強さは人並外れていると感じ入りました。

　依頼された私としては、長年ボランティアで遺骨収集を行っている国吉勇さんに遺骨収集の作業場所を依頼し、沖縄県平和推進課の大浜進課長（当時）に遺骨収集の手続きを依頼しました。収骨作業の場所は米須小学校近くとなり、大浜さんは校長先生にかけあって、弁当が食べられる休憩場所と水道の使用をお願いしたようです。

　南里さんからの報告によると、子供の遺骨らしい骨が見つかったとのことでした。そして慰霊奉賛会にその遺骨は引き取ってもらったそうです。

　１９９９年２月７日、パシフィックホテルの会議室で橋幸夫ご夫妻、王麗華さん一行を前にして、３時間も沖縄戦の講演をしました。終了後、私にとっては夢想だにしない、橋幸夫さんから直接ご自分の歌のアルバムを贈呈されました。

記録碑・平和の礎

沖縄県平和資料館
改ざん問題と歴史
修正主義への対抗

戦争拒絶の思想具現化／軍民、敵味方区別なく刻銘

１９９５年６月２３日に除幕した全戦没者刻銘碑は、世界平和の発信源としてますます注目されている。筆者は、２０１９年１１月８日、韓国での国際シンポジウムで「平和の礎」について報告をしてきた。４度目だったので海外での関心度の高さが伺える。大田昌秀沖縄県知事の８年間の平和行政のなかで世界的に注目を集めたのが、敵・味方を問わず、戦争加害者・被害者の区別もなく全戦没者を刻銘した「平和の礎」だ。しかし、当初、批判・非難の矛先が刻銘検討委員会座長を務めた筆者にむけられた。住民をスパイ視・非国民視して虐殺した日本兵と被害住民を同敷地内で刻銘して、追悼することは許さないということだった。

　１９９５年６月２３日に除幕した「平和の礎」は、世界平和を希求する心を沖縄から発信した。現在も、「平和の礎」の存在はますます光彩を放っている。つい４カ月前の２０１９年１１月８日、韓国での国際シンポジウムで「平和の礎」をテーマにした報告を私は求められた。海外での「平和の礎」への関心の深さは、身をもって体感してきたばかりである。

　また、「平和の礎」を創設した沖縄の人びとを代表して大田昌秀沖縄県元知事が２０１７年のノーベル平和賞にノミネートされた。その意義が世界から認められているからだといえよう。しかし、その創設にむけては、沖縄県内で異論もあり、「刻銘検討委員会」の座長を務めていた私は一時、批判・非難の矢面に立たされてきた。

■批判・非難の根拠

　批判・非難の根拠は単純明快だった。沖縄住民をスパイ視・虐殺したり、死に追い込んだ加害者の日本兵と被害者である沖縄住民の名前を同じ敷地内で刻銘し、追悼するとは何事だということと、戦死した帝国日本の皇軍兵士を追悼するのは「平和の礎」の靖国神社化につながる、というのが主たる主張だった。

　それで私の研究室に数本、抗議の電話がかかってきた。とくに新聞論壇投稿の常連で詩人の肩書をもつ市民は、４

時間ほど電話での抗議をずっと続けたので、受話器を当てた耳が痛くなった。

　最後は、摩文仁の丘に林立する各県の慰霊の塔が赤ペンキを塗られた事件を持ち出し、日本兵の名前の刻銘版も赤ペンキを塗られるか破損されることになるだろう、という警告を残してやっと電話を切ってくれた。

　また、沖縄戦研究者でも同じような主旨で、講演や新聞の論壇をとおして熱のこもった石原批判を、直接間接に展開していた。他の委員や沖縄県庁職員にもそのような抗議の電話などがあったのかを確認しなかったが、私個人としては「平和の礎」への市民・県民の声として、当然「聴く耳」は持っていた。知事の意を受けた高山朝光知事公室長や平和推進課のもと、「委員会」の合議の中で旧軍人の官位はすべて取り外し、上級下級の区別なく、すべて一個人扱いにして、出身地別五十音順・アルファベット順に刻銘することになった。

　その結果、旧軍人の刻銘版への破損警告は、除幕後ピタリと止んだ。それは市民・県民の声が、「平和の礎」に反映されたからであろう。

■除幕前執筆

　除幕を前にして「季刊　戦争責任研究」編集部から、「戦没者刻銘碑『平和の礎』が意味するもの」（第８号

「平和の礎」に係る刻銘の基本方針

1　刻銘対象者

　国籍を問わず　沖縄戦で亡くなったすべての人々とする。

　この場合、沖縄戦の期間は、米軍が慶良間諸島に上陸した1945年3月26日から降伏文書に調印した同年9月7日までとする。ただし、本県出身者については、満州事変に始まる15年戦争の期間中に、県内外において戦争が原因で死亡した者を含むものとする。

【例　示】

(1)　1944年10月10日以降の空襲により死亡した者

(2)　徴用船、引揚船、疎開船等の遭難により死亡した者

(3)　退去命令や疎開によるマラリア罹病等の疾病が原因で死亡した者

(4)　1945年9月7日後、戦争が原因でおおむね1年以内に死亡した者（ただし、原爆被爆者については、その限りではない。）

「平和の礎」刻銘の基本方針（1993年10月　沖縄県「平和の礎」建設基本計画書より）

１９９５年夏季号）というタイトルでの執筆を依頼された。「除幕前に書くか、除幕後に書くか？」という編集部からの問い合わせに、「除幕前に書きたい」と即答した。批判・非難を受ける中で、真剣に論じ合い、「平和の礎」の意味するものを深く考える機会を与えられたので、除幕したらただちに証明されるであろう「平和の礎」の意味を、除幕前に執筆しておきたかった。

　それは深く考える機会を与えてくれた批判・非難された方々へ、今や国連で大活躍中のゼミ学生（新垣尚子ゼミ長）ともどもさまざまな角度から検討した結果を明示しておきたかったのである。その概要を以下に記す。

■根源

　まず、「平和の礎」は、沖縄県の「沖縄国際平和創造の杜」基本構想の中に位置づけられていること。その「構想」の目的の肝要部分は次のようになっている。「県民が沖縄戦と、それに続く戦後のアメリカ統治下で得た最大の教訓は、すべて生ある者が等しくその尊厳を保障されなければならないという『命どぅ宝』（ぬちどぅたから）の思想と、人々や自然が相互に助け合わなければならないという『共生』の思想と考える。これらは沖縄社会を特徴づける思想であ

ると同時に国際性・普遍性を持った思想であるといえる。『命どぅ宝』と『共生』の思想を世界の人々に語りかけ、平和を希求する人々と広く交流を図る必要がある」としている。「平和の礎」の基本理念は、この構想の目的にそったものであり、それに基づき、「平和の礎」は創設されることになった。

　二度と戦争を起こさないためには敵味方区別なく、戦場に累々と横たわる白骨をそのままにしておけば、そこでは再び戦争を起こそうとすることが物理的に不可能であろう。しかし、それは一部分では実現できても（中国に事例あり）、全面的にその場を維持することはできない。一つの戦争での死没者すべての名前を「一堂に会した」刻銘版に刻んでいけば、それぞれの名前をとおして具体的個人を想像し、白骨累々の戦場を擬人化できる。

　つまり、戦争の惨禍を再現したかのようにみえる。そこには敵味方の遺骨を区別するという考えは存在していない。「平和の礎」に敵・味方、戦争加害者・被害者、戦争指導者や国籍も問わないでそれぞれの個人名を刻銘している発想には、「戦場とはこうだ！」「これが戦場だ！」、と奇跡の連続で地獄の戦闘場面から生き残った沖縄の人たちの凝縮された想いが根底にあろう。

　「平和の礎」建設にかかわった人たちが、今でも異口同音に、「多くの住民を直接殺したのは米軍だが、その戦死した米兵の名前を刻銘することに異を唱えるのは一人もいなかったよね」と、こもごも述懐している。

　実は、日本軍人と沖縄住民とを同一場所で刻銘することに絶対反対して、座長の私を直接間接非難していた人たちも、米英軍人の戦死者の刻銘には一言も異を唱えなかった。ということは、「平和の礎」はすべての戦争を拒絶する思想を具現化したものであり、その根幹には彼らも共鳴していたのだろう、と連載中の今にして思う。

第60回
平和の礎（2）

虐殺示す「遺骨展示」／平和の願い「礎」と通底

元日本兵の名前を刻銘することに猛烈に抗議していた人、米軍の猛爆撃で被爆死した遺族など、誰一人米英軍兵士の名前を刻銘することに反対する人はいなかった。阿鼻叫喚（あびきょうかん）の生き地獄のような戦場を奇跡の連続で生き延びた人たちにとって、白骨累々たる戦場の跡を後世に伝えることになんの異論もなかった。「平和の礎」に戦争死した全ての人の名前を刻んであることは、24万余の個々人がこの世に存在していた証しになっている、と同時に大量死の代替物にもなっている。ゆえに、「これが戦場だ！」「戦争とは、これだ！」と訪れる人の想像を掻き立てさせ、平和の思いをつのらせる。

第59回で、「平和の礎」は沖縄戦における全戦争死没者の名前を刻銘するという画期的発想の根源について述べてきた（ただし沖縄の人たちに限っては、15年戦争にさかのぼって戦没者の名前を刻銘してある）。激戦場から生還した沖縄住民が、"戦場とはこうだ！"と白骨累々（るいるい）たる現場を再現したようなものだ。そこには敵・味方、戦争加害者・被害者を区別する発想はない。戦場の跡をそのままにしておけばそこでは二度と戦争はできないであろう。

しかし、それは物理的に不可能だからすべての個人の名前を刻銘することによって、戦場のありのままを擬人化したものである。それは意識していたか否かにかかわらず「平和の礎」を創設した人たちの共通認識だったから、多数の沖縄住民を殺戮（さつりく）したアメリカ兵士などの刻銘に異を唱える人はいなかったのであろう。そう推察した折、戦争被害者が累々と横たわる遺骨の一部分を収容せずに展示している事例が中国にあることを記した。するとそれは「中国のどこ？」と一読者から問い合わせがあった。そこで、まずはそれにお答えしながら、「平和の礎」のもつ意味を敷衍（ふえん）していきたい。

■平頂山の「遺骨館」

1998年3月25日から数日、新沖縄県平和祈念資料館の展示資料入手と今後の資料館同士の交流の基盤づくりなどのため、沖縄県平和推進課職員などと共に中国各地の資料館巡りをした。その訪問予定のひとつが、中国東北地方（旧満州）の遼寧省撫順市の「平頂山殉難同胞遺骨館（りょうねいしょうぶじゅん／へいちょうざん）」だった。

私たちの一行は、館長の佟達さんの説明を受けた後、「遺骨館」を一周した。『平頂山惨案』表紙写真のとおり、幅約5メートル、長さ約80メートルのプール状の遺骨館には、遺跡発掘調査の手法で慎重に発掘された約800体の遺骨が虐殺された状態で保存されている。赤子から老人にいたる老若男女の阿鼻叫喚（あびきょうかん）の姿が年月を経ても朽ちることがないよう施されている。

1932年9月16日、「満州事変」に続く「日満議定書」締結に抵抗し、「抗日義勇軍」が日本軍守備隊を襲撃した。その報復として、日本軍は平頂山全村民約3千人を抹殺することにした。日本軍守備隊は全村民を崖下に集め、一斉射撃し、生存者は銃剣で突いて刺殺し、さらにガソリンで焼き、最後はダイナマイトで崖を崩して埋めてしまったという。わずかに十数人が折り重なる死体の中から這いだし、奇跡的に生存していた。だが、身の毛もよだつ凄惨（せいさん）なできごとに長年口を閉ざしたままだったという。

この「遺骨館」は、被害者のみの「遺骨展示」の形だが、究極の目的は「平和の願い」ということであるから、私には除幕から3年近い「平和の礎」に通底していると思えた。

以上読者から質問された「中国の事例」の概略を述べ、本題にもどしたい。

■続「石原批判」

　１９９５年６月２３日、「平和の礎」除幕前に執筆した「戦没者刻銘碑『平和の礎』が意味するもの」（季刊　戦争責任研究　第8号　１９９５年夏季号）は、複数の知名士からうけた私への批判・非難を若い世代であるゼミ学生たちとも議論を深めて「説明」する形をとった論考である。数日前、「慰霊の日」に関連して若い新聞記者から「平和の礎」の今後についても電話インタビューを受けたが、それについてもすでにこの論考に書いてあった。

　「『平和の礎』は、全戦没者の追悼の意味が込められた記念碑として出発しても、後世においては戦争の冷厳なる事実を伝える『記録碑』としての意味合いを強めていくことになるはずである」[注:58] と、その行く末を展望していた。

　この論考で「平和の礎」を批判していた研究者をもっとも激怒させたのは、次の件（くだり）だった。「このような観点に立つならば、例えばドイツでいえばアドルフ・ヒトラーもアンネ・フランクらも一堂に刻銘しなければ、戦争の史実を後世に正しく伝えることにはならない。それはいうまでもなく、ヒトラーとアンネを一緒にしてその死を悼むという意味ではない」（誤植を訂正して引用した）[注:59]。

■連動の必要性

　ここでヒトラーとアンネの名前を引き合いに出したのは、「平和の礎」は、戦争の加害者・被害者の区別なく戦場そのものを再現するものだということを強調するためであった。と同時に、その刻銘碑と隣接した資料館（平和博物館）で、戦争の発生原因、経過、加害者と被害者を明確に理解できるようにすることは当然のことと考えていた。だから、それについては以下のように述べている。

　「そこで特に強調しておかねばならないことは、この『平和の礎』は『平和博物館（＝平和資料館）』と連動させなければならない、ということである。なぜなら、『平和の礎』の戦没者名は、戦死地域別に刻銘することができなかっ

１９３２年に日本軍が中国の平頂山の住民たちを虐殺した状況について、生存者の住民から聞き取りをした佟達氏が筆者に贈呈した本の表紙

たので、その氏名群だけでは日本の侵略戦争の足跡を知ることができない。それで『平和博物館』では、１５年戦争の内実が詳細に展開され、戦争がなぜ発生したのか、戦争指導者と民衆、戦時における加害者と被害者の関係などが解明されなければならない」[注60] ことを強調していた。

　それはまた、「平和の礎」を那覇市のおもろまちに建設しようという案がどこからともなく出てきていたので、「平和博物館（資料館ではなく博物館という名称が委員の間では常用されていた）」と「平和の礎」とはセットであり、遠く離れた場所に設置したら「靖国化」につながるので「絶対に切り離すべきでない」、と委員同士は意思確認をしていた。

[注58] 同書、[注59] 同書、[注60] 同書

第61回
平和の礎（3）

共生の価値観提示／「恩讐を越え」に強い反発も

全戦没者刻銘碑「平和の礎」は、生存していた個人の名前を一堂に刻み、戦場のありのままの姿を表している。まったく戦争を知らない世代でも、それぞれの名前を読み上げていくと、さまざま思いがこみ上げてくる。隣接した平和祈念資料館（平和博物館）では、戦争の発生原因や戦闘経過、生存者の証言などによって、戦争をリアルに知ることになる。それによって将来世代に戦争を起こさない心が生まれ、平和を築いていく行動をおこすきっかけになることが期待されている。また、そこでは死闘を繰り返した軍人の遺族や子孫にとって、勝者・敗者ともに悲しみしか残らない戦争の愚かさ、無意味さを共有し、世界が共生できる対話が生まれることも期待している。

中国の「平頂山殉難同胞遺骨館」を訪れた時、大型バス十二、三台が連なり、高校生らしき生徒たちが平和学習（愛国教育）に来たところであった。私は佟達館長（１９９８年）に「この息をのむような惨劇の場面をみたらショックのあまり精神的に耐えられない生徒もいるのではないですか？」と通訳を介して質問した。その答えは「学校で事前学習をしっかりやって来ているので大丈夫ですよ」ということだった。

沖縄戦での全戦没者の名前を石板に刻銘した「平和の礎」も、まったく戦争を知らない世代に、「ありのままの戦場」を想像させることによって、個人差はあっても戦争を強く拒絶し、戦争のない平和な社会をめざす心を養っていけるのではないかと想定していた。「平和の礎」に刻銘されているのは、沖縄出身者はもとより他府県人、アメリカ人、イギリス人、朝鮮・韓国人、台湾人の名前である。それらの名前をみた後世のひとびとは、併設された資料館の解説文で戦争が起きた経緯を知り、この地で戦死した理由を理解し、戦争を感性的認識から理性的に認識できるであろうと予測していた。

私は前例のない歴史的大事業である「平和の礎」創設にかかわることになったとき、とりわけ将来世代の学生たちと密に議論しあってきた。したがって、「平和の礎」については学生たちの伸びやかな思考が多く反映されている。

しかしながら、その未来志向の考えも一部から非難・批判されることになった。

■未来志向への批判

若者たちと交わした「平和の礎」を生かす未来志向に激しく拒絶反応をあらわにされたのが、以下のＮＨＫ教育テレビの海外ドキュメンタリー番組の内容に影響を受けた提起だった。「戦後５０年を迎えるにあたり、ドイツではナチスドイツの加害者側の親や子や孫の間で『なぜあのようなホロコーストが起きたのか』『その責任の所在をめぐって』、対話が始まっている。

そして、さらに、『恩讐を越えて』、加害者側ナチスの子孫と被害者側ユダヤの人々の子孫との対話も始まっている。それは、相当な精神的苦痛を超克しながらの対話であることはテレビ画面を通しても伝わってきた。

本来なら、日本でもそのような対話が生まれていなければならない。台湾、韓国・朝鮮、中国をはじめ、東南アジア、ミクロネシアなど各地における旧日本軍による被害者ならびにその子孫と加害者日本人とその子孫との正面からの対話が交わされていなければならない」と、当時としては思い切った提案をした。私の原稿は、未来を背負う若い世代の声を代弁しているつもりでもあった。

しかし、沖縄戦で日本兵の蛮行を見聞きしてきた沖縄戦

研究者には、「恩讐を越え
て」という言葉を容易に受
け入れることはできず、強
く反発された（私自身は沖
縄戦を体験していない）。

　しかし、「平和の礎」の
除幕前から沖縄住民に多大
な被害をもたらした第３２
軍牛島満軍司令官の孫が沖
縄戦研究者らと対話を交わ
しつつあったので、その兆
しが芽生えつつあった。

　実際、除幕時には日本軍
と死闘を繰り返したアメリ

沖縄県平和祈念資料館と平和の礎

カ軍のバックナー中将最高指揮官が戦死し、その娘が「平
和の礎」を訪れていた。刻銘版真下の地面にそっと置いた
花かごに、長いリボンをつけ父の刻銘位置まで、リボンを
引っ張り、父の名前の前にガムテープでそのリボンを留め、
「娘が父の追悼に来ましたよ」という無言のメッセージを
みつけた。

　戦争では勝者であっても敗者同様、遺族にとっては悲し
みしか残らないことを如実に示していた。と同時に「平和
の礎」は、それぞれの子孫の間で「対話」が生まれる場所
を提供することを除幕前から予感はさせていたが、その実
現可能性がみえていたのである。

■遺族感情を想定

　学童疎開や戦時引揚者の船舶が撃沈されたいわゆる「戦
時遭難船舶」の遺族は、当初船舶ごとに刻銘するよう要
望していた。だが家族・出身地ごとに刻銘してあるので、
いまだ収骨できず海底深く眠っている人たちが、やっと
家族の元に戻ってくる、と除幕前から遺族は精神的癒し
をえることになった。「平和の礎」への懸念にたいしては、
１９９５年６月２３日の除幕前に以下のように書いておい
た。「『平和の礎』は沖縄が国際平和の発信地として、全世
界に平和をアピールするものとして計画されている。それ

はまったく新しい試みのため、それについて違和感を覚え、
さまざまな意見がでてくるのは必然的な成り行きですらあ
る。そのひとつは、加害者・被害者の氏名を同一場所に刻み、
すべての戦没者を追悼するということに対する異論である。
それは、戦争責任の所在を明確にせず、戦争に対する反省・
総括がいまだなされていない日本の現状を固定化すること
になってしまうという危機感の表れでもあろう。また、そ
れは戦争で受けた精神的・肉体的傷が、体験者本人やその
遺族のかたがたにも生々しく残っていることを示しており、
多くの議論・疑問が沸きあがってくるのは当然であろう」
[注：61]。既述のとおり、それらの疑問には資料館での学
習が欠かせない。

　「『平和の礎』は、沖縄の『ぬちどぅ宝（命こそ宝）』と『共生』
の思想から生まれたものであり、２１世紀へむけて、戦争
体験継承の新しい発想・方法が構築されていく大きなきっ
かけになるものである。人類が滅亡の淵に立たされている
核時代であればこそ、思想信条を異にした人たちが共生・
共存できるような普遍的な新しい平和思想、新しい価値観
を国際社会に提示していけるものと位置づけることができ
る」。以上が、将来世代の学生たちと議論しあい共通認識
した内容であり、それを除幕前に表明してあった。

[注61] 同書７６〜７７頁

刻銘へ全戸調査訴え／ゼミ実績示し県を説得

沖縄出身者だけは15年戦争にさかのぼり、沖縄戦全体の戦争死没者氏名を刻銘するということは、気の遠くなる作業であり、歴史的大事業であった。本来なら戦争責任のある日本政府が戦争死没者名簿を作成していなければならない。政府は軍人軍属の戦死者名は把握しているが、赤ちゃんを含む住民の戦争死者名を調査していない。戦争被害の補償請求されることを恐れ、全戸調査をする意志は全くないようだ。筆者とゼミ学生たちは、政府がやるべき戦争被害調査を1977年から93年にかけて取り組んできたのである。戦死者数の把握にはじまって、93年には戦争死没者名簿を集落の古老からの聞取りのもと、2集落を2ヵ月ほどの調査でほぼ完成できた。それでもって県に全戸調査を説得した。

戦後75年目の沖縄全戦没者追悼式は、世界を席捲している新型コロナウイルスの感染拡大防止のため、式典会場を変更することになった。その場所を摩文仁が丘の「国立沖縄戦没者墓苑」で実施する、と沖縄県が発表したので多くの異論が噴出することになった。これまで通りに「平和祈念資料館」と一体の全戦没者刻銘碑「平和の礎」に接した空間で執り行わないと、沖縄が「ぬちどぅ宝」と「共生の思想」を基調にした世界平和への発信力が損なわれることが一つの懸念であった。会場は、元通りの平和の礎に接した平和祈念公園広場で6月23日に実施されたが、創設25年目の「平和の礎」がふたたびクローズアップされ、沖縄県内外のメディアが一斉に取材することになり、筆者も多くのメディアから取材を受けることになった。

第61回目までは、私が刻銘検討委員会の座長ということで、批判・非難を浴びることになったこと。それに対してその意味・意義について説明してきたことなどを述べてきたが、今回からは、歴史的一大事業となった全戦没者の刻銘にいたるには、どのような困難が待ち受けていたかを述べていきたい。それは沖縄県の総責任者だった高山朝光知事公室長はじめ陣頭指揮をとった松本淳、比嘉博、新垣義三、各氏の県庁OBの証言も得て、詳らかにしていきた

い。（詳細は「沖縄『平和の礎』はいかにして創られたか」高文研、2022年を参考にされたし）

■沖縄戦の真実

沖縄戦の全戦没者名簿作成作業としては、第22回「平和の礎へ」で触れてきたとおり、「沖縄戦を考える会」として大学生などを中心にしながら糸満市国吉集落で1977年6月19日に予備的に戦災調査を開始していた。

以後、浦添市全域をはじめ各地で家族・集落単位で沖縄国際大学文学部社会学科・石原ゼミの学生たちと戦災実態調査を実施してきた。そのとき沖縄戦では日本軍が戸籍簿や土地台帳などの焼却命令を沖縄全域に発していたので役場吏員が直接焼却したり（伊芸徳一氏が中頭地方事務所長として命令を伝えたと証言）、空爆撃で焼失したりしていたことを知った。

そこで戦後、戸籍簿を復活させる際、戦争死没者の名前が家族から漏れたりしていることも知ったし、一家全滅家族が戸籍簿を復活させていないので、この世に存在していなかったことになっていること、避難壕内で生まれた子が名前も付けられずにまもなく死亡していることなども知った。

このような調査を1979年から社会学実習・ゼミナール学生たちと各地で調査してきた。それは全国紙をはじめ、地

元紙や、本土や沖縄のテレビがかなり報じてきた。それで沖縄県が全戦没者の刻銘計画をたてたとき、当然のように私が「刻銘検討委員会」の座長になるよう、大田昌秀知事の指示を受けたであろう県庁職員が大学の研究室を訪れた。

　私は、沖縄全域で全戸調査を実施する必要性、そして戸籍簿から漏れている戦死者や名前もつけられていない子や一家全滅で家族全員の名前を確認できない場合は、「だれそれの子」という形でも、死没したひとの名前を刻まないと、沖縄戦の真実をゆがめてしまうことになることを強調した。したがって、全戸調査を実施することが、座長を引き受ける絶対条件だということを伝えた。そのとき、「委員会を立ち上げたとき、そのことを決定すれば、県は実行することになるでしょう」という言質を得た。それで、私はその座長を引き受けることにした。

■公室長と面会

　ところが、同じく刻銘検討委員を予定しているひとに、私が伝えた全戸調査が可能かと伺ったら、「そのようなぼう大な調査は、3～4年以上はかかるといわれた」と、私のもとへ再度その職員が訪れた。私は「沖縄県が1987年海邦国体を開催するにあたり、プロジェクトチームを結成して取り組んできた実績がある。日本国家がおこした戦争で、沖縄は未曽有の被害をうけたのだから、本来なら日本政府が全家族の被災調査をすべきだが、その意思はないようだ。だから、海邦国体にならってプロジェクトチームを結成してでも、全戸調査に取り組むべき事柄だ」と説得した。すると、「そのような話はこの平和の礎建設の総責任者の知事公室長に直接話してください」ということになった。そこで、私は直接県庁で高山朝光知事公室長と面会することになった。1993年3月8日付の私のメモには「戦災調査を直訴」とあるので、そのとき全戸調査が絶対に必要だということを訴えている。

■志多伯・久手堅調査

　1992年度の社会学実習（石原ゼミ）では、同年9月から10月にかけて、東風平町（当時）字志多伯と知念村

戦死者名簿

地図番号	屋号	姓	名	性別	昭和二〇年当時の年令	①兵隊	②防衛隊	③義勇隊	④鉄血勤皇隊	⑤学徒看護隊	⑥正規看護隊	⑦女子学徒隊	⑧女子次車隊	⑨その他の教職員	一般住民⑩不明又は⑪水没又は記入	⑫その他	戦死時期	戦病死	自殺	日本兵の虐殺	戦病死・栄養失調死	その他
4	新屋取小	手登根	正一	男	19才										○		S19.10					
6	仲泉	具志堅	雄勝	男												○						
13	万喜テ	比嘉	萬亀	男	30代	○																
14	新垣小	新垣	新勘	男	42才	○																
			カマド	女	70代																	○
15	外新垣	新垣	ナベ	女	65才												S20.7.17		○			
16	譜名	識名	善吉	男	16才				○								S20.5					
17	アカズーター	新垣	富織	男	55才												S20.5.27					
19	ヌン搆内	比嘉	マカ	女	60才																	
20	前新里	新里	翔子	女	20才							○					S20.5.23					
21	ソージ	前城	松太郎	男	25才												S20.6.4					
22	東前門	比嘉	男勝	男	39才												S20.6.4					
23	池谷	仲県	鷲春	男	19才				○								S20.5.23					
24	前下ム小	新垣	富栄	男	40才				○								S20.6.4					
27	東ドム	新垣	文子	女	23才																	
30	仲泉小	仲里		女	0才											○						
31	当間	喜屋武	久栄	男	44才	○																
35	具志堅	屋我	嗣安	男													S20.4					
38	瀬仁ター	新垣	瀬仁	男	30才												S20.6.15					
40	二ネ	新垣	綱義	男	39才																	

1992年に沖縄国際大学の石原ゼミが東風平町字志多伯と知念村字久手堅の戦災実態調査を実施し、作成した戦没者名簿の一部

（当時）字久手堅（くでけん）の戦災実態調査を実施している。これまでは、戦災実態調査において、人や家畜などの被害を数で把握することにしていたが、調査対象地域が2カ所だったので、戦死者名簿を作成することにした。『東風平町志多伯・知念村久手堅の比較調査—戦前・戦中・戦後の集落変遷—』という調査報告書（榊原雅樹編集責任者、表紙デザイン玉城千浩、ゼミ長大城朝義）の発行日は、1993年3月15日となっている。私は、この報告書の原稿を裏付け資料として、高山朝光知事公室長に全戸調査ができることを力説した。この大城朝義ゼミ長率いる92年度の調査報告書は、全戸調査を実現させる決め手になったといっても過言ではない。このように「刻銘検討委員会」がスタートする前に、私は県に全戸調査するよう全力を傾けて説得していった。

第63回
平和の礎（5）

外国人刻銘へ交渉／名簿抽出に時間要す

筆者が学生たちと沖縄戦の戦災実態調査活動に取り組んできたので、「平和の礎刻銘検討委員会」の座長を任された。県が全戸調査を実施することが、その任に就く条件だった。１９９３年４月２６日、第１回刻銘検討委員会が開催された。当日の筆者のメモには座長を引き受け、戦死者全数調査決定と記している。わずか２か年２ヵ月で「平和の礎」は除幕したことになる。米英軍、他府県出身兵士、朝鮮半島、台湾の戦死者名の確認作業や県内の全数調査への取り組みは、高山公室長以下の県庁スタッフが全身全霊で取り組んだ。その詳細は、２０２２年に高文研から出版した、"沖縄「平和の礎」はいかにして創られたか"で知ることができる。

　第６２回では、県の各種委員会では起こりえないような「刻銘検討委員会」の前史について記録してきた。既存の戦没者名簿をふまえながらも、沖縄の戦没者名の全戸調査をするという提起は、日常業務に追われている県庁職員にとって、なんと無謀な提案をするのだと思われていた。

　だが、私はゼミ学生たちと各地で沖縄戦戦災実態調査を実施してきて、とてつもない時間と労力をさかれることに直面し、一大学教員とゼミ学生たちとが取り組むことにどんなに意義があっても物理的に限界を感じていた。それで、全戦没者を刻銘する県の計画は、千載一遇の好機到来だ、この機を絶対に逃すことなく、全戸の戦災調査を実施してもらおうと必死な思いだった。

■検討委発足と調査

　１９９３年４月２６日、第１回「刻銘検討委員会」（石原昌家大学教授、大城将保博物館課長、上地弘生活福祉部副参事、仲里正義援護課副参事、松本淳平和推進課長）が開催された。予定調和的に私が座長ということになった。私のメモには「座長受。戦死者全数調査決定」と記されているので、これまでの県庁の職員との打ち合わせ通りに、気の遠くなる県全域の全戸調査の実施をこの日決定したのである。

　しかも、１９９５年６月２３日「慰霊の日」の全戦没者追悼式とあわせた戦後５０年記念事業として、全戦没者刻銘碑

「平和の礎」の除幕は大田知事の重要施策とされていた。しかし、県の職員が「３、４年以上はかかるだろう」といわれたという調査期間は１９９３年１１月２６日から９４年３月１８日までのわずか４カ月弱の予定だった。除幕当時の沖縄県出身刻銘者は１４万７１１０人だったので、その人数を調べるには県内全域で想像を絶する時間と労力を要している。

　しかし、私は前回紹介した１９９２年度石原ゼミ生（榊原雅樹・村田達・田場典一・桃原峰夫・前田志乃・源京子・田港若菜・玉城千浩・又吉健次・山城みどり・長嶺厚美・上門安江・仲与根ゆかり・大城朝義ら１４名の若者たち）が、縁もゆかりもない地域で古老たちの積極的な協力を得ながらではあったが、調査の一部の戦没者名簿作成を２カ月で完成できた。その実績（当然、確認・報告書作成作業は除いて）があったので、沖縄県全域で一斉に調査をすれば、その実現の可能性を確信していた。県の総責任者だった高山知事公室長によると全県で５千人のボランティアが一斉にその調査は執り行ったという。たとえば、名護市を例にあげると、５地区に５５集落あり、それぞれの５５人の区長が調査協力者の中心になり、戦没者名簿作成と確認作業を行っている。

■県議会で反対も

　２０１９年９月５日、「平和の礎の建設の趣旨や基本理

念を踏まえ、平和の礎の場から平和の尊さと戦争の悲惨さを国内外に発信することを目的」として、「平和の礎の発信力を高め」「平和の礎を後世に語る後継者の育成」などに関する事業を行う沖縄「平和の礎の会」が結成された。会長は高山朝光、副会長は新垣義三、大浜進、松本淳、波平剛、事務局長は比嘉博の諸氏で、最も平和の礎建設で苦労した県庁OBのみなさんである。私も顧問の一人としてその会に名を連ねている。

平和の礎創設２５周年を目前にして、現県政に平和の礎の記念事業を提案してきたが、新型コロナウイルス禍によってその計画は中断してしまった。その会議のなかで平和の礎建設推進にあたって幾多の困難な場面に直面していたという事実を初めて知った。まずは建設予算が１０億円もかかるため、県議会で野党議員から猛烈な反対があったという。

しかし、県全域で戦没者名簿作成が進んでいく中では、沖縄社会全体が半世紀前の凄惨な地上戦闘を思い起こすことになった。しかも、一家全滅の家族名など、お互いの関係者で掘り起こす中で、当然、それぞれの地域ごとにあの忌まわしい戦場体験を語り合う場面が各地で出現していった。意図せざる結果として、単なる戦没者名簿作成の域を超え、沖縄全域が沖縄戦を語り合う場と化したのである。もはや、議会で反対する議員はいなくなり、逆に、この平和の礎建設を大いに賛同し喜んでくれたという。

■米朝の犠牲者調査

沖縄戦で死没したすべての人を刻銘するということで戦死した米兵の名簿を入手するため、大田昌秀知事、高山朝光知事公室長、仲地政夫県嘱託３名が米国国防総省に要請へ赴いた。そこでは思いがけない障害が待ち受けていた。

沖縄戦で戦死した米兵らの名前も刻銘された平和の礎前で戦没者を追悼する人々＝糸満市摩文仁

まず、日本軍の真珠湾攻撃に端を発したアジア太平洋戦争で、米兵の戦死者というのはアジア太平洋域での戦死者として記録されていた。その中から沖縄戦での戦死者名簿を抜き出さねばならなかった。しかも、海軍、海兵隊、陸軍にその名簿が分かれていて、陸軍の退役軍人省はより正確な名簿を提供しようと時間を要した。だが、仲地氏の元国連広報部長としての交渉力を生かしてもらい、除幕に間に合わせることができた。その間、比嘉博さんはコンピューター会社にすべての名簿を管理処理する作業の指示に苦心しながら、米軍兵士１万４００５人を抽出させた。その結果、日本軍兵士同様、米軍兵士もすべて官位をなくし、一個人としてアルファベット順に母語で刻銘することができた。

さらに、朝鮮半島から強制連行されてきた犠牲者の刻銘も難渋していた。日本の朝鮮侵出の結果、戦後半島が北緯３８度線で民族分断され、北と南で朝鮮民主主義人民共和国と大韓民国という国名がついた。それで刻銘対象者名の調査も難航したが、刻銘板ではすべて朝鮮と刻銘すべきという主張をめぐり、両国の意見が分かれた。最終的には、国連加盟国名に依拠することで決着をみた。

第64回
平和の礎（6）

名簿確認　壮大な作業／誤記防止へ全員新聞掲載

世界の戦争史のなかにも前例がないと思われる一つの戦争・戦場における全戦没者の氏名を刻銘するということは、遺体・遺骨の代替をも意味する。したがって遺骨を収骨できなかった遺族にとっても、その名前を確認することによって本人に出会えたようにも思える。当然、戦没者名の確認作業は正確でなければならないが、全市町村の協力なしには不可能である。筆者は、大田昌秀知事に直接届くように親展の手紙で、これまでの援護法関係の死没者名簿を基礎に新たに各市町村で調査する必要性を訴えた。さらに刻銘の前に、新聞で刻銘予定者名簿を全戸配布して、各家庭で確認することが絶対に必要であることも詳細に説明した。

第63回の刻銘予定者の国名について、朝鮮という表記をめぐって、読者から質問が寄せられた。

そこで、朝鮮ではなく朝鮮半島と表記すべきと意見が分かれたので、国連加盟国名にもとづき、朝鮮民主主義人民共和国と大韓民国で表記することになったこと、半島の北のかたが朝鮮半島と刻銘すべきと主張していたことも、県の総責任者の証言で補記しておきたい。朝鮮半島統一をめざすひとたちにとっては、平和の礎の国名表記がずっと心のわだかまりになっているであろうことを、読者の質問によって改めて認識することになった。

■知事への要望書

戦没者名を石板へ刻銘するにあたり、最大の課題は県出身の刻銘予定者の最終チェックの方法であった。その前に全戦没者調査へ至る経過について、私の知事宛要望書で追記しておきたい。平和の礎建設の総責任者の知事公室長に直接全戸（全数）調査を要請する前に、私は1993年2月1日付で「沖縄国際平和創造の杜（仮称）構想調査委員会委員長」の肩書で、大田昌秀沖縄県知事に要望書を送ってあった。

1992年12月16日付「琉球新報」朝刊で、「平和の礎建設委員会」が発足し、すでに「戦没者名簿は県出身戦没者の整理を行いながら、他府県にも名簿の提供を依頼

しており、大方届いている。米国分についてもほとんど入手している」と報じていた。その新聞記事を読んで、私は非常に焦ったことは鮮明に記憶している。

そこで、知事に沖縄県全域の戦没者名の調査の必要性を個別具体的に挙げていき、「県民がいままでの少なくとも住民に関する戦没者の公式記録の不備を熟知しており、新たな調査なしで戦没者を刻銘することには大きな異議を唱えることが予想されます。以上のことから鑑みて、これまでの手持ちの戦没者氏名に加えて、早急に各市町村単位で少なくとも戦没者名の確定作業を計画して頂きたいと思います」「戦没者名だけに限定した調査であれば、各集落の老人会・婦人会などの協力を得て、短期間に全県下の調査が可能だと思えます。沖縄を世界平和の発信地にするという県知事の政策は、県民をはじめとする多くのひとびとの共感を呼んでおります。その政策遂行のひとつとして、この住民の戦没者名調査を戦争終結50年に向けての県民運動として展開すれば、その過程において沖縄県民の平和思想が21世紀にむけて、さらに強固なものとして構築されていく可能性を秘めていると思います。この『平和の礎』建設にあたって、是非とも住民の戦没者名調査が各市町村各字単位で可能になるよう関係部局へ指示して下さるようお願い申し上げます」と結んでいた。

この要望書は沖縄戦研究者でもある知事が、調査を実施

しないで刻銘した場合、住民被害の実相を不正確なまま固定化することになる、というメッセージでもあった。

■名簿作成の経過

歴史的一大事業の全戦没者名簿作成は、各市町村でいかなる具体的作業をたどったのか。刻銘検討委員会とは別立ての作業だった。いま、手元の沖縄県と名護市の資料でその概略をみるだけでも関係部局やボランティアのみなさんが注いだ壮大な労力を想像し、改めて頭が下がる。

まず、戦傷病者戦没者遺族等援護法の対象者名簿を基礎資料にして、その経緯は以下の通りだった。（1）市町村職員対象の全戦没者調査の説明会（1993年10月26日）、（2）県平和推進課からの援護法対象者名簿の整理点検（93年10月27日から11月25日）、（3）調査員への全戦没者調査票の記入方法についての説明会（93年11月26日）、（4）全戦没者調査作業（93年11月26日〜94年3月18日）、（5）名護市広報「市民のひろば」、各字公民館のマイク放送で戦没者名簿の縦覧の呼びかけ、（6）第1回各字公民館、各支所、民生課、県庁での戦没者名簿縦覧（94年7月1日〜7月20日）、（7）第2回各字公民館、各支所、民生課、県庁での戦没縦覧（94年11月28日〜12月5日）、（8）第3回各字公民館、各支所、民生課、県庁、地元新聞紙上での戦没者名簿縦覧（95年1月16日〜1月22日）（以上は、戦後50周年記念名護市戦没者名簿『未来への誓い』1996年3月、名護市史編さん室に依った）。

この経緯のなかで（8）の「地元新聞紙上での戦没者名簿縦覧」こそが、私にとっては最後の大仕事だった。県の資料によると、1994年3月で全数調査の最終総括が行われ、95年6月23日の除幕に向け、同年2月までに石板への刻銘作業が行われる予定だった。

別刷りで第1集、第2集を合わせて計48頁の戦没者名簿を掲載した1995年1月16日付の琉球新報

■家族の確認

沖縄県出身14万7110人（1995年）を刻銘するにあたり、地域ごとでの名簿縦覧だけでは、誤記が必ず発生するという確信が私にはあった。

第35回では『浦添市史第五巻』の発刊を伝える琉球新報（1984年3月25日）の写真を載せてある。比嘉昇市長（当時）が調査途中から注目を集め、全国で紹介された浦添全字・全戸の沖縄戦戦災調査の成果なども記者に堂々と発表していた。

私は、全数調査の結果について、「この資料を本巻掲載にあたり、市教育委員会では一九八三年四月十一日の浦添市事務連絡員会議で各自治会長に最終的点検を依頼し、数箇所の訂正を行った」[注：62] と、注記をつけてあった。

ところが、なんと比嘉昇市長家に誤記があり、私は市長に平謝りをして、訂正表をつくるという失敗を経験していた。したがって、刻銘作業の前に各家族が確認可能な新聞紙上での戦没者名簿縦覧は絶対必要不可欠という確信をもっていた。紆余曲折を経てその新聞掲載が実現したとき、心底ホッとした。

[注62] 前掲書、341頁

第65回
平和の礎（7）

親展で知事決断迫る／全戦没者掲載へ予算確保

１９９５年１月１６日の琉球新報、沖縄タイムス両紙を受けとった読者は48ページのぼう大な氏名で埋め尽くされた紙面に度肝を抜かれたに違いない。平和の礎刻銘予定者名が、沖縄出身者に限定して掲載されたのである。
各公民館で予定者名簿を公告縦覧して最終チェックをしたことにしてはいけない。死没者名を知っている年配者が、家の中でも目をとおせる新聞紙面なら、たとえ寝たきりになっていても、確認できる。また、県がそれだけの熱意で確認作業をした後に刻銘版で間違いが見つかっても、決して非難されることはないということも筆者は知事に訴えた。
この新聞紙面は、立命館大学の平和ミュージアムに戦争資料としても展示された。

　私は学生たちと沖縄戦戦災実態調査を行うことで初めて知った事柄が多々あったので、関係部局の最終方針をさしおいて直接知事に要望せざるを得なかった。そこで新聞掲載に至った史上空前絶後と思われる新聞紙面作成の経緯を私の「要望書」コピーと記憶をもとに再現したい。

■知事への要望

　１９９４年１０月２４日付で私は沖縄県知事選直前の再選をめざす大田昌秀知事宛に私信を送ってある。「親展」文書によって知事本人に直接届くようにした。私信の内容は、この４年間の知事の平和行政を讃えたうえで、「このような世界史にも残り、国際平和の発信地として大きなインパクトを与えることになるはずの『平和の礎』建設の最後の仕上げ段階での問題点を申し上げねばならないと思い、思い切っておたよりすることにしました。超多忙な知事のお時間を割いてでも、この手紙を是非お読みいただきたく、このような形で私信を送らせていただきました。是非とも最後までお目通しくださるようお願い申し上げます」と書き出して、いくつかの報告事項を書いている。

　しかし、本題は現在進行中の市町村ごとに戦没者名簿の閲覧をさせているが、関係者全員がそれを確認することは物理的に不可能なので、それでもって刻銘したら必ず混乱が予想される。

　その解決法として是非新聞社に情報提供の形で戦没者名簿を掲載させ、県民全体でその調査結果をそれぞれが検証することが絶対に必要であることを、私が『浦添市史』での比嘉昇市長家の誤記事例を念頭において、強く要望したのである。それで知事は、関係部局に名簿の新聞掲載を指示したと思われる。

　というのは、それから間もなく私は、数人の県幹部の会合の席に呼ばれた。そこでの結論は、県はぼう大な戦没者名簿の新聞掲載の予算を組んでないので、琉球新報社と沖縄タイムス社へ検討委員会委員長として、全戦没者名簿を記事として掲載するよう要請してほしいということだった。

■新聞社への要望

　県幹部の依頼をうけ、１９９４年１１月２６日付で、私は琉球新報社三木健編集局長と沖縄タイムス社大山哲編集局長宛てにまったく同じ文面で、要請書を送ってある。文面は当日の紙面で県の戦没者全数調査の結果が発表され、それを市町村で再縦覧させるとのことだが、石板への刻銘に先立って地元新聞社として是非、新聞記事として沖縄県民の全戦没者名を報道していただきたいと思い、早急にご検討くださるようお願いいたします。という前置きで「県当局は、再縦覧の際、各字単位の公民館あたりで縦覧させる予定のようですが、まず、一番見ていただきたい方は高

齢で、もはや公民館まで足を運べない状態か、寝たきりの状況にある可能性がたかい。また、出身地から転住しているお年寄りが多いので、出身地の公民館まで足を運んでまで確認することはほとんど期待できない。これらの点を考えただけでも、各家、字ごとの戦没者氏名を新聞記事として掲載して頂くのは、読者のニーズに応えることにもなる」ということをメインにして、戦前戦中、新聞が国民を戦争へ駆り立てていった反省も込めて、記事として新聞での名簿掲載することを強く要請した。

■知事の大英断を

この強い私の要請にたいして、新聞社から電話があった。それを受けて私は、即刻、大きな太文字で、刻銘予定者名簿の新聞掲載に費用捻出の「大田知事の大英断を」と、1994年12月3日付で「親展」の手紙を速達で出した。石板への刻銘作業開始の時間が迫っていた。

知事への二度目の親展手紙は、琉球新報社、沖縄タイムス社の両編集局長宛ての手紙の写しも同封し、それを読んでいただいたことを前提にして、その手紙の返事を新聞社から電話でいただいたこと、手紙の趣旨に沿って新聞掲載を検討したところ数千万円もかかることが分かり、財政逼迫している新聞社の現状では県当局の協力を仰ぎたいということ、しかし、県の担当部局の予算も足りないことを新聞社に私が伝えたところ、県当局の上部の英断を仰ぐ以外には局面の打開が図れないといわれたという内容だった。

最後に「私は、これまで調査してきた経験上、現段階における最善の方法は、やはり新聞掲載によって寝たきりの年配者でも戦死者名簿をチェック可能にすることだと確信しております」「(役所や公民館での名簿閲覧方法という)、このような形で県民の目を通したからということで刻銘作業に入ることは、写しの手紙でるる説明してあるとおり、とても危険です。新聞に沖縄県民だけの名簿だけでも掲載しておけば、必ず訂正箇所が出てくるでしょうし、そのうえで刻銘作業にはいれば、たとえ間違い箇所がでてきても、それは県民の了解は得られることだと思います」と県への

沖縄の全戦没者名簿を掲載した新聞紙面を戦争資料として展示した立命館大学国際平和ミュージアムの監修による著書「平和ミュージアム」(岩波書店出版)

批判は絶対に来ないであろう、との私の予測も書き添えた。

そのうえ、「『平和の礎』という世界にも例のない歴史的大事業であればこそ、数千万円のお金が足りないということで、最も基礎的な作業部分で悔いを残すことがあってはいけない、なんとも地団駄踏むような思いにかられまして、再度不躾なお手紙を差し上げることにいたしました。大田知事の大英断を再度お願い申し上げます。『平和の礎』刻銘検討委員会の委員長として」と結んだ。

この知事への「親展」の手紙から1カ月半後、前回写真のとおりの全戦没者刻銘予定者名簿が記事として掲載された。私の予想通り、除幕式後に刻銘の間違いが見つかっても、県への批判は生じなかった。

139

第66回
平和の礎（8）

首相前に侵略、戦争批判／朝鮮半島南北代表「村山談話」に影響か

1995年6月23日、戦争終結50年記念の最大の事業として、全戦没者刻銘碑「平和の礎」が除幕した。県内外から約5000人の参列者を迎えた。県内の遺族はもとより、遠く米国の退役軍人や遺族も、碑の前で戦友や肉親を偲んだ。また、日本の三権の長が参列したのも沖縄戦が歴史上未曾有の被害をもたらしたからであろう。なかでも、朝鮮半島の南北の代表が、日本の三権の長を前にして、頑として謝罪しない日本の侵略の歴史を告発する機会が生まれたのは、平和の礎のもつ見えない力がもたらしたといえよう。それからまもない8月15日の「終戦記念日」に、村山首相が謝罪とお詫びの「村山談話」を発表した。

全戦没者刻銘碑「平和の礎」の除幕式は、戦後50年記念事業として最大の行事だった。NHKは戦没者追悼式を中継放送するのが恒例になっているが、その直前の「平和の礎」除幕式典も中継放送することになった。私は中継放送の解説者として礎全体を見渡せる場所からアナウンサーの質問に答える形で、式典に臨むことになった。

第60回目で紹介した「戦没者刻銘碑『平和の礎』が意味するもの」（季刊戦争責任研究第8号）を「想定問答集」的に手元に準備して、ほぼその内容に沿って応答することにしていた。ところが、まったく予想していていなかったのは県の演出だった。礎のすべてが白い布に覆われていて、児童生徒たちがそれぞれの布の傍らに立ち、除幕式典開始の合図とともに一斉にその白布をサッと取り払った。「まるで無数の棺のようですね」というのが、ふいに口をついて出たテレビ中継放送での私の第一声だった。式が進行するにつれ、想定外のできごとが進行していった。

■「三権の長」の参列

県内の沖縄の知事をはじめとする各市町村長、遺家族関係者約5千人の参列者の中に日本の三権の長、村山富市首相、土井たか子衆議院議長、原文兵衛参議院議長、草場良八最高裁判所長官が、平和祈念公園に勢ぞろいするというのは県政史上前代未聞のできごとだった。

さらにモンデール駐日米国大使や米本国からも沖縄戦に参戦した元兵士や遺家族も多数列席することになった。また、台湾、大韓民国、朝鮮民主主義人民共和国の代表も刻銘国関係者として参列していた。

しかも、朝鮮半島の北と南の代表が日本の三権の長を前にしてあいさつすることになった。思いもよらないあいさつの翻訳文が解説者の私の手元にまわってきた。当時の県の関係者によれば、日本政府は事前にそのあいさつ文を入手したがっていた、と聞いたのは、2020年1月ごろのことであった。その翻訳文を目にしたとき、どれほどアジアで侵略された国々が日本に謝罪を求めても頑として応じない日本の首相、しかも三権の長の目前で、それぞれの国の強い意志をこめたあいさつができる機会が生まれたと思い、「平和の礎」の目に見えない力に、胸の高鳴りを覚えた。政府が知りたがっていたそのあいさつのほぼ全文は、以下の通りである。

■刻銘拒否も

在日本大韓民国民団（民団）沖縄県地方本部のジョン・テギョン団長（当時）のあいさつ文は以下。

〈本日「平和の礎」除幕式典に当たり、去る第二次世界大戦のさなか、ここ沖縄の地で犠牲になられた韓国人犠牲者のみ霊に深甚なる哀悼の誠をささげます。

かえりみれば、我が祖国が国権を簒奪された悲痛の時代に、国家と民族そして個々人の意思とは関係なしに、この

南冥の地に強制的に連れてこられ、あらゆる差別、虐待、苦難を強いられたあげく、祖国の光復（解放独立）も見ずに無念にも命をなくした無数のみ霊よ！　さぞかし残念無念だったでしょう。

　３０余万人に上るわが同胞が帝国主義日本によって強制連行され、戦後５０年が経過した今日に至るまで１０余万人がどこで、どのように犠牲になったかについて連行していった日本当局から何ら説明がありません。当地沖縄で、不義の戦争の犠牲になった同胞の本名を探し出せた方々は数十人にすぎませんでした。その方々の名前がここに刻銘されています。ここで忘れてならないことは犠牲者の遺家族の中で子々孫々永代の恥辱であるとの理由で刻銘を拒んだ方々がおられたということです。

　第二次世界大戦中、沖縄で犠牲になった韓国人の正確な数が戦後５０年が経過した今日に至るまで明らかになっていないということは強制連行を実施した日本政府当局の無誠意、責任感の欠如を全世界にさらけだしたものです。本日の平和の礎の除幕によって、そのような責任がはたされたと思っては決してなりません。今日この瞬間からその解明作業が促進されなければなりません（後略）。

　姓名も犠牲になられた場所も判明しないみ霊たちよ！どうか不義の侵略と戦争をたくらむ者たちを目ざめさせ、世界平和と和睦の道へお導きください。犠牲者の皆さまとわれわれ生き残った同胞たちが歌うことすら禁じられたティンサグの花〜「風仙花」の調べをみ霊にささげます。どうか長年の恨み、つらみを忘却のかなたに押しやり、とこしへにみ霊の安らかんことを祈念します〉

■清算し平和の道を

　在日朝鮮人総聯合会沖縄県本部のキム・スソプ委員長（当時）のあいさつ文は以下。

　〈朝鮮の解放５０周年に当たる意義ある年に、ここ沖縄にて「平和の礎」除幕式が厳かにとり行われることに際し、私は朝鮮人民の名において全犠牲者のごめい福を祈り平和

平和の礎が序幕したことを伝える１９９５年６月２３日付の琉球新報夕刊１面

の誓いを新たにするものです。

　日本の朝鮮に対する植民地支配と無謀な戦争により沖縄に強制連行された朝鮮人同胞は「従軍慰安婦」を含め数千人がその尊い生命を失いました。しかし犠牲者のうち氏名が刻まれたのは、わずかに１３３人にすぎず、ほとんどの人々が半世紀を経た今日もなお、人知れず遠く異郷の土として埋もれているのです。

　私はこれらの惨劇に思いをはせる時、数多くの無辜の民に犠牲を強いた蛮行への憤りを新たにし、民族の念願である南北朝鮮の統一、日本との国交正常化、アジアと世界の平和実現への決意をさらに固くするものです。

　私たちは、ここ沖縄での「平和の礎」が日本の過去の真の清算に結びつき、朝鮮と日本の善隣関係を築き、世界の恒久平和の道へと強く、太くつながっていくものと確信してやみません〉

　村山首相を面前に以上のあいさつをして間もない８月１５日、謝罪とお詫びの「村山談話」が発表された。それは二人のあいさつ文を受けた内容になっていた。

第67回
平和の礎（9）

慰霊・追悼、記録の場に／戦争悲惨さ伝え、平和希求

１９９５年は、「満州事変」（1931年9月18日）を起点とした15年戦争が終結した1945年から50年目であった。そこで日本政府としては、日本では310万人、アジアでは2000万人もの犠牲者をだした戦争を反省するため、「終戦記念日」とされている8月15日、村山富市首相が謝罪とお詫びの談話を発表した。その「村山談話」の内容は、2か月前の沖縄「平和の礎」の除幕式典で、朝鮮半島の南北の代表が日本の三権の長の面前で、厳しく戦争責任を問う内容をふまえた文面になっていた。「平和の礎」は、当初は慰霊碑・鎮魂碑の意味合いが強かったが、次第に追悼碑・追想碑そして記録碑としての機能が強まると思える。

第６６回で記した、平和の礎の除幕式典における朝鮮・韓国の代表あいさつ文は、帝国日本に侵略・占領されたアジア諸国の人たちの思いも凝縮しているといえる内容だった。わたしは、つい最近当時の県関係者から日本政府が事前にそのあいさつ文を所望していたということを耳にしていたので、いま本執筆にあたり、「村山談話」との関連性に思いあたった。

にわかに「村山談話」を読みかえした。その肝要部分は「国策を誤り、戦争への道を歩んで国民を存亡の危機に陥れ、植民地支配と侵略によって、多くの国々、とりわけアジア諸国の人々に対して多大の損害と苦痛を与えました」「疑うべくもないこの歴史の事実を謙虚に受け止め、ここにあらためて痛切な反省の意を表し、心からのお詫びの気持ちを表明いたします」の部分である。朝鮮・韓国の代表に応えたといえる内容になっている。

当時、日本社会党の村山首相や土井たか子衆議院議長は、その翻訳文をしかと読んだはずだ。6月23日の除幕式典から2カ月も経っていない8月15日、敗戦から50年にアジア諸国にむけた「村山談話」は、それも参考にしたと思われる。

韓国のジョン・テギョンさんは「世界平和と和睦の道へ」、朝鮮のキム・スソプさんは「アジアと世界の平和実現への決意」、「村山談話」では「未来を望んで、人類社会の平和と繁栄への道を誤らないこと」と、それぞれが正しい歴史認識の下に、未来に向けた平和を志向している。

■遺族の思い

除幕直後のテレビや新聞のニュース、人々の話を通して知る平和の礎に対する遺族の思いは、わたしの想像をはるかにこえていた。

〈事例１〉当日の夕方のニュースで、テレビインタビューを受けているひとは、なんと筆者が１９７１年に沖縄県史に収録のため聞き取りした近所のかただった。「わたしの父は、わたしが沖縄で結婚するまえにフィリピンに出稼ぎにいき、夫に一度も会うことなく、そこで戦死した。夫は沖縄戦で家族と一緒に避難しているとき、島尻で被弾死した。それぞれ生前顔を合わせたことがなかった夫と実父が並んで礎に刻まれているのをみつけた。」それで「ここで初めて出会えたのだね」と、二人の名前をなでて感極まっている映像が流れていた。

〈事例２〉近所の少年時代から知る沖縄戦当時９歳だった女性が「母親らと妹を背負って島尻の戦場をさまよっているうちに背中の妹は弾にあたって死んでしまったが、しばらく妹が亡くなっているのも知らずに背負いつづけ、そのうち異変にきづいたが、その後も遺体を背負ったまま逃げまどっていた。それからだいぶたった後、母親が背中の

妹をどこかに埋めてきた。戦後、妹の遺骨を探し求めたが、見つからないままに５０年たった。その間、妹が死んだ６月になると毎年精神的に落ち着かなくなる。あなたは戦争体験の聴き取りをしているようだから、わたしの戦争の話を聞いてね」と頼まれていた。それで、「平和の礎」も除幕したので、聞き取りしようと連絡したら、「平和の礎で妹の名前をみつけたので、遺骨に出会えた気持になった。もう精神的に落ち着いたから、もう話を聞かなくてもいいよ」、といわれた。しかし、しばらくして、あらためて聞き取りをした。

〈事例３〉空手道場主でもある大学同僚の話である。その弟子たちが米国で沖縄空手道場を開いているが、ときおり沖縄へ研修にやってきた。平和の礎が除幕した年にも米国から研修に来た米国人空手家のひとりには５人のおじがいた。第二次世界大戦時、２人はドイツ戦線へ、３人が太平洋戦線へ出征した。４人は復員したが、ひとりだけが沖縄戦で戦死した。戦後生まれの空手家は、親族がひとりのおじの死を嘆き悲しんでいたので、たいへん気になっていた。そこで「平和の礎」には、アメリカ兵の戦死者の名前を刻銘しているということを聞き、もしやと思いそこへ連れて行ってもらった。アルファベット順に刻銘されているのですぐにおじの名前を確認できた。その瞬間、写真でしかみたこともないおじに、この沖縄の地で出会えたような気持ちがわき、感動で胸がいっぱいになった。名前を見ていると、抱きしめて慰めたい気持ちにまで襲われた、という。

■碑のもつ機能

除幕後、遺族や関係者の平和の礎への向かい方に接したら、礎には三つの機能が付与されていると思えた。「機能１」は慰霊・鎮魂である。思いもよらない場面を目撃した。刻銘碑の前で、新しい墓ができたときのように、重箱を供え、「墓祝いの歌」を三線で奏でているひとたちがいた。また、重箱や供花を供え、清明祭で墓前に手を合わせるような場面も当初からよく見かける姿である。

「機能２」は、追悼・追想である。関係者の名前をなぞって、涙しながら故人を偲ぶ光景は一般的である。

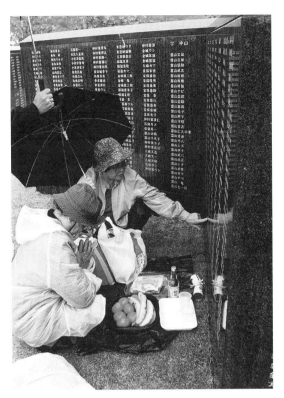

平和の礎に刻銘される戦没者の名前を確認し、供え物をして手を合わせる人々。同様の光景が建立当初から確認された＝１９９５年１２月、糸満市摩文仁の平和祈念公園

「機能３」は記憶を継承した記録碑としての役割である。わたしたちの一家（５人）と伯父一家（７人）は、奇しくもひとりの戦争死没者も出していない。しかし、わたしの楊姓中宗家（現在の跡目は筆者）の先代跡目が中国戦線で戦死していた。その名前の確認のため、除幕して半年後の正月３日、わたしの父を夫婦で平和の礎に案内した。ところが、その先代跡目の名前を見つけた父は「このひとだ」と指さして、名前をなぞることもなく実にたんたんと息子夫婦に説明していた。その瞬間、将来刻銘されているひとと直接的に接していないひとだけになると、ひとの存在を表す名前によって戦争の悲惨さを伝え、平和を希求する場という役割が大きくなるのだろうと思えた。

本項に関しては、石原昌家／新垣尚子「戦没者刻銘碑『平和の礎』の機能と役割」（『南島文化』〈沖縄国際大学南島文化研究所紀要　第一八号〉）に詳述してある。

第68回
平和祈念資料館問題（1）

壕内の日本兵　銃持たず／監修委「不自然」と指摘

平和祈念資料館展示改ざん事件は、連載が２５回も継続することになった、１９９９年３月、監修委員会の作業をおえ、いよいよ４月から展示作業に入ることになった。だが、４月以降の作業は、県庁内密室で大々的な展示内容の改ざんだった。琉球新報、沖縄タイムスの記者が、密室内の改ざん作業を次々と明るみに出していった。監修委員は、すべて両新聞記者のスクープ記事で知るのみだった。沖縄戦の真実を沖縄の内部から捏造する行為は、戦争死者を冒涜し、戦争をする国への先導役だと県上層部は思わなかったのか。

　１９９９年７月１日、昼下がりの研究室に勢いよくノックしてきたのは高名な映像ジャーナリストの森口豁さんだった。開口一番、「石原さんは監修委員でしょう、ボーッとしている場合じゃありませんよ！」という風に言われたような記憶だ。新沖縄県平和祈念資料館の監修委員会のことである。わたしは１３人の監修委員のひとりだった。

　その年の３月１７日、監修委員会では展示概要を了承したので、後はそれに沿って作業を進める段取りだった。しかし、４月の新年度以降１回も監修委員会が開催されてはいなかったので、作業経過は知らないままだった。

　ノートに走り書きした当時のメモ帳をみると、突然の訪問者は新資料館の資料制作を委託され、作業を続けてきたが、予算を打ち切られてしまったことが記されている。「どうして３カ月もの間、監修委員会が開催されていないのか、疑問を感じないのか」と言われた。気にはなりながらも、他の仕事に忙殺されていた。しかし、新資料館の展示に直接かかわっているという方が研究室に足を運ぶということは由々しきことが起きているのだと暗示を受けた。

■微妙な空気

　そこで３月の監修委員会の後、経過報告はなかったので、監修委員として現状を知る必要があると思い、翌日さっそく県担当部局課の主幹に電話した。「どうしてその後、監修委員会を開いていないのですか？」とただすと、口ごもる

ように「それは、課長にきいてください」と、電話をまわされた。同じことを課長にたずねたら「あっ、そうですね、そうですね、開催準備しないといけませんね」と、なにか虚を突かれたような、微妙な空気が電話口から伝わってきた。

　それから数日後、「監修委員会の作業部会を開催します。資料館で重要な展示の『ガマ』の内部のボリューム（量感）に関して監修してほしいので、糸満の倉庫で監修委員会を開催します」という連絡を受けた。その「ガマ」の監修は、７月１５日だった。

　その監修委員会の翌日、琉球新報松永勝利記者から突然研究室に電話がかかってきた。松永記者から取材を受けたことはなかった。「きのう、監修委員会があったようですね。どんな内容だったのですか？」と聞かれた。

　新資料館建設に当たり、県は広く県民から資料を提供してもらうためのポスターも大量に印刷して、県民に呼びかけていた。住民の視点で沖縄戦体験の展示を主体に、平和を希求する目的の施設を造るわけだから、そこには新聞記者に内密にする内容は何も無いに決まっている。したがって、松永記者の問い合わせに応えるには、何のためらいもなかった。

■逃亡兵士

　たまたま、その監修委員会の前日、糸数アブチラガマと轟の壕にまつわる新書版（『沖縄の旅・アブチラガマと轟の

壊』集英社新書、２０００年）を
上梓するため、わたしは玉城村
（旧）糸数集落のアブチラガマ
の聞き取り調査を実施していた。
１９７５年以後、４度目だった。
　ガマの南側出入り口、民家裏
側を日本軍の洞窟陣地として掘
削したという元兵士の聞き取り
証言を得るのは容易ではなかっ
た。だが、教え子の伊礼一美さ
ん（元西原町議）の情報で元兵
士真喜志康一さんからすでに証
言を得ていたが、その裏付けを
得るための調査だった。

県平和祈念資料館に展示される壕模型の製作途中の写真。現場に置かれた紙型人形の日本兵は銃を持たずに立っている＝１９９９年７月１５日（筆者撮影）

　証言者は、わたしが講師を
務めた講座参加者の父・今帰仁村出身の長浜正盛さん
（１９１９年生）だった。長浜さんは、独立混成第四四旅団
の工兵隊に属していた。アブチラガマの南の民家側の出
入り口を四、五十人で開ける作業に従事していた。４月
１日に米軍が沖縄本島上陸後、南下する米軍を迎撃する
ため、ガマも出撃陣地化していた。しかし、敵がさらに
南下してきたので、４月末にはその洞窟陣地を引き払い、
具志頭方面での戦闘に備えることになった（その後、ガマ
は南風原陸軍病院の糸数分室として、５月１日から使用され
た）。長浜さんの部隊は、具志頭方面で南下を続ける敵と
の白兵戦で、兵士の大半が戦死した。もはや、これまで
と観念した長浜さんは銃を捨てて、ひとり逃げ延びるこ
とにした。わたしは兵士が部隊から離脱・逃亡するときは、
身を守る武器も捨てるものなんだなとその証言で印象づ
けられていた。

■ガマ内展示監修
　ガマ内の監修委員会は、長浜さんから聞き取りして丸一
日も経っていなかった。急な監修作業だったので、６人中
３人の委員しか参加できなかったという記憶である。監
修の目的はガマ内のボリューム（量感）ということだった。

うだるように暑い大倉庫内に造られた実物大模型のガマ入
り口から入るや、制作担当者がガマ内のボリュームを把握
できるようにと、等身に近い人物の紙型を段ボールで制作
してあった。出入り口近くにひとりの日本兵が立っていた。
兵士の前方には母親が子どもの口をふさいでしゃがんでい
る場面だった。
　わたしは、手ぶらで立っている日本兵は、前日聞き取り
した長浜元兵士とダブり、この日本兵も逃亡兵なんだなと
思った。だが、母親が子どもの口をふさいでいる紙型をみ
て、子どもの泣き声で敵兵に居場所が知られないように銃
を持った日本兵が威嚇している場面だった、と監修委員会
で決定した場面がよみがえってきた。
　暗いガマ内をチェックした後、倉庫の一角にある冷房の
効いた事務室で監修委員会が開かれた。制作担当者が、「ど
う思いましたか」と各委員に見解を求めた。「ガマ内で日
本兵が銃を持っていなかったら不自然だ」と、わたしや他
の委員からも口をついて出た。
　松永記者には、以上のやりとりを話した。それが「沖
縄サミット」を１年後に控え、県政をゆるがす新資料館
展示改ざん問題の発端だったとは思いもよらないことで
あった。

「自決」強要の兵士除去／「沖縄戦の実相」根幹改ざん

1999年夏は、日本が「戦争ができる国」へと、国の姿を変えていく法律を相次いで強行採決していった。まさに軌を一にして沖縄では平和祈念資料館の展示内容を、戦争否定につながる沖縄戦の実相を改ざんしようと県が密かに作業していたようだ。その動きを新聞社は把握していたようである。ガマ内作業の監修が実施されたのを知った松永勝利記者から突然、研究室に電話があった。作業部会では、赤子の口を母親が封じている傍らに手ぶらの日本兵がそばに立っている模型があり、筆者はその日本兵は逃亡兵だと思ったこと。しかし、会議では住民に銃を突きつけて脅していたことを思い出し、委員の皆が銃を持たすように業者を指導したことを話した。

沖縄国際大学へ出勤途中、車内の携帯電話が鳴った。車を停め、電話を取ると、琉球新報社の松永勝利記者だった。「先生、ガマの監修の時、カメラを持っていませんでしたか？」「たまたま、持っていましたよ」「ガマ内部の写真を撮りましたか？」「撮りましたよ」「現像しましたか？」「まだ、フィルムはだいぶ残っているので、現像してませんよ」「先生、すぐに現像してください！」「じゃあ、いま写真館前を通り過ぎたところだから、そこへもっていきます」と答え、電話をきった。松永記者の勢いに押され、古書店「じのん」向かいの写真館で現像を依頼した。

前回の連載写真は、その時に現像したものだった。偶然撮った写真を初顔合わせの松永記者に手渡したとき、写真の出来栄えに満面の笑みを浮かべていた。松永記者がどうしてそんなに喜んでいたのかが分かるのは数日後のことであった。

わたしは県の展示作業の進行状況に思わしくない「空気」を感じていたが、6月いっぱい、作業内容が具体的にはまったく耳に入ってこなかった。

しかし、新聞社は3月の展示概要の監修報告とはまったく異なる展示内容の変更を行政当局がひそかにすすめているという断片情報を複数キャッチし、その裏付けを得ようと奔走していたようだ。わたしは偶然撮ったのだが、その裏付けの具体的事実となるひとつの決定的写真となった。

■記者の情報

新聞社に展示変更内容を当局から具体的に知る手がかりとなりうる動きがうまれた。沖縄平和ネットワーク、沖縄戦記録フィルム一フィート運動の会、県歴史教育者協議会の3団体の代表が7月19日、県担当課に新資料館の展示内容の早期公開を求める要請を行い、記者会見を開いたのだ。新聞社は展示内容の変更を事務方が内密に行っている内容についての取材を重ねていたが、紙面展開できるまでの情報を得ることはできていなかった。したがって、その要請の結果に多大な期待を寄せていた。だが、担当課は要請文を受け取っただけで、展示内容に関する具体的な質問に答えることはなかったという。新聞社としては期待外れだったが、それをとっかかりに行動を起こすことができた。

以下は、後で知った新聞社の動きである。その記者会見を受け、直接担当課を訪ね、展示内容文書の開示を求めたのである。だが、担当課はそれに応じることはなかった。開示に応じない県の対応をふまえ、その背後にある圧力に注目した新聞社は、3月に担当職員が新知事に展示内容を説明したとき、その展示に難色を示したので、その見直しを迫られ、困り果てていたという情報も入手した。さらに、社は総力をあげた取材活動で紙面化できる材料を蓄積していった。

その頃には、監修委員のわたしの耳にも展示内容を説明した職員が新知事に「反日的であってはならない」といわ

れたという情報が伝わってきた。そのとき、４カ月近く監修委員会が開催されない間に感じた重苦しい空気は、ただならぬ事態が発生していることの反映だと思えた。

■大々的報道の開始

　１９９９年８月１１日の琉球新報朝刊は、満を持して紙面化し、県政をゆるがすほどの大問題となった「新平和祈念資料館の展示変更問題」の第一報だった。

　その１面見出しは〈新しい平和祈念資料館／ガマでの惨劇の模型　日本兵消える〉〈自決強要の兵士　住民に向いた銃／一部内容を無断変更〉である。そのリードは「来年３月の開館にむけて作業が進められている糸満市摩文仁の新しい県平和祈念資料館の展示部門について、県は展示内容を決める監修委員の承諾を得ぬまま、壕の復元模型の一部の内容を変更していたことが琉球新報社の調べで１０日までに明らかになった。変更後の模型では壕の中で住民にむけて銃を構えていた日本兵から銃が取り払われ、負傷兵に青酸カリ入りのコンデンスミルクで自決を強要する兵士がそっくり取り除かれている。銃の日本兵は、その後の監修委員の指摘で元に戻す見通しだが、変更内容が沖縄戦の実相を伝える根幹とも言える部分だけに、委員からは疑問の声が上がっている。模型を変更した理由について県平和推進課では「権限を越えているので答えられない」と明言を避けている。また、月に一度の頻度で開かれていた監修委員会や作業部会が今年３月を最後に開かれておらず、委員らは早期開催を求めている」という内容である。

■初めて見る図

　記事の本文では、読者へ展示の概要を伝えている。〈新資料館は「沖縄戦への道」「沖縄戦と住民」「太平洋の要石」などの展示に分かれ、「沖縄戦と住民」の部門で第三展示室の約半分を占める広さに「ガマでの惨劇」と題し、証言を基に実際に起きた壕での出来事を実物大の模型で表現す

県平和祈念資料館の展示内容の変更について報じる１９９９年８月１１日付の琉球新報朝刊の１面トップ記事

る展示計画となっている。模型は糸満市の工房で製作され、すでに新資料館内に移動されている。壕の模型は「住民の避難生活」「負傷兵の看護と自決の強要」「陣地構築」などの場面が表現されている。今年３月２３日時点の展示概要説明書によると「住民の避難生活」の場面では壕の中に十数人の住民が座り、左側に「銃を構え母親に幼児の口封じを命じる日本軍兵士」（図案の説明）が表現されている〉〈ところが、その後に作成された図案では銃を構えて立っていた日本兵が何も持たずに立っている表現にかえられ、自決強要の日本兵については壕の中からそっくり消えてしまっている〉という。

　わたしが７月１５日にガマの監修をしたとき、まさにこの手ぶらの日本兵を脱走兵と思い違いした図で、監修委員のわたしもこの新聞記事で初めて目にする改ざん図であった。

部局主導の変更強調／県、上層部の指示示さず

1982年、高校日本史の文部省による教科書検定で、日本軍の住民殺害の記述が削除された。沖縄戦の真実を抹殺する日本政府に沖縄住民の怒りは大爆発し、怒りの島と化した。それから17年後、稲嶺沖縄県知事は、「反日的ではあってはならない」と事務方に指示した。その後は新聞社に暴露されるまで展示改ざん作業がほぼ全面的に秘密裏に進められていたようだ。沖縄戦研究成果を根本的に覆すというのは、単に事務レベルではなく、背後に大きな力が働いていることは容易に察することができた。11月の監修委員の任期切れを待たずに、新聞社に改ざん作業が暴露されたので、急遽、「事務方の勉強会だった」と県担当部局は言い訳をして、火消しに走り出した。

第68回から「平和祈念資料館展示問題」を連載している。県政を揺るがすほどの問題として琉球新報、沖縄タイムスの地元2紙が、連日総力を挙げた取材活動を続け、3カ月余（朝夕刊）にわたって、その問題に紙面を大きく割いていった。その取材を終えた記者が、社にタクシーで戻るとき、運転手が「資料館問題の記事をいつも読んでいる。お前ら頑張れよ」と、乗るたびに激励されたという。当時の取材記者松永勝利さんの述懐である。

沖縄の地元2紙は、沖縄戦体験の住民証言の取材には全力を挙げ、しばし独自に連載を企画してきた。したがって、沖縄戦体験の真実を曲解、歪曲（わいきょく）、ねつ造の動きには正義のペンで断固として正していくというのが両紙に共通する報道姿勢である。

■史実の抹殺行為

第37回で日本政府が高校日本史検定において、日本軍の住民殺害の記述を抹殺したとき、沖縄はヤマト国家に対し、「怒りに燃ゆる島」と化した。在京紙「東京タイムズ」でさえ、1面トップにおいて「沖縄戦史実を抹殺」の大見出しで報じていたことを本連載の写真として紹介したところである。そのとき琉球新報は、すかさず「沖縄戦と継承／教科書から削除された県民虐殺〈1〉虐殺はあった」と連載を開始したことも述べてきた。その連載から17年後、

ヤマト国家ではなく、よもや県民の負託を受けた沖縄県の上層部が「歴史の中で沖縄差別の極致」ともいうべき日本軍の住民虐殺の史実を抹消する行為を冒すとは、と新聞社も県民も受け止めたようだ。

私自身も「新資料館の展示変更見直し問題を含め、一連の流れを見ると、これまでの沖縄戦の研究成果を県が勝手にゆがめようという意図がうかがえる。事務レベルでできる話でない。沖縄戦に対する認識を根底からくつがえそうとする大きな力が働いているように感じる」（『沖縄タイムス』1999年8月31日夕刊5面）と指摘していたようだ。連載執筆にあたり沖縄国際大学図書館地下書架で見つけた新聞記事である。後に、講演依頼を受けた大阪の平和資料館「ピースおおさか」で、背後の「大きな力」の情報を得ることになったし、「事務レベルでできる話ではない」というのも私の推察どおりだったといえる資料も伊波洋一県議（当時）が見つけた。それらもこのシリーズ最後で記していく。

■突然の訪問

琉球新報と同様に沖縄タイムスも1999年8月11日付夕刊の社会面トップ記事で〈開館間近の県平和祈念資料館／展示物無断で変更／監修委　県の対応批判／消えた住民に突きつける旧日本兵の銃〉という見出しでこの問題の

第一報を報じている。その記事で私は〈（日本兵から）銃を抜いてしまうと、沖縄戦の史実をゆがめてしまう。これでは沖縄戦の実相を伝える資料館の意味をなさなくなる〉と指摘していたようだ。

さらに同紙８月１２日付１面で〈揺れる沖縄戦の実相伝える資料館〉〈知事が見直し指示／平和資料館の展示内容〉〈わい曲懸念展示やめる／資料提供の久手堅さん〉という見出しのもと、〈平和資料館展示変更問題〉を大きく報じ、社説でも〈「理由」を明確にすべき〉と論じている。沖縄の地元２紙が一斉にこの問題を重視する報道を開始した。

その翌日、１３日のことである。

私の勤務先の大学研究室へ展示資料担当部局課の次長と課長が突然訪ねてきた。お二人ともこれまで親しく会話してきた間柄である。雑然とした研究室の隙間に腰かけてもらったが、開口一番「新聞が報じている資料館の展示については、課内でただ職員同士が勉強していただけのことですよ」ときまり悪そうな表情で、強調されていた。突然の大々的な報道で、大あわてで火消しに回ってこられたという印象だった。

一監修委員の職場までなぜ報道開始とともに見られたのか。いま、当時の新聞記事を注意深く読んでみると、結びつく内容が見つかった。前回の連載で紹介した新聞記事のなかで、日本兵から銃を消した「模型を変更した理由について県平和推進課では『権限を越えているので答えられない』と明言を避けている」というくだりがある。それは図らずも、変更指示は県の「上層部だ」と答えたのも同然である。そこで急きょ、部局課主導で変更を考えたということを強調するためにわざわざ研究室まで足を運ばれたと思えた。

■「私が指示」

同年８月１４日の琉球新報朝刊１面に、「『私が指示』平和祈念資料館の展示物変更で太田文化国際局長次長」という見出しの記事が載った。

記事には「来年三月に開館する新しい県平和祈念資料館の壕の模型図案が監修委員の承諾を得ぬまま変更され

報道開始翌日、１９９９年８月１２日付琉球新報朝刊は社説で「非人道性を記すことに、なんのちゅうちょもいらない」と喝破している

ていた問題で、太田守胤文化国際局次長は十三日、琉球新報社の取材に対して、銃を構えて立つ日本兵から銃を外すよう指示したのは次長自身であることを明らかにした。指示した理由について『（銃を構える姿を）こういう形で見せることが本当にいいのかと考えて』と述べ、次長の考えに基づいて模型の図案変更を現場にしたと説明した。県側が模型変更の具体的理由を明らかにしたのはこれが初めて。太田次長は『現在は作業途中。その中で模型の人形を壕の中でどう位置付けるか検討している。最初の段階で日本兵が銃を向けているものとか、銃を持たないものとか、銃を脇に抱えているものとか、その場の展示にふさわしいものをとさまざまな形で検討していた』」と記されている。「県の上層部」でなく、「私が指示」と記者に強調されたようだ。

149

第71回
平和祈念資料館問題（4）

メイン展示は住民証言／県の動きに「事実隠蔽」批判

2021年7月の「沖縄サミット」を前にして、県民世論の怒りが再び、大爆発することは十分予想された。さっそく、沖縄平和運動センターが、県に資料館の展示内容を一方的に変更するなと抗議行動をおこし、県民に展示内容を公開するよう求めた。稲嶺知事は記者団の質問には、含みのある発言をして、展示改ざん問題は予断を許さないことが案じられた。
沖縄の県平和資料館のメイン展示は、沖縄県が発行してきた沖縄県史の住民証言であり、その証言内容に沿って展示を工夫して考えてきた。

そもそも沖縄県の平和祈念資料館が、何をメインにして展示してきたかを、ここで確認しておきたい。詳細は、第２０、２１回に記述してある。海洋博沖縄館副館長だった総合プロデューサーの中山良彦氏が１９７５年6月に開館した県立平和祈念資料館の展示内容改善の事業を受託した。その中山氏を中心に、１９７７年5月１５日に沖縄戦を考える会（池宮城秀意会長、中山良彦／安仁屋政昭副会長、運営委員１０人）が結成され、その中心メンバーで平和資料館の展示内容を検討することになった。

「鉄の暴風」と形容される沖縄戦の実相を伝えるには資料館としては異例の「物」資料ではなく、住民の体験「証言」をメインに展示する方針を熟慮の結果、決定した。

■心に響く言葉

当然、沖縄県の平和資料館だから沖縄県が住民から聞き取りしてきた証言を中心に展示することになった。証言資料としては１９７１年6月に発行された『沖縄県史第９巻』沖縄戦記録１（琉球政府編集発行）と『沖縄県史１０巻』沖縄戦記録２（沖縄県教育委員会、１９７４年3月）（写真参照）を中心に証言を精選することにした。各メンバーがその県史を読み込んで、それぞれが採用したい証言内容を提案するという方式を採った。

１９７７～７８年にかけ、中山良彦氏宅に各メンバー提案の証言を持ち寄り、それぞれが全員の前で凄惨（せいさん）な内容に何度か声をつまらせながら朗読し、採否を決めていった。全員が県史の証言を読み込んだその神髄（しんずい）は、参観者の心に響く「展示むすびの言葉」に結実している。

歴代の沖縄県知事や特に平和資料館担当部局の職員にとって、沖縄県自らが聞き取りして発刊した『沖縄県史』の証言記録を必読文献と位置づけたら、沖縄戦の真実を改ざんすることはできないはずだ。

以上、沖縄県の平和資料館がどのようにつくられたのか、その要諦（ようてい）を振り返った上で、引き続き、「展示改ざん問題」にもどることにしよう。

■初の知事発言

琉球新報、沖縄タイムス両紙が資料館の展示内容変更問題を報じた１９９９年8月１１日の夕刻、県知事が那覇空港で記者団に囲まれ、記者の質問に答えることになった。琉球新報の8月１２日付朝刊社会面がその内容を以下のように報じている。

〈新平和祈念資料館／「展示内容は検討中」／無断変更で稲嶺知事／監修委開き決定へ〉という見出しで〈来年三月開館予定の新しい県平和祈念資料館の壕の模型の一部が監修委員の承諾を得ぬまま変更されていたことについて、稲嶺恵一知事は十一日夕、東京から戻った那覇空港で記者団に県の立場を説明した。模型の変更について稲嶺知事は「作業の途中の段階だ」と述べ、最終的には監修委員に承

諾を得る方針を示した〉と報じた。

〈稲嶺知事は「新聞報道はいろいろ誤解があると思う。現在は三月に開催された監修委員会で承認された展示内容に基づいて、具体的な展示内容の検討作業を進めている段階だ。結果をまとめて監修委員会を開催して最終的な検討をお願いする。その作業の途中の段階だ」と説明した〉

〈日本兵の銃が除かれたりなど模型の重要な部分が、承諾なしに変更されたことで監修委員から不満があることについては「いずれにせよ監修委員会にかけますから。そこではっきりする」と述べ、今後の監修委員会で説明する意向を示した。資料館の展示内容の方針に知事自身が変更を求めたことがあるかとの質問については「細かいことではなくて、総論として将来の世界の平和に非常に結びつくような形で考えてほしいと要望している。単に沖縄のみにとどまらないものをと要望を出してある」と答えた〉

〈日本兵による住民虐殺の展示については「具体的な話は別にして沖縄戦の実相を残すということは当たり前のことだ。ただ実相をというものをどうとらえるか。今後の細かい検討など最終的には監修委員会の問題になる」と述べ、最終的な展示内容の決定は監修委員会によるとしている〉と知事とのやりとりの第一報を報じた。

知事の「実相をどうとらえるか」という含みのある発言は、展示問題が予断を許さないことを暗示していた。

■平和団体の動き

沖縄サミットを控えている県としては「平和祈念資料館展示問題」の鎮静化を図りたかったはずだ。それで担当部局課の次長課長が行動をおこしたと思われるのだが、沖縄戦の史実抹殺に、阻止行動をおこしてきた人たちの動きも迅速だった。その一つは「沖縄平和運動センター（崎山嗣幸議長）」である。同日、すばやく県に抗議したことを琉球新報99年8月14日付朝刊が報じている。〈「一方的変更するな」／新資料館展示問題／民主団体が県に抗議〉という見出しのもと、その代表が〈十三日午後、県庁に太田守胤文化国際局次長を訪ね、来年三月に開館する新しい県平和祈念資料館の展示内容について「一方的な変更」をし

沖縄戦体験の証言を収録した「沖縄県史9　沖縄戦記録1」（左）と「沖縄県史10　沖縄戦記録2」

ないよう求め、早急に展示内容を県民に公開することを要請した〉

太田次長は〈「最終的には監修委員会に承諾を得る」と述べ、現在はあくまでも作業途中であることを強調した。崎山議長は「沖縄戦で日本軍は住民をガマから追い出し」「スパイ容疑で虐殺するなどの蛮行を繰り返したことは体験者の多くが証言している。今回の県の一方的な変更は歴史の事実を隠蔽し、わい曲させるもので、到底許されるものではない」と強く抗議した。〉〉次長は〈監修委員会は通常の審議会とは違って、まさに監修そのものをお願いしているので、最終的には監修委員会に承諾を得る〉と答えた。〈展示内容の公開については「監修委員会が判断することだ」と答え、監修委員の意向に従う方針を伝えた〉と、前夕の知事発言に沿った返答をしている。

県幹部ら１８項目改ざん／沖縄戦の残虐性薄める

筆者は、平和学者の大田昌秀琉球大学教授が、反戦平和は掲げて沖縄県知事に当選した後、1991年から98年までの８年間の平和行政のほとんどにかかわらされてきた。したがって、沖縄県庁職員がいかに勉強して職務に熱心であるか、ともに作業をしてきたので、感銘をうけてきた。ところが、県知事が変わったとたんに県幹部の指示に従って、改ざん作業を強いられていたようだ。沖縄地元二紙の記者は、自社がこれまで総力をあげて、沖縄戦体験の証言を記録してきたのは、沖縄戦の真実を読者に提供し、二度と沖縄が戦争に巻き込まれないようにという執念で取材してきたからである。地元新聞両社は、それぞれの取材ルートで監修委員が知らない改ざん内容を入手できたようだ。

大田昌秀知事誕生以来、私は大学のゼミ学生とともに沖縄戦の住民被害の実態について調査してきた実績を評価されたのか、沖縄戦体験者で研究者でもある知事のもとで、平和行政の数々の委員会に委嘱された。そこで、県庁職員の仕事ぶりに直に接することになり、これまでの公務員の認識を新たにした。

特に「平和の礎」の創設にあたり、一時毎週日曜日、担当職員が手弁当で大学を訪れ、理念などお互い忌憚なく意見を述べ合い、素案づくりをしていった。研究者と変わらない県職員のたたずまいに深く感動した。それから数年後、県知事が変わるや、別の県庁職員による資料館展示改ざん事件に遭遇することになった。

■展示変更時の国会

ときは、１９９９年４月以降のことである。９７年日米防衛協力のための指針（新ガイドライン）にもとづく周辺事態法（６／２４）、「沖縄弾圧法」とよばれた駐留軍用地特別措置法の再改定（「地方分権一括法」の４７５本の一つで、知事の代理署名拒否権がなくなる。７／８）、国旗・国歌法（日の丸・君が代を国旗・国歌とする法。８／９）、通信傍受法（盗聴法と称されていた。８／１２）、住民基本台帳法改正（住基ネット・国民総背番号制と称されていた。８／１２）等の重要法案が２カ月で一気に成立した。戦後日本が「戦争できる国」へと、小渕恵三内閣が国防政策を大転換し始めていた。そして歴史修正主義の教科書記述で、沖縄戦は「軍民一体の戦闘」であり、住民は勇敢にたたかった「日本人の鑑」とたたえ始めていた。

以上のような国策や歴史修正主義の動きをふまえ、資料館の展示改ざん問題をひきつづき新聞紙面と記憶でたどっていく。

■戦争体験の曲解

琉球新報の１９９９年８月２８日付朝刊は、１１日に「一部内容を無断変更」という１面トップ記事（本連載の第６９回目で紹介）に引き続き、監修委員の私が初めて知る内容が報じられた。

〈新県平和祈念資料館／「１８項目」の展示内容を変更／残虐性を薄めるよう指示／「虐殺」を「犠牲」に書き換え／県幹部らが見直し〉と、網羅的な変更を１面トップで大々的に報じた（写真参照）。そして「新県平和祈念資料館の展示変更案」が列記されている。以下の内容がまずは明白になった。

【第１展示室　沖縄戦への道】慰安所マップは展示しない方向で検討する／スパイ取り締まりは常設展示しない／カメラがとらえた日本の加害は削除する／対華２１カ条は削除する／日本軍の対沖縄人観は削除する／「本土決戦準

備の捨て石作戦」は「本土決戦準備のための持久戦」に変える／「根こそぎ動員」は「県民の動員」に変える／「15年戦争」は「アジア・太平洋戦争」に言葉を替える。

【第2展示室　沖縄戦と住民（沖縄戦の経過）】「集団死と思われる写真」は「沖縄戦で犠牲になった人たち」に変える／「路上で射殺された老女」は「路上で犠牲になった老女」に変更する／「虐殺」は「犠牲」と用語を変更する／「壕追い出しの数」と「日本軍による住民犠牲の数」は削除する。

【第3展示室　沖縄戦と住民（沖縄戦の実相）】ガマの中での日本兵の残虐性を強調され過ぎないように配慮する／「幼女の口封じを命じる兵士」「青酸カリによる自決の強要」は表題を書き変える。

【第4展示室　沖縄戦と住民（証言の部屋）】現資料館のむすびの言葉と県非核宣言文は展示館の外壁に展示する／太平洋戦争の経緯と地図は使わないように考える。

【第5展示室　太平洋の要石・沖縄】活躍するウチナーンチュは削除する。／「復帰した基地沖縄」は「復帰した沖縄」に表題を変える。

以上の「変更内容」は氷山の一角だったことは、後で判明するが、これだけでも「資料館展示改ざん事件」と称してよいだろう。県庁の一室でひそかに沖縄戦の改ざん作業にかかわった人たちがいま健在ならば、第71回目の掲載写真で紹介した『沖縄県史』の沖縄戦記録1・2を読んで自らの行為と照らし合わせてほしい。

同記事では「関係者の話を総合すると、展示内容の変更作業は今年6月上旬から7月中旬にかけて、県幹部らによって行われ、現場担当者、展示工事業者まで変更内容が指示された。検討作業は文化局長室などで幾度も行われ、局長、次長、平和推進課長のほか、同課担当者らも同席していたという。こうした検討作業をもとに変更案が示され、展示工事業者へも指示されている。この間、監修委員会は

県平和祈念資料館の展示内容について、県が18項目もの内容変更を進めていたことを報じる1999年8月28日付の琉球新報朝刊

一度も開かれておらず、県側から委員に対して変更案を示されていない」と私も知らない事実を明らかにしている。

■「記憶の暗殺者」

琉球新報、沖縄タイムス両紙の新聞記者の総力をあげた取材活動で、密室での沖縄戦改ざん作業が暴かれていくが、両紙の報道で知った県民世論の真実を求める声が大きなうねりになった。それには「識者評論」による分析も大きな力をうんだ。

小説家目取真俊氏は、〈「記憶の暗殺者たち」、P・ヴィダル＝ナケは著作の中で、ナチスによるユダヤ人の大量虐殺とガス室はなかったものにしようとする歴史修正主義者たちをこのように呼んだ。今回、平和祈念資料館の展示をめぐって起こった問題も、沖縄戦の「歴史」や「記憶」の暗殺行為と呼ぶに値するものだ。これが県知事という大きな行政権力を持つ者の指示によって行われたのなら、責任は重大であろう〉（『沖縄タイムス』1999年9月14日新平和資料館問題／見る　読む　記す／3）と、断じている。

改ざんは証言の抹殺／沖縄戦体験者「事実継承」訴え

沖縄県民は、ことばに言い表せないほどの凄惨な沖縄戦体験を強いられ、苦痛の歴史を背負って生きてきた。したがって、その歴史的体験をねじ曲げる沖縄県上層部への怒りは、新聞投稿欄にも表出されていた。そのような中で1999年9月18日、「沖縄戦の真実をどう語り伝えるか」と、緊急シンポジウムが開催された。聴衆からは、日本兵の住民虐殺の現場を目撃した証言が飛び出したり、会場は熱気に包まれた。日本兵の住民虐殺を「反日的であってはならない」という県上層部に対して、参加者は当時の日本兵の悪業と二重写しにみえているようだった。

日本の有権者は、１９７０年代「国民総背番号制（住基ネット）」１本さえ成立させなかった。それから３０年後の有権者は日本の針路を左右する数々の重要法案を自民党の小渕恵三内閣のもとで、あっという間に成立を許した。日本の国の姿が大転換されつつあるとき、国民は国会審議にどれほどの関心を向けていたのだろうか。

■国民を「誘導」

１９９９年４月ごろから８月ごろまで、テレビのワイドショーや週刊誌は「サッチー・ミッチー騒動」（野球の野村克也監督の妻野村沙知代＝サッチーと女剣劇浅香光代＝ミッチーとの間の非難合戦）で、世の関心を集めていた。国会議員にもなった秦野章元警視総監の「この程度の国民なら、この程度の政治ですよ」という有名なセリフがしきりに頭をかすめた。

メディアの多くが重要法案の国会審議をそっちのけに国民の関心を「騒動」に「誘導」しているように見えた。週刊誌「サンデー毎日」が南里空海さん（大田昌秀と池澤夏樹の対談集『沖縄からはじまる』〈集英社〉の編集に関わった）へ、この騒動のインタビューを私に依頼した。最後に「この騒動はいつまで続くと思いますか」と問うた。「この井戸端会議のような騒動にテレビは電波ジャックされているが、国旗・国歌法が成立したころには下火になるでしょう」と私は応じた。その記事を読んだ野村克也監督が「石原と

いう人の言うとおりだ」とつぶやいていたということは後に、南里さんが伝えてきた。

一方、沖縄では歴史上未曾有の戦争の惨禍を報じてきた沖縄のメディアの報道力によって、沖縄戦の真実を捏造する稲嶺県政に世論の怒りは頂点に達していた。

■緊急シンポ

琉球新報社による県への取材の発端をつくった沖縄戦１フィートの会、沖縄平和ネットワーク、県歴史教育者協議会が再び行動を起こした。「沖縄戦の真実をどう語り伝えるか　新県平和祈念資料館問題緊急シンポジウム」を９月１８日午後、那覇市の八汐荘で開催した。人々の関心の的となっているテーマだったので、あふれんばかりの参加者で会場は熱気むんむんだったことを覚えている。私たち監修委員を代表して、宮城悦二郎新資料館監修委員会長代行が出席することにした。その場の雰囲気とシンポの内容を琉球新報は、９月１９日朝刊の４面にわたって、それぞれトップ記事で大々的に報じている。会場には開会目前の県議会議員、県関係者や私たち新資料館の監修委員、沖縄戦研究者、一般市民ら約３００人がつめかけた。

シンポジウムは、第１部で新資料館の経過説明や八重山平和祈念館の現状と問題などの報告、第２部で戦争体験者や沖縄戦研究者ら参加者からの意見発表。最後に（１）展示内容の変更作業の事実経過、展示内容の公開（２）新資

料館の独立性や活動を保障する条例制定や専門員の配置（3）八重山平和祈念館の展示説明文削除の差し戻し（4）監修委員の任期を開館までとすること―を県に求める決議書を了承した。

それぞれの報告内容は同日の琉球新報が以下のように報じている。

第1部では、宮城悦二郎新資料館監修委員会長代行が〈平和祈念資料館の経緯〉と題して〈県から（1）米国が実施した諸政策（2）国連役割を追加展示するよう提案があったことを報告。米国の諸政策について「米国が住民のために良い政策をしたということは政策の一面を見ているにすぎない。裏に効果的に軍事基地を維持する目的があった」とし、あくまでも軍事優先だった前提を踏まえることが追加条件であることを主張した〉

潮平正道八重山平和祈念館監修委員は、〈八重山平和祈念館の現状と問題点〉と題し、〈慰藉事業のマラリア犠牲者慰霊碑でも戦争マラリア援護会が刻むよう求めた「軍命により」という言葉を国、県が「作戦上の都合により」としたとし「今回の問題に共通する流れは以前からあった」と話した〉

中山良彦博物館展示総合プロデューサーは〈平和祈念資料館はどうあらねばならないか〉と題し、「戦争と平和を扱った外国の四資料館の現状を報告した上で、新資料館のあり方として「沖縄戦の実情から語るべきで、日本から見た戦争を語るべきではない。原爆の広島、長崎と同様に沖縄には沖縄の戦争を語る特殊性がある」と強調した。

安仁屋政昭沖縄国際大学教授は〈歴史修正主義の動向と沖縄戦研究〉と題し、〈沖縄戦の特徴として「国体護持」を挙げ、「戦争の事実と原因を科学的に認識し、民衆の被害体験を明らかにし、だれが被害をもたらしたか、元凶を告発する強い姿勢が求められる。そうでなければ平和資料館のねじ曲げがまかり通ってしまう」と指摘した。〉

県平和祈念資料館の展示内容変更問題を受けて開かれた緊急シンポジウムについて報じる1999年9月19日付の琉球新報朝刊

■会場包む目撃証言

第2部では、戦争体験者や監修委員らの参加者が意見発表をおこなった。

2020年11月12日、40年間戦争体験の語り部を務め、99歳の生涯を閉じた安里要江さんは、轟の壕に入った3日目に〈日本兵が着剣した銃を突きつけ「子供を泣かすと殺してやるぞ」と脅された〉と、まさにガマ内展示の日本兵の姿を証言した。さらに、「私にも言わせてください」と勢いよく手を挙げたのは仲程シゲ子さん（70）＝南風原町。自分の体験を描いた絵を掲げて「六月二十三日に摩文仁に追い込まれた。避難民であふれていた。そこで一人の青年が「捕虜になろう」と呼び掛けた。従おうとすると突然、日本兵が飛び出し、青年の首を切った。あの青年の苦しみ、痛み、悲しみをどうするのか。事実を残し伝えることが資料館の意義だ」と早口でまくしたてた〉（同日社会面）

このような悲痛な思いで語る証言を抹殺しようとしてきた県幹部の悪業は、聴衆には証言者の語る日本兵の姿と二重写しに見えているようだった。

第74回
平和祈念資料館問題（7）

戦争マラリアも改ざん／実相伝える記述、大幅削除

筆者は、ゼミ学生たちと波照間島で戦争マラリア被害の全集落調査を実施する前、聞き取り調査を実施した。砲煙弾雨の沖縄本島中南部の戦場とは異次元の戦争マラリアの恐ろしさを知った。1人の日本軍人の命令により、マラリア無感染地波照間島住民が戦争マラリアに罹患し、生き地獄化した。死者が続出するなか、罹患しながらも遺体を運びさせる体力のある人は、1日に6人も死臭漂う病死者を運び出した。ウジ虫が遺体を食べつくし、病床で白骨になった時点で運び出した、と女性が身の毛もよだつ証言をした。その八重山の戦争マラリア資料館でも、「実相隠し」をしたので、石垣のマラリア遺族が「侮辱している」という新聞報道には唖然となった。

　第73回記事で1999年9月18日に平和祈念資料館問題の「緊急シンポジウム」が開かれたことを述べてきた。あふれんばかりの会場の熱気も伝えたので、その問題がどれほど沖縄社会で強い関心の的になっていたか、当時を知らない読者にも想像できたはずである。

　22年前（2021年現在）の出来事なので、20代、30代の若い教師の皆さんには、まったく知らない沖縄戦体験の改ざん事件ということで、後輩教員に沖縄戦体験を伝えている退職教員のグループが、まだ連載途中にもかかわらず、この問題の学習会を企画し、その講師に私は依頼されることになった。戦後76年目ということで、戦争の記憶の継承に危機感を抱いている人たちが存在していることを、本連載によって私は具体的に知ることになった。

■時の為政者次第

　そもそも沖縄戦体験のねつ造・曲解は、戦後12年目の1957年、日本政府が軍人軍属対象の戦傷病者戦没者遺族等援護法を、ゼロ歳児を含む沖縄の戦争被害住民に適用を拡大していった時点から大がかりに始まったのだ。

　その法の適用を受けたい（申請主義）遺族は、米軍支配下の琉球政府とともに日本政府の「沖縄戦体験のねつ造の仕組み」に、経済的理由で取り込まれざるを得なかった。遺族が「戦闘参加者についての申立書」を申請したからと

いって、誰にもとがめられるものではない。

　だが、その仕組みは、いまなお機能しているので、沖縄戦体験が、「構造的」にねつ造・曲解の危機にさらされたままだという事実を私たちはしかと共有しなければならない。現在、本連載中の平和祈念資料館展示変更問題も、時の為政者次第では今後、いつでも起きうると、「恒常的注意力」を持続しておく必要がある。そのことを新たに指摘しておきたい。

　その上で、引き続き、史実改ざん問題がどのような経緯をたどったかを跡づけていく。ところで、すでに1999年5月に開館していた八重山平和祈念館（戦争マラリア資料館で平和祈念資料館の分館の位置づけ）でも同様な問題が起きていたことを新聞記者が明るみに出した。私は両資料館づくりに関わっていたので、同時並行的にそれらの問題点を確認しておきたい。

■歴史歪曲再び

　1999年8月31日の琉球新報朝刊、21面トップに〈「実相隠し」石垣でも／マラリア資料館写真説明変えて展示／監修委員から反発〉という見出しで、八重山平和祈念館の展示無断変更問題を報じた。

　沖縄タイムスも同日夕刊5面で〈八重山平和資料館展示見直し／歴史なぜ曲げる／マラリア遺族「侮辱している」〉という見出しのもとに、〈県の新平和祈念資料館の展示内容

が一部変更された問題に続き、八重山平和祈念館でも同様に変えられていたことに対し、関係者は怒りと疑問の声を上げた〉と、両紙が一斉に報じ始めた。

その具体的内容について、八重山平和祈念館の監修委員会の会長をしていた私でさえ、まったく知らない事柄を両紙の記者は取材していたようだ。以後、〈恒常的注意力を持続〉してこなかった私の姿を浮き彫りにするような記事を両紙が掲載している。連載執筆している今、新たに両紙に目を通しながら、猛省している。両紙の第一報以後、しばらく私は沖縄を離れていた。戻ってくるまでの動きは新聞情報に拠った。

八重山平和祈念館は、監修委員会（石原昌家会長）とはべつに直接展示に関わる専門委員がシンクタンク（業者）と最終作業を行っていた。それ以後について私がまったく知らなかったことを同年９月１２日、琉球新報朝刊が１面トップ記事で報じている。

〈八重山平和祈念館　県が説明文大幅変更／朝鮮人、住民の動員削除／「歴史改ざん」との指摘も／かすむマラリアの悲劇〉という大見出しのもと、〈「戦争マラリア」の実相を伝えるため、今年（１９９９年）５月に開館した八重山平和祈念館の展示写真や図画の説明文について、県文化国際局が専門委員や監修委員への相談なしに、行政内部で大幅に削除や差し替えをしていたことが十一日までに琉球新報社の調べで分かった〉〈専門委員として写真説明を手掛けた保坂広志琉球大学教授は変更をまったく知らされていなかった〉との記事とともに、〈八重山平和祈念館展示写真説明文の主な変更内容〉という一覧表を載せている。

〈展示の基本理念を決めた監修委員会（二月末に解散）の方針に沿って作業が進められた。写真説明は専門委員の保坂教授が監修委員の意見、基本計画、西表島での現地調査、沖縄戦と戦争マラリアの歴史的事実を踏まえて文章を練り上げた。保坂教授の説明文は四月四日までに完成し、

八重山平和祈念資料館での戦争マラリアの展示で、実相を伝える記述の削除など、大幅な変更が行われたことを報じる１９９９年９月１２日付の琉球新報朝刊

展示工事業者から県側に提案されている〉という経過を経た後、担当部局課が勝手に変更し、その最終案について石川秀雄副知事が文化国際局から説明を受けて了承している。

それを基に〈業者は説明文の作成に着手している。その際、県側から保坂教授への変更説明は一切なかった。保坂教授は県平和祈念資料館の展示変更問題が表面化したのを受け、今月に入って自身が作成した説明文と祈念館に展示された説明文を点検した。その結果、大幅な削除や差し替えの事実が判明した〉という。監修委員会の会長だった私もその経過をまったく知らなかったということである。

■副知事らと面談へ

１０日ほど留守にした沖縄へもどるや否や、すでに元監修委員、元専門委員と石川副知事、金城勝子文化国際局長との面談が準備されていた。それは９月１７日ということだったので、「緊急シンポジウム」の前日という慌ただしさだった。私にとっては、再び連日資料館問題に明け暮れする日々が続くことになった。

157

第75回
平和祈念資料館問題（8）

「強制退去」県が削除／戦争マラリア、国責任薄める

戦争マラリア発生地への日本軍による退去命令の有無は、国へ遺族が補償を求める決め手であった。偶然「県民指導措置八重山郡細部計画」という原文文書が発見され、国は戦争マラリア遺族に３億円の慰藉事業を認めた。八重山平和祈念館（戦争マラリア資料館として検討してきた）は、その事業の一環だった。したがって、稲嶺県知事へ変わったとたんに、「強制退去」命令という肝心要のパネルの説明版を「避難命令」に書き換え、当時の軍部をかばうことなどに、戦争マラリア遺族会の怒りは爆発した。

戦争マラリアについての資料が展示されている八重山平和祈念館が創設された経緯を知ると、県当局のとった行為の重大性が浮き彫りになる。林学を専門とする琉球大学篠原武夫教授が、マラリアで亡くした肉親の死は日本軍の「強制」でマラリア有病地へ疎開したためだったことを偶然にも知ったことを契機に、１９８９年５月、「沖縄戦強制疎開マラリア犠牲者援護会」（世帯数約９００、以下援護会と略記）を結成したことがその原点である。

以後、戦争マラリア犠牲者の遺族補償を求めた篠原教授の精力的な資料収集と援護会として不退転の活動は、県議会・県当局や国会議員・国会を動かし、ついに日本政府の重い腰を上げさせた。

■「退去命令」の有無

紆余曲折を経ながら、援護会としての当初の目的には遠かったが、会員の高齢という事情で、３億円を戦争マラリア犠牲者慰藉事業費として受け入れることになった。その事業の一つが戦争マラリア祈念館の建設だった。軍の戦争マラリア発生地への「強制退去」命令の有無が国を動かす決め手だった。

問題解決のタイムリミット間際、「県民指導措置八重山郡細部計画」という原本文書発見の朗報が、石垣在研究者の大田静男さんから届いた。そこには「退去とは事態に応じ軍の命により危険地域の部落住民を最も安全な地域に移

転せしむることをいう」とあった。当時の県職員と各委員は、戦争マラリアで無念死した３６００人の魂が、その発見に導いたと手を取り合わんばかりに喜びあった。

「安全な地域」ではなかったが、「退去」が「軍命」である証拠になる大発見だった。八重山平和祈念館の創設は「強制退去」という軍命の定義の発見に由来しているのだ（詳細は、石原昌家・大城将保・保坂広志・松永勝利『争点・沖縄戦の記憶』２００２年、社会評論社、第五章参照）。

■あり得ない改ざん

〈県の担当者が「強制退去」を「避難命令」に書き変えたパネルの説明文。その後、展示そのものが見送られた〉というキャプションがついた写真が、琉球新報朝刊（１９９９年９月１７日）社会面トップに載った。県の担当者は八重山平和祈念館の展示の説明文に「強制退去」の文字に削除の線を引き、「避難命令」の文字を挿入していた。あり得ない、目を疑うような文字だ。〈「避難」あり得ぬ／監修委員ら猛反発／八重山平和祈念館書き変え問題／「国の責任薄める」〉の見出し記事の写真だった。

強制退去の文字に削除の線を引いた（その後、見え消しという行政用語がたびたび報じられた）担当者は、遺族にとって戦争マラリア戦病死者が「二度無念死」したという憤りを想像できなかったのであろうか。一連の書き変え・削除の報道で、すでに〈戦争マラリアで両親、妻、二人の子

どもを失った白玉萬吉さん（89）＝
石垣市大川、年齢は新聞掲載当時＝「県
の首脳の考えが変わったからなのか》
と遺族がないがしろにされていること
を嘆いていた。（『琉球新報』1999年
9月13日朝刊）

■副知事も懸念

　1999年9月17日、私たち八重
山平和祈念館の元監修委員5人は副知
事への要請と文化国際局長との話し合
いをもった。強制退去の削除問題が注
目を集めていた。そのときの監修委と
副知事とのやりとりが、翌18日の琉
球新報朝刊に掲載されている。以下に
引用する。

　〈八重山平和祈念館の展示の説明文
変更問題で、監修委員会の石原昌家会
長は石川秀雄副知事に、説明を求めた。以下は同委員の質
問と副知事の回答。

石原委員　八重山平和祈念館は、どのような経緯で建設さ
　れることになったと、認識しているか。

石川副知事　マラリア慰謝事業の一つとして決まった。遺
　族会、犠牲者に対する祈念、戦争状況、マラリアの悲惨
　さを慰謝事業の中に入れる基本があった。

委員　国が三億円の慰謝事業を認めた決め手は何か。

副知事　犠牲者の思いが慰謝事業となった。

委員　思いだけで慰謝事業に国が三億円は出さない。決め
　手は何か。

副知事　遺族会の思いが国を押し、慰謝事業となったとし
　か申し上げられない〉

　副知事とのやりとりの記事はまだ続いている。しかし、
部下の職員が削除した強制退去がその決め手になったこと
ついて、上司としては、禁句になっていたようだ。その上、
監修委員にも報告して、了解を得たという、ありえない報
告を石川副知事の部下から受けての監修委員との話し合い

当時の石川秀雄副知事らを訪ね、八重山平和祈念館の展示問題について元監修委員の石原昌
家氏らが抗議したことを報じる1999年9月18日付の琉球新報朝刊

なので、進展はなかった。

　しかしながら、琉球新報社会部の問山栄恵、松永勝利両
記者がすでに9月7日の時点で、八重山平和祈念館の展示
問題について〈表面化した後、石川副知事は文化国際局幹
部に対して「こういうことはまず監修委員会を通してやら
なければならない」と指摘する場面もあった。「やり方と
してはまずかった。手続きを無視した形で拙速すぎた。手
続きとしてもおかしく、大問題になるよと担当には言っ
た」。県幹部の中にも今回の行政内部での変更作業を疑問
視する意見が出ている〉（歪められる『平和』／資料館展示変
更問題　7）と指摘している。

　二人の記者は、石川秀雄副知事が大問題になるという判
断の下に、ことの成り行きを心配していたことを聞き出し
ていたのである。私の立場として個人的には首里高校大先
輩の副知事を問いただすような形になっているが、副知事
としては、予想通りに大問題になり、「とばっちり」を受
けている思いだったろう、と推察していた。

第76回
平和祈念資料館問題（9）

軍の残虐性薄める／県、監修委に無断で大幅変更

新聞連載は、読者との応答によって深められていった。とくにこの資料館展示改ざん事件は、琉球沖縄の歴史上 "あらん限りの残虐性を集約させた沖縄戦" を、20年前の沖縄県上層部が率先して日本軍の残虐性を薄めようとしていた報道に、怒りを呼び覚ましていた。

当時、識者は「記憶の暗殺者」とまで激した言葉を発していたことを知った。渦中にいた筆者は、連日の新聞報道を熟読できなかったようで、連載のためにはじめて目にする記事を読み、これほどまでに当時の県上層部が「記憶の暗殺者」だったことを改めて確認している。

本連載が75回目を終えたところで、一読者から連載の期間が長過ぎるという電話を受けた。

本連載は読者との応答で図らずも内容を深めたりもしてきている。月2回、文化欄紙面を一個人で占めて良いのかどうか、いささか気にもなっていたところだったので、複数の友人に連載回数の意見を求めた。

その一つは以下の内容である。「私はその回数ではなくて、その都度その都度、内容がいまの沖縄にとって必要かどうか、の観点から考えて読んでいます。ですから、20年前の（沖縄戦体験の）改ざん事件がまさに佳境に入っているところで、連載を止めた方がいいというのは、どういう理由からなのか、と思っています」

「しかも、ことは沖縄の歴史上、あらんかぎりの残虐性を集約した沖縄戦についてではありませんか。過ぎ去った考古学ではないのであり、私たちの両親、祖父母に直結した、極めて現在的な、人間がどう生きるかの問題です。この連載はただ過去を列挙する回顧録ではありません」

「沖縄戦を改ざんしようとしている者のなかには、ウチナーンチュも多いということを忘れてはなりません。だから深刻なんです。どうぞ、堂々と連載を続けてください。この連載は学者などの知識人だけが読んでいるのではありません」

一読者のこの言葉は、戦争時代の空気を肌で感じている最後の研究者（筆者は戦争終結の1945年は4歳）として、さらに戦争体験の聞き取りを重ねてきたものとして、次世代へ戦争の真実を伝えたいという執筆の使命感を奮い立たせた。さらに、別の読者からは「県民が知るべきことを書かれてきて、全く長過ぎるとも、終了すべきとも考えません。『いま』に至るまで、続けていただきたいです」と激励を受けた。

ということで、読者の後押しも受け、前回の続きに取りかかることにした。

■注目の監修委員会

第73回目で記した「資料館変更問題緊急シンポジウム」の会場では、凄惨な沖縄戦体験の生存者が怒りに震えながら発言を求めるなど、資料館展示改ざん問題への市民の関心は非常に高かった。そのシンポから2日後の1999年9月20日、問題発覚後初の監修委員会が開催された。資料館改ざん事件は、琉球新報社、沖縄タイムス社の記者による執念の取材活動で次々明らかになり、肝心な監修委員は新聞報道でしか、その内実を知ることができなかった。

これまで監修委員、県職員、展示工事業者の三者は和気あいあいとした関係のなかで中国の資料館等にも資料展示調査（第60回目で掲載、平頂山虐殺事件の写真はその時入手したもの）にも出掛け、常に三者が共同討議を重ねつつ、展示内容を決定していた。あとは監修を終えた内容にしたがって、展示作業に取りかかる段取りであった。ところが、

新知事に県政が変わったとたん、一度も監修委員会を開くことなく、これまでの監修委員会で決定した展示内容をひそかに改ざんしていたのである。

まさにその会議開催の朝、琉球新報では、決定的な改ざん資料を大々的に報じた。

■ "見え消し"資料

〈平和資料館問題／全般にわたり大幅変更／"見え消し"資料入手／「最終案」と業者に指示〉という９月２０日朝刊、１面トップの見出し記事のもと、リード文は以下のとおり。（〈見え消し〉とは、削除し、書き加えた部分の字句が見えるようにしておく形式）

〈来年三月に開館予定の新しい県平和祈念資料館の展示内容変更問題で、琉球新報社は十九日までに、今年三月段階の監修委員会承諾済みの展示内容原案に、県文化国際局が作成した追加や削除などの変更事項を記した「見え消し」と呼ばれる内部資料の最終案の写しを入手した。最終案をみると沖縄戦の展示で日本軍の残虐性を薄める形で変更していただけでなく、戦後沖縄、未来ゾーンまでの展示全体にわたって変更が加えられていた。同文書は、監修委員の承諾を得ぬまま展示工事業者に変更指示の形で手渡されていた。同文書の存在で変更作業は「勉強会の途中の経過」（金城勝子県文化国際局長）とする説明とは違い、監修委員不在で大幅変更作業が着手直前になっていたことが明らかになった〉

この新聞記事は、ショッキングな内容だった。当時の展示施工業者の責任者とは、その後も年賀状での付き合いが続いているが、この新聞社が入手した「見え消し」資料の存在を私には一言も漏らしていなかった。展示業者と県との間の「守秘義務」を厳格に守っていたようだ。

■ ６時間もの審議

問題発生後、初の監修委員会開催当日の新聞報道で、世間はその会議に一層、注目した。それを伝える琉球新報（１９９９年９月２１日朝刊）の窓越しに撮影した会議中の写真が、当時の雰囲気をよみがえらせている。その記事は社会面トップで〈平和資料館問題／県との溝、一層深まる／監修委　６時間審議で疲労の色／消えない警戒感／八重山の関係者〉という見出しで、初の会議内容を伝えている。

そのリード文では、〈「これでは県との信頼関係は築けない」「監修委員会抜きに業者に作業をさせていた疑いはぬぐえない」。二十日開かれた新しい県平和祈念資料館の監修委員会。マスコミを締め出して六時間近くに及ぶ審議後、会見した監修委員長代行の宮城悦二郎、部会長の石原昌家、星雅彦の三氏は県側の説明に納得せず、不信感を何度も口にした。「上からの指示があったとしか思えない」。会見に県側は同席せず。来年三月に開館を控え、監修委員会と県側の溝はさらに深くなった〉と記している。

展示変更内容案の内部文書の提出をめぐって紛糾した新県平和祈念資料館の監修委員会。午後２時に始まった会議は８時まで続いた＝２０日午後７時半、県庁

展示変更内容案の提出を巡り、紛糾する県平和祈念資料館の監修委員会について伝える１９９９年９月２１日付の琉球新報朝刊

県との溝、一層深まる

平和資料館問題

監修委　６時間審議で疲労の色

第77回
平和祈念資料館問題（10）

変更案資料を非公開／県議会も問題解明へ動き

わが沖縄県は、かくもみっともないことをしていたのかと、記録するのも情けない。筆者は監修委員の任期については、新沖縄県平和祈念資料館の開館までだと、なんの疑いもなく、信じ込んでいた。ところが、監修委員の任期が1999年11月までだったようだ。任期切れになれば、前監修委員となり、発言権はなくなる。それまでには監修委員に覚られないよう、県上層部は庁内の密室で全面的な展示改ざんに取り組んでいた。それに気づいていたのが新聞記者だった。

第76回で、読者からの「あらんかぎりの残虐性を集約した沖縄戦を改ざんしようとしている者の中には、ウチナーンチュも多いということを忘れてはなりません」という指摘を浮き彫りにしたのが、1999年9月20日の新沖縄県平和祈念資料館の監修委員会だった。

同日付の琉球新報朝刊1面で、日本軍の残虐性を薄める形での具体的変更案のみならず「全般にわたり大幅変更」した"見え消し"資料入手の報道を受けての会議だった。

したがって、全体監修委員会では、県にその「見え消し資料」の提出を求めるところからスタートした。しかし、6時間もの会議にもかかわらず、新聞社では入手しているその資料を私たちの目に触れさせることはなかった。琉球新報は、「出席者の話を総合すると、審議は監修委員の『見え消し』の要求からはじまった」（第76回目に掲載）と書き出して、監修委員と県側の一問一答形式で記録している。

■監修委を軽視

監修委員「審議に入る前に見え消しがないと展示内容の検討が難しい」

県側「資料館の理念にかかわるものではなく、監修委員会に提示するものではない」

監修委員「行政には説明の責任がある。八重山平和祈念館では理念が根底からひっくりかえされた。信頼して作業

をと言われても『はい、そうですか』とは行かない」

県側「業者には、これまで自分たちの検討内容を情報提供しながら作業を進めてきた。その流れで勉強会の内容を提示した」

監修委員「八重山では勉強会で根本から展示内容をひっくりかえされた」

「最後に宮城氏が『見え消しは出せますよね』と強く要求。県側は『勉強中のもの』と繰り返し『検討させてほしい』と逃げた」「審議終了後の会見。出席した三人の監修委員は任期延長が決まったことは評価しながらも『県が見え消しを出さないと作業ができない』『勉強会の内容がなぜ業者に渡り、日本兵の銃外しになったのかというきちんとした説明はなかった』と述べ、疲労と不信感だけを残し会見場を後にした」

この記事で「監修委員の任期延長が決まったことは評価」というのは、この改ざん事件でとても重要な事柄であった。

■任期延長の意味

私は自分の監修委員の任期というのはまったく気にも留めていなかったので、まもなく任期切れになることに気づかなかった。だが、県のひそかな展示変更は、委員の任期切れになる11月までなんとか発覚しないで、作業を続行できたらと、もくろんでいたようだ。それが琉球新報社、沖縄タイムス社の取材によって明るみになってしまったの

で、全面的改ざん作業は「勉強会」だったと強調していたにすぎないことが判明したのである。

何ら意識していなかった委員の任期延長ということを知ったとき、会議の席上、私は県側に「皆さん、各新聞社の報道に感謝したほうがいいですよ。私たちが任期切れになって、監修委員会決定を覆した新平和祈念資料館が開館したら、どのようなことになっていたか想像してみてください」と話した。

さらに「１９８２年の教科書検定で、日本軍の沖縄住民殺害の記述を日本政府が削除したとき、各市町村議会や県議会も臨時議会を開いて、日本政府に抗議するという島ぐるみの抗議行動が３カ月も続いたことを思い出してみてください。来年３月末に開館するや県上層部による『沖縄県平和祈念資料館改ざん事件』として、７月開催予定の沖縄サミットを前にして、大問題になるところでしたよ。皆さんの沖縄サミット開催にどんな影響を及ぼしたであろうかと想像したら、新聞記者さんたちに感謝したい気持ちがわいてくるはずですよ」と、思わず発言したことを私は昨日のできごとのように覚えている。

■自民も公開求め
１９９９年９月１８日の市民団体主催の「資料館問題緊急シンポジウム」で「展示内容変更の撤回と情報公開」を求めた討論会での決議文が、友寄県議会議長に陳情の形で２０日に手渡された。

決議では展示内容が「県民の願いと期待を裏切る衝撃的なものだ。資料館が行政の思惑と独断によって『改ざん』され、歪められようとしたことを絶対に容認することはできない」と抗議し、展示変更の撤回や事実経過の公表、資料館運営の独立性の確保などを求めた。「友寄議長は『担当委員会に付託したい。この問題については重大な関心を持っている。議会でも問題解明向けて議論されるだろう』と述べた」

９月３０日の県議会に向け、県政与党の自民党県連も動きだした。琉球新報（１９９９年９月２８日の第２社会面）で、〈新平和祈念資料館問題／自民県連／県に情報公開を求める〉という見出しが目に留まった。市民団体が〈情報公開〉を求めた決議文を県議会議長に陳情したことと同一だったからである。

その記事は、自民党県連が県議会に副知事を呼んで要請したということだった。〈要請後に記者会見した嘉数会長は「事実経過に基づいて冷静に議論すべきで、水掛け論に陥らず、あるべき姿を示すには監修委員会の議事録の公開が不可欠だ」と述べた。翁長幹事長は「県民にも県議会にも情報公開がないまま今日に至っている。九月定例会はこうした問題を明らかにするいい機会」と語った〉

私はこの記事を読んだとき、自民党県連の嘉数昇明会長と翁長雄志幹事長の真っ当な発言に大いに感銘を受け、問題解決へ期待したものである。こと沖縄戦体験に関して保守も革新もなく、１９８２年９月の臨時の県議会では、全会一致で日本政府への「意見書」を採択し、沖縄戦の真実を教科書へという共同行動をとってきたという実績を知っていたからである。

県平和祈念資料館 展示変更問題

県、資料提出を拒否

監修委「大きな力働いている」

新県平和祈念資料館の監修委員会全体会議が二十日午後二時、県庁特別会議室で開かれた。監修委員が県に対し行政内部の内容変更案を記した、見え消し、と呼ばれる内部文書を提出するよう強く求めたが、県側は内部文書は最後まで提出しなかった。しかし、文書を展示工事業者に渡していたことは認め、事実上変更作業に着手する段階に入っていたことが明らかになった。会議は六時間に及んだ。

会議は非公開で行われた。終了した同日午後八時、監修委員の代表が記者会見し、会議の模様を説明した。それによると県は文書の提出について「次回の部会開催まで検討させてほしい」と答え、この日の提出を拒んだ。変更作業の経緯については「あくまでも勉強会」と繰り返していたが、業者に渡っていたことを認め「勉強会」との説明がはっきりした。

十分な経緯説明もなかったことから、監修委員からは「これではいつまでも不信感しか残らない」と失望する声が上がっていた。（22、23面に関連）

星雅彦部会長も「単なる勉強会ではじまったという。石原昌家部会長は県は矛盾している対応を批判している。

宮城悦二郎会長。〈変更について意思はない〉との返し。

県平和祈念資料館の展示変更案を記した内部資料の提出を求める監修委員会に対し、県が提出を拒んだことを報じる１９９９年９月２１日付の琉球新報朝刊１面の記事

第78回
平和祈念資料館問題（11）

展示変更、県三役関与／隠蔽姿勢、与党も批判

監修委員会がまったく知らない展示内容の全面的改ざん作業が、新聞で報道されたので、監修委員会が県担当部局を問い質すことになった。それを機に県議会が県執行部を追及する段階へ向かったので、資料館改ざん事件は大きく展開しはじめた。新聞も解説記事で、稲嶺恵一知事ら県三役が展示内容変更の指示とも受け取られる発言をし、事実上見直しに関与したことを初めて認めた、と書いた。県与党も「事実を包み隠さず公表する」よう求め、県執行部は与野党から批判をうけることになった。

「平和祈念資料館改ざん問題」は、新聞報道によって展示改ざんを知った監修委員会が県担当部局を問い質す段階から、県議会が県執行部を追及する段階へと移行した。第77回目で記したとおり、県政与党の自民党が監修委員会の議事録公開を県に求めたので、与野党がこぞって展示改ざんを糺す方向へ向かうことが期待できた。

あにはからんや、与野党が県議会での県執行部追及を前に、監修委員の私の行為をめぐって、与野党間に問題が発生するとは思いもよらないことだった。県議会開催に先立って、野党各派議員の皆さんが議会での質問のため、合同学習会を開催することになったようで、私が説明役に呼ばれた。

1999年3月、知事に提示した監修委員会で監修を終えた展示原案の膨大な資料をもとに、それまでの新聞報道で知る展示変更の問題点を伝えた。その関連でさらに、野党議員控室に県執行部に質問してほしい要点などを記したファクスを送信した。

私としては、これまで琉球新報、沖縄タイムス両紙が、県の無断変更を暴いていった内容の元の原案だから、その資料開示は当然と思っていたので、8月11日琉球新報、沖縄タイムスの報道開始後、その資料を求めてくるメディアには躊躇なく提示していた一環だった。

■不信感を謝罪

しかしながら、私が送信したファクスを自民党が入手し、野党議員にだけ情報を提示したのは不公平だ、と新聞で報じられるほど私の行為が問題視されていった。報道でそれを知った私はその間の経緯を弁明するため、単独で記者会見した上に、すべての監修委員会資料を自民党の皆さんに提示することを伝えた。

私は野党のような説明を求められていなかったので、全資料を自民党議員に面会して預けるつもりだった。ところが、会議室が準備され、自民党議員4人に監修委員会の宮城悦二郎会長代行が待機していて、その上に新聞記者やテレビカメラなどが待ち受けている、という物々しさに呆気にとられた。

「このような場面が設定されていると知っていたら、一人で1時間近く、今まで記者会見することもなかったのに」という私のつぶやきから始まったその場は、いきなり「なぜ、野党議員にだけ監修委員会資料を提示したのか」と、私への不公平、不信感むき出しの批判が始まった。「監修委員を辞めて責任をとるのか」という声も飛び出したが、それは筋が違うと思ったようで、翁長雄志議員（のちの沖縄県知事）がその声を制した。

私は「ライフワークの研究テーマは郷友会（同郷組織）であり、沖縄社会の特徴は各種選挙時に見られるので、特に伊是名島出身の儀間光男さんをはじめ自民党議員の皆さんから聞き取り調査をしてきている。宮古出身議員から"熱気に包まれた僕の選挙事務所に張り付いて、郷友会員の候

164

補者支援の仕方を直接観察（参与観察）
したらいいですよ"と言われるまで信頼
されてきている。そこで自民党に不信感
を持たれているというのは今後の私の研
究にも支障を来すし、大変申し訳ない」
と、不信感を与えたことに謝った。それ
でその場は収まった。

■全資料を翁長氏に

　直後、琉球新報の松永勝利記者が「す
ぐに謝ったのはいさぎ良かったですよ」という言葉をかけ
てくれた。石原批判の会が終わるや、「不公平」を無くす
べく、私は自民党の議会質問に役立たせるようにと、一切
合切の監修委員会資料をキャリーごと翁長雄志議員のもと
に預けた。私は１週間ほど、監修委員会資料をすべて手放
したのである。

　元県議会議長だった同じ門中の喜納昌春氏が「僕が質問
中に自民党議員の重鎮たちが、議会をゾロゾロ出ていった
ので自然休会になったが、石原さんに会うために出ていっ
たのか、初めて知ったよ」と、述懐したのはつい３、４年
ほど前、門中行事の場でのことである。

　私は、自民党に不信感を与えた行為が、大事な議会の自
然休会を招いたことまでは当時知らなかった。県上層部で
もこの機に乗じ、知事選挙を争った大田知事時代の監修委
員を交代させようという動きが水面下で模索されていたよ
うだ。

　だが、私としては県政与党の自民党に全資料を預け、展
示改ざんがどれほどひどいかを確認してもらえる機会が生
まれたことを喜んでいた。

■真実の重み

　１９９９年９月３０日、県議会が開会して間もなく、
野党が資料館問題の質問に県執行部が終始誠意のない対
応をしている、ということで審議拒否し、議会が空転した。
紆余曲折を経て、１０月６日からようやく県議会が正常
化することになった。私が翁長議員に全資料を預けたの

依然不透明な検討過程

平和資料館問題

なぜ事実ひた隠し

与党からも執行部批判

県平和祈念資料館問題で与
党からも県執行部への批判
が出たことについて報じる
１９９９年１０月８日付の琉
球新報朝刊

が功を奏したのか定かでないが、琉球新報の１０月８日
朝刊の解説記事に、〈平和資料館問題／なぜ事実ひた隠し
／与党からも執行部批判〉という見出しを目にしたとき、
新聞紙面に名指しで批判を受けてきたモヤモヤは一気に
解消した。

　その解説記事で〈新県平和祈念資料館問題で、県は七日
の文教厚生委員会で、稲嶺恵一知事ら県三役が展示内容変
更の指示とも受け取られる発言をし、事実上見直しに関与
したことを初めて認めた〉と記されている。

　また〈八月十一日の報道以来、新たな事実が報じられる
度に「検討過程の話」として、一貫して三役の関与を否定
する態度を取り続けてきたが、ついに真実の重みに耐えら
れなくなった、というのが実態に近い。次々と伝えられる
新事実に、自民党、県民の会、新進沖縄など県政与党からも、
「事実を包み隠さず公表し、平和祈念資料館の在り方に対
する稲嶺県政の姿勢を、堂々と県民に示すべきだ」「八月
の時点で、きちっとした姿勢を示すべきだった」など、県
執行部の対応に批判が高まった〉と、いわば身内からもそ
の対応が批判された。

第79回
平和祈念資料館問題（12）

展示変更案の全体判明／次々に「日本の加害」削除

１９９９年９月３０日の県議会での代表質問をうけ、１０月６日から７日にかけ、文教厚生委員会（喜納昌春委員長）で集中審議が行われた。琉球新報の７日付朝刊は、まるでそれに合わせるかのように変更案の全容が判明したと報じた。なんと戦後沖縄の苦痛の歴史の根源である「天皇メッセージ」も削除するという、歴史の真実の抹殺者と県民に糾弾されることになる行為が、相次いで明るみに出された。すると、稲嶺県政は、前県政とは歴史観、平和観が違うと本音をだし始めた。

新平和祈念資料館展示改ざん問題は、９月３０日の県議会での代表質問以後、１０月６日から文教厚生委員会（喜納昌春委員長）が開かれ、７日に集中審議されることになった。その問題に対する市民の関心の高さは、１０月６日の琉球新報朝刊の社会面トップ記事でも知ることができる。「資料館変更問題／『記憶を抹消するな』／県三役の関与指弾／労組員が抗議集会／『歴史改ざん』に怒り」という見出しで、５日、沖縄平和運動センター主催の「沖縄戦の展示資料改ざんを許さない集い」が、琉球新報ホールで緊急に開催され、２００人の労組員が参加した事でもわかる。

■「見え消し」の全容

資料館問題が集中審議される７日の琉球新報朝刊１面には、目を疑うとしか言いようがない文字がトップ記事になっている。

９月２０日、展示無断変更後初の監修委員会が開催されたとき、６時間を要しても県は、新聞社がこれまでその存在を暴いた資料提出を拒否し続けていた。開催された議会でも野党議員が求める「見え消し」文書の提出を頑なに拒み、県議会の空転を招いていた。

ところが１０月７日朝刊で琉球新報は、文教厚生委員会の会議前の議員へ資料配布するかのように、〈「見え消し」の全容判明／４１頁にわたり細目記す／天皇メッセージも削除／県発言また覆る〉という見出しの決定的スクープ記

事を報じた。

そして〈資料館の全体の展示変更案を記した要旨〉を記事にしている。その驚くべき記事のリードは、〈新県平和祈念資料館の展示内容変更案をまとめた見え消しと呼ばれる内部文書について、県文化国際局は公表の二枚以外に存在しないと否定してきたが、常設展示全般にわたる見え消しの全容を記した文書の存在が琉球新報社の調べで明らかになった。常設展示全般の見え消し文書は「展示設計シナリオ」の展示細目を記した四十一枚の文書。変更案を見ると日本軍の残虐性を薄める形での変更のほか、昭和天皇が戦後の沖縄の長期占領を希望すると口頭で連合軍に伝えた「天皇メッセージ」も削除されている。さらにアジアでの日本の加害行為の展示削除も目立っている〉と記されている。

そして記事の本文では以下のように報じている。

〈これら変更作業は今年五月ごろから始まり、金城局長らを中心に何度か集まっては変更案を練り上げ、七月中旬までに見え消し文書としてまとめ上げている。文書で削除されているのは日本軍の沖縄人観が全面削除されているほか「八紘一宇の柱」の実物の展示が見送られている〉

〈また、現資料館に展示されている日本軍によるスパイ取り締まり項目は全面的に削除され、「軍機を語るな」（引用者注：軍機とは軍事機密・秘密のこと）のポスターや憲兵のかばんと胸章の実物も展示から外されている」

〈このほか「アジア太平洋諸国の眼から見た十五年戦争」

の項目では、中国での人体実験を行った
７３１部隊などの写真を紹介する「カメラ
が捉えた日本の加害」の展示がすべて削除
されている。日本軍による住民犠牲の中で
の「朝鮮人の虐殺・台湾人の虐殺」、沖縄
戦で捕虜収容所に収容されている朝鮮人軍
夫の写真も展示から除外された〉

　このように１面トップ記事で展示資料
改ざんの内容の一部を明るみに出している。県は、沖縄戦
の住民被害の本質に関わる旧資料館での展示物まで取り除
こうと企てていたようだ。

■前年の海外調査

　２０００年３月末の開館に向けて、県担当職員と展示
委託業者と監修委員の私は１９９８年３月に中国各地で
帝国日本軍の行為を赤裸々に展示した資料館を訪ね回り、
沖縄の平和祈念資料館展示用資料を収集してきた。併せ
て、県担当部局職員が開館後、相互の資料館の交流を恒
常化したいということを申し出て、それぞれの資料館長
は異口同音に歓迎していたことを目の当たりにしてきた。
将来世代の国際平和交流の行く末に希望を託せる場に同
行できたのである。

　新平和祈念資料館は、大田県政時代に「沖縄戦終焉の地
である沖縄本島南端の摩文仁一帯を沖縄国際平和創造の森
（杜）」として、世界平和の発信地にするという理念のもと
に、建設が計画された。全戦没者刻銘碑「平和の礎」や沖
縄国際平和研究所、国際平和こども館などの諸施設を建設
し、平和創造・平和発信の場にするという壮大な構想の一環
であった。

　建設予定の順序が逆になったが、諸施設の中核は未完に
終わった沖縄国際平和研究所で、それは「平和の実現に関
わる諸問題を総合的・科学的に調査、研究することにより、
県民の希求する平和な県土及び国土の創出と、世界平和の
構築に寄与することを目的とする」ものであった。

　研究所はその目的を達成するために、「沖縄県平和祈
念資料館」の受託に関する事業と「平和の礎」の受託に

関する事業など十項目の事業内容をあげていた。（詳細
は、石原昌家「全戦没者刻銘碑『平和の礎』の本来の位置づけ
と変質化の動き」田中伸尚編『国立追悼施設を考える』樹花舎、
２００３年参照）。これらの平和行政は、大田昌秀元知事の
凄惨な戦場体験と沖縄戦研究、平和学者としての研究実績
などを踏まえたものといえよう。

■「記憶の暗殺者」

　新聞の記事内容で見る限り、これまでの大田県政にか
わる稲嶺県政では、沖縄戦の住民被害の歴史と帝国日本
の加害の歴史に向き合おうとしない行為が、文字として
連なっている。複数の識者から戦争体験の「記憶の暗殺
者」とまで非難されてきた稲嶺県政の歴史観、平和観と
いうのは一体いかなるものであろうか。県政与党から「平
和祈念資料館の在り方に対する稲嶺県政の姿勢を、堂々
と県民に示すべきだ」とハッパをかけられたからか、つ
いに、前県政とは「平和観が違う」ときっぱり県上層部
が断言するに至った。

「見え消し」の全容判明
41ページにわたり細目記す
「天皇メッセージ」も削除
県発言また覆る
関係文書
きょう集中審議

県平和祈念資料館の
展示変更案をまとめ
た「見え消し」と呼
ばれる内部文書の全
容が判明したことを
報道する１９９９年
１０月７日付の琉球
新報朝刊１面

国策批判抑え、展示変更／歴史認識、根底から覆す

1999年8月11日以降、琉球新報、沖縄タイムス両紙の記者が連日連夜、沖縄の苦痛の歴史を極秘のうちに大々的に根底から覆そうとする稲嶺県政への県民の怒りは、新聞投稿欄にも表出されていた。朝夕刊でのスクープ記事を読むたびに、一喜一憂している読者の声は、両紙の記者さんたちを励ましていた。監修委員は、歴史認識が違えば県政が変わるたびに展示内容を変えるのか、県民が共有している沖縄戦の事実を削除することは、県民の心を抹消すると反発した。県首脳関与の新事実が報じられ、謝罪に追い込まれた。

琉球新報、沖縄タイムス両紙は住民視点による沖縄戦の真実を記録し、報道してきた視座に立って、連日連夜、取材に全力をあげて報道していた。

その報道に対する一般県民の声はこうである。「よくぞスクープしてくれた。拍手喝采。朝・夕刊の大見出しをみるたびに、『シタイヒャー！』と叫んだり、『うそつきヤー』と怒鳴ったり、朝から血圧も上がりっ放しだ。八重山の二の舞になるなと念じながら、事の成り行きに注目している。

両新聞社の取材の迅速さとち密さには驚かされる。あらゆる角度から資料を集めては県民に投げ掛け、県政の平和観まで引きずり出した。もちろん、主義・主張は、大いに違っていい。しかし、事実は事実である。数少なくなりつつあるとはいえ、生き証人がいるではないか。報道関係者に望む。納得のいく結果がでるまで追及の手を緩めるな」「今後も一般市民の立場に立ち、権力に屈しない新聞であってほしい」（宜野湾市　名城葵　団体職員　40歳／琉球新報1999年10月15日「声欄」）

この声は監修委員を含む当時の県民の気持ちを代弁する内容といえよう。市民の言う、引きずり出した稲嶺県政の平和観は、県議会で与野党議員の追及によって明るみに出て、新聞はそれを大々的に報じていった。

■稲嶺県政の平和観

琉球新報の10月7日付朝刊が、展示無断変更の全容を報じた当日に開催された県議会文教厚生委員会では、11時間かけても質疑は終わらず、展示委託業者への変更指示疑惑は、8日に持ち越されることになった。

県議会の文教厚生委員会と同時並行で新県平和祈念資料館のガマの展示を検討する監修委員会も7日、県庁内で開かれた。監修委員会後の記者会見で〈県三役が県政と監修委員会では歴史認識が異なると発言したとされる報道に星氏は「歴史認識が違えば、県政が変わるたびに展示内容も変えるのか」、宮城氏は「三、四年間の討議が集約されて、この展示内容になった。イデオロギーとは関係ない」、石原氏は「沖縄戦の事実は共有の認識になっている。これを削除するのは県民の心を抹消することだ」と反発した〉（『琉球新報』1999年10月8日朝刊）と、会長代理、部会長の発言を紹介している。1970年から聞き取りを重ねてきている私としては、沖縄戦体験を語る場合、常に生存者の思いを代弁しているので、その「心を抹消することだ」という言葉が衝いて出てきたようだ。

琉球新報の10月8日夕刊は、展示変更問題の本質をあらわにした記事を大々的に報じた。

社会面のトップ記事見出しは、〈資料館問題で県／「国策」への配慮、色濃く／「安保、教科書検定に沿うように」／4月初旬には変更指示〉（写真参照）と、沖縄県の日本政府への自発的服従そのものの姿を浮かびあがらせている。そのリード記事に稲嶺県政の平和観が如実に示されている。

〈県側は文部省検定教科書を基準にした展示変更を求めているほか、反安保の展示だけにはしないよう指示するなど、国の政策に沿った展示内容に変えることを何度も求めている。複数の関係者によると、三月の説明の場で稲嶺知事は「反日的になってはいけない」などと日本政府を刺激しないような展示内容への変更を求めている。業者への変更指示はこうした知事の発言を受けて行われたものとみられる〉

■相次ぐ削除

　１０月７日付の琉球新報朝刊１面トップ記事の見出しでは、昭和天皇は〈米国が沖縄その他の琉球諸島の軍事占領を続けるよう希望している〉という〈天皇メッセージ〉も削除（第７９回目に掲載）したことを報じた。〈天皇メッセージ〉を削除するだけでも沖縄現代史への大罪というべき行為に加え、県民が共有してきた歴史体験・歴史認識を沖縄県庁内で根底から覆そうと指示された県担当者が血眼（ちまなこ）になっていた様子が目に浮かんでくるのが次の記事だ。

　〈「沖縄戦への道」の展示では、文部省検定教科書を基準とした展示内容にすることや、沖縄が日本の一県に過ぎないとの立場を示した上で日本全体を考慮した展示にするよう求めている。さらに県担当者は植民地で実施した皇民化への国策批判や日本の加害を県の立場で展示することに難色を示した。慰安所の解説についても国の方針に沿って記述するよう求めており、展示全体で国策批判を抑え、政府に遠慮する形で展示するよう変更を迫っている〉

　〈また戦後の展示を中心とした「太平洋の要石・沖縄」の展示では、基地に起因する事件事故より、県内での事件事故が多かったことを踏まえるよう要求。反安保の展示だけでなく、安保の果たした役割を展示するよう求めている〉

　〈また、子ども・プロセス展示では「日本の中の人種差別」の項目でアイヌ民族、被差別部落、在日外国人、沖縄基地問題を紹介する予定だったが、すべてを削除するよう指示

「『国策』への配慮、色濃く」などの見出しで、県平和祈念資料館の展示変更問題について報じる１９９９年１０月８日付の琉球新報夕刊（２版）

している。さらに現資料館の最後に「いかなる人でも戦争を肯定し美化することはできないはずです」と記された「むすびのことば」についても、新たなものに差し替えることを提案している〉

　以上は、１０月８日付の琉球新報夕刊の記事だが、当日の朝刊社会面では県三役の関与を報じていた。

■県庁激震

　「知事／県三役の関与認める」の見出し記事に続いて、「県庁激震／新事実の発覚に衝撃」という見出しのもと「『三役は関与していない』『展示内容は検討段階。沖縄戦の実相を伝えることに変わりはない』という釈明に固執し続けてきた県首脳。しかし、県首脳の関与を裏付ける新事実の発覚に県庁は衝撃に包まれた。県首脳は激しく動揺し、とうとう七日の県議会文教厚生委員会で関与の事実を認めて謝罪に追い込まれた。公開された『見え消し』文書を手にした委員（厚生）から『かつてない、驚くべき歴史改ざんだ』と批判を浴びた」

　ことの重大さは誰の目にも明らかだった。

第81回
平和祈念資料館問題 (14)

銃不所持の日本兵
発注／業者、指示
受け対処に苦慮

展示改ざんを単なる「勉強会」だったと言い逃れしてきたが、じつは「銃を持たない日本兵」像（当初筆者は逃亡兵模型と勘違いした）を業者に発注し、制作してあった。この動かぬ証拠写真が新聞に載った後は、なんと、県の意向に沿う監修委員に入れ替えることまで目論んでいたことも記者は取材していた。牧野副知事が、展示作業そのものをストップするようにとの記事まで載っている。日本の加害の歴史を塗り替える歴史修正主義者が、稲嶺県政の上層部を占めていることを、新聞は白日の下に晒した。

県平和祈念資料館展示改ざん問題で、沖縄県の三役が関与の事実を認めて謝罪したという報道の前に1999年10月5日の琉球新報朝刊社会面では、謝罪に追い込まれる決定的な情報を記事化していた。

■秘密のベール

監修を終えた展示の〈「変更要求」／業者、メモに明記／「対処に苦慮」〉という見出し記事で、ついに秘密のベールというべき文書が世間の目にさらされた。

記事本文では「展示工事業者が作成したメモは「平和祈念（資料）館展示設計に対する変更要求」と題するワープロ打ちされた一枚の資料。メモは今年7月までに県側が「メモを取らないように」と前置きして口頭で伝えた変更内容を業者が後に文字化したもので、関係者への報告という形を取っている」

〈メモには展示内容について「慰安所マップは展示しない方向で再討すること」「"虐殺"は"犠牲"と用語を変更すること」など十八項目にわたる変更内容が記されている。変更内容に加え、業者の説明も記されている〉

〈「新知事体制により、施工進行中の平和祈念（資料）館に対し、設計まで遡った展示内容変更の要望がでてきています」と県側からの変更要求が出ていることを指摘している。さらに「特に文化国際局長の指摘が強く」とあり、局長の変更指示であることを説明した上で「対処に苦慮し

ています」と業者側の困惑した心境が吐露されている〉

ここでいう「業者」というのは、近現代史を相当読み込んでいる玄人はだしの集団であり、ともに調査や作業をしてきた「仲間」である。その後、意に背く仕事を押し付けられ、苦悶の様子がうかがえる。監修委員にはそれをおくびにも出さなかった。

■委員変更を示唆

一方、沖縄タイムス朝刊（同年10月7日）では、その1面トップで〈新平和資料館問題／新県政に相容れぬ展示／知事　見直しに関与／サミット言及し指示〉という大見出しで、展示変更の理由を明示している。さらに、30面と31面の両面にわたり、〈新資料館問題／「県が造るんだから」／知事、積極的に提案／独自色にこだわり〉と並んで、〈展示概念にも言及／監修委員入れ替え示唆／作業中止も視野に〉という大見出しが躍っている。

〈監修委員入れ替え〉という伝家の宝刀を抜いたというべき文字が、登場している。その1面のリードでは〈沖縄タイムス社は六日までに、稲嶺恵一知事ら県三役が担当部局に変更を指示し、新資料館の見直し作業に深くかかわっていたことを裏付ける複数の関係者の証言や新たな内部資料を入手した。七月下旬にあった担当部局による三役説明の場で、知事らが「県政は変わったのに展示が変わっていない」「サミットで全国からいろんな人たちが来る」など

と発言。展示内容の見直しに強い意向を示していたことが分かる〉と、記している。

そして本文では「内部資料は七月二十三日に県庁であった三役説明でのやりとりを記録したもので、複数の証言とあわせると、稲嶺知事らは展示内容について、監修委員と新しい県政の考えが異なることや、思想的なことにも言及。事務方が見直しを進めた展示内容について、さらに変更を求める意見や注文をつけていた。新県政の誕生、来年七月の沖縄サミット開催に向けて、知事らは監修委員の入れ替えも念頭に、展示内容に強いこだわりを見せていたことが分かる」という記事の裏付けとして、以下の内容のコピーを1面トップに張り付けてある。

〈7月23日　三役説明
知事：県政は変わったのに展示が変わっていない。サミットで全国からいろんな人が来る。
次長：契約、発注していて展示工事も進んでいる。固定的な部分は変えるのが難しい。写真、パネル等については表現の適切さなどを検討しながら作業を進めている。
牧野（副知事）：新県政の基本認識を入れた館にするためには新しい監修委員を入れるべきでしょう。国家に対する認識など基本的な認識（現・監修委員と新県政の考え方）が全く異なる。この資料館は永久に残るわけで。展示作業そのものをストップしたらどうか〉

以上の1面トップ記事を受け、30面では「さらに稲嶺知事も別の歴史研究者らを中心に展示内容を吟味してもらうことを示唆したようだ」と、具体的な歴史家らの人物を念頭に、監修委員の入れ替えを本気で考えていたようである。

■「民衆の敵」

新資料館は、まるで風前のともしびであるかのような稲嶺知事と牧野副知事の発言だ。しかし、日本政府に自発的隷従するかのような新資料館が開館したら、地獄のような沖縄戦の生き残りや軍事植民地状態下で苦難・苦痛の歴史を歩まされてきている人たちの怒りが大爆発したであろう。県民にとっては、沖縄サミットどころではない大問題として受け止めたはずだ。

銃を持たない日本兵の模型が製作されていたことを写真付きで報じる10月12日付の琉球新報朝刊2面

それは、9月30日の県議会初日、〈開会前の午前十時から大勢の傍聴人が詰め掛け、約二百席の傍聴席はほぼ埋まった〉（琉球新報99年9月30日付夕刊）とき、私もその傍聴人の一人だった。傍聴席から〈民衆の敵〉といわんばかりの県民の厳しい目に見据えられ、知事をはじめとする強硬派の県幹部も〈監修委員入れ替え〉策をあきらめたようだ。その後、県議会文教厚生委員会の集中審議の際、自民党議員の質問に副知事が〈現・監修委員が基本計画に携わっている。引き続き期間（任期）を延ばして、お願いしたいというのが現時点での考えだ〉（琉球新報99年10月8日付朝刊）と答弁をしている。

1999年10月12日付の琉球新報朝刊2面には「銃持たない日本兵製作」と写真が載っている。7月15日にガマ内部を監修した際、銃を持たない日本兵が住民を威嚇する姿は沖縄戦の実相ではないと指摘し、元通りに銃を持たすようにと指示した。単なる事務方の勉強会どころか実際に業者に発注し、製作されていた証拠のスクープ写真である。

県、変更前展示に戻す／改ざん再発の懸念も

資料館展示改ざん事件の連載をお読みの県内外の読者からさまざまな声が寄せられた。

過酷な米軍占領統治をくぐりぬけてきた沖縄地元二紙の報道の仕方は、本土の新聞では考えられない力強い主体性が感じられる、稲嶺知事は前大田知事の色彩をそぎ落とすようにヤマトの政権から厳命されているのではないか、自発的服従によって「民衆の敵」になることを選択せざるを得なかったのではないか、全国の平和資料館で発生している「展示改ざん問題」との関連性を指摘するなど、いろいろだった。新聞報道では、県は変更前に戻すということだったが、再改ざんの余地を残すような県の態度も新聞は報道していた。

連載の第８０、８１回をお読みくださった読者から思いもよらないコメントが寄せられた。

長野県の横田雄一弁護士さんからは「当時の緊張感が直に伝わってきました。県政上の問題に対する地元２紙の報道ぶりについて、沖縄には新聞を含めて米軍統治の圧政をくぐり抜けてきた独自の歴史が背景にあるためか、本土の新聞からは過去も現在も感じられない強い主体性があり、先生はこれを如実に再現されておられると思いました」と、比較の視点で沖縄と本土の報道の姿勢に触れている。

京都に住む元全国紙記者で花園大学の八木晃介名誉教授からは「稲嶺知事は、前任の大田知事の色彩をすべてそぎ落とすように、おそらく、ヤマトの政権から厳命を受けていたのではありませんか。稲嶺知事の思想や平和観というよりは、ヤマトへの忖度思想のような感じがします。『自発的服従』によって、"民衆の敵"になることを、それでも選択せざるをえなかったのでしょうか」「石原先生の『県民の心を抹消する』という痛切な反発は琉球沖縄の心ある人々に共通するものであったと思います。ヤマトに生きる私としても、何か息が詰まるような思いでこの連載を読ませていただいています」と、それぞれから私の思いを代弁した感想が寄せられた。

奈良県の馬場彰子さんからは、全国の平和資料館で発生している「展示改ざん問題」との関連を指摘された。本シリーズで深掘りする予定を先取りするようなコメントをいただいた。

さらに伊波洋一国会議員からは、当時県議会議員として文教厚生委員だったので、ご自身が舌鋒鋭く県当局に真相究明の質問攻めをしている会議録のコピーを、ご多忙の中、郵送いただいた。

■的外れな批判

１９９９年８月１１日のスクープ記事からはじまった「新資料館問題」は、琉球新報の１０月１３日朝刊の記事で、大詰めを迎えていた。トップ記事にはなっていないが社会面に〈新資料館問題／県「変更前に戻す」／内部文書群も提出／監修委　全会議録を公開へ〉という見出しだった。

事の成り行きは、以下の本文で知ることができる。

〈新県平和祈念資料館の監修委員会（宮城悦二郎会長代理）が十二日午後、県庁で開かれ、県から監修委員会の承諾なしに進めてきた展示変更作業を記した見え消しなどの内部文書群の提出を受けた〉

この記事は、監修委員にとっては感慨深い。なにしろ、この新聞連載を読んでいる私の家族に「監修委員は何をしていたの？」と、あきれられるほど、私たち監修委員に県

当局は「職員が勉強会をしていただけ」と言い張り、見え消し（改ざん資料）を直接目にさせることはなかった。新聞の取材記者と文教厚生委員会の県議会野党議員の追及で、ついに私たち監修委員は、県当局から改ざん文書群を直接手にすることになったのである。

今、この原稿を書くために沖縄地元2紙に目を通していると、県議会では、石原監修委員（私）が野党議員に内部資料を漏洩したと名指しされていたことが分かる。しかしそれは改ざん前の展示内容を記した資料であり、本来ならそれに基づいた展示作業が進行していたはずなので、実に的外れの名指し批判が行われていたことに、いまさらながら呆気にとられるだけで、あまりの無知ぶりに怒りも湧いてこない。

■再改ざんの余地

記事の続きはこうである。〈これを受けて監修委員会は三年にわたるすべての会議録を一般に公開することを決めた。また会議では県側が監修委員に承諾なしに展示工事業者に製作を発注していたことも明らかになり、三月時点の監修委員承認案に戻すことを確認した〉

〈また監修委員から変更指示について稲嶺恵一知事の釈明を求める声が上がっていた。委員会終了後に記者会見した宮城会長代理、石原昌家、星雅彦の両部会長によると、展示工事業者から展示変更案に基づいて作製した作製物が存在するという前提で「壊していいですか」と県に確認を求める場面があったという〉〈これに対して県側が「打ち合わせて活用することも有り得る」と述べ、事実上、変更指示による作製物の存在を認めた。県は県議会などでも業者への変更指示はないと答弁しており、これらも虚偽であることが分かった〉

この記事によると、銃を持たずに手ぶらの日本兵模型について「活用することも有り得る」と県側が述べていたようだ。記事では、はっきりとは指摘していないが、その後

県「変更前に戻す」
新資料館問題
内部文書群も提出
監修委 全会議録を公開へ

県平和祈念資料館の展示変更問題で、監修委員の承認を得ていた変更前の展示に戻すことが決まったことを報じる1999年10月13日付琉球新報朝刊の社会面

の「知事声明」と連動して、新たな展示改ざんの余地を残した言葉だと読み取れる。

■指示解除求める

さらに、監修委員会から知事に求めている事柄が記事化されている。

〈また今年三月と七月に稲嶺知事ら三役が展示変更を求める意見を述べていたことが内部文書で明らかになったことについて、星部会長は「はっきりいって（この問題は）知事が決着させるべきで、弁明してこれからの方針を言ってほしい」、石原部会長は「知事は部下に対して（展示変更指示の）命令を解除しなければいけない」と話し、知事の釈明を求めた。また、三役の指示などのやりとりを記した内部メモについても公表を求める方針だ〉

私は、監修委員の任期が切れたら、再び資料館の展示内容が改ざんされることを危惧して、知事に「変更指示の命令を解除すること」を求めていたのである。

第83回
平和祈念資料館問題 (16)

知事会見も募る不信感／展示変更の責任、明確にせず

２０００年沖縄サミットを控えている稲嶺県知事としては、資料館改ざん事件の鎮静化をはかるために、前県政の監修委員会のもとでとりあえず開館させることにしたようだ。しかし、展示を含めて管理運営の最終的責任は知事にあるとしていたので、筆者は第二の改ざん事件が起きるであろうと、「恒常的注意」を払う必要性を痛感した。また、八重山の戦争マラリア資料館についても展示変更問題について知事の言及がなく、監修委員だった八重山地元の関係者の県への不信感は払しょくされない後味の悪い幕切れになった。

　１９９９年の新平和祈念資料館問題で、県は大田前県政の下で発足した監修委員を入れ替え、資料館展示内容を全面的に見直すことも考えていたようだ（第81回で紹介）。しかし、２０００年沖縄サミット開催を目前にしてか、県は「国家に対する認識が全く異なる」（三役発言）はずの監修委員に「引き続きお願いしたい」ということになった。

　琉球新報の１０月１４日夕刊の１面トップ記事では「新資料館問題で知事会見／三役の変更指示を否定／責任明確にせず／行政上の不備を謝罪」という見出しで、以下のリード文が載った。

　〈稲嶺知事は一連の事務手続きについて「県民に誤解を生じさせたことは大変遺憾で多くの方々にご心配をかけた」と行政作業上の不備については謝罪したものの、一連の展示変更の責任の所在は明らかにせず、知事ら三役の変更指示も一切否定した〉

　〈日本軍の残虐性を薄める形での変更案についても「歴史観がいろいろ違うので具体的な返答は難しい」と述べ、従来の説明の範囲を超えない回答にとどまった。県庁内部での変更作業について、記者会見ではこれまで生じた多くの不信感が払拭(ふっしょく)されぬまま疑問を残す形となった〉

■相次ぐ批判

　この知事会見に対する野党県議や市民団体などからも、厳しい批判が出た。知事の発言に不穏な要素が含まれてい

るので、監修委員を「引き続き任せる」と言われても、心中穏やかではいられなかった。

　同日夕刊の社会面、第２社会面トップでは「批判　遺憾に思う　明確な謝罪　避ける」という大見出しの下、本文では〈「コメントできない」を繰り返してきた稲嶺知事が初めて、自らの言葉で資料館問題について語った〉と始まり、以下のように記事が続いた。〈しかし、内容は前県政との平和観の違いやマスコミ報道への反論に終始し、「日本軍の加害、残虐さを薄める方向」の変更についての意見は最後まで触れず、足早に会見場を去った〉〈県議会野党議員団が知事に展示改ざんの謝罪と三役の政治責任の明確化を求める申し入れを行ったが、稲嶺知事は「皆様のご意見は重く受け止める」と答えるにとどまり、野党議員団からは「まったく反省していない」「ウソにウソを重ねて説明もしない。議会軽視だ」などと不満の声が満ちた〉

■監修委員の懸念

　私たち監修委員の知事コメントに対する批判も、同じ紙面に載っている。

　〈わだかまり　残ったまま」／監修委の不信感消えず〉の見出しで以下のような記事が掲載された。

　〈新県平和祈念資料館の監修委員会長代理の宮城悦二郎氏は「県民に『誤解を生じさせて遺憾』というが、これは決して謝罪ではない。居直りだ。県民が勝手に誤解したと

いうことなのか」と批判。監修委員会に諮らずに進められて変更作業を「検討過程」と強調したことにも「実際に日本兵の人形（銃を持たない）は作られている。事後承認させるつもりだったのか」と不満を見せた〉

〈「知事コメントからは、国連による集団安全保障体制による平和という知事の平和観が分かる。そういう認識のもとに『見え消し』（展示改ざん）を作ったのか」。こう話したのは石原昌家氏。（知事）コメントの中で、展示を含めて管理運営の最終的な責任は知事にあるとした部分には「微妙な表現だが、開館後は展示変更もあるとの示唆とも受け取れる」と懸念を示した〉

私は、すでに第二の資料館改ざん事件が起きるであろうことを予感していたようだ。

その記事の最後に次のコメントがある。

〈星雅彦氏は「知事は『遺憾』という言葉を使っているが、一連の失態を認めて『陳謝』でなければならない。開館後の展示変更を示唆する言葉があるが、監修委員会の意向を尊重すると再三発言しているので、監修委員会が積み上げてきたものを変更すべきではない」と語った。コメント全体について「期待していたが、これでは信頼回復したとは言い難い。不信感は払しょくされたとは言えず、わだかまりが残った」と不満を示した〉

以上3人のコメントは、監修委員会全体の意思を表明したものであった。

以後、後味の悪さを残しながら、半年余も時間を無駄にされたまま、2000年3月末開館に向けた監修作業に取りかかることになった。

■戦争マラリア問題

一方、八重山の戦争マラリア資料館での展示改ざん問題も残っていた。私

八重山祈念館問題

監修委の不信解けず

新協議会の設置へ初会合／「変更理由」で県批判

八重山平和祈念館の展示変更問題で、県が新たに設けた協議会の初会合について報じる1999年10月27日付琉球新報朝刊の社会面

は、戦争マラリア資料館建設にもかかわっていたので、その展示内容の改ざんにも気をめぐらす立場だった。

当日の同じ紙面に「八重山の監修委員／問題の本質認識がない」という見出しで、以下の記事に問題が残されていることが示唆されている。

〈「平和祈念資料館について」として発表された十四日の知事コメントは、展示内容を変更して開館した八重山平和祈念館への言及はなく、八重山地元の関係者からは再び怒りの声が上がっている。元監修委員の田底重雄・八重山戦争マラリア遺族会会長代行は「問題の本質を知事は認識していないのではないか。言い逃れでしかない。率直にわびてくれればいいのに」と怒りをぶつける〉

この記事の続報として、琉球新報の10月27日21面では〈八重山祈念館問題／監修委の不信解けず／新協議会の設置へ初会合／「変更理由」で県批判〉という見出しで、本島内の四監修、専門委員を集め、初めての検討会議を開いたことを報じている。そして〈会議には委員側から石原昌家、篠原武夫両監修委員と保坂広志、宮国忠広両専門委員、県から比嘉良彦県政策参与、大田守胤国際文化局次長、外間盛治平和推進課長らが出席〉した。

しかし、会議後、次のコメントが載った。〈保坂委員は「展示内容の変更意図と遺族や県民への謝罪を求めたが、県の回答はこれまでと全く変わらなかった。納得できない」と述べた〉（八重山戦争マラリア資料館問題は、2002年に社会評論社から刊行した石原昌家・大城将保・保坂廣志・松永勝利著『争点・沖縄戦の記憶』を参照してほしい）。次回以降も資料館問題をテーマとする。

第84回
平和祈念資料館問題（17）

加害展示　政権から批判／内容「偏向」と決めつけ

沖縄の資料館展示改ざん事件は、全国紙でも報じられていたので、「ピースおおさか」市民ネットワークが1998年7月に発行した冊子を入手できた。1996年6月、橋本首相が政府・与党会議で全国各地の平和博物館（戦争資料館）の展示写真の真偽を調査するよう指示したので、参議院自民党が「全国の戦争博物館に関する調査報告書」を調査公表した内容が紹介されていた。沖縄県立平和祈念資料館（旧資料館）も調査対象となり、なんと偏ったイデオロギーの記述になっていると批判していた。まさに、新資料館の展示改ざん事件は、日本政府の意向に沿った改ざんだったことが判明した。

　新平和祈念資料館の改ざん事件は、地元2紙、県議会議員、世論の力で、7カ月遅れの展示監修作業にとりかかることになった。

　この展示改ざん事件は、全国紙でも報じられていたので、1999年11月に私は大阪の空襲を語り継ぐ平和ミュージアム「ピースおおさか」から、講演の依頼をうけた。大阪城公園の一角にあるミュージアム内の控室で、主催者側から『「ピースおおさか」と全国の平和博物館を考えるシンポジウムの報告集』（1998年7月26日、「ピースおおさか」市民ネットワーク発行）というタイトルの冊子を受け取った。

■首相が調査を指示

　それによると、「1996年6月24日、橋本首相が政府・与党首脳会議で、関係官庁で全国各地の平和博物館（引用者注：戦争資料館のこと）について、展示写真の真偽を調査するように指示したという」（12頁）。それを受けて同年10月18日、参議院自民党は「全国の戦争博物館に関する調査報告書」を作成し、公表したということで、その内容を紹介している。

　あぜんとしたのは、沖縄県立平和祈念資料館（旧資料館）も、調査対象になっていたことを知るに及んだときだった。同館は1975年に開館し、78年にリニューアル

オープンしていた。（「第20回」と「第23回」参照）。

　なんと、「2．問題点の詳細　（1）偏ったイデオロギーに基づく展示内容になっている」と、沖縄県立平和祈念資料館は、ヤマトの政権側から指弾されていたのだ。

　そして「展示パネル『沖縄語を使う者はスパイとみなす…』『スパイ取り締まりの名目で沖縄住民の言動を厳しく監視した』と記述。（1）日本軍と県民の対立を殊更に描き出している」「日本軍の進駐が無ければ米軍の来襲はなかったと受け取れる歴史認識により、対米戦よりも日本軍による『根こそぎ動員』『壕追いだし』『食糧強奪』『集団自決の強要』『住民虐殺』に重点が置かれている」などと、その記述が偏ったイデオロギーに基づくものとして、批判しているのだ。

　連載執筆のため22年ぶりにその報告を読むや、第82回目で紹介した「稲嶺知事は、前任の大田知事の色彩をすべてそぎ落とすように、おそらく、ヤマトの政権から厳命を受けていたのではありませんか」という毎日新聞元記者で八木晃介花園大学名誉教授の指摘が的中していることが判明した。

■皇軍のなれの果て

　調査報告内容を改めて確認するや、すぐに浮かんできたのは「皇軍のなれの果て」という、元大本営参謀の鮮烈な

印象をあたえている言葉だった。

　帝国日本軍の大本営船舶参謀だった馬淵新治氏が防衛研修所戦史室の依頼によって、調査執筆した『沖縄作戦における沖縄島民の行動に関する史実資料』（写真参照）の中で沖縄の皇軍（日本軍）に対して用いた怒りがこもったような表現である。

　表紙に「陸上自衛隊幹部学校　昭和３５年５月」とあるのは、自衛隊が沖縄住民の沖縄戦体験について学習したということであろう。資料の出処については馬淵氏が日本政府厚生省の引揚援護局の厚生事務官として「終戦後援護業務のため、沖縄滞在」の期間中に調査したものと記されている。馬淵氏は琉球政府援護課職員や遺族会から住民の沖縄戦体験を詳細な聴き取りによって執筆したようだ。

　自身も会議に参加した大本営参謀時の沖縄作戦についても触れながら「軍の行き過ぎ行為が住民を刺戟することは国内戦においては避け得られないものである。戦況我に有利な場合はまだしも、戦況一度不利となつて軍の統制が徹底しなくなると益々この種遺憾な行き過ぎ行為が各地で行われた」と記した。

　さらに「例えば心ない将兵の一部が勝手に住民の壕に立ち入り、必要もないのに軍の作戦遂行上の至上命令である、立退かないものは非国民、通敵者（引用者注：スパイの意味）として厳罰に処する等の言辞を敢えてして、住民を威嚇強制のうえ壕からの立ち退きを命じて己の身の安全を図ったもの、ただでさえ貧弱極まりない住民の個人の非常用糧食を徴発として掠奪するもの、住民の壕に一身の保身から無断進入した兵士の一団が無心に泣き叫ぶ赤子に対して此のまま放置すれば米軍に発見されるとその母親を強制して殺害させたもの、罪のない住民をあらぬ誤解、又は誤った威信保持などのため『スパイ』視して射殺する等の蛮行を敢えてし、これが精鋭無比の皇軍のなれの果てかと思わせる程の事例を残している」[注63] とした。

　馬淵氏は、１９５７年１１月、軍人軍属等を対象とした戦傷病者戦没者遺族等援護法を、非戦闘員の一般住民にも適用を拡大するため、米軍統治下の沖縄で戦争体験の聞き取りを実施していたのである。

馬淵新治氏が調査・執筆した「沖縄作戦における沖縄島民の行動に関する史実資料」（陸上自衛隊幹部学校）

■読者の証言

　壕内で日本兵が住民に銃を突きつける姿が問題になっていたことを書いてある私の連載を読んだということで、８５歳（２０２１年）の女性が電話をかけてきた。第８３回目の当日だった。日本兵と住民がひしめき合った壕内で９歳の少女の弟（生後６カ月）がおなかをすかせて泣きやまなかった。日本兵が１５歳の地元少年に鉄砲を持たせて赤子を撃てと命じた。ガタガタ震え、引き金を引けない少年を前にした母親は、黒砂糖水も飲み込めず泣き叫ぶ赤子をギューと抱きしめたようだ。少女は力の抜けた赤子の足が触れたので、息絶えたと察知した。祖母が「戦がやったことだよ」とつぶやいた。７６年後の今（２０２１年）も伊江島でのあの場面が夜中よみがえってくる、と声を震わせていた。まさに「馬淵レポート」その後の証言だ。

[注63] １８～１９頁

旧日本軍の加害、攻撃／全国の資料館、「反日」批判

「ピースおおさか」講演の際に入手した資料で、全国各地の平和博物館における旧日本軍の加害の展示内容が激しく攻撃されている実態を明確に知ることになった。「反日資料館」「自虐史観」などという言葉を用いて、全国各地でさまざまな形で「反日」的であってならないと、後の自民党が「愛国心教育」を強調する動きに連動していたのである。１９９９年３月、稲嶺新沖縄県知事が、沖縄の平和資料館も「反日であってはならない」と県職員に発したという言葉から、資料館展示改ざん事件は発生した。それは日本政府が、戦後一貫して琉球政府経由で沖縄戦体験を捏造してきた系譜の一環だったのだ。

　私は数千人から戦争体験を聞き取りしてきても、体験者との間には埋めようのない断層があると常々、思っていた。一読者の電話で戦後７６年たったいま（２０２１年現在）でも、夜中に壕内の惨状にうなされるという苦しげな声に、沖縄戦体験者でない私との深い溝を痛感したものである。おりしも、その直後の５月３０日、「沖縄戦：地上戦闘下のガマと住民」というテーマのもと、泊高校通信で平和特設授業の準備中でもあったので、その体験談を導入に授業を開始した。

　前回、「ピースおおさか」で入手した冊子で沖縄の資料館問題を深掘りできた。その執筆のさなか、奈良県の読者・馬場彰子さんから「ピースおおさか」の展示問題で裁判を起こした原告を紹介したい、という手紙が届いた。さっそく、原告竹本昇氏から判決文資料の添付ファイルをいただいた。読者との応答でテーマが予期せず深まっていくようである。

■改ざんの前触れ

　日本政府筋の報告書が発表されて以後、この調査などを基に右派ジャーナリズムなどによる資料館への「反日」攻撃、議会などでの質問などによる攻撃（同書１２頁）、そして「自治体による『反日資料館』の実態を明らかにする」

ということで、「反日資料館」とか、「自虐史観」などという一般化していなかった表現を用いて、全国各地の平和博物館における旧日本軍の他国、他民族への加害にかかわる展示内容を激しく批判・攻撃している経緯が詳細に報告されていた。

　沖縄県立平和祈念資料館も「偏ったイデオロギーに基づく展示内容」と批判されていたので、当該資料館から全国各地に貸し出された沖縄戦パネルなどがターゲットにされていた。

　１９９８年、長崎県佐世保市の「佐世保空襲・平和資料展」で沖縄戦での住民の集団死の写真パネルが撤去されている。

　また、鳥取県倉吉市では「夏休みの友」に掲載されている沖縄戦の写真をめぐって、市議会で問題視され、キャプションの書き換えを強いられるという事件（倉吉市在の人権問題研究家・池原正雄氏の情報提供）も発生していたようだ。

　連載で既述のとおり、１９９９年３月、稲嶺知事が新資料館は「反日的であってはならない」と県職員に指示したというのは、まさに全国の反日資料館攻撃に連なるものだったといえよう。

　旧資料館の展示については、政府筋からの批判を受けていたが、実は県内の特に他府県の慰霊の塔碑文調査をしてきた人たちからも批判されてきた。その問題点は、「皇軍（日

本軍）と住民との間で発生した沖縄戦の悲劇は天皇の軍隊が引き起こした」（天皇直属の軍事機関である大本営の船舶参謀だった馬淵氏がいう皇軍のなれの果て）にもかかわらず、その因果関係を示す史料展示がない、と指摘されていた。

■新資料館の観点

旧資料館の開館から２５年を経てリニューアルするにあたり、沖縄戦（体験）研究の深化、新史料の発見に加え、批判に応える視点で展示計画がすすめられた。

その主要点は（１）帝国日本の他国への侵略・加害の歴史（２）自国軍隊が自国民をスパイ視・虐殺した背景がわかる日本軍の間接的・直接的な史料を展示する（３）地上戦突入直前の昭和天皇の側近が意見具申した「近衛上奏文」の展示により天皇と沖縄戦のかかわりを理解できるようにする（４）沖縄全域における住民の体験証言や映像による体験証言（５）天皇メッセージや講和条約第三条の具体的史料を展示して沖縄が米軍占領下におかれてきた原点をしめす（６）米軍の基地から派生する事件、事故、人権抑圧（７）米軍の弾圧を超えて「日本復帰」を実現させていく住民の諸運動―などであった。

■曲解正す地元紙

以上が新資料館のコンセプトの主要な内容だった。これまで沖縄地元２紙の新聞取材記者がスクープ記事として大々的に報じてきた県の「展示改ざん」内容は、この展示計画をことごとく真っ向から否定したり、内容を薄めたりするものであった。それは、全国での「反日資料館攻撃」と同一線上にあったことが「ピースおおさか」資料で明らかになったのである。

つまり、沖縄の新聞社は全国の反日資料館攻撃の一環であった沖縄県平和祈念資料館の展示改ざん事件で、「ペンは剣よりも強し」の精神で積極果敢な取材力によって、歴史の捏造、曲解を正してきた、と全国から高く評価された。

開館にむけて残された時間はわずかだった。私の記憶す

１９９６年に自民党が作成した報告書の中でまとめた「沖縄県立平和祈念資料館の実態と問題点」。「偏ったイデオロギーに基づく展示内容」と指摘している

る限り、監修委員の間で意見をすり合わせるのに一番時間がかかったのは、平和祈念資料館の設立理念の扱いについてであった。

旧資料館が開館したのは、１９７５年であり、まだ沖縄戦体験の研究は緒についたところであった。それから２５年たっているので、これまでの沖縄戦（体験）の研究の深化を当然ふまえるべきというのが私の見解だった。しかし、設立理念には触れるべきでないという意見もあり、何時間かけても意見は平行線のままだった。

旧資料館の設立理念のなかで、「沖縄戦の何よりの特徴は、軍人よりも一般住民の戦死者がはるかに上まわっていることにあり、その数は十万余におよびました。ある者は砲弾で吹き飛ばされ、ある者は追いつめられて自ら命を断ち、ある者は飢えとマラリアで倒れ、また、敗走する自国軍隊の犠牲にされる者もありました」という文言に手を加えるべきというのが、私の意見だった。

数千人の戦争体験者から聞き取りをしてきたものとして、そして無念の死を強いられた無数の戦争死没者のために、修正すべき文言が含まれていることに気づいたからである。それは、１９８４年に起こされた第三次家永教科書裁判の「沖縄戦に関する部分」の争点になった箇所でもあった。

日本軍の強制を明記／「集団自決」の表現改める

新資料館の展示作業が再開され、長時間議論したのが、設立理念の扱いだった。家永教科書訴訟によって、沖縄戦体験研究を深化させた成果を継承する義務が筆者にはあった。安仁屋政昭教授の第一審での証言は、原告家永氏と被告国との争点を明解にし、１９７８年の設立理念の変更を迫る内容だったのだ。住民「自ら命を断った」というこれまでの表現を変更させねばならなかった。委員の一人が「自ら命を断たされ」と、提案したので大長考の末、衆議一決した。「追いつめられて自ら命を断たされ」への変更のもと、地の文として「日本軍の強制による集団死」、すなわち「強制集団死」を正式決定した。ただし、住民の証言コーナーでは援護法での「集団自決」の表記のままである。

沖縄県政をゆるがした新資料館展示改ざん事件は、全国各地の戦争資料館（平和博物館）の展示内容を政権側が「反日」であってはならないと批判・攻撃している一環であったことを第８４回と第８５回で明らかにしてきた。

沖縄サミットを前にして、資料館問題の終息を急ぐ稲嶺県政の下で、任期切れ間近だった私たち監修委員は２０００年３月末開館（実際は４月に開館）予定の展示監修作業を継続することになった。

そして展示監修作業の会議で、最も多くの時間を費やしたのは、旧資料館の設立理念の扱いだったことに触れ、私が問題とした文面を紹介した。「ある者は追いつめられて自ら命を断ち」という部分だった。

第３８回から第５１回まで、家永教科書検定訴訟の沖縄戦に関する部分にさいてきた。私はその控訴審で原告家永氏側の証人だった。

■「命を断ち」から

沖縄戦で「無念の死」をとげた人たちの代弁者として、東京高裁の法廷で証言してきた。それをふまえても、「自ら命を断ち」というのはとうてい受け入れられない、後に引けない文面だった。１９７８年にリニューアルオープンした沖縄県立平和祈念資料館では、その入り口に設立理念が展示された。

当時、私は展示計画委員だったので、自己否定、自己批判するような事柄でもあった。

第三次家永教科書裁判の沖縄出張法廷（１９８８年２月）以後、沖縄戦体験研究が深化していることを反映させる役割を私は担っているという強い使命感をもっていた。

したがって、「自ら命を断ち」という文面にこだわりつづける委員は、恩義のある先輩「研究仲間」とはいえ、私にはまるで控訴審法廷のなかの国側代理人と次第にダブってみえてきた。沖縄住民は天皇のため、国のために「自らの命を断った」ひとが多いので、「集団自決」（殉国死）を書き加えるようにというのが国側の主張だったので、裁判の争点はとどのつまり、沖縄戦で住民が「自ら命を断った」のか、日本軍の強制、誘導などにより「命を断たされた」、つまり間接殺害だったかの争いだった。

国のいう「集団自決」というのは、第４１回で触れてある通り、慶良間で、住民が集団死した実情を、「戦闘員の煩累（はんるい）を絶つため崇高な犠牲的精神により自らの生命を絶つ者も生じた」（『沖縄方面陸軍作戦』防衛庁防衛研修所戦史部編２５２頁）と記している。つまり、住民が日本軍の戦闘に協力して「自らの命を絶つ者」というのが、国の「集団自決」の定義だといえる。

■「命を断たされ」

　法廷での証人尋問はわずか2時間しか与えられていなかった。しかし、展示監修作業の会議では、特に時間の制限はなかったので、平行線のまま6時間ほどたった。

　ある委員が"石原さん「自ら命を断たされ」という表現なら了解できるのではないか"と提案した。それは、納得のいく案だった。さすがに、その表現に異論をはさむ委員はいなかった。沖縄県の資料館として、沖縄戦体験研究の到達点を共有することになった瞬間でもあった。

■「強制集団死」

　新資料館の設立理念は、「自ら命を断ち」から「自ら命を断たされ」に一部修正された。それに対応して、これまでの住民の「集団自決」の表現は、「強制による集団死」に書き改められた。その展示説明は以下の通りである。

　「日本軍の強制による集団死　日本軍は、住民と同居し、陣地づくりなどに動員した。住民の口から機密が漏れるのを防ぐため、米軍に投降することを許さなかった。迫りくる米軍を前に、『軍民共生共死』の指導方針をとったため、戦場では命令や強制、誘導により親子、親類、知人同士が殺しあう集団死が各地で発生した。その背景には『天皇のために死ぬ』という国を挙げての軍国主義教育があった」。

　以後、強制集団死という用語が、新聞でも使用されるようになっている。この説明文で「殺しあう」という表現は、赤子が親を殺すということはあり得ないので不適切であり、十分吟味する時間を取れなかったことが刻印されている。

■援護法の呪縛

　沖縄県の平和祈念資料館の特徴である住民の「証言」をメインにすえることになった経緯については、第23回で詳細に記した。

　新資料館の展示説明の住民の体験証言で「集団自決」という用語を使用しているのは、体験者本人が「集団自決」

日本軍の強制による集団死

日本軍は、住民と同居し、陣地づくりなどに動員した。住民の口から機密が漏れるのを防ぐため、米軍に投降することを許さなかった。迫りくる米軍を前に「軍民共生共死」の指導方針をとったため、戦場では命令や強制、誘導により親子、親類、知人同士が殺しあう集団死が各地で発生した。その背景には、「天皇のために死ぬ」という国を挙げての軍国主義教育があった。

以前は住民の「集団自決」としていた表記を「強制による集団死」との説明に改めた「沖縄県平和祈念資料館　総合案内」（2001年）の記述

と使用している場合、それを勝手に「強制集団死」へ変換させることはできないからである。

　なぜなら、「強制による集団死」した遺族が、援護法の申請にあたり、「戦闘参加者についての申立書」で、戦闘参加者概況表の「集団自決」の項目で認定されているからだ。「集団自決」以外の用語を用いたら、認定資格をうしない、遺族給与金が支給されないという仕組みになっている。沖縄戦の遺族は、日本政府によって「集団自決」という用語が、死活的に重要な言葉にされているのである。

　私が「集団自決」（殉国死）に替わる言葉を唱えるという沖縄社会のタブー破りを始めた時、新聞の論壇で「石原教授への質問状」などと、数名の遺族から「以前は集団自決という言葉を使用していた」と追及されてきた。私は遺族の心情を思えば、決して遺族と議論しようとは思わなかった。第116回目で「援護法の呪縛を解く必要」とコメントしているが、遺族給与金の受給者が激減している今、援護法で捏造された沖縄戦体験の真実を取り戻すべき時がきた、と判断したからである。

第87回
平和祈念資料館問題（20）

住民被害の元凶示す史料／天皇、早期終戦を拒絶

新沖縄平和祈念資料館は、旧沖縄県立平和祈念資料館に比べるとインパクトがないという批判があった。それに対して筆者は、7点の沖縄戦と戦後沖縄の本質を知る最重要な史料を展示してあるのは、全国で沖縄の資料館だけだろうと説明している。それは、①「第32軍牛島満軍司令官の訓示」、②「報道宣伝防諜に関する県民指導要綱」の第一方針「軍官民生共死の一体化の具現」、③近衛上奏文、④球軍会報の「沖縄語使用者は間諜と見做し処分す」⑤「国土決戦教令　戦闘守則」（民間人の生命より戦闘優先）、⑥久米島鹿山隊の「敵の宣伝ビラ拾得者は敵側スパイと見なし銃殺す」⑦天皇メッセージ（米軍の沖縄占領の継続を希望）である。一点でも史料展示から撤去されたら、展示改ざんの始まりだといえるほどの重要史料である。

カナダ在で国際的に活動している乗松聡子さん（琉球新報の連載「乗松聡子の眼」の筆者）とは、ネットを介して交流が始まった。今や、沖縄戦体験にかかわる諸問題についてさまざまな情報や示唆を受けてきている。連載中の新資料館の展示に関しても疑問を提示してもらった。

その乗松さんの依頼で2013年8月と15年8月の二度、沖縄県平和祈念資料館を含む南部を案内したことがある。ベトナム戦争映画で有名なオリバー・ストーン監督と米国のピーター・カズニック歴史家に続いて、世界的著名人ノーム・チョムスキーの孫娘を含む「国際沖縄学習ツアー」のいずれかを案内したときであった。

私は乗松さんに「新資料館は、旧資料館に比べるとインパクトがないという批判があるが、展示史料をじっくり読んでいないようだ。沖縄戦とは、国体護持、天皇制を守る戦闘で、その結果、住民が多大な被害を受けた。そのことは史料が語っている。そのような史料の展示は全国の資料館のなかで、沖縄県の資料館のみではなかろうか」という趣旨の説明をした。

すると、乗松さんから「監修委員だった人の説明を受けなくても、そのことが理解できないといけない。そのような展示の仕方にはなっていない」と手厳しい批判を受けた。

痛いところを突かれた。というのも、私たち監修委員は任

期が切れたら、第二の資料展示改ざん事件が起きるのではないかと恐れ、肝心な史料を説明抜きで目立たないように展示しようとする気持ちが働いた。ということで相矛盾する展示になっていたのである。以下が、それらの史料である。

■7点の重要史料

監修委員会では、沖縄戦で住民被害の元凶を参観者がたどる史料として、以下の（1）から（7）までを展示することになった。今後、資料館の展示改ざんをチェックするために、次世代のためにもその史料名を挙げ、最も重要な箇所を抜き出しておく。これらの史料の一つでも削除されていたら、それは「反日」史料として排除され、第三（第二は第91回で詳述）の資料展示改ざん事件ということになる。それは軍拡・国防族の圧力に屈したか、稲嶺県政のように自発的服従しているかの目安だ。

開館までに6カ月余も時間を無駄にされた分、最終チェックができなかった部分もこの連載で指摘しておきたい。史料は、『沖縄県平和祈念資料館総合案内』書に拠っている。（なお史料の詳細は『沖縄県史　資料編23　沖縄戦日本軍史料　2012年、沖縄県』を参照してほしい）

（1）「牛島軍司令官の訓示（昭和十九年八月三十一日）」。訓示は、「第一」から「第七」までの全文を展示してある。

上奏文

敗戦ハ遺憾ナカラ最早必至ナリト存候（中略）敗戦ハ我カ国体ノ瑕瑾タルヘキモ、英米ノ輿論ハ今日マテノ所国体ノ変革トマテハ進ミ居ラス（中略）随テ敗戦タケナラハ国体上ハサマテ憂フル要ナシト存候。国体護持ノ建前ヨリ最モ憂フルヘキハ敗戦ヨリモ敗戦ニ伴フテ起ルコトアルヘキ共産革命ニ御座候。ツラツラ思フニ我カ国内外ノ情勢ハ今ヤ共産革命ニ向ツテ急速度ニ進行シツツアリト存候。即チ国外ニ於テハソ連ノ異常ナル進出ニ御座候。（中略）即チ世界赤化政策流ナルモ背後ヨリ之ヲ煽動シツツアルハ最近欧州諸国ニ対スル露骨ナル策動ニヨリ明瞭ナリト存候。（中略）ソ連ハヤカテ日本ノ内政ニ干渉シ来ル危険十分アリト存候レリ。（中略）昨今戦局ノ危急ヲ告クルト共ニ一億玉砕ヲ叫フ声次第ニ勢ヲ加ヘツツアリト存候。カカル主張ヲナス者ハ所謂右翼者流ナルモ背後ヨリ之ヲ煽動シツツアルハ（中略）共産分子ナリト睨ミ居リ候。（中略）勝利ノ見込ナキ戦争ヲ之以上継続スルハ、全ク共産党ノ手ニ乗ルモノニシテ随テ国体護持ノ立場ヨリスレハ、一日モ速ニ戦争終結ノ方途ヲ講スヘキモノナリト確信仕リ候。（中略）従テ戦争終結セントスレハ先ツ其前提トシテ此ノ一味ノ一掃力肝要ニ御座候。（中略）此ノ一味ヲ一掃シ軍部ノ建直シヲ実行スルコトハ、共産革命ヨリ日本ヲ救フ前提先決条件ナルヘ、非常ノ御勇断アラコソ願ハシク奉存候。

昭和二十年二月十四日　元首相　近衛文麿

1945年2月14日に近衛文麿氏が天皇に意見を伝えた「上奏文」（「沖縄県平和祈念資料館　総合案内」より）

紙幅の都合上、第六「地方官民ヲシテ喜ンテ軍ノ作戦ニ寄与シ進テ郷土ヲ防衛スル如ク指導スヘシ」、第七「防諜ニ厳ニ注意スヘシ」のみ引用する。住民を軍の戦力増強に根こそぎ動員することにより、軍事機密を知られるので、防諜に注意すべしと敵に機密が漏れないことを命じている。戦場での非国民、スパイ視虐殺の背景を語っている史料である。

（2）「秘密戦ニ関スル書類（報道宣傳防諜等ニ関スル縣民指導要綱　昭和十九年十一月十八日、球一六一六部隊［軍司令部］）」の「第一方針　軍官民共生共死ノ一体化ヲ具現」は、軍人同様に軍事機密を知った住民は、軍と共生し、共死するよう指導すべしという恐るべき史料である。住民の集団死が軍の方針として極秘のうちに準備されていたことを裏付けているとともに、凄惨な住民被害をもたらした元凶の史料として誰の目にも明らかである。

■「もう一度戦果を」

（3）「近衛上奏文（昭和二十年二月十四日）」。元首相近衛文麿が昭和天皇に拝謁し、上奏文（天皇に意見・情勢を具申すること）を呈した。「敗戦ハ遺憾ナカラ最早必至ナリト存候・・・国体護持ノ建前ヨリ最モ憂フルヘキハ敗戦ヨリモ敗戦ニ伴フテ起ルコトアルヘキ共産革命ニ御座候・・・・国体護持ノ立場ヨリスレハ、一日モ速ニ戦争終結ノ方途ヲ講スヘキモノナリト確信仕リ候・・・・」

以上は一部の引用だが、沖縄戦と直接的にかかわる以下の部分が含まれていない。「御下問：昭和天皇、御答：近衛文麿、（御下問）もう一度戦果を挙げてからでないと中々話は難しいと思ふ。（御答）そう云う戦果が挙れば誠に結構と思はれますが、そう云う時期が御座いませうか。之も近き将来ならざるべからず。半年、一年先では役に立つまいと思ひます」

この問答は、沖縄にとって決定的である。昭和天皇が「もう一度戦果を挙げてからでないと」と、近衛の進言を拒絶した翌3月に、日米最後の地上戦に突入したのである。つまり、沖縄戦は天皇制を守る「戦果」をあげる戦闘だった。

■「拝謁記」

戦争終結に着手していたら沖縄戦を避けることができたかもしれないこの近衛上奏文の続きといえるのが琉球新報2019年8月20日付の7面に掲載されている。それは初代宮内庁田島道治長官が昭和天皇との対話を書いた「拝謁記要旨」、昭和27（1952）年3月14日の記録である。

その日、天皇は「私ハ実ハ無条件降伏は矢張りいやで、どこかいゝ機会を見て早く平和ニ持つて行きたいと念願し、それには一寸こちらが勝つたような時ニ其時を見付けたいといふ念もあつた」という。

まさに、1945年2月14日「もう一度戦果を挙げてからでないと」という近衛元首相への返答を、それから7年後、（天皇制存続の交渉を）「一寸こちらが勝つたような時」と、言葉を変えて振り返っている。だが、その「時」こそが、地獄のような沖縄戦だったのである。この「近衛上奏文」は、沖縄戦を語るうえで、絶対に欠かせない特級史料だということは、この「拝謁記要旨」が掲載された琉球新報の裏付け記事でも明らかになっている。

第88回
平和祈念資料館問題（21）

住民盾に天皇制守る／被害増大の根源迫る史料

沖縄戦体験の長期連載は、戦争体験研究の経過と到達点を将来世代に継承すべく義務感が根底にあった。筆者が最重要だという史料群は、すべて先達や同年代の研究者たちが発掘してきたものだ。筆者は史料の持つ意味を戦争体験者の証言に照らしながら解明し、さらに国家による沖縄戦体験の捏造の仕組みを明るみにした。大学生たちと沖縄戦戦災調査を継続して、体験証言に照らし、沖縄戦の本質を実証的に明らかにした。それで「軍隊は住民を守らない。それどころか住民を直接殺害したり、死に追いやる」という結論を得た。「国土決戦教令」は、敵が老幼男女を先頭に立てて攻めて来ても、住民は天皇のため死ぬ覚悟だから何のためらいもなく、敵兵を全滅させよという指示である。沖縄の日本軍が南部南端へ軍司令部を移動し、避難住民を敵軍の前面に立てた作戦はそれを実践したといえる。

「沖縄戦とは何だったのか」との不意の質問に、「天皇制を守る戦闘だった」ととっさに答えた。「近衛上奏文」に接していたからである。４０年ほど前、東京の晩聲社和多田社長の突然の問いに、間髪入れずに応答できたのは歴史家の仲地哲夫氏（当時沖縄国際大学教授）が、『木戸幸一関係文書』（木戸日記研究会編、東京大学出版会、１９６６年）のコピー「近衛上奏文」を提供してくれていたおかげである。

■研究の到達点

沖縄の日本軍は、天皇制国家体制の存続（国体護持）をかけた戦闘の最前線に立たされた。帝国日本の命運が、天皇の命を受けた牛島満軍司令官にゆだねられた戦闘が沖縄戦だったという裏付けが「近衛上奏文」であり、「一寸こちらが勝ったような時」と生身の昭和天皇のことばを記録した田島初代宮内庁長官の「拝謁記」だったということを示したのが第８７回目だった。

また、資料館設立理念の監修会議で共通認識をえた「日本軍の強制による集団死」の表現も、すでに家永沖縄戦裁判の第一審での安仁屋政昭証人（当時沖縄国際大学教授）の証言を踏襲したものであった。

安仁屋氏は１９８８年２月の沖縄出張法廷で、「住民の集団的な死は、強制され、あるいは追い詰められたものであった、自らの意思によるものではないとそういう意味で言いますと、これらを集団自決と表現することは不適切であります」と証言していた（連載第４１回）。

第一審安仁屋政昭証人に続く、第二審の石原昌家証人として法廷で証言した私にとって、沖縄戦体験研究の到達点をいささかも後退させるわけにはいかないテーマだった。

■沖縄語スパイ視

では、前回に引き続き、国体護持の沖縄戦体験の本質をあらわにしている新資料館の史料展示を紹介しよう。それはとりもなおさず、沖縄戦における住民の被害をもたらした根源に迫る史料であり、個々の体験証言の大局を参観者に把握してもらうのが主眼であった。

（3）「近衛上奏文」に続くのは、（4）「球軍会報　四月九日（１９４５年）」である。その命令綴りには「五、爾今軍人軍属ヲ問ハズ標準語以外ノ使用ヲ禁ズ　沖縄語ヲ以テ談話シアル者ハ間諜トミナシ處分ス」とある。いうまでもなく、爾今は今後、間諜はスパイ、処分とは殺害の意味である。「球軍日日命令」五月五日、でもまったく同じ文面の命令を発している。（新『沖縄県史』資料編２３沖縄戦日本

軍史料、2012年）。

　日本軍部にとって沖縄語は悩ましい問題だった。沖縄で20歳の徴兵業務を開始した12年後の明治四十三（1910）年度『沖縄警備隊区徴募概況』には、「本県ニ於ケル検査ノ難事トスル処ハ、一般ニ普通語ヲ解スル者少ナク、従テ各検査官トモ通弁ヲ要スルニ在リ」（『浦添市史』第五巻、1984年）とある。

　普通語とは標準語のことであり、通弁とは通訳のことだから日本軍部の検査官は標準語を理解できない沖縄県人に通訳者を介して徴兵検査をこなさざるを得ず難事だ、と嘆いていた。軍隊にとって、上意下達の命令を伝達する標準語（共通語）を習得することが必須条件だったので学校教育現場で標準語励行が強要されていった。

　だが、沖縄戦の地上闘下の沖縄県庁の「後方指導挺身隊」の沖縄出身幹部でさえ、県外の日本兵がいないところでは、ウチナーグチ（沖縄語）を使用していたと証言していた。

　1945年4月1日に沖縄本島中部西海岸へ米軍が上陸し、住民を巻き込んだ地上戦闘に突入した軍中枢部としては「軍事秘密漏洩防止」のため、県外の日本兵が理解できない沖縄語使用を禁止したのであろう。

　従わないものは日本軍の住民スパイ視虐殺をもたらした史料として沖縄戦研究初期の段階から、発掘した研究者が住民被害の元凶の一つに、位置づけていた。

■国土決戦教令

　次に（5）「国土決戦教令」の展示史料である。沖縄本島上陸後の米軍主力部隊が、首里軍司令部を目指して南下したので、嘉数高台方面で日本軍が迎撃した。両軍の死闘が展開し始めていた4月20日、大本営陸軍部は、『国土決戦教令』（防衛研修所戦史室所蔵）を発令した。敵軍が国土に上陸して決戦場になった時の、戦闘命令である。

　私がその存在を知ったのは、沖縄県平和祈念資料館の開館間際であった。その中身を知るや、皇軍の本性がむきだ

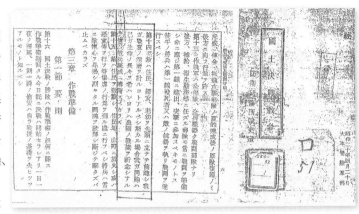

「国土決戦教令」で「第十四」が記された部分（防衛研修所戦史室蔵）大本営陸軍部「国土決戦教令」の表紙（防衛研修所戦史室蔵）

しで、赤裸々にさらけだしている。開かずの間に入った感がした。長年、私は大学生たちと沖縄各地で沖縄戦戦災実態調査を実施してきた。それにはぼう大な時間とエネルギーを費やしてきた。

　その数年がかりの調査の結果、沖縄戦の教訓は、「軍隊は住民を守らない。それどころか、軍の作戦（保身）のため住民を殺害したり、死に追いやる」という確信をえていた。それを具体的数字や住民証言で断言できるには、学生たちの計り知れない労力が注がれていた。そのような実証的調査に基づいて国体護持の戦闘のむごさを追究してきた。

　日本軍部は、それを次のように発していた。

　『国土決戦教令』の「第二章　将兵ノ覚悟及戦闘守則」の「第十四　敵ハ住民、婦女、老幼ヲ先頭ニ立テテ前進シ我ガ戦意ノ消磨ヲ計ルコトアルベシ斯カル場合我ガ同胞ハ己ガ生命ノ長キヲ希ハンヨリハ皇國ノ戦捷ヲ祈念シアルヲ信ジ敵兵殲滅ニ躊躇スベカラズ」と。

　戦意の消磨とは、戦闘意志をそぐことで、戦捷（せんしょう）とは戦争に勝つこと、殲滅（せんめつ）は皆殺しのことである。敵が捕らわれの老幼、婦女住民を盾にして、皇軍に攻め込んできたとき、いわば皇国臣民を人間の盾にして攻め込んできたとき、老幼婦女住民は、皇国が勝利することを祈念していることを信じ、敵を全滅させることをためらうなということである。つまり、そのような戦闘時には、住民を死の道連れにする覚悟を持つように命じていたのである。

「米ビラ私有は銃殺」／日本軍、相次ぐ住民虐殺

１９９９年の沖縄県平和祈念資料館の展示改ざん事件は、全国で展開していた政府側の「反日資料館攻撃」の一環であることが大阪講演の折に判明した。さらに、作家司馬遼太郎が「国土決戦教令」を作成したであろう大本営の人から直接聞いたのは、住民は「轢っ殺してゆけ」（街道をゆく6、沖縄・先島への道、朝日文庫）だった。司馬氏は沖縄戦の惨状を聞き、自分の体験を思い出し、米軍の本州上陸の際にも沖縄戦同様な事態が発生したであろうと執筆していた。なお、久米島には日本軍が住民や朝鮮の人を相次いで残虐な仕方で虐殺していった「命令文」が残っていたので実物展示してある。

「これが沖縄戦だ！」という一目瞭然の史料が、第88回に紹介した『国土決戦教令』の「第二章　第十四条」だった。その存在を知ったのは新資料館開館直前だったので、新沖縄県平和祈念資料館の監修委員会長代理の宮城悦二郎氏のもと、急きょ電話で全委員と展示の確認を取り合い、「住民犠牲の諸相」のコーナーでのコピー展示にこぎつけた。

大阪の戦争資料館「ピースおおさか」での講演後、面識のない聴衆の一女性が、勤務する大学研究室に司馬遼太郎著『街道をゆく6、沖縄・先島への道』（朝日文庫）を読むようにと、数カ月後、送付してくれた。私が講演で話したような内容が書いてあるとのことだった。

すぐに手にすることはなかったが、ある日、拾い読みしたら『国土決戦教令』を読んだ時に連動する一文が目にとまり、息をのむ思いをした。

■轢っ殺してゆけ

学徒出陣の司馬遼太郎氏は、敵が関東地方の沿岸に上陸したとき出動するため、栃木県佐野市連隊の戦車隊に配属されていた。司馬氏は大本営から派遣された人の説明があったおり、日ごろの疑問を問うた。敵の上陸に伴い、住民が荷物などを大八車に積んで、連隊が配備されている山地の狭い道路を埋めつくすように逃げ込んでくるだろう。敵を迎え撃つべく自分たちの戦車が驀進（ばくしん）していくと、どう

なるのか。

「そういう私の質問に対し、大本営からきた人はちょっと戸惑ったようだったが、やがて、押し殺したような小さな声で―かれは温厚な表情の人で、決してサディストではなかったように思う―轢っ殺してゆけ、といった」[注64]

まさに大本営陸軍部の国土決戦教令で、敵が住民を盾にして攻めてきたら、「敵兵殲滅（せんめつ）ニ躊躇（ちゅうちょ）スベカラズ」の戦闘守則を、それを作成した一員であろう大本営の人の口から、司馬氏は直接聞いていたのである。以後、司馬氏は「軍隊は住民を守らない、軍隊は軍隊そのものを守る存在だ」と思考をめぐらした。

そして旅した沖縄で沖縄戦体験者との会話から「もし米軍が沖縄に来ず、関東地方にきても、同様か、人口が稠密（ちゅうみつ）なだけにそれ以上の凄惨な事態がおこったにちがいない。住民をスパイ扱いしたり村落に小部隊がたて籠って、そのために住民ごと全滅したり、それを嫌がって逃げる住民に通敵者として殺したりするような事態が、無数におこったのではないか」[注65]と、戦争被害の全体像を俯瞰（ふかん）していた。特殊沖縄だけに発生したとは限らないという高い見識を著書で広めていたのである。

■本土でも惨状に

私は、１９８１年８月１３日から１５日、大分県の教員組合から戦争終結記念講演を依頼され、初めて日本本

土で沖縄戦の惨状について語ってきた。皇軍の沖縄住民スパイ視虐殺行為は、沖縄人差別蔑視が根底にあったとしても、日本各地に米軍が上陸したとき、沖縄戦とまったく同じような惨状が発生していたはずだと、きっぱりと締めくくった。講演前に大分県の図書館で１９４５年６月の新聞をめくり、大分県内でもスパイに関する新聞記事を見つけたからだ（第３６回と関連）。

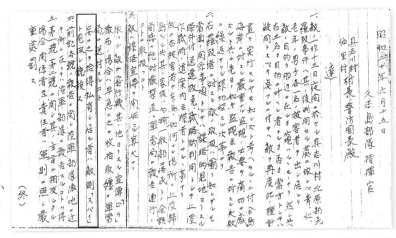

１９４５年６月１５日に出された久米島部隊指揮官（鹿山兵曹長）の「達」で、米軍の宣伝ビラ所持者は銃殺することを記した内容（左の囲んだ部分）

　ところが、出身大学の大先輩にあたる司馬氏は、その７年前の１９７４年段階で、すでに週刊朝日で公表していた内容だったことが、今回の執筆のために再読して分かった。私は大学の大先輩の重要な指摘を見落としてきていたのだ。

　第３２軍牛島軍司令官は、１９４５年５月３０日、首里決戦を避けて堅固な首里軍司令部から摩文仁南端へ撤退した。首里軍司令部の南側から摩文仁の新司令部壕の北側の南部一帯は、老幼男女住民の一大避難地域になっていた。牛島軍司令官は当然、そのことを熟知していたはずだ。

　つまり、住民を盾にした形で迫りくる米軍との戦闘を長引かせる、国体護持の持久戦を展開した。天皇の厳命のもと、牛島軍司令官は「国土決戦教令」通りに戦闘を指揮したということが、史料で確認できるのだ。

■皇軍の本性

　展示資料の（６）「久米島部隊指揮官　敵の宣伝ビラ拾得者は銃殺す」の史料は、皇軍の本性を示す貴重な現物展示である。「昭和二十年六月十五日　久米島部隊指揮官　具志川村仲里村村長警防団長殿　達」の「その三」に「敵ガ飛行機其ノ他ヨリスル宣傳『ビラ』散布ノ場合ハ早急ニ之ヲ収拾取纏メ軍當局ニ送付スルコト　妄ニ之ヲ拾得私有シ居ル者ハ敵側『スパイ』ト見做シ銃殺ス」とある。

　『久米島の戦争』（徳田球美子、島袋由美子編、なんよう文庫、

２０１０年）の年表によると、この「達」が出た前後の記録で発令の経緯が推察できる。

　「6・13字北原比嘉亀宅に敵兵らしきもの４、５名侵入、比嘉亀を拉致して行く」「6・14北原事件にて各字へ手配の上、警戒をなす。8時ころ山隊長より屋宜巡査と共に打ち合わせのため呼び出しにより出張」「6・15山の隊長より拉致事件に対し両村長、警防団長あて注意書来る。各部落に対し山より達し並びに注意書来る」

　この記録によると、米軍の斥候兵が久米島へ上陸して、島人を拉致したということで、山中に潜む日本軍の鹿山隊は、住民を通して日本軍の動向を探られていると判断し、「スパイとして銃殺の達し」を発令したようだ。6月26日にはついに米軍が久米島上陸し、島の緊張は極度に高まり、警防団本部も解散した。28日には米軍の久米島占領を意味する米国旗がたてられたので、住民は山中に潜む日本軍鹿山隊と米軍の板挟み状態に置かれた。

　6月27日、安里正二郎郵便局員の虐殺に始まり、29に北原住民9人虐殺、8月18日仲村渠明勇一家3人虐殺、8月20日朝鮮人の谷川昇一家（妻は久志村［現・名護市］の人）7人惨殺が相次いだ。すべては、6月15日の「達」に始まった。

[注64] 司馬遼太郎著『街道をゆく6、沖縄・先島への道』41頁）[注65] 同書43〜44頁）

第90回
平和祈念資料館問題（23）

背景知り戦争体験継承を／大局的史料が不可欠

日本政府は、１９５７～５８年段階までには、住民が体験した沖縄戦の全体像を把握していた。それを証明しているのが援護法を住民へ適用拡大するため、一般住民を戦闘参加者と認定するために作成した「戦闘参加者概況表」である。住民がどのように戦闘協力したかと２０の事例に軍と住民の係わりを分類している。その中には「スパイ嫌疑による斬殺」をあげ、しかも「日本によるもの」と「米軍によるもの」に分け、その具体事例まであげている。スパイ嫌疑で斬殺された住民に日本軍の戦闘参加者という身分を付与し、靖国神社に殉国死したものとして合祀し、その死を讃えている。日本政府による沖縄戦体験の捏造そのものだ。それは、昭和天皇が米軍の沖縄占領の継続を希望することを米国に伝えた「天皇メッセージ」から１０年経った１９５７年以後、その捏造は今日まで継続している。

２０２１年去る９月４日、日本キリスト教団主催で「援護法と沖縄」という演題のオンライン講演を依頼された。０歳児を含む一般住民を沖縄戦で「戦闘参加者」扱いする「戦闘参加者概況表」を改めて見直した。

それは沖縄県の援護課が作成した形だが、日本政府が沖縄戦体験をどのように把握しているかという事実上の公式記録であり、沖縄住民にとって、肝要な史料である。

■あからさまな捏造

住民の沖縄戦体験を２０の事例にまとめた「概況表」の１８事例目は「スパイ嫌疑による斬殺」になっている。発生地として伊江島、豊見城、今帰仁、玉城と並んで久米島もあげている。その上、米軍による射殺（全島地域）もあげている。そして〈スパイ嫌疑の斬殺は、日本軍によって行われたものと、米軍によって斬殺されたものの二つがある〉と指摘し、以下のように続く。

〈一、日本軍によるもの（イ）投降勧告の行為をなし又は米軍の指示によって、投降勧告文書を持参して日本軍陣地にやってきた住民を斬殺したもの。（ロ）米軍に拉致された住民が一旦釈放（帰宅）を許され部落に帰って来た者を日本軍が其の人名を調べ斬殺したもの。（ハ）友軍陣地をうろついたためにスパイ嫌疑をうけ斬殺されたもの。（二）かっては米国に居住した事のある者で英語が話せるためにスパイの嫌疑をうけて斬殺されたもの〉

〈二、米軍によるもの　昭二〇、六、一八日高嶺村真栄里においてバックナー中将が狙撃され戦死したとき附近に避難していた住民は殆んど全部その嫌疑又は報復手段により斬殺されたもの〉と事例をあげて説明している。

（イ）は、第3回、4回目に記した渡嘉敷島で伊江島の男女が日本軍に惨殺された事例であり、（ロ）は、89回目に記述した久米島惨殺事件のことである。

日本政府は、１９５７～５８年段階で、日本軍の住民虐殺を具体的に知ったうえで、被害者を戦闘参加者として認定するという捏造をあからさまに行ってきた。参観者は平和祈念資料館の「住民犠牲の諸相」コーナーで展示されている久米島鹿山隊の文書をみるとき、被害者が戦闘参加者扱いされたうえに、靖国神社の祭神として祀られていることも特に念頭に置いていただきたい。

■天皇メッセージ

沖縄県平和祈念資料館では、個々人の戦争体験を映像と文字による証言で確認できる。それぞれの体験を局所的と

表現するなら、それを裏付ける大局的な史料を第87回の（1）から（6）まででみてきており、その最後が（7）の「天皇メッセージ」である。ところが、これまでみてきた稲嶺県政の展示改ざん事件で7カ月間も監修作業が遅れたため、英文の展示にとどまってしまった（だが、2001年3月、県資料館発行の『沖縄県平和祈念資料館総合案内』には英文と訳文が掲載されていることを参観者のために特記しておきたい）。

「天皇メッセージ」は、雑誌『世界』（岩波書店刊）の1979年4月号、進藤栄一・筑波大助教授「分割された領土」の論文でその存在が明らかになった。以後、各新聞や国会で大々的にとりあげられた。特に沖縄にとっては、「近衛上奏文」で知る沖縄戦に続き、米軍占領下の沖縄、さらに今日の基地オキナワへ至る痛哭・苦難の歴史の根源を証す衝撃的内容だ。

　1979年4月11日朝刊の琉球新報では1面トップで、〈天皇、沖縄の占領継続を希望〉という大見出しのもと、「米側公開資料で明るみに／主権残し貸与の形で／内外の脅威をけん制／「講和条約」にも盛り込まれる／進藤筑波大助教綬が調査」の見出しがつづいている（写真参照）。

　〈沖縄の分離は米国が、対ソ封じ込めの恒久基地を建設するために強行したものだが、天皇陛下が沖縄をはじめ琉球の他の諸島を米国が軍事占領し続けることを希望していた〉が、リード記事の一部である。

　記事の本文では、宮内庁御用掛の寺崎英成氏が天皇の意向を米国に伝えた内容である「マッカーサー元帥のための覚え書」（1947年9月20日付）が以下のように引用されている。

　〈寺崎が述べるに天皇は、アメリカが沖縄をはじめ琉球の他の諸島を軍事占領し続けることを希望している。天皇の意見によると、その占領はアメリカの利益になるし、日本を守ることにもなる。天皇が思うにそうした政策は、日本国民がロシアの脅威を恐れているばかりでなく、左右両翼の集団が台頭し、ロシアが"事件"を引き起こし、それを口実に日本内政に干渉してくる事態をも恐れているが故に、国民の広範な承認をかち取ることができるだろう〉

天皇メッセージについて報じる1979年4月11日付の琉球新報朝刊

　〈天皇がさらに思うに、アメリカによる沖縄（と要請があり次第他の諸島しょ）の軍事占領は、日本に主権を残存させた形で、長期の―二十五から五十年ないしはそれ以上の―貸与（リース）をするという擬制のうえになされるべきである。天皇によれば、この占領方式はアメリカが琉球列島に恒久的意図を持たないことを日本国民に納得させることになるだろうし、それによって他の諸国、特にソビエト・ロシアと中国が同様の権利を要求するのを差し止めることになるだろう〉

　この「天皇メッセージ」第87回の「近衛上奏文」と合わせて読むと、天皇は「一日も速やかに戦争終結の方途を講ずべき」という近衛元首相の進言は拒んだが、「最も憂ふるべきは、敗戦よりも敗戦に伴ふて起こることあるべき共産革命なり」という進言は、戦後取り入れていることが分かる。

　現在、戦争体験の記録は新聞社や各市町村字史などによっても集積されているが、それを裏付ける大局的史料を抜きにしては、真の体験継承にはならないというのが、以上の展示史料のコンセプトである。

第91回
平和祈念資料館問題（24）

兵器誇る展示「理念壊す」／戦場の悲惨さ　伝えられず

第2の資料館展示改ざんが発生することを恐れていたが、早くも２０２１年1月２１日、地元二紙がこれを報じている。米軍戦史でさえ「ありったけの地獄を集めた」と表現している沖縄戦で死没したすべての名前を刻銘して、遺骨の代替にもなっている「平和の礎」と平和資料館を分断する形で、突然、巨大兵器が野外展示された。極秘の展示改ざんメモの「エントランス・不発弾の魚雷展示は、野外展示が良い」に沿った、第二の改ざん事件だ。これまで兵器類は、戦場跡をオブジェとして表現し、酸素魚雷などの巨大兵器もそのオブジェの一環として、旧資料館入口に設置してあった。平和の礎の理念を破壊する犯罪行為だ。

八重山の戦争マラリア資料館づくりのメンバーだった保坂廣志琉球大学教授（当時）から突然、「いま、平和の礎を案内して、平和祈念資料館に向かって歩いているところだが、回廊のすぐそばに、巨大な兵器類の展示作業中ですよ」と、携帯電話による連絡が入った。新資料館開館から１年もたたない、２００１年1月２０日のことだった。「うわっ、第二の資料館改ざん事件だ」と不安がよぎった。

■第二の展示改ざん

１９９９年８月から１０月にかけ、県政をゆるがした「資料館展示改ざん事件」は、沖縄サミットを前にして、知事は１１月までが任期の私たちに既述のとおり、展示監修作業を任すことにした。「展示を含めて管理運営の最終的な責任は知事にある」という知事コメントに、私はすでに第二の資料館改ざん事件が起きるであろうことを、第８３回目で予想していた。私たち監修委員が任期切れになった１０カ月後に県は改ざん作業を再開したのである。

その中に「１９９９年６月１６日○県担当者より検討結果の説明　エントランス・『不発弾』の魚雷展示は、野外展示が良い」[注66]と明記されていたのである。

県首脳は「展示変更案はすべて撤回して、監修委員会に一任する」と議会で答弁していたにもかかわらず、その監修委員が任期切れになるや、「展示改ざんメモ」をひそか

に復活させようとしていたのである。

砲煙弾雨の「鉄の暴風」のなか、「針の穴をくぐって」生き延びた人々は、「艦砲ぬ喰ぇー残さー」と表現する。ありとあらゆるものを破壊してきた兵器類は、忌まわしい存在でしかない。

したがって、１９７８年にリニューアルオープンした沖縄県立平和祈念資料館の主要な展示改善点の一つは、中山良彦総合プロデューサーのもと、兵器類を「避難民の眼から見た戦場跡の悲惨さむなしさを表現したオブジェ」というテーマにしぼって兵器の残骸を山積みにした「戦場跡」として構成してきたのである。

その後、地中から発見された巨大兵器の「酸素魚雷」や山砲も、「廃虚となった戦場跡」というテーマの入り口に山積みされた兵器類のオブジェの構成展示の導入部展示ということであった。

つまり、資料館の前庭から玄関にかけて置かれた兵器類も、残骸の一部という位置づけだった。決して、旧軍隊の兵器類を記念するような展示物ではなかった。

■酸素魚雷

すばやく情報をキャッチした沖縄地元2紙はさっそく兵器の野外展示を記事にした。２００１年1月２１日の琉球新報朝刊３１面には「平和祈念資料館前広場／兵器を野外

展示／『理念壊すもの』と批判噴出／監修委に諮られず」という見出しの下、事の経緯を写真入りで掲載している。

記事本文では「以前は、地面に置かれていただけだったが、移動場所には展示品を鉄柱と鎖で囲い、地面には砂利が敷き詰められている。魚雷は敷地内のコンクリートの台座に置かれるなど野外陳列の色合いが強く、沖縄戦の研究者からは『記念品として展示しており、資料館や平和の礎の理念を壊すもの』と批判の声が上がっている。展示されるのは日本軍の魚雷大小四個、トーチカ砲、米軍の戦車のキャタピラーに空気ボンベ二個。資料館から平和の礎に向かう芝生の広場に展示場所が整備された」

そして研究者のコメントを紹介している。

「現場を訪れた沖縄戦を研究している保坂廣志琉球大学教授は『資料館は沖縄戦をいかに伝えるかが主要な基本理念だ。兵器として展示することはその理念に外れる。資料館内部の実物資料は戦争の遺物としてのオブジェ（物件）として閉じ込めている。思索の回廊ともいえる場所に台座を設けて置かれた兵器は異質なものだ』と指摘する」

「平和の礎元刻銘検討委員長で資料館元監修委員の石原昌家沖縄国際大学教授も『目を疑った。靖国神社の陸軍記念館の展示そっくりだ。旧資料館が兵器を陳列して批判を浴び、住民の視点による展示に変えられたが、逆転したかのようだ。資料館や平和の礎の理念をぶち壊すもの』と憤っていた」

■広がる兵器展示

これら野外兵器展示のメインは、巨大な酸素魚雷である。『日本の秘密兵器海軍篇』（小橋良夫著、学習研究社、2002年）によれば、「日本海軍の夢、"無航跡"の〈九三式魚雷〉の開発成功、海上戦法を根本から変えた酸素魚雷の登場、強力な秘密兵器の酸素魚雷」などという小見出しをみただけで

県平和祈念資料館前の広場での兵器の野外展示について報じる2001年1月21日付琉球新報朝刊

も、日本海軍の誇る秘密兵器だったことが分かる。

沖縄県が野外兵器展示を開始したので、連動するかのように2003年、大里村（現・南城市）は村内で出土した八九式十五糎加農砲を修復して、農村環境改善センターに設置した。説明板には、この大砲の性能・所有した部隊・戦闘状況が書かれているだけで、靖国神社遊就館に展示されている兵器の説明と酷似している。防衛隊が直撃を受けて、生き埋めになったことや部隊の戦闘が地域に与えた影響は書かれていない。

2005年8月には、西原町立図書館の正面左側に九六式十五糎榴弾砲を展示した。沖縄戦で破壊された大砲を修復して設置したという。（筆者らの岩波DVDブック『オキナワ』、2006年から引用）。2016年3月、平和教育の拠点である「糸数アブチラガマ」の真上に「旧日本海軍九三式発射魚雷」「八九式十五糎加農砲」が麗々しく設置され、「現在砲としては、靖国神社遊就館にも展示されている」という説明までつけてある。（2016年8月現在筆者確認）。兵器を誇示しているかのようだ。

[注66]『争点・沖縄戦の記憶』277頁

９９年、軍事化の分岐点／戦争できる国へかじ切る

資料館と平和の礎を分断している巨大兵器展示は、まさに戦後日本が「戦争しない国」から「戦争する国」へ転換する動きを可視化した由々しい大問題を提起している。

基地と戦跡めぐりという平和ガイドが盛んな地、平和教育の拠点と位置づけている場所に相次いで巨大兵器が設置されている。まさに非軍事による平和・命どぅ宝という沖縄戦の教訓を打ち砕かんばかりの勢いだ。土石流のようなこの軍事化の流れにどう立ち向かえるのかが、いま沖縄は問われている。

　第91回は、２００１年に沖縄県平和祈念資料館と平和の礎の間の導線路のそばに両者を分断する形で巨大兵器の展示作業中であることが報道されたことを紹介した。それだけではなく、靖国神社の兵器展示同様の方法で沖縄各地に巨大兵器展示が出現していたことも伝えた。

　その背景は、教科書で沖縄戦を「軍民一体の戦闘」だったという記述と国内戦場を視野に入れた「有事法制」制定の動きが顕著になっていたことを反映したものと私は受け止め、危機感をつのらせた。

　基地と戦跡めぐりの「平和ガイド」が盛んな中、目に見える形で軍国化の波が押し寄せていることは、容易ならない状況がこの沖縄をも包み込み始めていることを痛感した。

　何としても、軍事礼賛のような巨大兵器展示物を撤去させないと、平和の礎と平和祈念資料館の設立理念が破壊されたまま、ということになる。戦争を二度と起こしてはいけないという強い思いで全戦没者の刻銘作業に全力を注いだ多くの人たちの労苦を知るものとして、これを沖縄県当局が撤去するまで、平和の礎と資料館を分断している犯罪行為を非難し告発することにした。

■兵器展示を告発

　最初は、兵器展示から1年後の２００２年3月に発刊した『争点・沖縄戦の記憶』（石原昌家・大城将保・保坂廣志・松永勝利著、社会評論社）に、【追補・新たな展示問題】を追加することができたことだ。

　同書では、第91回目で記述したことに加えて「魚雷の展示場所は資料館のロビーと『平和の礎』広場の間の大きな空間を占めており、『礎』と『資料館』は一体であるというコンセプトをぶち壊しにしている。これでは資料館の南壁を全面ガラス張りにして資料館から礎の広場が連続性をもって見渡せるように工夫された設計が魚雷群にじゃまされて意味を失ってしまう」と指摘した。

　さらに「県民の世論や専門家の意見を排除し、密室において行政主導ですすめられる資料館展示がいかに歴史の真実をゆがめていくか、ということを本書ではくりかえし警告してきたつもりだが、今回の野外兵器展示という新たな出来事はまさにわれわれの懸念が的中したことを生々しく物語るものといえよう。新平和祈念資料館問題の展示（改ざん）問題はまだまだ進行中の『争点』なのである[注67]」と問題点を挙げた。

■全国へ問題発信

　2回目は、２００５年9月に出版した『オキナワを平和学する！』（石原昌家、仲地博、C・ダグラス・ラミス、法律文化社）のコラム１１「壊された『平和の礎』の理念」というタイトルで、回廊の石イスに腰かけ、平和の礎方向を見ようとしたら、巨大な酸素魚雷が視界に広がる写真を掲載し、「『資料館』内部や回廊に備え付けられたイスに腰かけると、巨大兵器が視界をさえぎり、理念を破壊しただけでなく物理的にも『平和の礎』と分断している。この犯罪行

為ともいうべき『第二の展示かいざん事件』は、心ある人たちで糾弾して行かねばならない」[注68]と、私たちは全国の読者に呼びかけた。それでも撤去の様子が見えなかった。

3回目は、カラー写真二葉を掲載し、2頁にわたって、他地域の大砲展示とともに大々的に問題視した。2006年8月に発刊した『DVDブックPeace Archivesオキナワー沖縄戦と米軍基地から平和を考える』（石原昌家編、新城俊昭、大城将保、吉浜忍執筆、岩波書店）で、「兵器展

県平和祈念資料館前に展示されていた「旧日本軍酸素魚雷」。平和の礎と資料館を分断し、当初は説明版前に沖縄の守護神シーサーも据え置かれていた＝2001年1月22日、糸満市

示問題」を項目に挙げ、「資料館展示改ざん問題」を再三、提示したのである。

■背景は何か

2000年前後から急速に軍事化日本・沖縄へかじを切ったような状況が目に見える形で現れたのが、資料館問題を連載していると改めて確認できる。1999年が軍事化へ向かう日本の分岐点だった。第73回目で、ひとつの法案を通すだけでも内閣が吹っ飛ぶような法律を一気に小渕内閣が矢継ぎ早に強行採決していった。「反戦地主」の意志を踏みにじる「駐留軍用地特別措置法」再改定が強行採決されたのもその一環だったことなど既述した。

日本が戦争のできる国へとかじを切り、加速させていく上で最も注目すべき国策は、「日米防衛協力のための指針」という「日米ガイドライン」のようだ。第1次は、1978年10月に決定し、以後「有事法制」制定の動きが活発化した。

1999年5月に「新しい日米防衛協力のための指針」（97年第2次新ガイドライン）により周辺事態措置法が成立し、2002年12月に、海上自衛艦のインド洋派遣。03年6月には、ついに有事法制関連三法が成立した。

資料館側から平和の礎をみて、追憶できる憩いの場を巨大兵器が破壊している

04年2月、自衛隊の本体がイラクに派遣され、6月には武力攻撃事態等に備えるという「国民保護法」が成立した。

同6月には自衛隊がイラク戦争で多国籍軍に参加している。2006年5月には、日米の安全保障協議委員会で、在日米軍再編が合意された。2015年4月に第3次「日米ガイドライン」、「日米防衛協力のための指針」が合意されるや、7月には、集団的自衛権行使を可能にする安保関連法案、9月には戦争法と称される「安保関連法」が強行採決された。以上の大局的な動きをベースに、本連載の最終段階へ向かいたい。

第93回
歴史修正主義の台頭（1）

沖縄戦改ざん顕著に／教科書で「軍民一体」記述も

歴史修正主義という「大東亜戦争肯定論者」が、さまざまなメディアを駆使して日本の世論を軍備拡張の方向へ執拗に誘導してきた。軍産複合体、国防族らが一体となって、ますます勢いづくばかりである。かれらにとって、沖縄住民が体得している沖縄戦の教訓を「軍民一体の戦闘」で、住民はみな殉国死したと塗り替える・改ざんすることに奔走しはじめた。国民誰もが手にする学校の教科書をとおして、国を守る愛国心教育を育成することに本腰を入れ始めた。そのとき何としても「軍隊は住民を守らない」という沖縄戦の教訓をいかに払拭するかに精魂を傾けだしたのが歴史修正主義の台頭だった。

第92回目では、戦後日本が「軍事による"平和"」（国防族・軍拡論者）へと向かう転換点になったのは1999年だったと記憶されるであろうことを記した。まさに、平和祈念資料館問題が発生した年でもあり、それは歴史の必然だったということになるのか。資料展示改ざん事件で「非軍事（九条・非戦）による平和」の強固な意志を県民が示したのは連載でみてきた通りである。しかし、「軍事による"平和"」の動きは土石流のような勢いで沖縄に迫ってきた。

帝国日本が起こした戦争を侵略戦争だというのは「自虐史観」だとし、現行の教科書で学んだ日本人は、愛国心が育たないと危機感を持つようになった人を「歴史修正主義」と呼ぶようになったようだ。アジア太平洋戦争中に、日本で唯一、県全体が戦場になった沖縄の戦争体験について、日本政府に呼応して、ヤマトの民間側からも沖縄戦体験の捏造の動きが活発化した。軍隊は住民（国民）を守らない。それどころか軍隊は自己保身のため、住民を直接殺害したり、死に追い込んだり（間接殺害）したというのが沖縄戦の教訓だ。それを教科書記述から消し去る動きが顕著になってきたのである。

■危機への警鐘

2002年3月末、沖縄戦を「軍民一体の戦闘」だったという教科書記述をめぐって、沖縄タイムス社から電話インタビューを受けたとき、その背景を語るには長時間を要

すると伝えた。それでは6月に詳細を書くようにと依頼された。そこで沖縄タイムス紙に「まぼろし（幻）化される沖縄戦─沖縄戦体験の二重構造」というタイトルで、2002年6月18日から6回にわたって、危機的沖縄内外の状況について警鐘を鳴らした。

私の懸念は的中した。2003年6月、国内戦場（外国から武力攻撃を受けた）を想定した「有事法制」が制定され、日本国民が「有事」に備え、「軍民一体化」して、「戦意」を形成することが急務だと国防族は考えたようである。

自衛隊制服組トップだった栗栖弘臣統合幕僚会議元議長は、『日本国防軍を創設せよ』（2000年、小学館）を発刊し、「自衛隊は最前線の最も苛烈な局面を担当するが、国民すべてが強固な抵抗意志を持たねばならない」と、すでに檄を飛ばしていた。

まさに「軍民一体の戦闘」に備えることを説いていたのである。沖縄の新聞社は当然このような動きに危機感をつのらせたようで、琉球新報社は、2005年6月20日から、〈追い込まれた命 「集団自決」と「集団死」をめぐって〉というタイトルの連載を開始した。

〈沖縄戦の最中、極限状態に追い込まれた住民が集団で命を絶つという悲劇が、沖縄本島や慶良間諸島など各地で起きた。この事実を「集団自決」と呼ぶか「集団死」と呼ぶか、沖縄戦研究者の間で見解が分かれている。戦前の皇民化教育や日本軍による「死」の強要、学校教科書の沖縄

戦記述の在り方にも絡む用語の問題について、県内外の研究者やノンフィクション作家に、それぞれの立場から論じてもらった」というのが記者の書き出しだった。

■「集団自決」に固執

第８６回目で、平和祈念資料館の設立理念で「自ら命を断ち」か「自ら命を断たされ」たのかをめぐり、監修委員会でも長時間議論し、「自ら命を断たされ」たという表現で決着した。それで、「日本軍の強制による集団死」が、資料館展示の地の文で使われることになった経緯を述べた。

新聞記者の目からは、いわば沖縄戦研究者のなかに被害住民を軍人同様に扱う「集団自決」（殉国死）という言葉に固執する人の存在を指摘していたのである。

そして「集団自決」（殉国死）に軍命はなかったということを証明するために、ヤマトの「歴史修正主義」者が、ついに沖縄戦の調査を現地で実施したので、新聞社は即、連載を企画したようだ。

その連載第１回で私は、その調査をふまえた歴史修正主義の自由主義史観研究会が〈六月四日東京で緊急集会「日本軍による［沖縄戦集団自決強要事件］の虚構を一切の教科書・教材から削除することを求める決議」を行った。沖縄の地から日本全国へ、そのキャンペーンを大々的に行うようである。彼らの真の狙いは、集団自決（殉国死）という用語をとおして、沖縄戦は「軍民一体の戦闘」だったという言説を使わせさえすれば目的は達したことになるのである〉と分析していた。

■ウソが真実に

第三次家永教科書裁判の沖縄戦に関する部分について、第一審で国側は、曽野綾子氏を証言台に立たせた。曽野綾子氏はその著「ある神話の背景―沖縄・渡嘉敷島の集団自決」（文芸春秋社）を意見書として提出した。しかし、家永側弁護団や安仁屋政昭証人の調査をふまえた証言により、曽野氏の証言や意見書は、完膚なきまでに反論され、その調査手法の欺瞞性が暴かれた。

その裁判記録は連載の第４２回目でも紹介し、『裁かれ

第三次家永教科書裁判の沖縄戦に関する部分についての連載「家永教科書裁判の記録 『裁かれた沖縄戦を読んで』」（１９９０年１月１７日付琉球新報朝刊の文化面より）

た沖縄戦』の表紙写真も掲載した。私はその本が出版されたとき、本紙の１９９０年１月１７日から３回の連載で評し、「集団自決」（殉国死）論争にも決着、と書いて安心していた。

しかし、真実を明らかにした安仁屋編の裁判記録を真っ向から否定する曽野氏の本は、３回も他の出版社からも発行されている。特に、「歴史修正主義」者の動きに合わせてか、２００６年５月、「大江健三郎氏の『沖縄ノート』のウソ！」の帯付きで、『沖縄戦・渡嘉敷島「集団自決の真実」―日本軍の住民自決命令はなかった―、曽野綾子著（ワックBUNKO）』と、新装出版している。

この本こそが、歴史修正主義者の「バイブル」となっている。「ウソも１００回言えば真実になる」というのは、ナチスのプロパガンダを語る言葉だ。私たちを凌ぐ、彼らの沖縄戦体験の改ざん・捏造への熱意にいかに立ち向かうかが課題になった。

第94回
歴史修正主義の台頭（2）

大江・岩波裁判に発展／「軍命なかった」全国展開へ

歴史修正主義者が、沖縄戦の教訓を改ざんするための方策として目につけたのが、ノーベル文学賞作家の大江健三郎著「沖縄ノート」とその出版元の岩波書店だった。世界の著名人と出版界の雄岩波書店を裁判の被告人にすれば、全国から注目をあびる。

「沖縄ノート」の慶良間の集団死記述において、「誤記述」があるので、「名誉棄損」だとして両者を告訴したのである。そこで争われるのは「集団自決」に軍命があったか、無かったかということだ。歴史集修正主義者にとって、裁判の結果は二の次だ。慶良間の「集団自決に軍命は無かった」と訴えれば、被告側は「集団自決に軍命はあった」と弁明することになる。それが第一の狙いだ。

２００５年８月５日、大阪から訪れた団体「からだとこころの出会いの会」（通称からころ会、松井洋子代表）のメンバーに向けて、沖縄国際大学で講演した。その翌日、那覇空港からその代表が電話をかけてきた。「先生が話されていたことが新聞で報道されていますよ」と、やや興奮気味の声だった。

■裁判の始まり

早速、新聞記事を見つけた。〈大江氏と岩波を提訴／「慶良間の集団自決軍命なかった」／赤松大尉遺族と座間味の指揮官「誤記述で名誉棄損」〉という見出しのもと、本文は以下の内容だった。

〈沖縄戦で「日本軍の指揮官の命令で慶良間諸島の住民が集団自決した」とする本の記述は誤りで、名誉を傷つけられたとして、当時の指揮官と遺族が五日、出版元の岩波書店（東京）と作家の大江健三郎さんに、本の出版差し止めと計約二千万円の損害賠償を求める訴訟を大阪地裁に起こした。原告は座間味島の守備隊長だった梅沢裕さん（８８）と、渡嘉敷島の守備隊長（大尉）だった故赤松嘉次さんの弟秀一さん（７２）〉

〈訴状によると、両島では一九四五年三月下旬、米軍の攻撃を受け、多くの住民が「集団自決」で死亡。岩波書店が出版した大江さんの「沖縄ノート」や歴史学者の故家永

三郎さんの「太平洋戦争」など三冊の本で「集団自決は守備隊の命令で起きた」などと書かれている。二人は「命令はなく、住民自ら自決した。誤った記述で多くの読者に非道な人物と認識される」と主張している〉

大江健三郎さんは「訴状が届いておらず、詳しいことが分からない」、岩波書店は「訴状を受け取った時点で検討し、見解は裁判で明らかにする」とのコメントをそれぞれ寄せた。

以上が報道内容だった。以後、この訴訟を「大江・岩波沖縄戦裁判」と称したい。

■提訴の予兆

この提訴には、予兆と思える動きがあった。沖縄が日米によって抑圧されている状況を訴えて東京タワーを占拠した事件を１９７０年に起こした関西在住のウチナーンチュが突然、慶良間の皇軍指揮官擁護のため沖縄で行動を起こした。攻撃の対象は、主として沖縄タイムス社に向けられたが、なんと沖縄国際大学正門前に横付けして、スピーカーから「石原教授を辞めさせろ！」と教え子たちが行き交う前で、昼食時間帯にコールを開始したのである。

連載の執筆にあたり、１６年ぶりに「大江氏と岩波を提訴」の新聞記事を読んだので、街宣車コール事件を思い出した。提訴記事と連動していることを確認した。沖縄タイムス社

は、１９８３年に『沖縄大百科事典』三巻を発刊した。その事典の「座間味島集団自決」という項目を執筆したのが私だった。

　１９７７年に慶留間島と座間味島に一度聞き取り調査に出掛けただけだったので、主として『沖縄県史』第１０巻（１９７４年）に依拠して書いた。提訴内容にかかわる点は、米艦隊の大群が二重三重の包囲隊形で押し寄せてきたので、無防備に近い日本軍は米軍の猛攻撃になすすべもなく、住民も混乱状態に陥った。

　「部隊長から住民に軍命が下った。〈住民は男女を問わず軍の戦闘に協力し、老人こどもは村の"忠魂碑"前に集合、全員玉砕すべし〉という命令が住民の各避難壕に伝えられた」[注69] という記述が、新聞記事が伝える提訴内容と重なる。

　街宣車の人物が「反ヤマト」の本を多数執筆していることは知っていたので、沖縄タイムス社と私を非難攻撃してくるのは理解できなかった。不可解な事件は、数年後、「大江・岩波沖縄戦裁判」として具現化することになったといえる。

■沖縄住民を称賛

　歴史修正主義グループは、沖縄戦で天皇のために「集団自決」（殉国死）するほど軍民一体で戦闘した住民は、「日本人の鑑_{かがみ}」だと称賛し始めていた。さらに、彼らが「集団自決」（殉国死）に軍命はなかったということを確認すると称して、慶良間島入りをしていた。その状況を受けて、講演を依頼された大阪のグループに、私は「そのうち住民の『集団自決』（殉国死）に軍命はなかった」ということを全国展開するはずだと話したところだった。

　私が予見して話した事柄が、沖縄滞在中に新聞記事になっていたので、びっくりして電話してきたのである。

　しかし、この新聞記事だけでは、単なる名誉棄損_{めいよきそん}による

【新聞記事】

「慶良間の集団自決 軍命なかった」

大江氏と岩波を提訴

赤松大尉遺族と座間味の指揮官「誤記述で名誉棄損」

沖縄戦で「日本軍の指揮官命令で慶留間諸島司令官が五日、出版元の岩波書店、東京と作家の大江健三郎さん、東京に、本の出版差しとする本の記述は誤りとして、当時の指揮官と遺族の名誉を傷つけられたとし、損害賠償を求める訴訟を、大阪地裁に起こした。

　訴状によると、両原告は一九四五年三月下旬、米軍の攻撃を受け、多くの住民が「集団自決」に追い込まれた。岩波書店が出版した梅沢裕さんの故赤松嘉次大尉の遺族で隊長だった座間味島の守備隊長（大尉）だった故赤松嘉次さんの弟・秀一さん三郎さんの「沖縄ノート」など三冊の本で「集団自決は守備隊長の命令で受け取っていた」などと書かれている。

二人は「命令はなく、住民自ら自決した。誤った記述で多くの読者に非道な人物と認識される」などと主張。見解は裁判で明らかにする。

岩波書店と作家の大江健三郎さんが提訴されたことを報じる２００５年８月６日付の琉球新報

訴えとしか、読者には受け止めようがない。しかし、この訴えこそ、軍拡推進論者、国防族、大東亜戦争肯定論者ら歴史修正主義グループの並々ならぬ決意のもとに日本政府の「戦争ができる国」への道を切り開いていく動きだった。

■因縁

　第２回目から第４回目まで「赤松来島事件」にさいている。赤松氏と沖縄との因縁は、第４回目がその深さを表していた。渡嘉敷島の赤松隊隊長について次のように紹介している。

　「ことし一月五日に加古川市民病院の内科にガンの疑いで入院した。病気は肺ガンの一種でカルチノイドといい、人相が変わる。苦しむ赤松元大尉の治療に当たったのは奇しくもともに沖縄出身の鎮西忠信（３８）、石川和夫（２８）両医師だった」

　「主治医の鎮西氏は治療中、あの赤松氏であることを知ったが、石川医師は親戚が渡嘉敷島の自決者に含まれていただけに複雑な気持ちだったようだ。沖縄戦における旧日本軍の姿勢を典型的に示して、本土責任に必ずひき合いに出されてきた赤松元大尉は皮肉なことに沖縄の、しかもまったく偶然ながら事件関係者の身内のひとりに治療を受けながら死去した」

　筆者の親友でもある鎮西医師からは、「赤松氏の家族はとても良い人たちだ」「難病の治療に全力投球している」ということは聞いていた。

　それから２５年たった２００５年８月、大江・岩波沖縄戦裁判の原告のひとりが、「渡嘉敷島の守備隊長（大尉）」だった故赤松嘉次さんの弟秀一さん（７２）」だったのだ。

　私には、歴史修正主義グループに説得され、担ぎ出されたのだろうと思えた。

[注69] 同書、中巻、２３６頁

197

第95回
歴史修正主義の台頭（3）

「敗訴はありえない」／提訴された大江氏に手紙

世界の著名人大江健三郎作家が、生まれて初めて裁判の被告にされ、暗然としているというエッセーを読んだ。筆者は大江氏との付き合いはなかったが、手紙を出した。大江・岩波の敗訴はあり得ないことを、援護法の住民への適用拡大について史料にもとづき説明するともに、大学紀要の抜き刷りも送った。説明は単純明快だ。慶良間の集団死事件で、日本政府厚生省（現・厚労省）は、軍命で「集団自決」したということであれば、「国と雇用類似の関係」があった戦闘参加者としてみなし、遺族には遺族給与金を支給し、戦没者を祭神として靖国神社に合祀してきている。軍命が無かったということになると一番困るのは、厚生省と靖国神社である。

　ノーベル賞作家の大江健三郎氏は、２００６年４月１８日から１２年３月２１日まで朝日新聞朝刊の文化欄に月に１回、「定義集」というタイトルでエッセーを執筆していた。私は、毎月そのエッセーを読んでいた。

　ある日、「私は二年前から、裁判の被告です。生まれて初めてのことなので、一年目は書く仕事に関わる裁判の弁護士費用を、税の申告に必要経費として計上することを考えつきませんでした。最高裁まで行くはずだから、と私が暗然とすると、一すべて終わって、本に書くまで生きていられるように、ガンバロー！と家内は勇みたちました」（『定義集』から引用）という記述を、連載中の新聞記事で読んだ。

　あのノーベル文学賞作家が「暗然とする」とか、夫人が「生きていられるように、ガンバロー」と気負っているという記事を読み、まったく面識もない私が「沖縄戦の記述で家族が悩まされていることは一大事だ、ただちに手紙を出そう」と思い立った。大江健三郎氏の住所はスケジュール手帳付録の人名録で以前から知っていた。

■手紙の骨子

　裁判の争点は「集団自決」（殉国死）に軍命があったか否かということだから、私は、裁判の結論は、１００％の自信をもって答えることができるので、大江氏一家を僭越ながら安心させようという気がわいたのである。手紙の内容は戦傷病者戦没者遺族等援護法（援護法）の肝心要についてだった。

　「日本政府厚生省は、軍人軍属等を対象にした援護法を、老幼婦女子（戦時中の非戦闘員を表す用語）にまで適用を拡大するにあたり、日本軍の関与（要請、強制、命令など）があったら、"国と雇用類似の関係"が発生したとみなし、その法律の対象になるとしている。そして審査の結果、戦闘協力者と判断できたら、戦闘参加者という身分を付与し、準軍属として援護法を適用してきている」

　「しかも、ただちに靖国神社にも合祀している。戦闘参加者という身分を付与するには、沖縄戦体験を２０のケースに分類して、戦闘参加者概況表というのを厚生省は作成している。その２０のケースのひとつに『集団自決』という項目がある。慶良間島でも住民が敵に投降することを絶対に許さない日本軍の方針のもと、軍から自爆用の手榴弾などを渡され、集団死した事例について、厚生省は軍の命令で『集団自決』したと認定して、０歳児も準軍属と決定している」

　「それを裏付ける役場の資料もある。したがって、『集団自決』に軍命がなかった、つまり、軍の関与がなかったということになったら、厚生省は戦闘参加者の身分を取り消さなければならないということになる。そして支給している遺族給与金の返還を遺族に求めないといけなくなる。あ

わせて、靖国神社としてはその合祀を取り消さないといけないということになる。それらに関する琉球政府援護課の資料は沖縄県公文書が所蔵している」

「ということで、『集団自決』に軍命がなかった、軍の関与がなかったということになると、一番困るのは、日本政府厚生省と靖国神社である。だから、被告にされた大江さん、岩波書店が敗訴するということは理屈上まったくありえないですよ」というのが手紙の骨子だった。

■琉政文書で確信

大江氏らが告訴された２００５年８月の４カ月前に、私は援護法関係資料の存在を知った。その後提訴する靖国神社合祀取り消し裁判の原告団から、専門家証人になるよう依頼され、琉球政府の関係文書（琉政文書）を沖縄県公文書館から入手し、大学の紀要論文執筆の資料収集をしていたことが、幸いだった。

大江氏の「定義集」のエッセーは、裁判開始２年目ということだったから、それらの資料に基づく紀要論文を数本書いていたので、援護法の仕組みとその経緯を十分理解できていた。それで確信に満ちた手紙をしたためることができたのである。

■教科書検定に反映

歴史修正主義グループが、大江・岩波沖縄戦裁判の準備だったのか、慶良間島で「集団自決」（殉国死）の軍命の有無の調査をした。その結果は、その翌年の教科書記述の検定に反映されたようだ。２００７年３月３１日、琉球新報や沖縄タイムスの地元有力２紙が一斉に教科書検定問題を朝刊トップ記事で大々的に報じた。

沖縄タイムスの１面トップ見出しは、〈０８年度教科書検定／「集団自決」軍関与を否定／文科省「断定できず」／専門家「加害責任薄める」〉という大見出しだった。

「岩波訴訟」の原告の意見も参考にした２００８年度の高校教科書の検定結果について報じる２００７年３月３１日付の琉球新報

「琉球新報」の１面トップも〈０８年度・高校教科書検定／「自決強制」を削除／文科省が修正意見／「軍命明らかでない」／「岩波訴訟」原告意見も参考〉（写真参照）という大見出しになっていた。

この琉球新報の見出しの「岩波訴訟」原告意見も参考というのは、まさに「大江・岩波沖縄戦裁判」の原告側にいる歴史修正主義者の執念の慶良間調査が功を奏したということになる。文科省の検定により大江氏側は裁判で不利になるかのように見えた。

だが、文科省がその裁判の有利になるよう、「原告意見も参考」にしたという報道でも、私の判断はいささかもゆるがなかった。

それを証明したのは、報道から３カ月近くたった、２００７年６月２５日、元沖縄開発庁長官の鈴木宗男衆議院議員の質問主意書とその答弁書だった。援護法を熟知していたらすぐに理解できることだったが、当時、一般には理解ができなかったようで、まったく注目されることはなかった。

第96回
歴史修正主義の台頭（4）

被害住民　軍人と同列／政府答弁書　援護法適用者は「軍関与」

本連載も最終段階を迎え、前回やや慢心気味の文を書いたとたんに数名の方から、間違いを指摘された。文化欄読者のするどい目が光っていることに今さらながら身が引き締まった。紙面を割いているのだから、記憶に頼りすぎず、労をいとわず、きちんと確認せよ、という本紙読者の声に深謝したい。前回、知の巨人と評判の高い加藤周一氏のエッセー集「夕陽妄語」を、大江健三郎ノーベル賞作家のエッセーだと記憶違いをしてしまい、新聞社に訂正記事まで載せていただくという失態を演じたのである。（書籍化にあたり訂正済み）自分のしくじりを取り戻すべく、予告した安倍晋三首相の答弁書の分析にとりかかりたい。

■安倍首相への質問

２００７年３月３１日、教科書記述の「集団自決」（殉国死）から軍関与が削除されたという報道以後、沖縄はもとより、日本全国のメディアでもその問題が大きく報じられていった。そこで同年６月２５日、元沖縄開発庁長官だった鈴木宗男国会議員が政府に質問主意書を提出した。

質問は３点で、その要点は「一、沖縄戦において、日本軍から沖縄の住民に自決の軍命令が下されたのか否かの事実について、政府の認識を明らかにすること」

歴史修正主義者は実に長けている。沖縄世論を手玉にとっている。２００７年３月３１日、教科書記述の「集団自決」から軍関与（命令・強制・指示・要請・指導など）が削除されたということで、沖縄や全国のメディアが大きく報道したので、鈴木宗男国会議員が、政府に質問主意書を６月２５日に提出した。７月３日に安倍晋三首相が政府答弁書で回答した。

安倍晋三首相は、二通りの回答をしている。ひとつは、厚生省の立場で、援護法上、戦闘参加者と認定されたものには、軍命令があったと認めている。文科省（文部省）の立場では、「集団自決」に軍関与はなかったという検定意見は適切だとし、歴史修正主義者の主張を認めている。歴史修正主義者は軍関与がなくても「戦闘の邪魔にならないよう崇高な犠牲的精神で自らの命を絶った」という意味の「集団自決」という言葉が定着すれば良いのだ。

「二、沖縄戦において、日本軍から沖縄の住民に対して自決の軍命令がなされたとの記述が教科書から削除される検定が下されたが、教科書検定に対する政府の認識如何」

「三、教科書検定に対して、沖縄県議会で撤回を要求する意見書が可決され、憤りの声をあげる沖縄住民も多いが、このことに対する政府の認識如何」という質問であった。

それに対する安倍晋三総理大臣の回答である政府答弁書が、同年７月３日、閣議決定された。。回答は２点だった。

「一について　先の大戦において、沖縄は国内最大の地上戦を経験し、多くの方々が、犠牲となり、筆舌に尽くし難い苦難を経験されたことは承知している。お尋ねの沖縄戦において不幸にも自決された沖縄住民のすべてに対して、自決の軍命令が下されたか否かについて、政府としては現時点においてその詳細を承知していない。なお、沖縄戦における住民の犠牲者のうち、戦傷病者戦没者遺族等援護法（昭和二十七年法律第百二十七号）の適用上、過去に戦闘参加者と認定されたものについて、その過程で軍命令があったとされた事例がある」

「二及び三について　沖縄戦におけるいわゆる集団自決については、種々の議論や意見があることは承知している。しかし、歴史教科書の検定は、国が特定の歴史認識を確定

するという立場に立って行われる ものではなく、学習指導要領や教科用図書検定基準により、教科用図書検定調査審議会の専門的な審議の結果に基づき行われるものであり、御指摘の検定についても、沖縄戦の実態について誤解を生ずるおそれのある表現に関して、適切に検定意見を付したものと認識している」（琉球新報社提供）

■巧妙

　この政府答弁書の「一について」は、「脳トレ」用の文章かと表現したくなるほど、実に巧妙に組み立てられている。沖縄住民に適用している援護法の仕組みを知っていないと読み解けない。

　本来、軍人軍属が対象の援護法を０歳児にまで適用を拡大するにあたり、軍の命令・要請などの軍関与があったら「国との雇用類似の関係」が生じ、援護法の対象になるとしている。０歳児の場合、保護者が戦闘参加者と認定されていたら運命共同体として、同じく「陸軍戦闘参加者」などと認定される仕組みだ。

　次に、「自決された沖縄住民のすべてに対して、自決の軍命令が下されたか否かについて、政府としては現時点においてその詳細を承知していない」という回答文の意味は、住民に適用拡大した援護法の根本的仕組みを知っている人にしか理解できない。

　戦争被害を受けた住民すべてが、援護法の適用を受けるのではなく、「戦闘参加者についての申立書」を申請した遺族のみがその対象になっていることに着目しないといけない。すなわち、遺族が援護法への適用を申請する段階で、身内の戦争被害者を「戦闘参加者」だと判断を強いていることに最大の注意を払わないといけない。日本政府は実に巧妙に被害住民を軍人と同列におくという絡め取りをしているのである。日本軍に壕を追い出されたり、投降を絶対に許さない日本軍に死に追い込まれたり、スパイ視されて斬殺されたのだから、その被害者を「戦闘参加者」として申請することを拒んだ遺族が存在する。政府は「申立書」申請者のみを援護法の対象にしているので、「すべてに対して、自決の命令が下されたかについて」「現時点においてその詳細を承知していない」と、戦争被害に無責任な政府の姿勢が図らずも露呈している。この「現時点」という言葉は実に用意周到な言葉だ。

■政府公認の軍命令

　実は、この援護法の適用は、過去の出来事と思われがちだが、２０１７年１月時点でも１０歳の兄が戦闘参加者として受理された知人の実例を私は知っている。今後も遺族の申請があれば、受理される可能性がある。それが「現時点において」の意味だ。この点だけでも、厚労省役人の作成文書とわかる。

　回答の「一について」、最も重要な箇所は最後の部分である。沖縄戦で犠牲となった住民に援護法を適用するにあたり、日本政府が定めた住民犠牲の態様を分類した戦闘参加者の２０のケースに「集団自決」の項目が含まれている。鈴木議員の「自決の軍命令がくだされたか」という質問にたいして、政府は、援護法上、戦闘参加者と認定されたものには、軍命令があったと回答している。しかも、それは閣議決定したものである。

　つまり、政府は、７月３日時点で、「集団自決」（殉国死）に軍関与があったと明言していたのだ。だが「二および三について」の答弁書は、なぜ真逆か。

（中央・新聞記事切り抜き）

「集団自決」軍命も　政府が答弁書

　政府は三日午前の閣議で、沖縄戦での「集団自決」に旧日本軍が関与したと記述を削除した教科書検定をめぐり、沖縄戦では軍命令が関係して犠牲になった住民もいたとされる事例があったとした答弁書を決定した。鈴木宗男衆院議員の質問主意書に答えた。

　同答弁書は「住民の犠牲者のうち、戦傷病者戦没者遺族等援護法の適用上、戦闘参加者と認定された者について、軍命令があった」と指摘する。

　教科書検定については「沖縄戦の実態について誤解を生じる恐れのある表現に適切に検定意見を付した」としている。

　沖縄県議会は先月二十一日、検定意見を撤回するよう記述を元に戻すよう求める意見書を全会一致で可決している。

物言えぬ時代 ⑤8

　米軍統治下の一九五六年、東京の大学に通い苦学生だった私は、学費を稼…

…間で交付されるはずのものが、私だけ交付されず「保留」のまま。そんな…され…写真左、…

「『集団自決』軍命も／政府が答弁書」の見出しで政府が閣議決定した答弁書について報じる２００７年７月３日付の琉球新報夕刊

第97回
歴史修正主義の台頭（5）

教科書通してねつ造／「軍命」有無の自然解消狙う

政府答弁書は、軍人軍属対象の援護法を老幼男女の一般住民に適用拡大していった仕組みを知らない人には理解できない。その意味では国民を愚弄した内容である。しかも、その援護法適用については、日本軍にスパイ視虐殺された被害住民も絶対に投降を許さないので集団死に追い込まれた住民も、遺族が積極的に戦闘に協力した戦闘参加者として日本政府に申請するという仕掛けになっている。したがって、政府答弁書では、「沖縄住民のすべてに対して、自決の軍命令が下された否かについて、政府として現時点においてその詳細を承知していない」としており、この援護法は現在も稼働しているので、今後申請された場合はその数が増える可能性を示唆している。

第96回目から、鈴木宗男国会議員の質問主意書にたいする安倍晋三首相の答弁書を分析している。教科書の「集団自決」（殉国死）の記述から軍関与の削除をしたことに対する答弁は、援護法の適用を受けた「集団自決」（殉国死）した者には、軍命令があったと断定しながら、一方、教科書検定では「集団自決」（殉国死）の軍関与を削除したことを認めている。矛盾する答弁のようだが、彼らには整合性があるようだ。

１９９１年１０月２１日、第三次家永教科書訴訟の沖縄戦に関する部分について、東京高裁での控訴審で原告側の証人として尋問をうけた以後も、国が家永氏に「集団自決」を書き加えるよう命じた（修正意見）ことについて、１６年間、さまざまな角度から考え、執筆も積み重ねてきていた私は以下のように読み解けた。

■「密室」の検定から

第96回目「一について」と同様、「二及び三について」も、その背景にはいろいろな意味が込められている。まず、「歴史教科書の検定は、国が検定の歴史認識を確定するという立場に立って行われるものではなく」という、一見もっともらしい政府文書の出所をたぐっていこう。

第38回目で、家永三郎教授の32年に及ぶ日本政府に対する教科書検定違憲訴訟は、世界一「最も長い民事裁判」だったことを述べてきた。家永氏は「日本国内だけの人権を守るたたかいにとどまらず、その究極において、人類の破滅を阻止するための人類史的課題を背負っている」と、高邁な志で裁判を持続させ、２００１年「ノーベル平和賞」の最有力候補にもあがっていた。

その家永氏が、日本の教科書検定制度は憲法違反だとする裁判の過程で、その内実を白日の下にさらしていた。国の教科書検定官が、直接執筆内容の修正を求めるやりとりを『「密室」検定の記録』、『続「密室」検定の記録』と相次いで出版し、その憲法違反の中身を公にしていた。家永氏によって、日本の教科書検定制度の非民主的行為が国際社会にも知れ渡ることになったのである。前述のもっともらしい文は、家永氏が書かせたようなものだといえよう。

そして、高名な歴史学者家永氏が国の検定官に「密室」で、教科書記述の修正を事実上命じられている様子が暴露され、検定官は姿をくらますことにしたようだ。

■検定官の隠れみの

これまでの「密室」の検定とは異なって、安倍首相は「学習指導要領や教科用図書検定基準により、教科用図書検定調査審議会の専門的な審議の結果に基づき行われるもの」と、鈴木宗男議員に答えている。鈴木議員は、この回答に納得できたのであろうか。

文字面だけをみていたら、一見、民主的・客観的な立場で教科書検定が行われたかのようにみえる。だが、ここで「大江・岩波沖縄戦裁判」を起こした歴史修正主義グループの提訴理由と照らし合わせてみよう。

第94回目では、琉球新報2005年8月6日付の「『慶良間の集団自決 軍命なかった』／大江氏と岩波を提訴／赤松大尉遺族と座間味の指揮官『誤記述で名誉毀損』」の見出し記事の写真を載せてある。

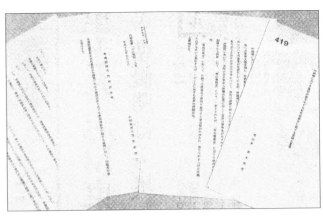

鈴木宗男氏の「沖縄における集団自決をめぐる教科書検定に関する質問主意書」に対する安倍晋三首相（当時）の答弁書の複写

その記事から2年も経ていない2007年3月31日付の琉球新報紙は「自決強制」を削除／文科省が修正意見／「軍命明らかでない」／「岩波訴訟」原告意見も参考／と伝えていた。あろうことか、訴訟をおこした歴史修正主義者の意見を参考にしたというのである。

政府答弁の「教科用図書検定調査審議会の専門的な審議の結果」というのは、その審議会なるものが、歴史修正主義者そのものかその影響下にある、と堂々と述べているようなことを新聞は報じていたのである。国の検定官は、姿をくらましたが、教科用図書検定調査審議会で馬脚をあらわした。いかにも民主的手続きを経た専門的な審議による教科書検定を装いながら、彼らは思い通りにことを運んでいる。極めて由々しき事態だ。

2005年6月20日、私は琉球新報で歴史修正主義の自由主義史観研究会が〈六月四日東京で緊急集会「日本軍による『沖縄戦集団自決強要事件』の虚構を一切の教科書・教材から削除することを求める決議」〉を行った、と警鐘を鳴らしていた。しかし、彼らは思い通りに事を運んでいる。

彼らは、沖縄住民は国のため、天皇のために戦闘の邪魔にならないように自ら「集団自決」（殉国死）した崇高な死をたたえるキャンペーンに乗り出し、教科書でも沖縄戦を軍民一体の戦闘だったことを強調し始めていた。

それは日本が戦争のできる国へ姿を変えるには、県全体が戦場化した沖縄戦体験の認識について、教科書を通して、変えていこう（捏造のこと）とする遠大なキャンペーンだった。

それはズバリ、安倍首相が答弁書の最後に、沖縄戦における「集団自決」（殉国死）について、（軍関与を教科書記述から削除したのは）「適切に検定意見を付したものと認識している」と、断定したことに結実したのである。つまり住民の「集団自決」（殉国死）なるものに軍命令は無かったというのが公式見解になっている。

■国民に覚悟説く

政府は沖縄住民の軍命での「集団自決」（殉国死）を軍事行動だと断言して、戦闘参加者という法的身分を付与し、肉親に遺族給与金を支給している。この視点で回答文を読み解くと、いずれ、（一）について、軍命令で「集団自決」（殉国死）した遺族年金受給の先順位者の遺族とともに、自然に軍命令有無の問題も存在しなくなると予測しているようだ。

「現代の戦争は国民全部の戦いであって、決して自衛隊のみが『守る』のではない。自衛隊は最前線の最も苛烈な局面を担当するが、国民すべてが強固な抵抗意志を持たねばならない」と軍民一体の戦闘の現代版を説いたのは栗栖弘臣統合幕僚会議元議長だ。

まさに軍命令なしで軍事行動をとる覚悟を自衛隊制服組トップだったひとが国民に説いている。〈なお、本シリーズで「集団自決」（殉国死）という表現は、軍の強制・命令などで住民が集団死した意味のことである〉

第98回
歴史修正主義の台頭（6）

再び戦場化の危機／現状変える大きな力を

日本は自衛隊を「南西シフト」と、中国を念頭に入れて米軍と「離島奪還軍事訓練」を毎年実施し、琉球列島・南西諸島一帯の軍事要塞化の地ならしをしてきた。そして元自衛隊制服組トップの栗栖弘臣統合幕僚会議元議長が、武装集団たる自衛隊は最前線の苛烈な局面を担当するが、国民すべてが強固な抵抗意志を持たねばならないと、説いている。そして「台湾有事は日本有事で、日米同盟の有事」だと、日本を戦争する道へと、なりふり構わず旗振りしてきた安倍晋三元首相、岸田文雄首相によって、沖縄がミサイル戦争の最前線に立たされようとしている。

　2022年1月31日、「ノーモア沖縄戦命どぅ宝の会」が、急きょ立ち上がったことに現れているように与那国、石垣、宮古諸島をはじめ、琉球列島が「台湾有事」「尖閣有事」に巻き込まれる可能性が濃くなってきたようだ。中国を念頭にいれた、「離島奪還軍事訓練」が日米を中心に数年前から盛んに実施され、市街地で戦闘に臨む訓練までも行われていることが報じられてきた。

■軍事演習の激化

　その延長線上で、琉球新報の2022年2月7日付の1面に〈「与那国、宮古特別注視区域」／土地規制法200カ所指定へ〉のもと、〈南西諸島付近で中国が軍事活動を活発化させていることを踏まえ〉、与那国、ミサイル部隊配備の宮古島市の軍事基地周辺の土地を「特別注視区域」に指定する方向で検討に入った、と報じている。その翌8日付の同紙1面トップに〈米軍きょう那覇軍港訓練〉／複数の大型機、輸送艇使用／県・市の中止要請拒む〉と、まるで「日本復帰」前、人が住んでいる民家を焼き払い、ブルドーザーで敷きならす（伊江島）凶暴な米軍の姿を彷彿させた。

　9日夕方の沖縄地元テレビニュースでは、訓練に反対するプラカードを持った市民に扮した米兵（らしき）を、米軍が制圧する訓練まで、この那覇軍港で抗議する一般市民の前であからさまに実施していた。まるで市街戦訓練の初

期段階かのような光景だ。その場に居合わせた市民は得も言われぬ恐怖を感じたという。

　そして体感したこの恐怖を、いま全県民が共有しないと本当に戦争に巻き込まれる、と強い危機感を訴えていた。政府は、国防予算を増大させ、ミサイル基地・軍事基地建設推進のため、危機をあおっているのだ、政府の高度な世論操作に乗ぜられているという冷ややかな見方も県民の間にあるようだ。

　戦争勃発直前のような軍事演習の激化のなかで、このように高をくくっていて良いのだろうか。琉球弧・南西諸島の戦場化を想定した日米両政府にたいして、「二度と戦場にさせない」という強固な意志の一点で、保守革新もなく、いまこそ、命どぅ宝の平和のこころで結集しないと、後の祭りになりかねない。沖縄史上空前の11万人抗議集会は、いったい、何だったのだろうか。

■怒りの根源

　2007年9月29日、「教科書検定意見撤回を求める9・29県民大会」が宜野湾海浜公園で開催された。県内20団体と県議会各派が構成団体名で、仲井真弘多沖縄県知事本人が大会あいさつしたことをみても、島ぐるみ・県ぐるみと称してよいであろう、この大会には、参加者11万人（宮古や八重山の大会でも6千人が参加）という人たちが参集した。。大会実行委員会の構成団体を思い出し

約１１万６千人が集まり、記述回復と検定意見撤回を訴えた県民大会＝２００７年９月２９日、宜野湾市の宜野湾海浜公園

てみよう。

　沖縄県婦人連合会、沖縄県遺族連合会、青春を語る会、沖縄県老人クラブ連合会、沖縄県農業協同組合中央会、沖縄県青年団協議会、沖縄県中小企業団体中央会、沖縄県ＰＴＡ連合会、沖縄県高等学校ＰＴＡ連合会、沖縄県市長会、沖縄県市議会議長会、沖縄県町村会、沖縄県町村議会議長会、沖縄県漁業協同組合連合会、沖縄県子ども会育成連絡協議会、沖縄県医師会、連合沖縄、沖縄弁護士会、沖縄の未来を語る会、沖縄県生活協同組合連合会、沖縄県議会の各会派だ。

　保守も革新もない、この時の怒りの根源を改めてたどってみよう。第９７回の最後に鈴木宗男国会議員の質問主意書にたいする安倍首相の答弁書で、教科書記述から沖縄戦における「集団自決」（殉国死）の軍関与を削除したのは、「適切に検定意見を付したものとの認識」をしているということを、撤回させるためだった。沖縄戦の住民被害にかんしては、ひとしく、沖縄戦の真実を曲解・捏造（ねつぞう）する安倍首相・日本政府にたいする怒りが爆発したのだ。ましてや、いまは、沖縄戦再来の危機である。一触即発の状態であることは、軍事専門家・防衛ジャーナリストのみなさんが警鐘を鳴らし続けている。「第１

次大戦は、一発の銃声から始まった」とも言われている。

　２００７年９月の１１万人集会の怒りを思い起こせば、沖縄の現状を変える大きな力を生みださないだろうか。あの抗議集会以後も連日連夜の軍事演習の積み重ねが既成事実化し、県民が「ゆでガエル」状態（既成事実の積み重ねでまひさせられる意味）になるのを、軍事国家の強大化を急ぐ、政府の国防族・軍事依存勢力は待っているのではないだろうか。

■１１万人集会の意味

　１１万人集会の怒りの根源をあらためて明記したい。自衛隊を国防軍へと明言し、歴史修正主義者を先導する安倍晋三首相が教科書記述を通して、凄惨（せいさん）な沖縄戦体験を「軍事国家再構築」の手段にしようとしていることを、沖縄の人びとは見抜いていた。

　日本政府は、軍関与を削除した「集団自決」（殉国死）というのは戦闘に協力し、「崇高な犠牲的精神により自らの生命を絶つ者」（沖縄方面陸軍作戦・防衛庁、１９６８年）と規定し、「国家に殉じた沖縄住民」として讃（たた）え、その死者を靖国神社に祀（まつ）ってきている。まさに、栗栖弘臣統合幕僚会議元議長がいう「自衛隊は最前線の苛烈（かれつ）な局面を担当するが、国民すべてが強固な抵抗意志を持たねばならない」に呼応する。

　今後、国を守る戦いの指針を、教科書記述を通して、国民に植えつけるために沖縄戦体験を捏造（ねつぞう）し、利用することに対する怒りの爆発が１１万人集会だったのだ。であるならば、いまや「軍事大国日本」によって、沖縄の地が再び戦場化させられようとしている「今でしょう、１１万人を上回る抗議集会を開くのは」と危機察知した人の声が鳴り響いている。

「沖縄民族皆殺し」の恐怖／３２軍壕跡は証拠の「現場」

「台湾有事」は「日本有事」だと不安を煽りつつ、琉球弧・南西諸島の軍事要塞化は当然の成り行きとして大軍拡勢力が怒涛の勢いで席巻している。軍事演習の後には戦争本番がくるというのが沖縄戦の教訓だった。ロシアの大軍事演習のあとにウクライナ侵攻が現実化したのが２０２２年２月２４日だった。琉球弧・南西諸島での日米軍事大演習も尋常ではない。その危機感でノーモア沖縄戦命どぅ宝の会が１月３１日に結成され、ウクライナ戦争が激化する中で３月１９日に結成集会が予定された。沖縄戦では圧倒的米軍に徹底抗戦する牛島軍司令官の国体護持の戦闘は、「沖縄民族皆殺し」されると友人知人たちを説得して投降した浦添牧港の又吉栄長証言が貴重だ。

戦争体験の聞き取り調査で、私が最も長い時間、日数をかけて何度も訪れたのは、浦添市牧港の又吉栄長さんだった。皇軍兵士として中国大陸での体験、沖縄戦では防衛隊の班長としての体験など、証言は尽きなかった。何回でも証言することをいとわなかったのは、戦争の醜さ、凄惨さを若い人へぜひ伝えてほしい、という栄長さんの強い使命感からであった。

「戦争は平和な時に準備が進む」ということを、中国国内を転戦する軍隊の中で上官から教わったとも証言していた。沖縄戦そっくりの軍事演習が、その３１年前に浦添城下で行われていたことを、新聞（『琉球新報』１９１３年１２月９日、１４年１月２２日）記事を読んで知っていた。それで、栄長さんの証言は「平和な時」の軍事演習のあとに、本番が来ることを裏付けていた。その教訓を伝える義務があることを自覚し、私はくり返しこのことを伝えている。

私が連載中の「"歴史修正主義"の台頭」シリーズで、その先行きを恐れていた状況が、いま現実化しつつあると思えるので、生き地獄の戦場を生き延びた人の証言を聴きだした者として伝えたい（第５８回にも掲載）。

■皇軍兵士の体験

私は数千人の戦場体験者から聞き取りをしていて、パニック状況の中で冷静に戦場彷徨をしていた人がいたことを知り、人間が潜在的に持っている力に圧倒された。その語り手・又吉栄長さんは、皇軍兵士として中国戦線での体験を語っている最中、「録音を止めて」というほど恐怖がよみがえった様子だった。

それは転戦中だった小部隊の一人の兵士が中国人に殺された仕返しということで、斥候兵を先導したはずだと、近くの数十名ほどの小集落の老若男女全員を、弾丸を節約するため、手斧で皆殺しにした現場にいた。

私は栄長さんにその時どうされていたのかとすかさず聞いたら、同僚兵の新垣というクニンダンチュ（中国系ウチナーンチュ）に、"あんたのウヤファーフジ（ご先祖様）の国でこんな恐ろしいことをしているのを、どう思うのか？"と、問うたら、自分が中国系だと部隊に知れたらどうなるかわからない、ということで"アビランケー（そのようなことを聞くな、の意味か）"と言っていたと、恐怖に慄いていた状況を証言していた。部隊による凶行現場で、二人は身を潜めていた様子がうかがえた。

■避けた首里決戦

このような戦場経験を経て、沖縄戦では防衛隊の班長として浦添の激戦場に立たされたのである。皇軍部隊の醜さの極致を知り尽くしている栄長さんには、木を見て森を見ずの例えでいうと、日米の戦闘場面という木々を見ながら、日米両

第32軍司令部壕の第5坑道＝2020年6月30日、那覇市首里（代表撮影）

同姓の又吉さんが、沖縄民族が皆殺しになるから「種人（サニッチュ）やシジェーナランドー（男性は沖縄人の子孫を残すため死んではいけないよ、の意味か）と、栄長さんがみんなに声をかけてくれたので私たちは生き延びることができたのですよ」と、裏づけ証言をした。庶民の中に偉人がいると思えた。

軍の戦闘全体という森が見えていた稀有な人だった。

防衛隊の班長の立場で、激戦場の浦添から知人の防衛隊員を引き連れて、南へ南へ逃げることにした。首里近くまで逃げ延びてきた時、首里軍司令部部隊が、南へ撤退していくのを察知した。

次の証言は、戦場経験者が冷静に分析して見えた森だ。「たくさんの避難民がいる戦場で、軍司令部を設置してある首里で決戦するのが戦争の常識だのに、南部へ撤退したら、沖縄民族は皆殺しにあうと思い、その時点からなんとか牧港の知り合いを引き連れて投降しようと決断し、行動に移した」

この証言を聞いて、激戦場の真っただ中で、このような分析ができる栄長さんは並外れた人で、庶民の中での天才的な人に出会えた、と感嘆した。その時点から怖いのは、沖縄の中の戦争協力者と後ろ弾（日本軍兵士）だった。

したがって、投降の同行者は牧港住民と信用できる知人に限っていた。投降の機をうかがいながらも被弾死者はでるので、また、途中出会った友人知人を説得して、喜屋武半島を一周する形で、糸満方面に侵攻してきた米軍の最前線に向かった。恐怖に慄きながら投降した。証言の途中、「同行していた友人が近所に住んでいるよ」と証言を中断して呼びに出かけた。

■重みある証言

「32軍壕司令部壕の保存・公開を求める会」の末席に私もいるのは、この栄長さんの証言があったればこそだった。

牛島第32軍司令官の首里軍司令部の摩文仁丘への移動・撤退というのは、戦闘の常識としてはありえないと、砲煙弾雨の最中に戦闘経験者が肌で感じ、「沖縄民族皆殺し」になるという恐怖感に襲われたというのは、重みのある歴史証言である。

米軍の「本土（皇土）上陸を遅らすための時間稼ぎ・捨て石作戦」で、避難住民を盾にした形による牛島軍司令官の摩文仁への撤退作戦は、栄長さんの言葉では「沖縄民族皆殺し」作戦だった。首里決戦を避けた第32軍司令部壕跡は、まさに間接的住民大虐殺を裏づける動かぬ証拠の「現場」なのである。栄長さんが司令部撤退時に体感した「沖縄民族皆殺し」の恐怖は、単に77年前（2022年現在）のできごとであろうか。

現実に起きた「プーチン・ロシア軍のウクライナ武力侵攻」が他人事ではないような、日米の軍事演習が激化している現在の琉球弧・南西諸島では、栄長さんの「沖縄民族皆殺し」の恐怖を共有し、それを拒絶する意志表明をする時ではないだろうか。その表明の場のひとつとして、「ノーモア沖縄戦　命どぅ宝の会」の結成がある。

第100回
無戦世界（1）

憲法の平和主義を財産に／命こそ宝示す「市の鍵」

いま、ロシアがウクライナに武力侵攻して、第三次世界大戦の様相を呈しはじめている。米国マサチューセッツ州メドフォード市には「市の鍵」という臆病者、軟弱者が、結果として「負けるが勝ち」という平和の表象が存在する。それは「ここは一旦引いて、民主主義と平和主義による国力の充実による軍事的専制主義との闘いの継続と究極的勝利をめざす（横田雄一弁護士）」というのが「命どぅ宝」の神髄だと喝破している。それは比嘉静観牧師の無戦世界（比屋根照夫教授発掘）に通底している。

■ 「命どぅ宝」の精神

ウクライナへのロシア軍の侵攻後、７７年前（２０２２年）、地上戦闘下の沖縄住民と二重写しにみえる映像を連日、テレビが報じている。

１９９０年度沖縄国際大学石原ゼミナール機関誌「あし」第11号（稲福政彦、島袋利律子編集）に私が執筆したエッセーを紹介したい。タイトルは「"市の鍵"に思う」で以下の内容をつづっていた。

〈歴史上まさかと思うできごとに、マサカ出くわすとは思わなかった。湾岸戦争のことである。世界中のみんなが、マサカ、マサカと思っているうちに、本当にとんでもないことが発生したのである。核戦争にまでは展開しなかっただけでも、幸いと思わないといけないのか。いや、いまも人類史上類を見ないほどの環境破壊が戦争の結果、現実に進行しているではないか。この戦争のツケは、戦争の「勝利者」、「敗北者」一様に降りかかってくるだけでなく、この戦争に関知していなかった人々すべてに災いをもたらしつつある。その意味では核戦争に酷似しているといえよう。

これでみんなが平和に対して無力感に陥ってはいけない。それがいまや一番怖い。

まだ、救いがある間は全力をあげて、地球を、人類を滅亡の淵から抜け出すことに務めなければならない。では、いったいどういう思想を持って生きていけば良いのだろうか。

その回答をわれわれ「日本国民」は手の内に持っている。すなわち、日本の憲法を世界中に「輸出」して、世界中が日本国憲法の平和主義を共通の財産にしていけば、人類は少なくとも戦争で滅びることはない。戦争放棄のこの精神は何も日本国憲法だけの特許ではない。そのことを実感したのは１９８８年３月、種子島へ調査（糸満系漁民の生活史）に行った時のことである。その地の博物館を見学した時に次の資料が目に留まったので、感銘をうけてメモをとった。この機会に紹介したい。

博物館には米国のマサチューセッツ州から送られた「市の鍵」が展示されており（米国商船が遭難したとき種子島住民が米国人を救出したお礼）、そこに説明が以下のように記されていた。「何世紀も昔には夜になると、そしてもちろん危険に際した時には、都市はその門を閉め、鍵をかけたものでした。重要な来客者を礼遇し、または進んでくる軍隊に降参するために、市の鍵を正式に贈呈することは、訪問者や戦勝者に対し『我々（われわれ）に属するものはあなたがたの物です。…あなたがたに対して道を開けています』と明らかに伝えたものでした。市の鍵（を授与すること）は、メドフォード市によって個人に与えられる最高の栄誉の象徴として受け入れられています。我々メドフォード市の市民全員は、皆様の将来の幸運と成功を、心の底から祈っております。ポール・J・ドナ

ト市長」。核戦争の時代にあっては、このような「臆病者」「軟弱者」のように思える「負けるが勝ち」の精神しか、人類が戦争による破壊から救える道はないのではないかとおもいます〉

と、私は結んでいた。（自分の文を若干修正）。今なら、沖縄の「命どぅ宝」の精神そのものを表していると書いたはずだ。

■地球に住む資格

湾岸戦争から３２年も経っているいま（２０２２年）、プーチン・ロシア軍のウクライナ侵攻を映像でみていると、同じことを書かざるを得ないのは、人類が地球に住む資格があるのだろうかと思ってしまう。この文に対して８９歳（２０２２年）の横田雄一弁護士（東大在学中、砂川闘争を経験。２００５年に沖縄国際大学大学院で私の受講生。長野県在）は「ここは一旦引いて、長期的展望のもと、他の手段（民主主義と平和主義による国力の充実）による軍事的専制主義との闘いの継続と究極的勝利を目指すこと、これが『命どぅ宝』の神髄とも考えられます」、と的確に表現していただいた。

さらに「難民となったウクライナ女性が、今の世にこんなことで命を失うことがあっていいのか、と訴える映像をテレビで見ました。現下のウクライナ事態は私たちにとって戦争のない新世界建設に参加する任務を改めて自らに課す契機となりました。ここから外れてはならないと思います」と続き、私が生き方を目標にしている横田弁護士の高邁な志に接した。それはハワイで県出身の比嘉静観牧師が提唱した、いかなる戦争も否定する「無戦世界」（比屋根照夫琉球大学名誉教授が発掘）に通底している。

■激戦下の産声

テレビではロシア軍がウクライナの産科病棟を攻撃したと、慌ただしく妊婦が担架で運ばれていく緊迫した場面や、地下でまさに出産中の映像が映しだされている（２０２２

マサチューセッツ州メドフォード市の「市の鍵」（種子島開発センター「鉄砲館」の鮫島斉氏提供）

年３月１７日）。ありえないような場面をみるや７７年前、沖縄戦のさなか、生後まもない赤ちゃんを抱いたその祖母が顔面に直撃弾を受けて即死し、血まみれだったであろう赤ん坊の姿が目に浮かんできた。

１９４５年５月１５日、首里大名町から南へ避難途中、津嘉山の地下壕内で生まれた赤ん坊の両親は、１９４４年４月１２日、米軍に撃沈された台中丸の奇跡の生存者だった。出産した地下壕は、日本軍部隊が使用するので、立ち退かざるをえなかった。砲煙弾雨のなか、さらに南下を続け、赤ん坊の両親と祖母や親戚らの一行は糸満の名城集落付近まで追いつめられた。米軍に取り囲まれ、"捕虜"になればなんとか生き延びられると思った一行が、投降しようと意を決し、行動を起こしたら、逃げ隠れしていた日本兵らに「出ていったら撃ち殺すぞ」と怒鳴られ、元の場所へ引き返した。

翌朝の６月１９日、米軍の猛攻撃を受け、生後まもない赤ん坊を抱いていた祖母が顔面に被弾し、即死した。日本兵の一団も即死したが、赤子は奇跡的に両親ともども無事だった。その赤子とは近所に住む遠縁の女性のことで、今もほぼ毎週元気な姿を見かけている。

「命どぅ宝」の行き先／世界を一つの連邦国家に

中学生の孫が「ウクライナもロシアもＮＡＴＯに入れば戦争にならないじゃないの」と、事もなげにいう言葉をヒントに、何十年も前に田畑忍同志社大名誉教授が、沖縄での講演会で世界政府という言葉を使っていたことを思い出した。そして「世界政府」をインターネット検索したら、いま、世界連邦運動として展開していることを知った。
3月19日のノーモア沖縄戦命どぅ宝の会の結成集会で7分間スピーチを依頼され、そのことについて報告した。世界連邦運動に非常に関心をもっている参加者がいたので、そのひとの情報で２００４年、世界連邦婦人の会の沖縄県婦人の会支部が結成されていることを知った。

沖縄戦中は３〜４歳で、台湾の宜蘭に住んでいた私だが「疑似沖縄戦体験者」だと任じている。ロシア軍の猛攻撃下でも待ったなしで生まれてくるウクライナの赤ちゃんの映像がうつるや、宜野湾嘉数集落外れ（南西）のガマの中での出産、浦添経塚の避難壕内は親戚らでひしめき合い、座ったまま出産したという私の旧友の母親、浦添沢岻大橋の西側の崖下（昭和薬科大付中・高校から下った信号機真下方面）の洞窟で米軍が迫ってくるなか、赤ちゃんを産んだという母親らから聞いて"映像化"された出産光景が相次いでよみがえってくる。

いずれも、１９４５年４月から５月にかけての激戦場下で産声をあげた赤ちゃんたちだ。嘉数と沢岻では住民は迫りくる米軍に慄き、南へ南へと母子だけ残し、避難して行った。残された母子は、敵兵の米軍に救出され、思いもよらず米軍保護下のもとで生き延びることができた。

旧友の弟の赤子は、乳の出ない母親を見かねたひとりの日本兵がミルク１缶を与えてくれたので、命をつないでいた。だが、南部戦線をさまよっているとき、赤子だけ被弾死してしまった。激戦場のなかでお産した体験者から聞き取りした４名中、３名の赤子が生き残ったのは奇跡だった。

３名のうちの一人は、いまも健在ぶりが確認できることを前回書いたところである。フィールドワーカーとして庶民の生活史を聞き取りしてきた私は、生活者の視点で戦争を見つめ、その先を考えている。

■孫の発想

３月19日、「ノーモア沖縄戦・命どぅ宝の会」の設立集会で、私にとっては、沖縄戦の「ありったけの地獄」を集めたような戦場がフラッシュバックするかのようなウクライナでの戦争の中で、７分間のスピーチを求められた。短時間で何を語れるか。未来を背負う15歳の中学卒業間近の孫からヒントを得ようと思った。テレビでの解説者が、ウクライナがロシアと対抗する西側陣営のＮＡＴＯに入ろうとするのをロシアが阻止したいのが、大きな原因のようだと説明している。それを聞きながら、「君ならどう考えるか？」と尋ねるや、すかさず、「ウクライナもロシアもＮＡＴＯに入れば、戦争にならないじゃないの」と答えた。

５歳のときは、中国漁船と海上保安庁巡視船の衝突で「尖閣諸島」をめぐって緊迫しているとき、テレビの前で祖母となぜ仲良く魚釣りできないのかと話をしていたが結論が出ず「その島が沈んでしまえば、争いはなくなるよ」と、言い放った５歳の時の発想にも通じると思った。この15歳の孫の即答は、何十年か前、「世界政府」樹立を論じている講演を聴いたことを思い出させてくれた。

それはいま世界連邦運動として展開をしていることをネット情報で、集会当日に知った。保守も革新も区別なく琉球孤・南西諸島の戦場化を拒むという一点で結集した「命どぅ宝の会」の行く先は、やはり、保守も革新も区別なく結集している世界連邦運動に行き着くと思えた。戦争体験者が死者の思いも代弁するかのように語っていることを、私はくみ取っていくのが、聞き取りしてきた者の義務と思っている。それをみなさんに伝えたい思いが募り、世界連邦政府の骨子を7分間で紹介した。

■ニセ教授

私は1970年から大学教壇にたち、講義資料として各新聞記事をずいぶん活用してきた。よくも多方面にわたる記事を連日連夜制作できるものだとホトホト感心してきた。したがって、授業の中で「毎日、新聞を読まない大学生はニセ学生だ」と何度か新聞を読ますため、レポートを課したりしてきた。だが「ノーモア沖縄戦・命どぅ宝の会」設立集会でのスピーチの結果、私に「ニセ学生」といわれた元受講生から、「先生は、ニセ教授だ」といわれても返す言葉がない思いをしている。

集会翌日、教え子から「テレビでは演壇で話している顔をみかけたが、新聞には先生の話だけが載ってない。どんな話をされたのですか？」という確認と、「昨日の集会で先生が世界連邦運動の話をされたので、感動して大興奮している」という参加者の感想が電話で聞けた。なぜ感動したか、の内容は、私にとって青天の霹靂だった。

■湯川スミさん

いま、「世界平和の礎を沖縄発の世界プロジェクトに！」を提唱している平良良昭氏が集会参加者の一人として語るには、「数年前、世界連邦運動の講演会が沖縄県立武道館で、湯川秀樹ノーベル賞受賞者の奥さまを迎えて、盛大に開催された。ぼくは講演を聴き、声を大にして、国連の世界連邦への進化をと願って、琉球新報の論壇に投稿した。しかし、世間からなんの反応もなかった」とのことだった。わが耳を疑う内容だった。

2005年3月15日付の「琉球新報」

さっそく、3月までは本連載担当の古堅一樹記者に、新聞記事を探してほしいと電話で依頼した。「新聞記事を見つけましたよ、論壇にも2人が投稿していますよ」と、電話中にパソコンを操作されていたようで、たちどころに見つけてくれた。それらの記事をすぐに送信してもらえたので、平良氏の語っていた正確な内容が確認できた。

2005年3月14日に世界連邦婦人の会の沖縄県婦人の会設立記念シンポジウムが開催され、〈世界連邦運動協会名誉会長で、ノーベル物理学賞受賞者の故湯川秀樹氏の妻、湯川スミさん（95）が招かれ講演。スミさんは「地球上で人間が殺し合うことがなく、みんなが仲良くできる世界になってほしい。地球からすべての核兵器をなくしていく努力が大切だ」と訴えた〉（2005年3月15日付『琉球新報』）。

世界連邦は、湯川氏とアインシュタイン氏が「核兵器全廃のために世界を一つの連邦国家にしよう」と1947年に発足。5年後に婦人の会も結成されたとも報じていた。

第102回
無戦世界（3）

平和思想の到達点／比屋根氏が掘り起こす

第一次世界大戦の惨状を前にして、比嘉静観牧師がハワイの地で「無戦世界」の構築を！と叫んだ。第二次世界大戦の惨状を前にして、アインシュタインや湯川秀樹らが、世界連邦政府の樹立を唱えたようだ。比嘉静観牧師の無戦世界の理念を形にしたのが世界連邦政府構想だったといえる。さらに「鉄の暴風」と表現している沖縄戦の惨状の中から、戦後8年目の沖縄の地で1953年12月20日に世界連邦政府樹立の運動体が結成されていた。大城尚子大学非常勤講師（沖縄国際大学での教え子、現・北京工業大学文学部講師）が知らせてくれた。その新聞紙面は、筆者にとってまさに驚天動地そのものだった。

「無戦世界」の構築を！と、第1次世界大戦後の世界の惨状を目前にして、沖縄の比嘉静観牧師が、ハワイの地で叫んだ。いま、ウクライナの惨憺たる映像をみるにつけ、「無戦論の系譜」が、頭をよぎる。比屋根照夫琉球大学名誉教授が現役時代、ハワイに足しげく通い、その足跡を発掘した論考の書き出しだ。

2005年5月15日にまとめた『オキナワを平和学する』（石原昌家／仲地博／C・ダグラス・ラミス編、法律文化社）の比屋根論文の「第一章　無戦論の系譜」には、近代沖縄における平和思想の潮流は「非戦」、「反戦」、「無戦」という時系列な展開の構図が描かれ、「無戦」こそが平和思想・反戦思想の最終的な到達地点だと明言している。そして「イラクへの自衛隊の出兵、在沖縄米海兵隊のイラクへの軍事介入などの現実を眼前にしていると、今の沖縄にこそ『無戦』思想の確立が緊急に求められている」という提言のもと、沖縄学の父・伊波普猷の影響をうけた比嘉静観牧師が目指した「無戦世界」の思想を解明している。

比嘉静観の「無戦世界」の思想の「世界人主義、コスモポリタニズムとは、偏狭な国家主義を排し、他民族・多文化の民族的個性、アイデンティティを尊重し、それを基礎に国家や社会を構想する地点にその思想的な精髄があり」「まさに憲法九条の平和主義を今（2005年）から八〇年余前に表明したものであったということだ。世界人主義、コスモポリタニズムも、そのような平和主義につながり、

非武装、無戦主義の表明である」[注70]。この結びからは、沖縄が生んだ偉大な平和思想家を発掘した比屋根氏の興奮が伝わってくる。

■２００５年とは

2022年3月19日、ノーモア沖縄戦・命どぅ宝の会の設立集会のスピーチで、世界連邦運動にふれたことを機に、2005年という年の戦争と平和のさまざまな動きがくっきりと見えてきた。第93回から開始した"歴史修正主義"の台頭シリーズで、05年は、彼らの集大成としての「大江・岩波沖縄戦裁判」がおこされたこととその背景について詳細にのべてきた。そして、それへの沖縄からの反撃について執筆準備にとりかかった矢先、ロシアのウクライナ侵攻が現実化したので、急遽、「無戦世界」を連載することになった。

そこで、2005年には異次元の平和活動をおこしている人たちが存在していたことにまったく無知だったことが分かり、反省しているところである。

冒頭で紹介した比嘉静観牧師の無戦世界の理念の具体的形といえるのが、第2次世界大戦直後にアインシュタインや湯川秀樹らが提唱した世界連邦政府構想だった。その樹立こそが、核の時代における人類が生き延びられる道だと世界連邦運動が提唱されたようだ。

2004年に世界連邦婦人の会の沖縄支部が設立され、

０５年に設立記念シンポジウムが沖縄県で開催されたことを第１０１回目に、当時の新聞記事の内容を記したところである。

■運動体を組織

　私は、比嘉静観牧師の無戦世界の思想については比屋根論文ではじめて知り、その年に編者としてそれを出版したとき、まさにその思想を具体的に展開しようとした動きが新聞で報じられていたのだ。それをまったく知らなかったということに、今更ながら恥じ入っている。新聞が報じている「軍縮や貧困の解消を目指し、平和活動に取り組んでいる世界連邦婦人の会の、県婦人の会」石原エミ会長さんたちには申し訳ない気持ちでいっぱいでいる。

　ところが、思いもよらないことに、大学時代に私の受講生だった大城尚子沖縄国際大学非常勤講師が、１９５３年１２月２１日、沖縄で世界連邦政府樹立の運動体が組織されたことを報じている琉球新報紙を知らせてくれた。その紙面をみるやわが目をうたがった。

　私は、戦後間もない時期からの新聞紙面を全部めくってきているので、その記事は素通りしてきたようだ。まさにそのとき、私は小学６年生ながら沖縄タイムスと沖縄朝日新聞の夕刊売り少年（２００４年４月２８日付琉球新報「清らしま美らぢむ」第７３回に掲載）として、国際通り、平和通り、桜坂一帯で見出しが目に付くようにして、新聞を道行く人に売り歩いていた。その紙面も当然目にしていたはずだ。

　沖縄戦の惨禍から８年目の沖縄で、世界連邦政府樹立の運動が展開しようとしていたのだ。それを新聞記事で知ったものとして、沖縄の先人たちが手がけたその平和運動を将来世代に伝えたい。それは以下の現状認識をふまえた反映である。

■命あってこそ

　八木晃介花園大学名誉教授の「試行社通信」（２０２２年５月１０日）からの以下の引用は、「市の鍵」（連載第１００回）に通底している。

　「最初の段階でウクライナがロシアの要求を呑んでおれ

比嘉静観牧師の無戦世界の思想による詩集（比屋根照夫琉大名誉教授提供）

ば、ロシアによる悪逆非道なジェノサイドは行われなかったでしょうし、学校や病院への無差別虐殺の乱行も無かった可能性があります。ウクライナの国と民族の誇りはどうなるのだ、という非難の声が聞こえてきそうですが、国家や民族の誇りなどは、肝心要の個人の命が保たれていてこその価値でしかありません。命をたたれての誇りなど、屁のつっぱりにもならない、これは譲れぬ私の思想です」

　この指摘は、沖縄の日本軍が天皇制国家護持のため、避難住民を盾にして、徹底抗戦をしなければ、米軍による住民大量無差別大虐殺と皇軍による間接的住民大虐殺も発生しなかった、という客観的事実と重なってくる。八木氏の思想は、沖縄の命どぅ宝、無戦世界と共鳴しあっている。さらに本紙でウクライナの「非人道的な大惨事」「さらなる軍拡は人類の『破滅への道』」（豊下楢彦氏）と識者が警告を発するに至っている状況は、世界連邦政府への注力を促しているとうけとめたい。

［注 70］同書 15〜31 頁参照・引用

第103回
無戦世界（4）

５３年に世界連邦結成／継承できず痛恨の極み

戦前世界の三大偉人の一人、賀川豊彦の薫陶をうけた伊江島の阿波根昌鴻が沖縄戦の真っ最中、奇跡的に持ち歩いていた聖書の余白に「戦争 世に人以上の悪魔が他にあろーか 如何なる動物も人以上の殺し合ひは見ないのである」と、書き記している。残虐の限りを尽くしている戦争のさなか、このような言葉が紙に記され、今も残っていること自体が奇跡としか言いようがない。その阿波根の師というべき賀川豊彦が１９５２年に米軍占領下の沖縄入りをして、世界連邦政府運動を説いてまわったようで、その翌年に世界連邦琉球同盟が結成されたのである。会長はなんと現役の琉球大学胡屋学長が務め、各界各層の超党派的人材が結集していた。

沖縄からも生まれた平和思想、無戦世界の具現化は、世界連邦政府の創設にむけた運動として展開しだしていた。

いま、ウクライナでは、各国の軍産複合体が数々の新旧兵器類を用いて、いかに人間殺戮に効率がよいか、その性能を競い合っているかのようだ。そして老幼男女の市民や兵士をはじめ動植物の生命を絶つ人間の悪業がくり広げられている。

宇宙で美しい水の惑星・地球を、この人間どもが勝手気ままに破壊し続けている。ヒト以外の生きとし生けるすべての生き物たちが、自分たちを滅ぼす人間はこの地球から消え去れ！と叫んでいる、かのようだ。

沖縄戦真っ最中の１９４５年６月８日、伊江島の阿波根昌鴻さんが、肌身離さず所持していた聖書の余白に、「戦争 世に人以上の悪魔が他にあろーか 如何なる動物も人以上の殺し合ひは見ないのである」と書き記した文字が、いま燦然と輝いてみえる。これは７７年前（２０２２年現在）、戦争真っただ中の阿波根昌鴻さんの言葉だ。将来世代がそのことばを引き継ぐにふさわしい新聞記事を、元ゼミ生がみつけ、送信してくれた。

■ノーモア・オキナワ

〈ノー・モア・オキナワの切実な叫び！／世界連邦へとどけ／琉球同盟結成大会開く〉。これは『琉球新報』の

１９５３年１２月２１日付３面トップ記事の見出しである。〈「戦争絶滅」「人類共栄」をスローガンに二十日午後二時から那覇劇場で世界連邦建設琉球同盟結成大会が官民代表多数の出席で開かれた。屋良朝苗教職員会長が今次大戦で最大の災禍を受けた沖縄の平和に対する悲願は大きいと開会の挨拶を述べ、亀川琉大助教授がデンマークの詩人ピエト・ハイムの詩を英日両語で朗読〉のリード記事から、以下の本文に続く。

〈平和のための黙祷の後に当間重剛那覇市長は好むと好まざるとにかかわらず世界は二大勢力に分れ 沖縄は東洋のジブラルタルと云われているが如何なる困難があっても世界平和への希望を達成したいと決意を述べた〉

〈比嘉沖縄キリスト教会長は昨年夏来島した賀川豊彦氏が世界連邦建設を琉球に紹介、また十月来島の小塩連邦組織部長の三週間にわたる講演で建設の機運が高まり ここに結成大会をみたが来年第二回世界連邦アジア会議に評議員として推薦されているので沖縄の声を全アジアに報告したいと経過を報告〉

■人類の良心

〈中村婦連會長は水爆、原爆が平和に役立つか滅亡に導くかは人類の良心にかかつており、ノーモア・ヒロシマをノーモア・オキナワにとの同会の趣意書を朗読した。議長

指名で三十五人の理事と五十三人の評議員が決定し　話し合いで会長胡屋朝賞　副会長仲里朝章、稲嶺一郎の諸氏に決定。会長が互に愛し幸福になれるよう人類は目ざめましょうと挨拶　平良琉大教授が各国からよせられたメッセージを読み上げた〉

〈第二次世界大戦で最大の苦悩をなめた沖縄に対する関心は深く人々を感激させた。日本からは賀川豊彦、片山哲、小塩完次、稲垣守克、福田昌子のそうそうたる諸氏から祝と激励の電報があった。山川社会局長は全人類は世界連邦を基礎に人類同胞愛を育みましょうと述べ　国連を世界連邦政府へ改組し　総ての国家を加盟させる　各国は軍備の撤廃　原子兵器の国際管理△国際司法裁判と世界仲裁裁判の設立△国連総会の代わり　世界立法議会を設けると力強く宣言文を朗読した〉

〈つぎに下里恵良氏が二十三億の世界人類の平和のためにさきのべた宣言文を米国の全世界連邦委員長ノーランサイズ氏を通じて国際連合、ダレス国務長官、アイゼンハワー大統領へ送付また日本赤十字社の島津氏を通じてマレンコフ氏に送付するとのべ　前途の発展を祈ると万才三唱で閉会した〉（引用者が補筆訂正した）。

■官民あげて

祝電を寄せた片山哲氏は戦後日本の４代目総理大臣で、胡屋朝賞会長は、第２代琉球大学の学長在任中だった。また、稲嶺一郎副会長は実業家として著名で、宗教家や女性団体など島ぐるみ的運動として、官民あげての取り組みだった。

沖縄のガンジーと称された阿波根昌鴻氏が戦前、教えを受けた賀川豊彦氏が１９５２年に米軍政下の沖縄を訪れたということも驚きだ。世界人類の平和実現に向け、世界連邦政府創設の運動を、廃墟から復興８年目の沖縄で展開し始めようとしていた事実に驚嘆している。地獄のような戦場から生還したばかりの人たちが戦争否定を、抽象論ではなく具体的な平和構築にとりかかろうとしていたようだ。

だが、まもなく凶暴な米軍の土地強奪に直面し、生産・生活の場が破壊され、島ぐるみ土地闘争に明け暮れる日々

「世界連邦　琉球同盟」結成を報じる１９５３年１２月２１日の琉球新報３面

に追われ、高邁（こうまい）な志を実現するパワーは、そこへ吸収されたようだ。

１９９５年、すべての戦争を否定する「平和の礎」を創設した沖縄は世界平和の発信地だと私は折に触れ、文字にしたり口にしたりしてきた。しかし、ロシアのウクライナ侵攻のテレビをみながら、孫との会話にヒントをえて「世界政府」の運動を思い出し、６９年前（２０２２年現在）の沖縄で「世界連邦建設琉球同盟」が結成されていた事実に新聞でたどり着いた。

この琉球沖縄の先人たちの具体的で崇高な運動を知らず、平和学を学んできた者として、それを継承してこなかったことは痛恨の極みだ。わが学究人生の汚点だ。せめて若い世代に希望を託すべく、先人の足跡を知らせておくことにすると共に現状についても知ったばかりの情報を伝えたい。

なんと２０１６年５月２５日参議院本会議で「政府は、日本国憲法の掲げる恒久平和の理念のもと、国際機構の改革強化を目指しつつ、国際法の発展、核兵器廃絶など軍縮外交の推進、また人間の安全保障の実現を含む世界連邦実現への道の探求に務め、平和な未来を確実にするための最大限の努力をすべきである。右決議」をしていた。（世界連邦でネット検索して得た情報である）

第104回
無戦世界（5）

超党派議連に一条の光／戦争根絶に個々人の思い

いま、戦争・紛争の連鎖が止まるところを知らず、人類絶滅の危機に直面している。

さらに調べていくと、世界連邦宣言自治体全国協議会も存在していて、国会には世界連邦日本国会委員会も存在している。２０２１年現在、自民党、立憲民主党、公明党、日本共産党、日本維新の会、国民民主党、社会民主党、無所属議員の１１７名が委員会に個人加盟している。そして２００５年８月２日、「世界連邦実現への道の探求など」を国会決議している。さらに、２０１６年５月２５日、参議院本会議でも、「人間の安全保障の実現を含む世界連邦実現への道の探求に努め」と決議していた。筆者は無知すぎるほど、無知だった。平和学を名乗るのを恥じ入っている。

「人類絶滅の危機」を救う「命どぅ宝」思想を根源にした「世界連邦運動」を、私が突然口に出したので、「石原は空想家か」と一笑に付す冷ややかな反応も伝わってきた。それとなく感知した読者から、絶対平和主義の世界連邦運動について、もっと書いてほしいという要望をうけた。この機会に無知だった私がにわか勉強で知った現在の日本での取り組み状況を伝え、沖縄戦から生還した人びとの代弁者として、未来のあるべき社会を構築する若い世代への参考に資したい。

■知恵ふり絞る

今、ウクライナでくり広げられている人間同士の殺し合いは、誰にも止められず、絶滅するまで果てしなく続けるのか。人間が生存するための生命科学の研究は限りなく進歩している。いっぽう、人間をいかに大量に殺すかという研究に血道をあげている強大な一群が存在する。テレビではウクライナへ供与するという兵器の工場を笑顔で視察している米国大統領があからさまに映し出されている。人間同士が殺さない、殺されないための知恵をふり絞っていくことが、より一層強く求められている。

ところが、第２次世界大戦後、世界でも日本の国会、自治体のなかでも、永遠平和のための具体的行動として新たな思考にもとづく世界連邦建設の実践運動が展開している

のである。私が無知すぎるほど無知だったにすぎない。その要点だけを記したい。

■１１７人の議員

世界連邦実現への道を政府が実現するよう参議院が決議していたことを第１０３回目に記したが、その後、世界連邦日本国会委員会の存在を知った。２０２１年４月６日現在、衆参国会議員の中で、自民党５０人、立憲民主党２９人、公明党１４人、日本共産党６人、日本維新の会２人、国民民主党７人、社会民主党１人、無所属８人が個人加盟のその会に連なっていた。党派・主義主張、信条の違いは置いといて、という高邁な理想を掲げている１１７人もの国会議員がいたのである。

しかも、その役員名簿のなかには、会長の自民党衛藤征士郎議員と並んで、副事務総長には日本共産党笠井亮議員が就いている。まさに超党派議員が、真に戦争をこの世から根絶する運動に個々人の思いで関わっていることを知った。

保守だ、革新だ、右翼だ、左翼だ、と言い争っているうちに、地上から生き物が消えていくではないか。いや、言い争いはしながらでも、人間同士の殺し合いだけはしない世界にしようという人たちの集合体であろう。現下の世界からそう感じ、それに加入しているのであろう国会議員の存在を知り、一条の光がさしているように見えた。

■京都府綾部市

　世界連邦運動の現在の活動を、私が確認できたのは、ロシアのウクライナ侵攻だった。世界連邦宣言自治体全国協議会の会長は、京都府綾部市の山崎善也市長が務めている。侵攻の翌日、2022年2月25日にはウクライナでの武力衝突に対する抗議声明を市長名でだしている。

　「ウクライナにおける武力衝突は、子どもを含む民間人が死傷するという憂慮すべき事態となり、断じて容認できるものではありません。新たな国際秩序の構築を謳った私たち世界連邦宣言自治体全国協議会は、世界の恒久平和の実現に向けた活動を進めてきたところです。私たちはこれ以上の犠牲者を出さないために即時戦闘が停止されることを望んでいます。一人一人の生命を大切にし、武力によらず、対話による平和的な解決を目指し、それぞれの立場で努力されることを願ってやみません」と結んでいる。

　ここで注目すべきは、ロシアの武力侵攻の翌日、即刻声明を出していることと、武力衝突ということばを用いて、どの国が悪いという判断を示していないことである。常日頃の活動があればこそ、即時に声明をだせたのであり、国家の対立をこえて、国家単位で加盟する世界連邦を建設する方針をもっているからこそ、国を名指しにしなかったと思われる。

　この京都府綾部市は、自治体の世界連邦運動の牽引車のようで、スマホなどでも、世界連邦PR動画「未来へつなぐ平和都市　綾部」の検索によって、その素晴らしい平和活動を知ることができる。綾部市は、1950年10月14日に全国に先駆けて「世界連邦都市宣言」をして、それを記念した「平和塔」も設置している。その運動の世界の動きと全国の動きは、世界連邦日本国会委員会の横路孝弘元会長の「世界連邦実現への希望」の講演録が詳しい。

■長年の悲願

　2005年8月2日、衆議院で「国連創設及びわが国の終戦・被爆60周年に当たり更なる国際平和の構築への貢献を誓約する決議」が採択されていた。そこには「政府は、日本国憲法の掲げる恒久平和の理念のもと、唯一の被爆国

世連ムーブメント北海道2018
第20回年次大会2018.9.29基調講演

世界連邦実現への希望

世界連邦日本国会委員会会長として

横路　孝弘

⊗ 世界連邦・北海道　　2019.3

· 1 ·

「世界連邦・北海道　2019年3月」の講演録表紙

として、世界のすべての人々と手を携え、核兵器の廃絶、あらゆる戦争の回避、世界連邦実現への道の探求など、持続可能な人類共生の未来を切り開くための最大限の努力をすべきである。右決議」していた。世界連邦運動にとって、世界連邦国会決議は、長年の悲願だったという。

　琉球新報の2005年3月15日付によると04年に創設された世界連邦婦人の会の沖縄県婦人の会設立1周年記念シンポジウムが開催されていた事を、連載第100回目に記した。それは、国会決議の後押しでもあったことに、本連載執筆中に気づいた。

　1995年6月23日に除幕した全戦没者刻銘碑の「平和の礎」は戦争を一切否定する世界連邦運動の一環だと言っても過言ではない。その創設にかかわってきた者として、「平和の礎」の理念の具体的表現としての「世界連邦国会決議」をいま知ったということは、専門を平和学だと名乗ってきたのを恥じ入っている所である。本来は社会学が専門で、平和研究もテーマの一つにしてきた。

第105回
歴史修正主義を正す（1）

「援護法社会」の沖縄／赤子も「集団自決」（殉国死）

ノーベル文学賞作家の大江健三郎氏が、歴史修正主義者に告訴されたときの裁判の争点は、既述の通り「集団自決の軍命令の有無」ということだった。住民に適用が拡大された援護法では、軍の関与（指示、要請、強制、命令など）の有無が死活的に重要だということを筆者は知っていた。住民に戦闘参加者という身分を付与する際、軍の関与があったら「国と雇用類似の関係」が生じたとみなして準軍属扱いしてきた。つまり「集団自決」（殉国死）に軍の命令が無かったということになると、厚労省は「遺族年金」の支給や靖国神社の合祀も取消せざるを得なくなる。筆者は、裁判で大江氏が敗けることはあり得ないことを手紙で伝えてあった。

第93回目から"歴史修正主義"の台頭シリーズを第99回まで続けたところで、ロシアのウクライナ侵攻（世界連邦運動では「武力衝突」）が開始された。沖縄戦の悪夢が現実によみがえった思いに駆られた。そこで急遽、沖縄戦体験が導く世界のあるべき姿を模索していたら、世界連邦運動に行き着き、資料で確認できる機会がうまれた。それが無戦世界シリーズとして展開することになった。将来世代が歩むべき道を考えるヒントになることを期待しつつ、本来のテーマに戻る。

"歴史修正主義"の台頭に対置して、それを正す思考と行動について、史料に基づきながらその根源的部分を解き明かし、長期連載を閉じることにする。

２０１７年９月７日からスタートしたこの連載を終了するにあたり、私がどのような視点・分析方法を用いて、さまざまなテーマをとりあげてきたのか、ということを明文化しておきたい。個別具体的な執筆をとおして、すでに連載をお読み下さったかたがたにはご承知と思うけれども、断片的にしかお読みいただいていない方、はじめての読者を念頭に述べていきたい。

■体験聞き取り

史料に基づきながら根源的部分をたどるといっても、私は歴史家ではない。フィールドワーカーとして人びとが暮らしてきた諸体験（戦争体験の比重が大きい）を聞き取りし

ながら、その裏付けとして史料にあたるという研究スタイルをとっている。もっとも重きを置くのは、その生活史・体験証言であり、さまざまな体験の中から、社会学的視点でみつけたテーマを、社会学的分析をしていくという手法である。

常識破壊の社会学ともいわれているように、分析視角は常識を徹底的に疑うことである。例えば自殺（近年は自死）という場合、自分で自分の命を絶つ、意思的な死という社会の常識にたいして、それはさまざまな社会的諸要因があっての行為だから、自殺は社会的他殺だと捉える。

福岡の中学生が「自分で命を絶つが、あいつが僕を殺した、他殺」だという遺書を数年前テレビニュースでみた。どれ程の無念の思いで「命を絶たされた」か、その文字が私の脳裏に刻まれている。社会学では社会的諸要因をさまざまな資・史料に基づきながら、その因果関係の解明に努め、原因を突き止めようとする。

本連載でも社会学的分析を貫くことに努めてきたので、諸要因を詮索していくことが増えていった。テーマによっては、読者から提供された関連情報で視野が広がり、連載の回数も増えることになった。

■二つの裁判

連載最後のシリーズは、二つの両極端な沖縄戦裁判（大江・岩波沖縄戦裁判、沖縄靖国神社合祀取消裁判）でしめくく

りたい。いずれも、戦傷病者戦没者遺族等援護法（援護法と略記）がその根源にある。社会学的視点・社会学的分析によって、戦後米軍占領統治下沖縄社会の最深部は、戦前の皇国史観が常識だったことを新聞資料や沖縄県遺族連合会の資料にもとづき明るみに出してきた。それも本連載の読者とも共有していきたい。

　沖縄戦での住民の無念死について、自決という言葉が当然のように使用されてきている。自決とは国語辞典に「（軍人などが）自殺すること」（学研国語辞典）、「責任をとって自殺すること」（明鏡国語辞典）ともある。ところが、日本政府は、沖縄の住民に援護法の適用を拡大して、０歳児にまで集団で自決したものとして、「集団自決」（殉国死）という言葉を用いて、軍人軍属に並んで準軍属扱いをしたうえで、天皇が親拝する靖国神社に合祀している。赤ちゃんが責任をとって自殺した、と実に奇

大江健三郎氏からのハガキ

妙きてれつなことが、「援護法社会の沖縄」では、まかり通ってきている。０歳児と共に行動していた保護者が「集団自決」（殉国死）したと認定されたら、その赤ん坊も運命共同体として「集団自決」（殉国死）扱いするというのが、日本政府の理屈である。

　私は２０１６年出版の『援護法で知る沖縄戦認識―捏造された「真実」と靖国神社合祀』の新装改訂版『国家に捏造される沖縄戦体験―準軍属扱いされた０歳児・靖国神社へ合祀』（インパクト出版会）を２０２２年２月に発刊した。だが、あまりにも奇妙なことが沖縄の常識になってきたので、それを読んだ知識人でさえ、なお、腑に落ちないところがあると私は説明を求められる。どのような角度から説けば、納得してもらえるのか、とよりいっそう考えさせられている最中である。

　沖縄戦体験を日夜精力的に発信している沖縄のテレビ・新聞等のメディアがいまなお、「集団自決」（強制集団死）という奇妙きてれつな表現で報道している。政府が住民を戦闘参加者として軍人扱いをするため、赤子まで「集団自

決」（殉国死）したとする捏造語を用いている。「集団自決」（殉国死）したと申請しなければ、受理されなかった遺族年金受給者に配慮した表現にしたと思える。それについて、大江健三郎ノーベル文学賞作家が、１４年前（２０２２年現在）、私宛のハガキでも嘆いているところでもある。

■大江氏の嘆き

　「重要な二論文をいただき、判決の日の東京―大阪の車中熟読しました。記者会見の発言の前半を、"集団強制死"の定義についてあてましたが、本土の新聞で見ますかぎりなお"集団自決"の用語が使われていますこと、残念でした。今後も本土の一小説家の発言者として、注意深く沖縄からの御発言に学びつづけたいと存じます。」（２００８年４月６日着信）

　第９４回で、大江氏が歴史修正主義者らに提訴されたことについて記述してきたが、２００８年３月２８日に原告の請求棄却の判決言い渡しがあり、それを受けての大江氏の私信であった。

第106回
歴史修正主義を正す（2）

遺族は「援護法」反対／国家の責任追及潰える

軍人恩給法の廃止に伴って制定された援護法（戦傷病者戦没者遺族等援護法）は、日本の遺族会をはじめ、政権政党以外はすべての政党もこぞって「援護法」とはなにごとだ、「補償法」にすることを強硬に要求していた。敗戦日本の当初は、国家の戦争責任を強く追及していた。だが、強行採決され、「援護法」のもとに社会保障の意味合いも強まっていった。米軍占領下の沖縄にも、援護法が適用されることになった。藁にも縋る気持ちの沖縄の遺家族にとって、「国家補償の精神に基き」という文言にだまされ、援護法に異議を唱える遺族や政党は存在しなかった。

敗戦間もない日本で、戦争遺族の口から戦争国家の責任を問う、心底からの怒りの声がほとばしった場所は、国会の公聴会の場であった。

「私たち遺族は、無謀なる戦争によってそれぞれの肉親を失ったものでございます。しかも、それはおおむね特攻戦術とか、その他これに類するような、絶対死ぬ境地に陥れられて、野蛮きわまる方法を強制された殺人行為であって、人命の尊厳を蹂躙した鬼畜の行為を、国家の名において行ったものであります。（中略）私はこれを考えますときに、ほんとうにはらわたの底から、むくむくと熱鉄のごとき憤懣と憎悪と怨恨の念が燃え上がって来るのでございます。（中略）かくのごとき心境に生きている遺族に対し、政府がその生活を援護するというがごとき態度をもって臨まれることは、遺族の誇りを傷つけるものであって決して、遺族の心境に沿うゆえんではない。（中略）遺族は、国家の感謝をこそ求め、当然の補償をこそ求めておるのに、政府はこれに援護を押しつけようといたしており（中略）当然の補償をなすべきであると信ずるものでございます（以下略）」。（衆議院―厚生委員会公聴会、１９５２年３月２５日）

援護法制定時の国会で議論されたことと、米国統治下の沖縄住民への援護法適用拡大について、そのあらましを読者と資料を共有しつつ、テーマの理解を深めたい。

■強行採決

公述人のひとりは、８００万遺族を代表した日本遺族会の前身、日本遺族厚生連盟の佐藤信副代表だった。ときは、琉球政府創立直前、１９５２年３月２５日、２６日、戦傷病者戦没者遺族等援護法（以後、援護法と略記）制定にむけ、１７団体が公述した。そして異口同音に援護法ではなく、補償法にすべきと主張していた。政権政党以外、すべての政党も援護法に反対していた。しかし、強行採決され、援護法は同年４月３０日制定された。

日本の遺族会を代表した佐藤公述人のことばは、戦争を生き残ったすべての遺族の人たちの心の奥底を明るみに出したといえるだろう。そして国家の責任を問うべく、国家補償を厳しく要求したが、援護法の成立によって国家の戦争責任を追及する術は潰え去った。私には日本の再軍備は、この「援護法」の成立が分岐点になったと理解している。

日本の国会で問題になっている「援護」ではなく、「補償」すべきという言葉の意味を、米軍占領下の沖縄で食うや食わずの状態下では、考える暇はなかった。１９５２年４月、創立した琉球政府のもと、立法院（現県議会に相当）の全政党・議員は、琉球遺家族を後押しして、援護法の琉球沖縄への適用を、ひたすら米軍や日本政府へ要請し、藁をもつかむ思いだった。それほど生活

は困窮していたのである。それで翌１９５３年から沖縄にも援護法が適用されることになった。

■「精神に基づき」

援護法の第一条（法律の目的）は「この法律は、軍人軍属等の公務上の負傷若しくは疾病又は死亡に関し、国家補償の精神に基き、軍人軍属等であつた者又はこれらの者の遺族を援護することを目的とする」とある。

この条文の「等」を拡大解釈して、沖縄の住民の０歳児まで準軍属として、靖国神社に祭神として合祀している。補償法にすべきという強い要求をうけ、「国家補償の精神に基き」という表現で、あたかも補償されたと遺族に思わすように仕向けている。厚生省社会・援護局援護課監修『〈戦傷病者戦没者遺族等援護法〉援護法Ｑ＆Ａ─仕組みと考え方』（新日本法規、２０００年）には、弔慰金、見舞金、公務扶助料、遺族給与金、遺族年金などという言葉が用いられ、補償ということばが一切ないことに読者も特に研究者は留意していただきたい。

沖縄占領統治の円滑化をはかるためか、ＧＨＱは琉球政府が創立するや、奄美と沖縄へ日本政府南方連絡事務所の設置を要請した ［注71］。

■旧植民地を除外

私はここ最近、オンラインによる講演依頼をうけ、この援護法について話すと韓国のかたから質問をうけるので、以下、援護法の法律案作成にかかわったという斎藤元之児那覇日本政府南方連絡事務所初代援護担当事務官の手記を引用しておきたい。

「沖縄の行政権を持たない日本政府が、沖縄に本土法を適用できるかどうかの問題は、立法当初から議論された。しかし本土の防波堤となった沖縄を放置するわけにはいかないとの厚生省首脳の方針により、法的には、附則に戸籍法の適用を受けない者（韓国・朝鮮人・台湾人）を規定することで、政府が行政権を持たない沖縄については、講和条約発効後に、その実施について米国政府との折衝にまつことにした」［注72］とある。

沖縄県遺族連合会の活動を知る会誌表紙

韓国・朝鮮、台湾の成年男子を日本兵として戦場に送り出し、戦死させても、援護法の適用を除外するよう、附則を付け加えることにしたと読める。

だが、沖縄にたいしては「米国側から『日本政府と琉球諸島における米国管理当局との間に相互的利害関係のある種々の条項（例えば年金恩給の支払、戦没者遺骨の処理）について適切な連絡を計るための連絡事務所の設置』を要請してきた。これを受けて政府は、昭和二十七年六月『南方連絡事務局設置法』を公布し、同年八月那覇に南方連絡事務所〔南連〕を設置し、所長以下若干のスタッフが置かれることになった」［注73］という。

沖縄戦の激戦場跡の瓦礫のなかで、わずかに残った建物に日の丸がはためくようになった。

以後、日本政府の指導のもと、琉球政府に援護課が設置され、各市町村にも援護担当がおかれ、援護業務が開始された。

［注71］『沖縄の援護のあゆみ』沖縄県生活福祉部援護課、1996年、186頁 ［注72］沖縄県遺族連合会編『還らぬ人とともに』若夏社、1982年、100頁 ［注73］前書、100頁

タブー破り捏造暴く／「非国民」も戦闘参加者に

住民がいかに戦闘に協力したかということで準軍属扱いするための戦闘参加者概況表のなかに「集団自決」と「スパイ嫌疑による斬殺」が、２０の事例の中に含まれている。つまり、文部省が家永氏に「住民虐殺」を記述した時、「集団自決」の加筆を命じたのは、国が住民を戦闘参加者という身分で準軍属扱いするため、沖縄戦体験を捏造している行為を、家永氏にも強いることだったと、筆者は最近気づいた。住民にとって最大の屈辱は、非国民スパイ視されて殺されたり、壕を追い出されて被弾死した肉親を、軍に積極的に協力した戦闘参加者として認定するよう申請せざるを得ない仕組みに、からめ取られていることだ。

家永教科書裁判（沖縄戦に関する部分）、大江・岩波沖縄戦裁判、沖縄靖国神社合祀取消裁判の争点は、いずれも援護法を一般住民に適用を拡大したことから発生していた。しかし、その適用の拡大によって遺家族が経済的にどれほど救われたか計り知れない。遺族年金、遺族給与金は年額戦没者一人につき１９５万６２００円（戦没者の父母など先順位者、２０００年４月現在）が給付されていた。それゆえ、０歳児でも戦闘参加者・準軍属として認定するという援護法の適用拡大について、論じることは避けて通らねばならない戦後沖縄社会の最深部に存するできごとだった。

しかし、沖縄戦体験が裁判の俎上にのぼり、研究者が専門家証人として依頼されることになったので、結果的に沖縄社会のタブー破りをせざるを得なくなったのである。しかも、先順位者の遺族給与金受給者は３５５人（２０１９年）に激減しており、さしさわりは著しく減少している。

そのタブー破りを仕掛けたのは、じつは教科書検定時における国側、軍民一体化を志向する歴史修正主義者であった。さらに、遺族年金受給者の遺族による沖縄靖国神社合祀取消の訴えは、援護法による沖縄戦体験の捏造を暴くという当事者によるタブー破りそのものだった。

■２０ケースに分類

沖縄戦における住民被害の全体像は、１９７０年前後から７４年にかけて、琉球政府、沖縄県による住民からの聞き取り証言によって明るみに出された。だが、日本政府は、１９５２年３月から５７年にかけて、琉球政府、沖縄県遺族連合会、住民からの聞き取りによって、沖縄戦における住民被害の全体像を把握していた。

制定された援護法を「国と雇用関係」が明確な軍人軍属にたいして１９５３年から適用を開始し、５６年から全国的に軍隊化した学舎から、特に沖縄では戦場動員された男女中等学校生徒たちにも軍人、軍属という身分で援護法が適用されることになり、戦死学徒は男女とも靖国神社へ合祀されていくことになった。最後に沖縄県全体が戦場となった「特殊事情」という理由で、一般住民にも軍人同様に援護法が適用されることになった。

軍人軍属を対象にした援護法を、一般住民に適用させる理屈はこうである。住民が日本軍部隊から命令、要請、指示かをうけた時点で「国と雇用類似の関係」が発生したとみなす。そして住民が積極的に戦闘に協力したという現認証明を添えたら、戦闘参加者という法的身分を付与し、そして準軍属として援護法の対象となり、遺家族は遺族給与金を給付され、戦争死没者は靖国神社に祭神として合祀される。日本政府は戦闘参加者として認定するため、住民の沖縄戦体験を２０のケースに分類した。私はこれまで、いくどとなく、書いてきているが、若い世代のために２０項目を紹介しておきたい。

（１）義勇隊、（２）直接戦闘、（３）弾薬、食糧、患者

戦闘参加者についての申立書

障害者又は死亡者の氏名及び生年月日	[氏名]	昭和18年 7月21日生
要請又は指示を受けた当時の住所	首里市 [　] 番地	
要請又は指示を受けた当時の職業（勤務先）	幼児	
要請又は指示を受けた年月日	昭和20年 6月10日	要請又は指示を解かれた年月日　昭和20年 6月10日
要請又は指示を受けた部隊の名称	新陽流子弟軍	要請又は指示の伝達の状況
要請又は指示の内容	壕の提供	部隊と行動を共にした年月日及び部隊名
受傷り病の年月日時刻	昭和　年　月　日	受傷り病の場所
勤務及び機関又は行動の状況		
受傷り病の状況		
受傷り病から死亡（障害者にあっては現症）までの状況		
死亡の状況（死亡の場合のみ記入すること。）	死亡の年月日　昭和20年6月11日	死亡の原因　砲弾による（部隊全滅）
	死亡の場所　兼城村字照屋	
その他参考となる事項	別紙確認書のとおり	

上記のとおり相違ないことを申し立てます。

昭和56年12月　日

申立人氏名 [氏名]　㊞

「戦闘参加者についての申立書」。「要請又は指示を受けた当時の職業（勤務先）」の欄には「幼児」とある。

等の輸送、（4）陣地構築、（5）炊事、救護等雑役、（6）食糧供出、（7）四散部隊への協力、（8）壕の提供、（9）職域関係（県庁職員報道）、（10）区（村）長として協力、（11）海上脱出者の刳舟輸送、（12）特殊技術者、（13）馬糧蒐集、（14）飛行場破壊、（15）集団自決（ママ）、（16）道案内、（17）遊撃戦協力、（18）スパイ嫌疑による斬殺、（19）漁撈勤務、（20）勤労奉仕作業。

以上の20のケースをあげ、それぞれには、事例や地名などをあげているがかなりの分量になるので拙著『国家に捏造される沖縄戦体験―準軍属扱いされた0歳児・靖国神社へ合祀』（インパクト出版会）の注記を参照してください。

■島田知事を例に

第105回目で私は歴史家ではなく、フィールドワーカーだと名乗った通り、歴史学者ほどは史料の読み込みが足りない。ことしなんどもチェックしたこの概況表の説明文にいま、特記すべき記述に気づいた。まもなく、映画「島守の塔」が上映されることになり沖縄県最後の官選知事島田叡が話題になっているが、（9）にはつぎのような説明

が載っていた。

「県庁職員は昭和二〇年二月七日、長参謀長と島田知事の戦場行政打ち合わせ以来、知事以下軍と一体となり、軍の戦力維持に挺身し、国頭へ疎開、食糧増産、壕内生活の指導、志気高揚の企画・指導を行い、軍の作戦に協力し、島尻南部においては知事以下多数の犠牲者を出している。また沖縄新報社は緊急戦備下令後、昭和二〇年四月二四日頃〔の〕新聞発行停止まで軍の報道業務に協力し、その後は一般住民と同様、壕堀り等に協力した」

つまり、島田叡知事も軍の指示、要請をうけた時点で「国と雇用類似の関係」が生じたとみなされ、積極的に戦闘に協力したので、戦闘参加者という法的身分が付与され、準軍属になれることが具体事例としてあげられていたのである。ただし、それは遺家族が「戦闘参加者についての申立書」を国に申請しなければその身分は得られないし、靖国神社にも祀られない。

■スパイ嫌疑でも

島田家が申請したか否か、私は知らない。しかし、日本政府が沖縄県最後の官選知事島田叡をどのように位置づけていたかという公式文書が残されていることは確かである[注74]。島田叡知事が県庁壕を後にするとき、県庁女子職員に小声で、日本軍と行動を共にしないで、米軍に投降するよう伝えた（山里和枝証言）。日本軍に知られたら銃殺されたであろう「非国民発言」をしていたことを、1957年に日本政府が認識していたら、この概況表でどう説明したであろうか？その疑問にもちゃんと答えている。（18）「スパイ嫌疑による斬殺」では、日本軍によって行われたものと、米軍によって斬殺されたものの二つがある。「一、日本軍によるもの―（イ）投降勧告の行為をなし…」と、「非国民」でも申請すれば戦闘参加者扱いにされ、天皇が親拝する靖国神社に合祀されることになっている。

[注74] 拙著『国家に捏造される沖縄戦体験―準軍属扱いされた0歳児・靖国神社へ合祀』インパクト出版会、2022年、350-358頁

第108回
歴史修正主義を正す（4）

知事「訓練提案」に驚き／県政基本は「ぬちどぅ宝」

劇映画「島守の塔」は、筆者の聞き取り証言者が映画で主要な役割を演じているので、当然関心をもって観た。当時軍国乙女の山里和枝さんは、島田叡知事に米軍への投降を勧められた。大変な衝撃をうけ、無気力状態に陥り、死を間近にしているとき米軍に救出された。また、軍事要塞化が進み、第二の沖縄戦間近の民選の現・沖縄知事と地上戦必至のさなかに死地沖縄へ止むを得ず着任した島田叡官選知事という視点で観ることになった。沖縄が戦場間近という点では似通っているので、戦闘下の官選知事の動向を観ながら、現知事の軍事化への対応に焦りを覚えた。

援護法関係で沖縄戦中の島田叡知事に第107回目でふれた直後、第32軍司令官のもと沖縄戦中の知事と警察部長を中心に描いた映画「島守の塔」の試写会へ、制作にかかわった新聞社から招待され、コメントも依頼された。私は、若い世代が沖縄戦の映画を通して琉球沖縄の歴史に関心をもち、なによりも未来へ向けてのかじ取りをしていくヒントになればと思っていた。本連載のシリーズとしては、映画に関連して「内なる皇国史観」について指摘することにもなる。

■「生きろ！」

沖縄戦から77年（2022年現在）も経過し、その体験を語ることができる人は残り少ない。次世代へどう伝えていくのかが焦眉の課題になっている。それに応える一つの方法が沖縄戦の劇映画である。とはいえ、それはどのような視点で制作されているかが問われる。次世代にどのような問題意識が生まれるだろうか、という観点で試写会に臨んだ。

映画を観て一週間ほどたったいま、島田知事が部下の「軍国乙女」に必死の形相で「生きろ！」と大声で叫ぶ場面が、しきりにまぶたに浮かんでくる。軍と「官民」共に生き、共に死ぬようにと指導することになっていた知事が、こともあろうに敵に「投降して、生きろ」とはいったい何事だということで、知事をなじる「軍国乙女」を、知事は必死に大声で「投降勧告」したのだ。

私が「軍国乙女」こと山里和枝さんから聞き取りした場面は、糸満伊敷の轟の壕が県庁壕として使用されているとき、日本軍の一団がその壕から立ち退きを命じたり（隈崎俊武遺稿）、避難している老幼男女の食糧を強奪したり、命をつないでいる黒砂糖を奪われまいとする幼児を銃殺したり、壕から出て行く県庁職員や住民は射殺するぞと、銃を民間人に向けた日本軍兵士が轟の壕を支配していた。

そのような状況下で島田知事は県庁の解散を命じ、壕から出て行く際に山里さんが知事に声をかけた時の場面だった。当然、山里さんには日本兵に聞こえないように「小声」で「投降するように」との「非国民発言」をしたのだ。日本軍に知られたら即座に銃殺されていたであろう場面だった。

ところが劇映画では、事実とは全く逆に、知事が大声で「生きろ！」と叫んだ。コロナ禍のなかで万難を排してこの映画製作にかけた五十嵐監督は、この「生きろ！」と叫ぶシーンに全精力を注いで来たように思えた。（まったく同じ題材で、「生きろ　島田叡―戦中最後の沖縄県知事」が、2021年3月に上映開始され、DVD化されレンタルもされているようなので、資料と証言にもとづくドキュメンタリー映画と、劇映画とのちがいを比較の視点でみるのも学習資料になろう）。

■災害対応を名目

二度と戦争に巻き込まれることがあってはならない、戦

争につながる一切を拒もうという沖縄の民の「ぬちどぅ宝は、どこへいった？」、と疑問を発する声が聞こえるようにもなっている。

「生きろ！」という叫びを聞いた瞬間、この映画製作の意図が、島田知事を借りて、軍民一体化（軍民混在）の行き着く先について、沖縄の現状をふまえ、将来にむけての強いメッセージを投げている、とうけとめた。

いま、沖縄戦前夜の様相を呈している。ことし２０２２年２月２４日にロシア軍がウクライナ侵攻をしたその直前は、ロシア軍の大軍事演習のニュースがしきりに流れていた。演習の後に実際の戦争が起きることを、私は沖縄での宜野湾嘉数と浦添城下での軍事演習が、後の沖縄戦そっくりだった実例をあげてきた（１９８１年発行の『浦添市史』第２巻３４５頁〜３４８頁参照）。いま、琉球孤・南西諸島一帯での日米軍事演習の激化は、沖縄戦前の軍事演習の比でない。ロシアの大軍事演習の続きのように起きたウクライナでの実戦が、琉球孤・南西諸島で、いつ勃発しても不思議でない、尋常でない軍事演習が続いている。

琉球新報（２０２２年７月１５日２面）には〈災害名目で有事訓練／米軍・自衛隊参加／玉城知事「必要」〉の見出しのもと〈米軍や自衛隊を交えた都道府県主催の大規模災害訓練、通称「ビッグレスキュー」の沖縄開催について（玉城知事は）「必要だ」との認識を示した。神奈川県の事例を踏まえ、在沖米軍トップの四軍調整官に提案する考えを示した。〉〈黒岩（神奈川県）知事は玉城知事との会談で「災害と有事を一体で取り組む事で、実質的な防衛訓練もできる」と語った。災害対応という名目で軍民混在の訓練機会を設けながら、実態は有事を意識している点を示唆した〉〈黒岩知事は米軍の陸海空軍が自衛隊と一緒に訓練をしている事に米軍司令官が驚いていた事も明かした。玉城知事は黒岩知事の話にうなずき「みんな集まって実践（訓練を）するのは本当に貴重な機会だ」と話した。会談後の取材に「（米軍内で）異なるマインドをすり合わせて全体計画として進めていく事は、彼ら（米軍）にとっても非常に有益な事だと直感した」と語り「神奈川では実際にこういう事をしていると話し、四軍調整官に沖縄でも必要じゃないかと話してみたい」と述べた。（明真南斗記者）〉。

沖縄の民は、戦後このかた米軍の軍事演習に命を奪われたり、日夜の演習で心身ともに蝕まれているうえ、新たな基地被害を阻止するための活動など、その被害損害を経済的損失として金銭に換算したら天文学的数字にのぼることは素人でも容易に推測できる。このような状況下の沖縄県知事は県民の命を守ることが第一義である。被害を受けている全県民を代表する玉城知事が、災害対応を名目に、米軍へさらなる軍事訓練を申し入れるという本末転倒した内容のこの記事は、驚天動地である。

記事通りなら、玉城知事には、上映中の映画「島守の塔」を即刻みていただき、軍民一体化（軍民混在）の末路を学んで、県政のかじ取りの基本が「ぬちどぅ宝」だということを再確認していただきたい。

映画「島守の塔」の広告

なかゆくい（２）

名曲「さとうきび畑」誕生にまつわる話し

　1980年代、沖縄戦の惨劇を凝縮している沖縄南部のガマ（自然洞窟）体験をメインにした基地戦跡巡りが盛んになりました。そのガマ体験をした人たちが、激戦場跡のさとうきび畑をぬうようにして、バスで移動するとき、森山良子が歌う10分余の「さとうきび畑」は、心に染み入り、平和への思いを深めていきました。平和ガイドは、車内で自分で歌ったり、CDで聴かせたりしたが、だれもその作詞作曲者のことや名曲誕生の経緯を知りませんでした。

　洗足学園大学の電子オルガン科（エレクトーン）で学ぶ次女以津子が帰省したおり、何気ない会話から、音楽学部の先生が「さとうきび畑」の作詞作曲者で、その名は寺島尚彦だと、知りました。とびあがらんばかりにびっくりして、そくざに、作詞作曲した経緯をカセット50分テープに吹き込んでいただきたい、と手紙と共に託したのは1993年9月のことでした。半年後に戻ってきたテープには、1964年6月、沖縄のどこかの招きによるシャンソン歌手石井好子リサイタルのピアノ伴奏者として初めて沖縄へ訪れた。その終了後、摩文仁のさとうきび畑になっている戦跡地をどなたかに案内された（現在の「平和の礎」あたり）。案内している方に、「今あなたが立っている足下にはまだ遺骨が眠っている」と聞かされ、大変なショックをうけた。その時のさとうきび畑を吹き抜ける風の音を「ざわわ」と思いつくまでに1年半かかり、1967年、初演にこ

ぎつけた。最初は田代美代子さんがそれを歌ったが、和田弘とマヒナスターズと共に歌った「愛して愛して愛しちゃったのよ」が大ヒットしたので、「さとうきび畑」から遠のいてしまった。そこで近所に住む二十歳の頃の森山良子さんに「うたってみないか」と寺島さんが直接声をかけ、説得した。1969年にはレコーディング して、アルバムに収録され、全国的にヒットした。しかし、その歌詞には沖縄の地名が入っていないので、沖縄ではどのように受け止められているのか気がかりのまま、時が過ぎたのです。だが、作曲者にはそれが最大の関心事だったようです。

　娘が受験面接の際、沖縄出身だと知った寺島先生は、「さとうきび畑という歌を知っているか」と質問されたのです。「家ではいつもその曲は流れていますよ」と答えたのが、「さとうきび畑」誕生から26年目に、我が家をとおして沖縄とのかかわりが再開するきっかけになったのです。

　まもなく、寺島さんから1964年6月に石井好子リサイタルをどこが招いたのか調べてほしいという電話がかかってきました。私は1977年5月から沖縄県立平和祈念資料館の改善作業で知己を得た中山良彦総合プロデューサーが、1950年代にクラシック音楽のレコードを1000枚も所有して、音楽喫茶銅鑼(どら)（娘さんの小説家河合民子さんが経営していた居酒屋レキオスに継承された）を経営していたことを知っていました。中山さんに電話で問い合わせると、ものの10分もたたないうちに、「わかったよ、1964年6月に『音協』が招いたよ」という返事をもらいました。なんと会員2000名を擁する芸術推進団体の沖縄音楽文化協会（音協）会長が中山さんだったのです。

　しかし、中山さんは招いた石井好子さんのピアノ伴奏者だった寺島尚彦さんが、"さとうきび畑"を作詞作曲したことを知らないままだったのです。その経緯を知った私が、「中山さんの存在なしには、あの名曲「さとうきび畑」は生まれていないのですよ」と、私が説明しても当初信じられない面持ちでした。

次代へ

―靖国思想に対抗する―

第109回
歴史修正主義を正す（5）

無防備都市へ条例を／沖縄戦は県民に武装指示

沖縄戦の映画が上映中、台湾近海の実戦さながらの軍事演習で、沖縄の南の島々は、沖縄戦再来の緊迫感が強まっている。劇映画「島守の塔」は、沖縄戦の実写フィルムも交えているので、戦争が実感できない若い世代にとってはタイミングの良い上映だ。自衛隊が2005年から米軍との合同離島奪還訓練が日常化し、琉球弧・南西諸島にミサイル基地化がすすむなか、なんと離島の議会では、「自衛隊誘致に関する意見」を全会一致で可決している。戦争につながる一切を拒む「ぬちどぅ宝」という沖縄の心はどこへ行ったのか。いまや、無防備都市宣言に向けての条例制定も、あの手この手の戦争回避のひとつの手だ。

〈戦争可能性「ある」48％／2年で16ポイント増〉という驚くべき文字は、琉球新報2022年7月31日1面トップの見出しだ。3面トップには〈若年層ほど戦争脅威〉とある。ロシアのウクライナ侵攻が続く中で、台湾有事も70％のひとが10年以内にありうるという回答である。その記事からまもない8月5日の琉球新報一面トップは〈波照間近海中国ミサイル／EEZに5発落下／発射11発米議長訪台に対抗〉とある。沖縄戦再来の危機が現実化しつつあると認識され、とくに日米のミサイルが配備されている基地周辺は緊張度が高まっている。

その意味でも沖縄戦の映画「島守の塔」の上映開始は、タイミングが良い。沖縄の実像も交えた軍民混在の戦場がいかなるものかを、具体的に想像をふくらませることができる。戦争脅威を若年層ほど感じているようなので、将来ある若者こそ、この映画を観たら、なんとしても戦争阻止の強い意志表明をし、自分の命を守るのだと決意を固めるきっかけになろう。

■国民の抵抗意志

2005年から自衛隊と米軍の合同離島奪還訓練が「日常化」し、琉球弧・南西諸島にミサイル基地などが建設されていった。2021年12月、「自衛隊誘致に関する意見書」を全会一致で可決する島も沖縄に現れた。戦争のと

き、自衛隊は住民を守ると思っての誘致のようだ。

ところが〈今でも自衛隊は国民の生命、財産を守るものだと誤解している人が多い〉と断言しているのは、自衛隊制服組トップで、国内戦場を想定した有事法制制定の立役者、栗栖弘臣統合幕僚会議元議長だ。つづいて〈自衛隊は最前線の最も苛烈な局面を担当するが、国民すべてが強固な抵抗意志を持たなければならない〉（『日本国防軍を創設せよ』小学館、2000年）と、武力攻撃を受けた時の国民のとるべき道を説いている。

つまり、現在も沖縄戦再来の時は、映画「島守の塔」で描いているような軍民混在のなかで、国民は強固な抵抗意志を持たねばならないということになる。沖縄戦当時は、首里城地下壕で発行された県紙『沖縄新報』紙面に、その抵抗意志を具体的行動で示す方法が、教示されている。

■軍官民一体

沖縄戦中に県紙『沖縄新報』の社説が説く抵抗意志は、「武器は殺傷し得るものはそれが何であろうがすべて武器である。竹槍結構、なた　ほう丁　すき　鍬　棒なんでもよろしい、敵を殺し得るもの、身を護りうるものをもって県民が武装する時が来たのである」（昭和20年4月7日）。さらに、終日乱舞する敵機の爆音を聞き　ごう近くにさく烈する敵弾の爆風と鳴動を肌に感じながらの市町村長会議は、

島田知事に「日本一の市町村会」と言わしめた。その時の市町村会の指示事項に「〔敵が〕村へ侵入し〔た〕場合一人残らず戦へるやう竹やりや　かまなどを準備しその訓練を行って自衛抵抗に抜かりない構へをとらう。」（同紙昭和２０年４月２９日）と具体例を示している。

その「日本一の市町村会」には、管内市町村長が決死の覚悟で続々詰めかけ、「島田知事、荒井警察部長以下各課長　現地軍　憲兵隊側　県義勇隊當間副統監　田端義勇隊本部長出席の下に開会」している。沖縄県は文字通り軍官民一体の構図だったことが出席者の肩書でもわかる。そこで命がけで集まった市町村長に大真面目にかまや包丁や棒などで米軍に抵抗意志を具体化するよう話し合われたことが新聞に記録されている。（詳細は、私が執筆した『具志川市史第五巻』戦争編第二章第二節、七　戦闘突入時の沖縄県諭告十一　地上戦闘下の島田知事訓示―決戦行政―を参照されたし）。

その建前とは全く相反して、県庁職員（伊芸佐敷班）は砲煙弾雨のなかを日本軍にスパイ視されながらほうほうの体で、轟の壕に辿り着いた（私の聞き取り）。

自衛隊制服組トップがいう国民の抵抗意志は、近代兵器を前にしては手の施しようがないということも沖縄戦の教訓の一つである。

ならば、どうすべきか、渡名喜守太沖縄大非常勤講師が沖縄タイムス「思潮２０２２」で、〈武力攻撃想定県が図上訓練へ／先島から避難「不可能」／無防備都市宣言で住民保護〉（２０２２年７月３１日）と、沖縄県へ緊急提言している。沖縄県が国民保護法による県独自の図上訓練の予定にたいして〈沖縄の行政には、沖縄における自衛隊および日米の軍事作戦を容認したということにならないように、沖縄を再び戦場にしない方向で知恵を働かせてもらいたい。元防衛研究所所長で、新潟県加茂市長を務めた小池清彦氏が重要な提言をしている。市長在職中から「有事の際には国民保護法は必要ない。国際法に基づいて無防備都市宣言をして赤十字旗を配り住民を保護する」（講演『札幌市無防備平和条例を実現するために』など）と公言している。沖縄県の担当者にもこのような見識を期待したい〉と、いま県民の生命財産を守る沖縄県トップにとって喫緊の課題につ

「無防備地域宣言運動」を紹介する「ピース・ナウ沖縄戦」の表紙

いて具体事例をあげて要請している。そこで「無防備都市」について若干説明しなければならない。

■災害救援の御旗

日本が尖閣諸島の国有化以後、琉球孤・南西諸島での「日中武力衝突」が懸念されだした。そこで沖縄戦再来を避けるべく、「命どぅ宝」を具現化させる無防備都市平和条例制定の運動を、沖縄でも起こしていた。詳細は沖縄国際大非常勤講師の渡名喜守太、西岡信之、安良城米子諸氏の執筆陣からなる石原昌家編『ピース・ナウ沖縄戦―無戦世界のための再定位』（法律文化社、２０１１年）に述べてある。西岡氏が〈日米両政府は、今後、「防災と災害救援」を御旗にして、災害対策、防災訓練と称しては、日米軍事演習を強化するでしょう。「防災と災害救援」なら反対するものは誰もいない体制を完成させたのです〉との危機感の下、条例制定運動の端緒を開いていた。

第110回
歴史修正主義を正す（6）

住民守るための知恵／沖縄で無防備地域宣言を

大人たちが未来を破壊する行動にたいして中学３年生の上原美香さんが、「武器を置こう」という自作詩を発表したことが、琉球新報に掲載された。殺人兵器の見本市のようなウクライナの戦場をテレビで観た将来世代が自分の悲痛な体験と重ねているようだ。ミサイル基地化を容認してきた自治体首長たちは軍民混在を避ける重大責任を背負っている。いま、沖縄では谷百合子編「無防備平和─市民自治で９条を活かす」（高文研、２００９年）を入手して、国際人道法における「文民（住民）」保護の思想を、付け焼刃であっても県や自治体長に求められている。

「Ｕｎａｒｍｅｄ」（アンアームド）武器を置こう、という上原美春さん（宮古島市立西辺中３年）の自作詩が琉球新報に掲載された（２０２２年８月９日）。それは、まさに非武装・非軍事・無防備・無軍備を意味する。２０２２年６月の宮古島市全戦没者追悼式で朗読した。上原さんは「初代ひろしまアワード」を受賞した。美春さんは前年の沖縄県全戦没者追悼式で全国に平和を訴えた詩の朗読をし、称賛をうけた。ところが、こともあろうに「死ね」とまでいわれるほどの誹謗中傷もうけた。その精神的苦痛をうけた体験の中から自身の言葉として、ｕｎａｒｍｅｄ武器を置こう、という珠玉の言葉がうみだされた。いま、戦争の絶えない世界では、人間が「武器を置く」ことだというのが、私が紹介しはじめた「無防備地域（都市）宣言」の神髄だ。それを美春さんが詩の形で表していた。将来世代の美春さんが、「戦争体験者」のような苦悩の中からうみだしたその言葉は、１９５０年代の凶暴な米軍の土地強奪に対して、「無抵抗の抵抗」「不服従」を行動指針にした島ぐるみ土地闘争の根底にあった沖縄の「ぬちどぅ宝」にも通底している。

■戦場化の危機

映画「島守の塔」のコメントを求められているところだが、主人公が「戦争の先」を考えて演じたというその先である現在、沖縄戦再来が危惧されている。なんと、いまや台湾包囲の軍事演習している「中国が台湾に軍事侵攻する場合、航空戦力と海軍戦力によって周辺海空域を封鎖すると見られている。そうなれば、台湾からわずか１１０キロほどしか離れていない与那国島や、尖閣諸島は中国海軍によって制圧される可能性がでてくるのだ」（豊島晋作テレビ東京報道記者、２０２２年８月２７日）という解説まで飛び出している。ミサイル基地があるところにはミサイルが飛んでくるという危機意識の下、１９６０年代、横暴な米軍政下でさえ、阿波根昌鴻さん率いる伊江島住民は、米軍が島へミサイル配備することを阻止した。

絶対主義天皇制下で軍官民一体化の構造のなか、軍に官民が絶対服従を強いられていた沖縄戦中と、現在は異なる。にもかかわらず、民主主義選挙制度のもとで琉球列島の自治体首長は、反対住民を無視し、自衛隊のミサイル基地化を容認してきた。自衛隊は住民の生命財産を守る存在ではない、と自衛隊制服組トップが断言している（栗栖弘臣統合幕僚会議元議長）中で生活の場を、ミサイル飛び交う戦場化の危機に直面させている。島々の自治体首長は軍民混在を避けるための重大責任を、いま背負うことになっている。

その喫緊の課題を述べないと話が進めない。

■ジュネーヴ条約

戦場化が現実に迫っている沖縄県が着手すべき、具体的行動の一つとして「無防備地域（都市）宣言」すること、ということについてその要点を紹介しよう。１１年前

初代ひろしまアワード受賞

上原美春さん　宮古島市立西辺中3年　紡ぐ平和への思い

新作全文と論考紹介

Unarmed

上原美春さんの「Ｕｎａｒｍｅｄ」を掲載した８月９日付琉球新報

その文民保護規定をなす根幹に"軍民分離の原則"がある。『文民たる住民』の第四八条の基本原則には一般住民と戦闘員とを明確に区別し、軍事行動は軍事目標に行われるもの」[注75]という。

　この「無防備地域宣言」は、戦闘を前提にしているということで、批判されていることも事実である。しかし、軍民混在の戦争を目前にしたとき、緊急避難的に住民の生命をまもるための知恵の結集だ、と私は考えている。

■三つの方法

　「沖縄県無防備（都市）島嶼宣言条例を制定するには、三つの方法がある。一つは、地方自治法の直接請求制度を活用して県内四一自治体で市民が二カ月間の署名活動で各自治体に条例制定を請求する。二つには、県議会の議員提案による条例化、三つには、沖縄県当局による条例化だ。議員提案も県当局による条例化も、戦争の惨禍に巻き込まれないように市民の多くの意見が条例案に集約されることが求められる。いずれにしても、県議会で条例案を採択するには、過半数の県議会議員の賛成が必要である」（西岡信之氏報告）。

　今、ウクライナの戦場で住民避難の「人道回廊」を戦争当事者間で設定したり、原子力発電所への攻撃を阻止するため、国際機関が立ち入りするにあたり、その周辺地域を非戦闘地域にすることが求められている。それも国際人道法における「文民（住民）保護」の思想である。（ジュネーヴ諸条約第一追加議定書なども含め、谷百合子編『無防備平和―市民自治で9条を活かす』〈高文研、２００９年〉が詳しい）。

　ウクライナ戦争を止められない今日の世界には、上原美春さんのunarmed武器を置こう、の普遍化が切実な課題だ。

[注75]『ピース・ナウ沖縄戦』、161頁

（２０２２年現在）から私たちは今日の危機的状況の到来を危惧し、沖縄戦同様な住民の犠牲をさける一つの具体的方法が、沖縄県無防備地域（都市）宣言だと提案していた。「無防備地域（地区）」というのは、国際人道法の中の文民（軍人以外のひと）保護規定の公的名称である。日本政府も２００４年に加入したジュネーヴ諸条約第１追加議定書第５９条に「無防備地域」が規定されている。それは「憲法九条の『戦力の不保持』を地域から見た場合の表現としてとらえることができる。日本国憲法自体が、無防備国家宣言といわれる所以だ」「一九四五年に終結した第二次世界大戦は、世界中に多くの戦争犠牲者を生み出した。戦争の惨禍から住民を守る文民保護規定が一九四九年に発効したジュネーヴ諸条約の中に初めて記述される。軍人ではない一般住民は武力紛争からどのように保護されるのか、国際機関はあらゆる事態を想定して戦争被害をなくす方法を検討した。しかし、その後も世界にはベトナム戦争をはじめとする国際紛争が発生し、ベトナム戦争では戦争被害者の９５パーセントが兵士でなく一般住民であった事から、赤十字国際委員会と世界各国は文民保護規定を根底から見直すこととなり、一九七七年の第一追加議定書に結実する。

第111回
歴史修正主義を正す（7）

命守るため学習を／名簿提出の先に戦場動員

映画「島守の塔」の試写会に新聞社から招待されて、コメントを求められた。映画では島田叡知事が軍との覚書を結び、戦場動員された中学校の生徒名簿を提出したことが描かれ、現在、島田知事批判の根拠のひとつにされている。ところが試写会前日の新聞には沖縄の「6市町村自衛隊に名簿提出」が、トップ記事になっていた。沖縄戦突入直前の戦時行政下でもない市町村のもとで、武装集団たる自衛隊へ18歳をむかえる若者の住民名簿を提出している。地上戦を体験した沖縄もあまりにも鈍感になっている。再び戦場化の様相を呈しているいま、沖縄戦への道のりを歴史的にたどり、危機を感知するときだ。

〈6市町村自衛隊に名簿〉という一面トップ記事の見出しは、琉球新報2022年7月19日のショッキングな紙面だ。18歳を迎える若者の住民名簿を自衛隊に提供している自治体の存在を明るみに出した。私はその翌日、映画「島守の塔」の試写会に招かれ、コメントを求められていた。なんと、「県と軍の間で覚書が結ばれ、当時の島田叡知事が生徒名簿（中学生）を提出したことで学生が戦場動員に駆りだされた」（同紙20日付社説）一場面があり、まるで、19日の紙面が77年前（2022年現在）にタイムスリップするかのようだった。

■タイムスリップ

私が、若い世代こそ、この映画を観た方がよいというのは、まさに、この一点だけでも既成事実の積み重ねで鈍感（ゆでガエル）になっている現在への一大警鐘になっていると思えるからだ。「一木一草戦力すべし」「軍官民共生共死の一体化」と、官民に有無を言わさない日本軍の方針の下、「生徒名簿の提出」を強いた軍部独裁の時代状況と、現在は全く異なる。にもかかわらず、いま「18歳の名簿提出」だ。いったい誰の指示だろう。

2003～04年、小泉純一郎首相が「自衛隊は誰が見ても軍隊でしょう」「備えあれば憂いなし」のかけ声で、「戦争する国」へと舵を切った有事法制制定の行き着く先が「自衛隊に名簿」提出だ。更にその先は「徴兵制」かもしれない。

さらに、「自衛隊は国防軍と明記へ」と言明した安倍首相は、〈19年に当時の安倍晋三首相が自衛隊の募集業務に6割の自治体が協力していないと非難〉したのをうけ、〈全国で名簿を提供する自治体が増えた〉（明真南斗記者）という。沖縄戦に倣えば、その先は「戦場動員」を想定するのが自然の成り行きだ。

若い世代には、直近の戦前の「要塞地帯法」だといわれている「土地規制法」に至る2000年前後からの戦争法規を、命を守るために学習することが求められる。

■沖縄戦への流れ

沖縄戦前夜という危機意識のもと、沖縄戦を題材にした映画、戦争漫画（劇画）制作が盛んになっているようだ。この機に若い世代が、沖縄戦へ至った大まかな流れを、最小限インターネットによる検索でもよいからとっかかりをつけるべく、専門家ではないがその項目を列記しておきたい。

沖縄戦へ至る帝国日本の戦争の歩みをさかのぼっていくと、まず、大きくみて（1）日清戦争（1894年7月～95年4月）、（2）日露戦争（1904年2月～05年9月）、（3）第1次世界大戦（1914年8月～18年11月）、（4）15年戦争（満州事変1931年9月、日中戦争1937年、第2次世界大戦1939年9月～アジア太平洋戦争1941年12月8日～45年9月2日，沖縄第32軍の正式降伏は9月7日）。

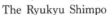

自衛官募集のため６市町村が１８歳を迎える住民の名簿を自衛隊に提供していたことを報じる２０２２年７月１９日付の琉球新報

それらの戦争の前後に、武器を携行して日本は常に他国へ軍靴で踏みこんでいった。（１）の前には、１８７４年の台湾出兵、７５年に江華島事件（朝鮮を開国）、７９年の琉球併合（沖縄県設置）、８２年第１次京城事変（朝鮮に日清両国介入）、８４年第２次京城事変（朝鮮に日本軍出動）、（２）の前には、１８９９年の義和団事件（北清事変・中国の半植民地化）、（３）の前には１９０７年から１０年に至る韓国併合（植民地）、（４）の前には、１９１８年から２５年にいたるシベリア出兵（ロシア革命への干渉）、２７年の山東出兵（中国革命干渉）、さらにそれらの前後にも大小の出兵事件が発生している。戦前期の帝国日本は、戦争紛争に明け暮れていたのだ。そのあげくの果てが沖縄戦であり、広島長崎の原爆投下だ。若い世代にとって、これらの戦争・事変・事件を検索することにより、戦争紛争の萌芽を知ることになろう。

■官選知事

　若い世代にとって、映画主人公の島田叡の官選知事とはなんだろうと疑問がわき、それをひも解いていくと、明治国家による琉球王国解体の暴挙にたどりつく。官選知事とは、沖縄占領下の米軍が琉球政府の長を主席として任命していたこととも重なって見えてくるはずだ。その以前は、県令と称した県の長官が、１８７１年から８５年まで置かれた。映画の主人公比嘉凛（吉岡里帆）のモデルの山里和枝さんが私に証言するとき、島田知事のことを「長官」と呼んでいた。地方行政機関の長として強く意識していたようだ。ヤマトは武力を背景に琉球王府を廃して沖縄県を設置した。その長は初代県令鍋島直彬で、最後の琉球国王・尚泰は、明治天皇に東京居住を命じられた。いわば「拉致」されたようなものだ。官選知事をひも解くと、琉球沖縄史をたどるきっかけになり、「国内植民地」官僚ではないかという認識にまで至るだろう。

　島田知事は、１月と３月の米軍空襲の合間に、住民を北部疎開させた責任をとり、食糧米確保のため、決死の台湾飛行を敢行している。映画で触れておくべき大状況としては、２月１４日の「近衛上奏文」の内容だ。本連載でも紹介してきたが（第８７回）、いま改めて思うに、昭和天皇の側近・近衛文麿元首相の天皇への意見具申は、内容としては「降伏勧告」だ。当時軍部に知られたら「非国民発言」した大反逆者として暗殺されていたであろう。

　沖縄戦中、兵士・官民を絶対に投降させない皇軍の「皆殺しになるような」作戦に照らすと、そう推察することが可能だ。「敗戦は最早必至」だから、早く「戦争終結」に着手するよう近衛元首相が進言したにもかかわらず、昭和天皇は天皇制存続のため、「もう一度戦果をあげてから」と拒絶した。その戦果をあげる戦闘が沖縄戦だった。

　映画では、それをテロップでも流したら、天皇の判断で戦争を止めることができたはずだと思いながら観ることによって、映画の見方もより深まったのではないかと思えた。

233

第112回
歴史修正主義を正す（8）

シェルター報道に恐怖／沖縄戦改ざんの動きも

2022年9月16日、沖縄地元二紙の「先島に避難シェルター」という報道は、いよいよ戦場化が間近だということを実感し、戦慄が走った。避難シェルターとは、沖縄戦中のガマ、防空壕だ。日本兵に住民が壕追い出しにあって、被弾死した人々の無念死がよみがえった。

しかしながら、この避難シェルター・防空壕をめぐって、住民の間に戦場化への向き合いかたが分断されている。戦争回避に全力投球するべきと行動を起こす市民が存在する、いっぽう、軍事基地容認してきた首長をはじめとする人たちは、戦争は避けられないと考え、避難（疎開）したり、シェルター設置を歓迎している。戦争前夜に県民世論が分断されるとは思いも寄らなかった。

映画「島守の塔」の依頼コメントシリーズを終えようとしたとたん唖然となるニュースが報じられた。〈先島に避難シェルター／政府検討　有事を想定／石垣市など複数候補地〉の1面トップ見出し記事（「沖縄タイムス」2022年9月16日）には、特に沖縄戦体験者は恐怖に慄いたはずだ。77年前の沖縄戦の悪夢がよみがえったに違いない。

戦争時の避難シェルターというのは、77年前の沖縄戦直前、住民が戦争から生き延びようと、ガマ（自然洞窟）の整備と必死に壕掘りをした「防空壕」のことだ。

防空壕をイメージできない若い世代には、映画「島守の塔」のクライマックスとなった軍民混在の自然洞窟内で軍による住民虐殺などが演じられた場所が、いま戦争準備中のヤマト政府のいう避難シェルターだと想像していただきたい。沖縄選出の国会議員のなかには、沖縄各地のガマを避難シェルターとして整備することを提案しているようだ。

いま、急を要するのはミサイルが飛び交う前に全知全能を傾け、必死になって戦場化を拒否するため、沖縄県知事は対話を求め、「平和外交」に全力を尽くす時だ。

■危機感の温度差

だが、地元2紙が、政府の避難シェルターを報じた翌17日、琉球新報2面にはなんと〈シェルター検討を歓迎／石垣市長「万が一の想定必要」〉という見出し記事には

愕然となった。

ベトナム戦争の出撃基地化した米軍支配下の沖縄でさえ、伊江島住民は米軍のミサイル配備を老若男女の座り込み行動で撤退させた。だが、自衛隊の琉球列島ミサイル基地化を容認している島々の首長たちの認識はこうだ。〈石垣市の中山義隆市長は16日、琉球新報などの取材に「設置の検討は歓迎したい」「八重山での有事はあってはならないが、万が一のことも想定しなければならない。住民が避難できる施設があることは、住民保護の方策の一つとして"あり"だと思う」と語った。宮古島市の座喜味一幸市長も「地域住民の不安解消という点では非常に重要なことだ。国民保護法に基づいた避難場所や手段、動線などへの具体的対応とあわせて取り組んでもらいたい」と話した〉（同紙）という。

1966年、沖縄戦から21年目の地獄の激戦場から生還した伊江島住民とは異なり、地上戦闘を経験していない地域差なのか。ミサイル基地化を容認している自治体首長の戦争への危機意識の相違がくっきり浮き彫りになる記事だ。

第二の沖縄戦が現実に起こりそうだという危機感から、私も共同代表の一人であるノーモア沖縄戦命どぅ宝の会では、すぐに県庁で記者会見した。「琉球新報」2022年9月21日27面に〈シェルター整備許すな／ノーモア

沖縄戦の会／政府検討に抗議〉の見出しのもと、〈台湾海峡や琉球孤・南西諸島での有事を想定して、政府が先島諸島〔八重山宮古地域〕でシェルターの整備を検討していることに対し、ノーモア沖縄戦命どぅ宝の会は２０日、那覇市の県庁で会見を開き、設置計画に抗議した〉〈山城博治共同代表は先島諸島の首長が住民用避難シェルター設置検討を歓迎していることに触れ「沖縄が戦場になることを前提に政治と行政が動いていることに恐怖を感じる」と語った〉〈同会の石原昌家共同代表は「シェルターの整備は軍と行政と住民が『共生共死』を強いられた沖縄戦と同じ流れで、７７年前の教訓から何も学んでおらず怒りを感じる」と憤った〉

そして２１日には、県庁前広場で午前と午後の２回も「避難シェルターいらない！ ミサイル基地いらない！ 緊急集会」を開催し、県民全体で危機感を共有するよう訴えた。私は「１５年前、沖縄戦の真実を捏造する政府の動きに抗議するため、１１万人も参集した市民の力を、いまこそ、発揮しよう」と訴えた。

■数字の独り歩き

ところで、いま全国のメディアの中には沖縄戦体験を捏造する動きもあからさまになっている。

８月１５日のＮＨＫラジオ深夜便、午前４時台〔正確には１６日早朝〕はインタビュー番組である。「終戦記念日」に、疎開学童の対馬丸撃沈事件をとりあげていた。沖縄出身の母が引率教師だったという娘さんが、母の体験の語り部活動しているということで登場していた。

ラジオから耳を疑う言葉が飛び出した。なんと母の転住先の栃木県出身の荒井退造沖縄警察部長が、沖縄県民２０万人の命を救ったんですよ、と断定的に語っていた。聞き手のＮ

ＨＫ後藤アナは、その数字になんら疑問を呈することもなかった。沖縄戦の真実を捏造・改ざんしようと企んでいるのか、としか言いようがないこれらの数字を独り歩きさせてはいけない。

■内なる皇国史観

映画「島守の塔」の最後は、実在の島守の塔で大女優香川京子さん扮する山里和枝さんが「生きていますよ」と島田顕知事に報告するところで終わっている。考え抜いたシナリオだ。沖縄の内なる皇国史観とそれに絡めとられている沖縄の今の姿を見事に可視化してくれた。

昨年９月、私は偶然、島守の塔を訪れ、仰天した。沖縄の守り神シーサーのように塔の入口には、左手にひめゆり学徒の引率教諭だった仲宗根政善氏の歌碑、右手には北白川祥子氏の歌碑が並んで設置されているではないか。旧皇族北白川祥子氏こそ、沖縄戦で天皇の軍隊に恨み骨髄に徹する沖縄の民に、洗脳教育で培われていた皇国史観を、戦後再形成することに尽力した人物なのだ。当時の報道と新たな「島守」の動きにも次回に触れておきたい。

政府が先島に避難シェルターを検討していることや、石垣市長が検討を歓迎したことを報じる沖縄タイムス、琉球新報

第113回
歴史修正主義を正す（9）

先人の遺志継承こそ／琉球、軍配備拒否を懇願

ヤマト国家による沖縄戦で、琉球沖縄の歴史上空前の大被害をうけてきた民が、その被害の元凶であるヤマト国家を糾すとき、被害住民の分断が可視化される。援護法の住民への適用拡大によって被害住民の心の奥底に軍民一体、皇国史観の構図が刷り込まれ、被害の元凶を撃てない。劇映画「島守の塔」のラストシーンは、みごとに沖縄の内なる「皇国史観」とそれにからめ取られている沖縄の姿を可視化した。被害住民を軍人扱いして靖国神社に祭神として合祀へと奔走した北白川祥子靖国神社慰霊奉賛会長の歌碑が建つ「島守の塔」をラストシーンにして問題提起している。

　島守の塔の入り口に建つ歌碑の作者北白川祥子という名を知ったのは、２００５年のことだった。
　２００８年３月１９日に沖縄靖国神社合祀取消裁判をおこした原告の一人・金城実彫刻家に専門家証人になることを私は依頼され、安良城米子沖縄国際大学非常勤講師（当時）と共に沖縄タイムス、琉球新報両紙の「靖国神社」「援護法」に関する記事を検索した。そのとき私は１９７０年から勤務してきた大学の定年２年前にして、遅まきながら戦後沖縄社会の未知の世界を知ることになった。

■北白川氏の来島

　１９５８年というのは、沖縄戦の被害住民である０歳児まで軍人軍属同様の扱いにする援護法の適用とセットで靖国神社に合祀されていく年となった。すかさず旧皇族の北白川祥子靖国神社奉賛会長が沖縄を訪問することにもなった。５８年１月７日付琉球新報３面に〈全琉戦没者慰霊祭／日本代表の顔ぶれ決まる〉の見出し記事につづいて、〈北白川さんも来島／沖縄遺族連合の招へい〉の中見出しのもと、〈全琉遺族の要望として靖国神社奉賛会長北白川祥子さんをはじめとする靖国神社代表四氏を正式に招くことになった〉〈慰霊祭参列後約一週間にわたって中南北部の各地の戦跡を巡拝する〉。
　慰霊祭当日の１月２５日付沖縄タイムス夕刊には、式典記事につづいて〈〔北白川さんの話〕初めて沖縄の土地を踏

み、戦没者の法要に参列できたことは、感慨深いものがあります。ことに私は遺族の一人として全国八百万遺族の方々のために大戦で戦没した二百二十万の英霊を合祀する大事業をしておりまして、全国各地を行脚しています〉と、靖国神社復活の大役を果たしていることを紹介している。これを機に、沖縄戦被害住民が靖国神社に大々的に合祀されていくのを地元新聞社は「朗報」として伝えている。[注76]
　先日、東京で出版活動中の川満昭広氏に「内なる皇国史観」を話題にしたら、２０１４年６月２３日の「慰霊の日」に安倍晋三首相が「島守の塔」を訪れた映像を見せてもらった。軍官民一体の新たな「島守」意識形成に着手していたかと思い、本連載担当の宮城隆尋記者に、当時の新聞検索を依頼した。すっかり忘れていたが、なんと私がその件に関し、コメントしていた。

■新たな「島守」

　〈島守の塔を初めて首相が訪れるというのは、相当な思惑が秘められていると言ってよい。軍事国家の完成を目指す安倍晋三首相は自衛隊の国防軍化を企図している。宮古・八重山など南西方面への配備を強行しようとしているその自衛隊を「島守」と自負したいのだろう。安倍首相は「島を守る」「国を守る」ことを掲げて軍備強化を図ろうとしている。軍備が強化されればされるほど、住民にとっては大きな被害が生じる危険性が増すだけだ〉（琉球

新報2014年6月24日3面）と、すでに私は分析していた。ことはその通りに推移している。

　それから8年後のいま、安倍首相の延長線上の岸田首相のもと「避難シェルター」（防空壕）整備を検討するほど、戦争の危機が目前に迫っている。

　いまこそ、琉球国の先人たちの軍備に対する考えをかみしめ、私たちの立脚点を確認すべき時だ。明治政府が琉球を日本の版図に組み込もうとしたとき、琉球人の平和の心がほとばしり出ていた。

　仲地哲夫沖縄国際大学教授（当時）が「琉球処分官」松田道之の『琉球処分』上巻381頁「琉球藩官員へ説諭応答ノ始末」（明治8年3月31日）に明示されている軍隊配備の内容の漢文を候文に直し、さらに上里賢一琉球大学名誉教授が、それを口語訳した。

安倍晋三首相（当時）が島守の塔を訪れたことを報じる2014年6月24日付の琉球新報

■軍備拒絶の原点

　[口語訳] 先だっても申し上げました通り、琉球は周囲百十里ほどの小さな島であり、兵器で外国の侵略を防ぐ方法は考えられない大きさです。外国人が来た時には、もっぱら礼儀を尽くして対応し、これまで平穏無事に過ごして参りました。分営（熊本鎮台分遣隊、軍隊のこと）を設置されて、多くの兵士が入り込んで来たら、琉球の民衆は疑惑の心を抱くのは言うまでもなく、内地とは違う遠く離れた小さな国のこと、いろいろな煩わしいことも起こるかも知れません。

　そのうえ、本藩（琉球）は皇国（日本）と支那（中国）に両属しており、両国のおかげで一国としての備えが立ち、上は王侯から下は庶民に至るまで、全ての民が安心して暮らしております。そのため日本への御奉公と中国への進貢は、本藩の最も重大な取り決めであり、万世万代（永遠）にわたって変わることなく忠誠を尽くすよう励みたいものと願っております。

　そこに分営などお建てになられては、中国に対してどんな言い訳も立つわけはありません。ご洞察の通り中国には数百年来親切にされ、恩義を厚く蒙っていますから、その自然なありかたを損なっては信義も立た

ないのはもちろん、どのような難題が発生するだろうかと、ひどく胸を痛めているところです。

　外憂（外国から攻められる災い）を懸念されていることも承知していますが、各国の船が来ましたら、御駐在の役人衆が応接し、事がら次第によっては本省のお指し図を得て、お取り計らいなされるでしょうから、外国から侵し侮られる心配はないものと思いますので、どうぞ前文（先に出した書面）でも申し上げた偽りのない気持ちをお察し下さって、何とぞこれまで通りにしていただきますよう、幾重にもお願い申しあげます。亥四月一八日」

※「亥四月一八日」は「乙亥（きのと　い）一八七五年（明治八）四月一八日　※大城立裕『小説　琉球処分』「巨塔と古井戸」講談社　（190～191ページ）参照 [注77]

　しかし、1875年の軍隊を拒絶する琉球の民の心は踏みにじられた。その行く末が沖縄戦、自衛隊配備、辺野古新基地建設の強行、新たな自衛隊ミサイル基地化、そして、いま直面している沖縄戦再来の危機だ。ならばその先人の遺志の継承こそが、私たちの生きる道だと共有したい。

[注76]：詳細は拙著『国家に捏造される沖縄戦体験―準軍属扱いされた0歳児・靖国神社へ合祀』インパクト出版会、231～260頁参照　[注77]：『平和学の現在』法律文化社、石原論文「沖縄住民と軍事基地」139～141頁）

第114回
歴史修正主義を正す（10）

「集団自決」意識的に使用／政府、戦争責任の免責狙う

沖縄の「内なる皇国史観」を執筆し、読み返すことによって自己内省していくと、筆者自身の「内なる皇国史観」が見えてきた。「皇国史観」高校生だったので靖国神社慰霊奉賛会長の新聞記事に違和感が無かったようだ。１９８３年に家永三郎教授が国に「集団自決（殉国死）」を教科書記述に書き加えることを命じられても、筆者は「集団自決」が皇国史観用語だとは気づかなかった。２００８年に金城実彫刻家が「靖国神社合祀取消裁判」を起こすことによって援護法の「戦闘参加者概況表」を熟読し、十分理解するに至った。

筆者の現在の思考と行動は、ジャーナリスト藤原健氏のいう「人々史観」であり、人々からの聞き取り調査を重ねて培われてきた。

沖縄靖国神社合祀取消裁判の専門家証人を依頼されることによって、１９５８年から援護法とセットの靖国神社合祀に関する、沖縄地元新聞の関連記事を読み込み、戦後沖縄社会の未知の世界を知ることになった、との前回の原稿を読み返すことによって、自己省察することになった。

１９５３年小学校６年、首里市平良大名区域の朝刊配達をし、夕方は那覇市内の国際通り平和通りなどで夕刊売りをしていた時以来、新聞を読む習慣が身についていた。未知の世界と思っていた当時の新聞も当然読んでいたはずだ。だが、軍歌で育った幼少年期から日の丸に憧れ、長じては君が代に感涙する「皇国史観」高校生だったことを思えば、旧皇族北白川祥子靖国神社奉賛会長の沖縄来島記事は、なんの違和感もなく受け入れていたにちがいない。また、それが当時の社会風潮だったようだ。

後年、沖縄戦体験の研究者として、皇国史観批判の観点でそれらの新聞記事を「再読」したので、戦後沖縄社会の最深部を「発見」したのだと思いこんでいたようだ。まさに汗顔の至りである。

■戦後最大の危機

２０２１年１１月５日、第９３回からの歴史修正主義シリーズで本連載を終了させる予定だった。だが、７７年前の沖縄戦とダブってしまうロシアのウクライナ侵攻によって、改めて沖縄戦の再認識、世界連邦建設琉球同盟の結成（無戦世界）、映画「島守の塔」の依頼コメントなど、さまざまなテーマに敷衍することになった。しかし、またもや沖縄戦かと、戦後最大の危機に直面しているさなかだが、まもなくこの連載を閉じる。

日本政府が沖縄戦体験を捏造していることが真の争点になっていた沖縄戦裁判は、（１）１９８４年家永教科書裁判（沖縄戦に関する部分）、（２）２００５年大江・岩波沖縄戦裁判、（３）２００８年沖縄靖国神社合祀取消裁判だった。（２）について "歴史修正主義" を正すとして、第１０５回からスタートしたところで、中断した。「集団自決（殉国死）」に軍命はなかった、とする判決はありえないことを被告にされた大江健三郎ノーベル文学賞作家に伝えた。即刻、届いた石原宛ハガキの内容を紹介したところであった。その詳細は、『記録沖縄「集団自決」裁判』（岩波書店編、２０１２年）に載っている。本連載の締めくくりにしたい文面である。

■大江氏、再認識

「私はここに石原昌家教授の論考に教えられた事実のみを引用します（「イデオロギーの問題となった集団自決という言葉の意味」沖縄国際大学南島文化研究所紀要『南島文化』掲載予定）

１９４４年、沖縄の日本軍である第三二軍が『軍官民共生共死ノ一体化』を県民の指導方針としたことは裁判でもしばしば触れられましたが、住民が軍との『共死』をすべての前提とされてしまったのは、敵軍の保護・捕虜の身分となった住民からの（そもそもかれらは陣地構築にも動員され、軍民雑居して来た人々です）軍事機密の漏洩を防止する手段であり、つまり防諜に厳に注意すべしという方針の具体化にほかなりませんでした。さらに、第三二軍は、『爾今軍人軍属ヲ問ハズ標準語以外ノ使用ヲ禁ズ　沖縄語ヲ以テ談話シアル者ハ間諜トミナシ処分ス』という命令を出しています。米軍が沖縄上空へ撒布した投降勧告ビラについては『妄ニ之ヲ拾得私有シ居ル者ハ敵側「スパイ」と看倣シ銃殺ス』という方針まで打ち出されました。このような事実を示した上での、石原教授の結論に私は説得されます。《…筆者はこれまでの数千人の沖縄住民からの聞き取り調査で、『玉砕精神』の発露で死を選んだという証言を聴いたことがない。〈石原が大江氏の執筆を引用するにあたり、さらに付言するならば、米軍に保護・捕虜になった住民が殉国死したのをみたという証言も聞いたことがない〉したがって、その死（強制集団死事件）の原因を軍国主義・皇民化教育、『共同体の同調圧力』〈だけ〉に求めるのは、日本軍のとった作戦（＝戦争犯罪・戦争責任と称してよい）を免罪にすることになるのである。そこで、政府・国防族、『歴史修正主義グループ』は〈住民に対して〉集団自決〈殉国死〉という言葉そのものが、戦争責任を免責にする言葉として、意識的に使用し始めたのである。その真の意図は、有事法制下で臨戦体制の日本国民に『軍民一体意識』を形成することにある》」[注78]

■認識の違い

この大江氏が引用した原稿の抜き刷りを、沖縄戦の「研究仲間」に進呈するや、「石原さん、また、集団自決（殉国死）か…」と、つぶやかれた。

じつは、０歳児まで適用を拡大した援護法について、それを推す沖縄戦の「研究仲間」とは認識を異にしているので、（１）、（２）の沖縄戦裁判では、沖縄戦研究者の間で

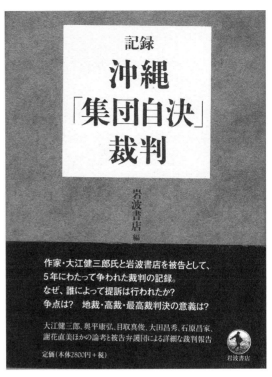

『記録　沖縄「集団自決」裁判』（岩波書店）

も裁判への向き合い方を異にしていた。（１）の沖縄戦裁判では、日本政府の沖縄戦体験を捏造している援護法適用の基準である戦闘参加者概況表（第１０７回に掲載）の（１８）スパイ嫌疑による斬殺、を追記した形の家永三郎氏に、（１５）集団自決（殉国死）の記述を命じたことが争点になっていたのである。つまり、日本政府にとっては住民へ適用拡大した援護法の戦闘参加者概況表を、家永氏の歴史教科書に記述させたに過ぎないことだった。

１９９１年１０月２１日、第２審東京高裁で家永氏側の証人として証言した時点では、私は政府の真意を理解するには至らなかった。

沖縄戦の遺族に６歳未満児まで適用拡大されたので、その申請を私は近所の遺族に依頼され、乳幼児まで戦闘参加者とする援護法が沖縄戦体験を捏造する存在だと経験的には知っていた。だが、戦闘参加者概況表と教科書検定を結びつけて考えるまでには至らなかった。

[注78] 同書、34～35頁。引用するにあたり〈　〉を石原が補記した

靖国合祀取消求め提訴／沖縄戦の史実歪曲を批判

援護法の住民への適用拡大の仕組みに言及することは、戦後沖縄社会の最大のタブーだった。筆者自身も援護法問題を極力さけてきた。しかし、ついにタブーが破られることになった。五名の遺族が、国と靖国神社を相手に、２００８年３月に靖国神社合祀取消裁判を起こしたからである。その訴訟で国も相手である理由は、主婦や２歳児も援護法が適用されたら、政教分離の原則に反して政府は靖国神社合祀予定者名簿を神社に送付し、神社側はそれに基づいて合祀しているからである。戦後沖縄社会はそれを朗報と受け止めていた。しかし、それに異議を唱えた遺族が現れたので、その仕組みを堂々と明るみ引き出すことができたのである。

　２００８年３月19日、沖縄靖国神社合祀取消裁判が起こされた。この日こそ、１８７９年、明治国家に琉球併合され、同化・皇民化されてきた琉球人の末裔が日本政府・靖国神社に敢然と立ち向かった、歴史的瞬間だった。

　5人の原告の一人金城実彫刻家に、「１９７０年から沖縄戦体験を聞き取りしてきた研究者として、天皇の軍隊に殺されたひとや生存者の思いを国と靖国神社にぶっつけるので、専門家証人になるように」と、いわれた。私は専門的知識がなく、いささかたじろぎながらも、襟を正してそれを受け止めた。そして、ただちに沖縄の靖国神社合祀と関連の資料調査研究に取り組みだしたのが、提訴３年前の２００５年のことだった。資料調査には豊島緑大学院生と同僚というべき安良城米子大学非常勤講師が身近にいたので、3人でとりかかることができたのは幸いだった。

　10人の社会派原告弁護団（池宮城紀夫団長）の精力的かつ緻密な弁論によって裁判は展開していった。

　靖国神社へ合祀の取消を求めることは、思想的根底には琉球併合で組み込まれた天皇制を拒絶する意思表示であった。また、同じく靖国合祀取消裁判をおこしている韓国、さらには台湾原住民の遺族のみなさんとのつながりもうまれ、東アジア不戦共同体を求める運動に連動するという長期的な展望の素地も形成されていった。

　画期的なことは、沖縄の靖国神社合祀取消を求めると、必然的にそれとセットの援護法の実態を明るみに出すこと

になることだった。結果的に、住民の沖縄戦体験を捏造している日本政府の姿を赤裸々にしていくものであった。本連載では、弁護団が展開した内容には専門外の立場から立ち入ることはできないので、援護法とのかかわりに限って、合祀取消の意義を記録しておきたい。

■靖国神社とは

　原告弁護団は「靖国神社は、天皇のために殉じた者を神として祀る特殊な宗教団体であり、非民主的・反平和的な性格を特徴とする特異な政治性と歴史観を有する宗教団体である」「このような性格を有する靖国神社が、沖縄戦の戦没者を英霊として合祀することは、天皇制を守るために犠牲にされた被害者を天皇のために戦った英雄に祭り上げ、軍国主義の美化に利用することを意味する」という認識のもとに弁論活動を展開していった。

　原告5人は、そのような靖国神社に肉親が合祀されていることは精神的に耐えられないということで合祀取消を求めたのである。

■5人の原告

　提訴にあたり、原告と弁護団、裁判支援者グループは、久高島へ泊まり込みで合同学習会も開催した。専門家証人としての私も当然参加した。そのうえ、地元新聞社の記者2人も学習会に参加していたのは、報道の側もその問題を

重視している表れだ、と私は受け止めた。なにしろ、新聞社は、戦争被害住民の靖国神社合祀を「朗報」として報じてきていたので、記者の学習会への参加は、自社の報道内容を検証することにもなったはずだ。

提訴した日の琉球新報夕刊（2008年3月19日付）は〈合祀取り消し求め提訴／県内遺族、靖国と国相手／那覇地裁〉の見出しのもと、以下のように提訴内容を伝えている。〈沖縄戦で亡くなった肉親を無断で靖国神社に合祀され、追悼の自由を侵害されたなどとして、県内の遺族五人が同神社に合祀の取り消しなどを求め、十九日午後、那覇地裁に提訴する。同様の訴訟は東京、大阪地裁でも争われているが、沖縄戦の被害者の遺族が中心になる訴訟は初めて。原告側は、国が同神社に戦没者の個人情報を提供し積極的に合祀に協力したのは違憲だとして、国にも慰謝料を求めている。原告は、ひめゆり学徒隊として動員され陸軍病院第三外科壕で亡くなった女子学生の弟や、父親が陸軍二等兵として南方で戦死し合祀されている彫刻家の金城実さん（69）ら〈五人は昨年、同神社に対し二度にわたり合祀取り消しを求めたが、同神社は拒否していた〉。

沖縄靖国訴訟の提訴を報じる「琉球新報」2008年3月19日付朝刊（左）／2008年3月19日付夕刊（右）

■主婦が「軍属」扱い

その記事の翌日、同紙朝刊（2008年3月20日24面）では、原告の記者会見を報じている。〈「殺され、なぜ殉国死」／沖縄戦犠牲者の合祀批判／靖国訴訟原告会見〉の見出しのもと、リード記事につづいて〈「母は日本軍に殺されたのに、積極的に軍に協力したと位置付けられている。これほどの侮辱はない」。原告の崎原盛秀さん（74）の母ウトさん（50）＝当時＝は米軍の艦砲射撃が雨のように降り注ぐ中、日本軍にガマを追い出され、艦砲の破片が直撃し即死した。崎原さんは昨年、自ら同神社に問い合わせて合祀の事実を知った。崎原さんは「母は戦争を忌み嫌っていたのに殉国死にされた。合祀を許せば戦争を美化し靖国の戦争責任を免罪にすることになる」と静かな口調の中に耐え難い苦痛をにじませた。川端光善さん（72）の母ウシさん（47）＝同＝と兄光栄さん（18）＝同＝は砲弾にあたり亡くなった。一昨年、農家の主婦だった母が「軍属」として合祀されていることが分った〉〈原告の一人で彫刻家の金城実さん（69）は、沖縄戦の被害者を国のためにすすんで命をささげたとすり替える「援護法のトリック」を指摘。「（援護法の適用による合祀は）沖縄戦の史実を歪曲（わいきょく）するものであることを法廷で明らかにする」と力強く語った〉。

私は、2010年1月に法廷で証人尋問をうけるために「意見書」を作成し、前年11月、立命館大学での日本平和学会のシンポジウムで「集団死と沖縄靖国訴訟」というタイトルで報告したおり、その写しを参加者に配布した。それを凱風社の小木章男氏が一読されたのを機に、意見書は拡大版として書籍化『援護法で知る沖縄戦認識』になった。その後改訂され『国家に捏造される沖縄戦体験』（インパクト出版会、2022年）として出版された。

第116回
歴史修正主義を正す（12）

沖縄戦再来目前に／軍事勢力に抗う意志を

元日本軍人が沖縄戦の教訓をレポートしている。それによると、「沖縄の如き小島においては当然戦闘開始前に徹底的な本土疎開を強行すべき」と、説いている。現在、台湾から111キロの与那国島では「台湾有事」があおられている中、自衛隊の機動戦闘車が集落内の公道を走り回った。戦争の恐怖におののき、住民は島からの疎開を語り始めた。さらに岸田政権は、石垣、宮古島など「遠方で侵攻を阻止・排除するため」、敵基地攻撃のためミサイル基地化をさらに強化し、戦闘に備える方針を決定している。沖縄は、武装による"命どぅ宝"ではなく、非武装・無防備による「命どぅ宝」の平和志向で、戦争を拒絶する意志を内外にアピールすべき時だ。

危惧してきた沖縄戦再来が目前に迫っている。報道によると、とくに国境の島・与那国島が尋常ではない。台湾近海の軍事演習の砲撃音が与那国島まで聞こえ、不安で泣き出す小学生もいる、とその父親がテレビインタビューで証言している。さらに、米軍との軍事演習の一環で、与那国空港に陸自の機動戦闘車が輸送され、県内初の民間地での訓練を狭い集落内の公道で実施している。その報道写真をみると、ウクライナの戦場を彷彿させる。県は空港使用を許可し、町長は訓練の必要はあるとの認識を新聞記者に示している。国防族の策動によって、住民の多数が「軍隊を誘致せよ」へと誘導された結果が、これだ。既成事実化は恐ろしい。

■元軍人の教訓

凄惨な沖縄戦を体験した住民へ、戦前に連なる皇国史観を戦後、再形成させたのが援護法の住民への適用拡大だった。その具体的作業に着手した大本営船舶参謀を務めた馬淵新治厚生省事務官は、沖縄戦体験を詳細に聞き取りしている。防衛研修所戦史室の依頼をうけ、『沖縄作戦における沖縄島民の行動に関する史実資料』（陸上自衛隊幹部学校発行、昭和35年5月）として、それをまとめている。「敵上陸後直ちに敵の自由となる地域に諜報に活用できる住民を放置することは極力避くべきであり、寧ろ軍の庇護下に非武装地域を設定して集結せしめることが望ましい。沖縄

の如き小島においては当然戦斗開始前に徹底的な本土疎開を強行すべき」[注79] というのが沖縄戦の教訓として、馬淵事務官は自衛隊幹部に伝授していた。

■日本の犠牲に

それから62年後（2022年現在）のいま、まさに自衛隊がその教訓を生かすべく「事態」が、まずは与那国島で現実化しそうな状況だ。本稿執筆にあたり資料を探していると、〈日本の安全「沖縄犠牲も」／沖縄戦の論理ほうふつ／68年、外務省分析／核搬入容認論を展開／外交文書公開〉という、1面トップ大見出しの新聞が目に留まった。2010年7月8日付の琉球新報が、現在の沖縄を照射している。そのリード文は〈沖縄返還交渉当時の1968年、外務省の情報分析部局が日本の安全保障をめぐり、「わが国自体の安全からいえば、沖縄の住民の犠牲においてでも従来どおりの米軍の核保有が当面のぞましかった」との見解をまとめていたことが、7日に公開された外交文書で明らかになった。併せて返還後の沖縄の米軍基地の在り方には「沖縄の返還は基地の自由使用（核の持ち込みをも含めて）を前提として考えざるを得ない」と指摘していた〉

なんともおぞましい日本という国の姿が、くっきりと見えてくる。

いまや、中国との戦争を想定し、琉球孤・南西諸島の軍事基地化を急ぐ日本政府は、まさに、沖縄戦、米軍事植民地下の沖縄、そして現在、いずれも沖縄の住民の犠牲においてという「従来通りの方針」を貫いているに過ぎない。このような醜い国の犠牲になってはたまらない。

「二度と戦場にするな！」の声を琉球孤・南西諸島の島々に充満させ、"私たちは決して戦争に加担しない"、と声を大にして意志表明しておきたい。日本は遠隔地の沖縄に限定した戦争をもくろんでいると、世界に発信し、それを止めたい。急を要する事態だ。

■援護法の呪縛

沖縄戦同様、沖縄での戦争を想定した日本は、教科書記述を通して「沖縄県職員や一般県民も加わり、軍官民一体となって激しい戦闘を続けた」と礼賛し、さらにさまざまな媒体をとおして、沖縄県民に新たな戦争・戦闘態勢に逆らわないよう、マインドコントロールしている。

２０２１年３月３１日付琉球新報に私の「識者談話」が載っている。

〈沖縄の"靖国化"を反映／「援護法の呪縛」を解く必要〉の見出しの下、以下のように語っている。〈「沖縄県職員や一般住民も加わり、軍官民一体となって激しい戦闘をつづけた」という教科書記述は、大きな意味を持っている。沖縄の日本軍司令官、牛島満が１９４４年８月３１日に発した訓示で、住民を戦闘に総動員させることを全軍に命じ、１１月１８日に県民指導要綱を発令した。「軍官民共生共死の一体化」の方針の下、地上戦闘に臨むことを指示した。最後の地上戦闘となった沖縄戦では、沖縄住民は米軍の砲爆撃だけでなく、軍事機密を守るため投降を許さない日本軍に、直接殺害され、死に追い込まれるという間接的な殺害で、戦争死者が増加した。戦後、軍人軍属対象の援護法がゼロ歳児を含む老幼男女に拡大された。それによって、被害住民が戦闘参加者という身分で準軍属扱いされ、遺族に給与金が支給された〔ている〕。死者は国、天皇のために殉国死したとされ、靖国神社に合祀されている。まさに、「軍官民一体となって激しい戦闘をつづけた」と、日本政

一中健児の「顕彰碑」■「ひめゆり部隊」■「軍官民一体で戦闘」

「誤り」関係者は危機感

教科書検定

御霊を慰め、かかる事が再び起きない様に永遠の平和を祈念する

沖縄戦の美化に警鐘

沖縄の"靖国化"を反映

識者談話 石原昌家氏（沖縄大名誉教授）

「援護法の呪縛」解く必要

２０２１年３月３１日付の琉球新報

府が沖縄戦の実相を真逆に記録〔捏造〕しているのを、踏襲したのがこの教科書記述だ。沖縄戦被害者の住民が、「積極的に戦闘協力した」と認定された遺族給与金受給者〔先順位者〕が３５５人（19年）に減少している今、沖縄戦体験を真逆に記録〔捏造〕している「援護法の呪縛」から自らを解放しない限り、「沖縄戦は軍官民一体の戦闘だった」という、ねつ造された教科書記述が継続される。それにより、学校教育を通して南西諸島の軍事化容認の傾向が強まっていくはずだ。〉（筆者が〔〕部分を挿入した）と、警鐘を鳴らしていた。事態は、今まさに土石流の勢いで琉球孤・南西諸島の軍事化が進み、戦場化の一歩手前まで来てしまった。崖っぷちに立たされていることを、とくに沖縄戦生存者は、痛感しているはずだ。琉球併合時に王府の役人が示した非武装・無防備・無軍備による平和志向を継承し、戦争態勢まっしぐらの日米軍事勢力に抗っている意志を、あらゆる手段を駆使し、世界にアピールしていくべき時だ。

[注79] 同書、27～28頁。

世界連邦は希望の光／東アジアに不戦共同体を

安倍元首相が、「戦争できる国」へ国の姿を変えたら、岸田首相が「戦争する国」へと、大転換させた。しかも戦争するにあたって、東京から遠く離れた南西諸島を最前線に位置づけた。７８年前の沖縄戦と同じだ。１２月１７日の琉球新報の一面トップ記事は〈安保大転換　沖縄最前線／反撃能力保有を明記／（安保）３文書決定、米軍と一体化／首相「南西部隊を倍増」〉という衝撃的記事だ。平和憲法下の日本を根本的に変質させた。絶望の淵に立たされている沖縄から、平塚らいてうが唱えた世界連邦運動に学びながら、東アジア不戦共同体、将来的には世界連邦の構築につながる展望を切り開こうという動きに希望を見出したい。

■戦争の最前線に

〈平和憲法を持つ日本の姿が他国にミサイル攻撃ができる軍事〔武装〕国家へと変えられた。〉《東京から》という意味なのか、遠方で侵攻を阻止・排除するため、現在の南西諸島のミサイル基地をさらに強化し、戦闘に備える方針を決定している。さらに民間空港・港湾の利用拡大など、沖縄戦の時と同様に軍官民の一体化を強力に推進しようとしている。戦時中、沖縄は天皇制国家護持の犠牲となった。沖縄返還交渉時には日本の安全のためなら沖縄の犠牲もいとわないとする政府見解をまとめていた。今回の文書も日本の安全のため、沖縄をミサイル戦争の最前線に立たせようと躍起になっている。沖縄県民はこの事実を直視し、沖縄県の軍官民一体化を阻止する声を張り上げ、知事を叱咤激励する時だ。（平和学）〉

沖縄戦では、県民は否応なしに日本（皇土）防衛の最前線に立たされ、未曾有の大被害をうけた。にもかかわらず、今、一部の人だけが"否"の声をあげ、大多数がミサイル基地化に応じ、ミサイル戦争の最前線に立たされることに沈黙している。拱手傍観している場合ではない、というのが連載最終回直前の私の談話記事だ。

■「無軍備国家」

人類破滅の危機に直面した先人たちは生き残れる可能性の一つを見つけていた。その考えを知るきっかけになった

のが、今も続くウクライナでの戦争だった。それは「無戦世界シリーズ」として（連載第１００回）書き記してきた。講演などでも、その世界連邦運動にふれたら、それについて長年研究しているという米田佐代子さんからその論考の掲載誌が送られた。その論文構成を紹介するだけでも読者にその中身は伝わるだろう。

「平塚らいてうの戦後平和思想とその実践─自筆メモ『世界連邦運動』を読み解く」のタイトル以下、はじめに─らいてう『自伝』の世界連邦記述をめぐって　Ⅰ　らいてうの自筆メモ『世界連邦運動』（『メモ』）について　Ⅱ　『メモ』にみるらいてうと「世界連邦」思想　Ⅲ　日本の世界連邦運動の軌跡　Ⅳ　世界連邦運動とらいてうの立場　むすび─らいてうの平和思想と「世界連邦」。

その構成を見ただけでも私は未知の世界に分け入る気持ちに駆られた。第１０３回で記した世界連邦建設琉球同盟の結成に登場している人物の詳細がわかり、錚々たる顔ぶれに期待されていたことが判明した。その組織を再開させる義務を改めて痛感した。１９５４年１１月の第２回世界連邦アジア会議で決議のひとつに「世界に対する檄」として「日本不侵略の声明を全世界に要求する決議」をしていることに胸躍った。〈軍備を永久に持たぬと誓った日本国憲法は、単に国民の決意であるのみならず、全人類の世界平和念願の象徴である」として「全世界の各国民が無軍備日本を断じて侵略せぬということ」を声明するように求め

るというもので、日本を憲法に基づく「無軍備国家」と明記している〉[注80]

これが実現していれば、専守防衛という武装国家の第一歩をふまず、今日の戦争の危機も避けることができたはずだと痛感している。

■沖縄でも胎動

きな臭さがたちこめるなかで、希望の光をたぐりよせて、連載を閉じたい。

国会や各自治体の世界連邦運動の一環として、その道のりが沖縄でも胎動しはじめた。鹿児島大学の平和学者木村朗教授が定年退職後、東アジア不戦共同体のネットワークづくりのため、活動拠点として沖縄に居を移し、ジャーナリストとして東アジア共同体・沖縄（琉球）研究会を活動軸に、沖縄・鹿児島・福岡・東京間で、八面六臂の活躍がその芽生えのひとつと思える。木村氏は、現在ＦＭぎのわんラジオで「沖縄平和トーキングラジオ〜南から風を〜」を開局し、沖縄の女性研究者二人（与那覇恵子さん、宮城恵美子さん）をレギュラー陣として、ゲストを迎えたり、次世代の育成にも力を注いでいる。私も２カ月に一度１時間ちかく、本連載の初回からの内容を精読している木村氏が質問する形で放送中である。さらにインターネットメディアであるＩＳＦ独立言論フォーラムを東京で開設し、その編集長も務めている。木村氏は「鳩山由紀夫元総理がその実現を提唱されている東アジア共同体はアジア版ＥＵ（ヨーロッパ共同体）ともいうべきものであり、日中韓の友好を柱に相互の人的文化的交流や共通の経済的利益などを基礎にＡＳＥＡＮ諸国なども合わせて東アジア地域に不戦共同体の構築を目指すものです。将来的にはこれから生まれてくるその他の地域共同体も含めて世界連邦の構築につながるという展望も見えてくると考えています」と、一条の光を投じている。

琉球新報の社説（２０２２年５月７日）でも、その道のりへ、具体的提案をしている。沖縄戦体験の教訓から、県民は《「人間の安全保障」を要求してきた。その実現のために、これまで国連大学など国連機関誘致を目指してきた。新た

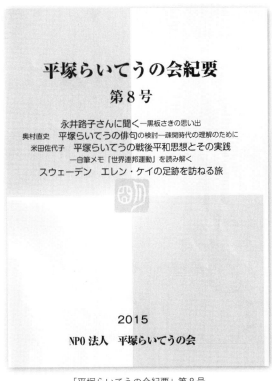

「平塚らいてうの会紀要」第８号

な基地や自衛隊増強ではなく、世界平和に貢献し沖縄と日本の安全保障につながる国連機関を設置すべきだ》と説くのも、世界連邦への階段のひとつだろう。

また、沖縄大学学長を務めた仲地博氏が、２０２２年７月の参議院選挙結果を新聞の投稿欄「茶のみ話」に載せた一文は貴重だ。その概略を紹介したい。学生時代の先輩仲村渠哲勝氏（８０歳、元大学教師）が茨城選挙区から立候補していることを知り、インターネットでその選挙公報を見たら「非武装で平和な琉球独立を目指すが、最終目標は世界連邦の創設」と将来像を語っている。先輩に電話で聞いたら、「目標は１０００票、供託金３００万円が没収されるのは承知の上」とのことだった。だが、獲得した票は４８４６票、目標の５倍近い。組織はまったくなし、カンパなし、たった一人の選挙公報だけの運動で、５千人近い有権者が投票してくれたというのがその内容だった。この茨城県有権者の投票行動は、一縷の希望を抱かせる。

[注80] 30頁

245

あとがき

本書は、沖縄戦争死没者と激戦場から生還したひとたちの想いを代弁して著しました。それは、沖縄平和ネットワーク—を活動拠点にしながら、沖縄戦体験の記憶と継承活動や出版活動にエネルギーを注いできた川満昭広氏が、「沈黙に向き合う」の書籍化にむけて、なみなみならない編集力をいかして、実現しました。

本書は、新聞連載の書籍化という点で、連載担当の記者さんたちとの共同作業だったことをまず挙げたいと思います。琉球新報で連載を開始した２０１７年９月７日、担当は與那覇裕子記者でした。ついで、松永勝利記者、山城祐樹記者、古堅一樹記者、宮城隆尋記者へと５か年３月の間に５名の記者さんが、次々担当して下さいました。したがって、５名の記者さんと整理部の記者さんとの共同作業によって、連載は１１７回も続けることができたのです。

また、連載をお読みくださった県内外・国外の研究者のかたがたからのご感想、一般読者からもこの連載の意義なども連載中に数多くお寄せくださったので、本書はみなさんとの共同作業の成果だというのも実感です。

※

エピソード以外にこのテーマも書きたいと思いつつ、掘り下げていく機会を失ったことがらをあとがきに記しておきます。

第８回目で「戦跡基地巡り開始」について

その出発点となった経緯を記しましたが、その後「平和ガイド」という言葉がうまれていき、専門のバス会社のガイドさんたちの間でシナリオの勉強会がスタートしました。私に直接その話を持ちかけてきたのが、東陽バスの糸数慶子さん（後に参議院議員）で、各バス会社のガイドさんたちに引き合わせてもらって勉強会を開くことになり、多くのガイドさん達の現場でのできごとを聞く機会が生まれました。自衛官の沖縄戦現場研修のガイドをしてきている人の中には、案内している自衛官と熱のこもった議論をすることにもなったようで、「私たちが最前線でたたかっているのですよ」という言葉がいまだに忘れることができません。この戦跡基地巡りが、盛んになり、現地ガイドの要請に応じるのが困難になってきました。そこで、例えば保育所の全国大会が沖縄で実施されることになったとき、保母さんたち自身で戦跡案内できるように、私がテキストを用いて、半年ほど「ガイド養成講座」の講師を務めました。大会時には沖縄の保母さんたち自身で全国から参加している保母さんたちのガイドを務めることになりました。一坪反戦地主会の戦跡基地案内人養成講座も開催され、私も講師の一人として務めました。その講座から多くの戦跡基地ガイドが輩出されました。１９８０年代半ば頃には、私自身による戦跡ガイドは任務完了して、ゼミナール学生たちが県外学生たちのゼミ交

流をとおして、戦跡基地ガイドをしていく学習形態が形成されていきました。以後、各方面で平和ガイドが盛んになっていったが、非軍事による平和に対抗して、軍事による〝平和″という観点からの戦跡ガイドが生まれていきました。そのせめぎあいは、平和教育の拠点に巨大兵器の展示物が出現しており、それを撤去させきれるのかが、非軍事か軍事かの行く末を示す、バロメーターのひとつになると思っています。

※

　ゲラ校正のため、原稿を読み返していくと、本書は誰も触れたくなかった沖縄戦後史の一面をひも解いたことを改めて実感します。沖縄戦体験者が日本軍の「壕追い出し」にあったと証言する一方、同一の証言者が援護法に申請するとき「戦闘参加者についての申立書」では、日本軍の戦闘に協力するため「壕提供」したと、書くことになります。沖縄戦体験記録が「二重構造」になっています。本書は、第2回目の「赤松来島事件」で、元赤松隊員が「本当のことを言ったら、大変なことになる」という発言を取り上げています。それはまさにその二重構造になっていることを示唆・暗示していたのです。本書は、「大変なことになる」という謎を解き明かすということが、常に根底にありました。その意味で、もうひとつの沖縄戦後史を開拓したという心境に達しています。

※

　私は１９７０年から「地獄のような沖縄戦を二度と子や孫に味わわさせないために」と

説得して、重い口を開かせて、語りたくない生々しい戦場体験を生存者に話してもらってきました。しかし、このあとがきを書いているいま、岸田文雄政権のもと、琉球弧・南西諸島が再び戦場になることを想定した長距離ミサイル軍事要塞化が強行されつつあります。そのような動きを止めるために体験証言が十分生かしていけなかったことに対して、申し訳ない気持ちでいっぱいです。いま、「５・２１平和集会in北谷」と銘打って、「島々を戦場にしないで！沖縄を平和発信の場にしよう」と、さまざまな団体が県民大会にむけ、集会を企画しています。2007年9月29日、「教科書検定意見撤回を求める県民大会」では、宜野湾海浜公園を11万人余が埋め尽くしました。そのテーマとは比較にはならない危機的状況下なので、県民世論の動向が注目されています。

※

　本書ではこれまでご協力いただいた旧友には承諾を得て実名で登場してもらいました。こころから感謝申し上げます。また、琉球新報社のみなさまには書籍化にむけて、紙面・写真転載などにひとかたならぬご配慮を賜り厚くお礼申し上げます。

　さいごに、新聞社へ送信前の原稿を読んでもらい、読者の視点で表現などチェックしてもらえた伴侶には、この場で感謝の言葉を記しておきます。

２０２３年５月１５日

石原　昌家

[著者略歴]

石原昌家　いしはら・まさいえ

１９４１年生、台湾宜蘭市生まれ、沖縄県那覇市首里出身。１９６１年３月首里高校、６６年３月大阪外国語大学西語科、１９７０年３月大阪市立大学大学院文学研究科修士課程（社会学専攻）修了。同年４月、国際大学教養部講師、７２年４月沖縄国際大学文学部社会学科講師、７４年助教授、８２年教授、２０１０年から沖縄国際大学名誉教授、現在に至る。

【主たる著書／共編・監修】

沖縄戦関係の著書：『虐殺の島―皇軍と臣民の末路』（晩聲社）、『証言・沖縄戦―戦場の光景』（青木書店）、『沖縄の旅・アブチラガマと轟の壕－国内が戦場になった時』（集英社新書）、『援護法で知る沖縄戦認識―捏造された「真実」と靖国神社合祀』（凱風社）の新装増補改訂版『国家に捏造される沖縄体験－準軍属扱いされた０歳児・靖国神社へ合祀』（インパクト出版会）

沖縄戦関係の県市町村字誌：『沖縄県史』第10巻沖縄戦記録２、『那覇市史　沖縄の慟哭』（那覇市の戦時・戦後体験、戦時編）、『浦添市史』第５巻戦争体験記録、『具志川市史』第五巻戦争編戦時記録、『北中城村史』戦争・論述編、『北谷村史』第１巻通史編、『上勢頭字誌』中巻通史編（Ⅱ）、『証言資料集成　伊江島の戦中戦後体験記録』、『城間字誌』第二巻城間の歴史、『浦添市史』第一巻、『沖縄県史』各論編５近代

沖縄戦関係共編著：『争点・沖縄戦の記憶』（共著・社会評論社)』、『オキナワを平和学する』、『ピース・ナウ沖縄戦―無戦世界のための再定位』（共著・法律文化社）

生活史関係著書：『大密貿易の時代―占領初期沖縄の民衆生活』（『空白の沖縄社会史―戦果と密貿易の時代』に改題）、『郷友会社会―都市の中のムラ』（ひるぎ社）

生活史関係共著：『沖縄県史』民俗編、『沖縄市史』第三巻冊子版、『東アジア歴史対話―国境と世代を超えて』（東京大学出版会）、『日本における海洋民の総合研究―上巻―糸満系漁民を中心として―』（九州大学出版会）

監修：『もうひとつの沖縄戦―マラリア地獄の波照間島』・『大学生の沖縄戦記録』（ひるぎ社）、『戦後コザにおける民衆生活と音楽文化』（榕樹書林）（いずれも石原ゼミナール著）、その他、共・編著論文多数。

沖縄戦聞き取り 47 年
Basic 沖縄戦『沈黙に向き合う』

　　2023 年　8 月 22 日　初版発行
　　2023 年　9 月 22 日　第 2 刷発行

著　　　者　　石原　昌家
装　　　幀　　宗利　淳一
発 行 人　　川満　昭広
発　　　行　　株式会社インパクト出版会
　　　　　　　東京都文京区本郷 2-5-11　服部ビル 2F
　　　　　　　Tel03-3818-7576　Fax03-3818-8676
　　　　　　　impact@jca.apc.org　http://impact-shuppankai.com/
　　　　　　　郵便振替　00110-9-83148

印刷・製本　　モリモト印刷株式会社